U0656972

ACCOUNTING FOR GOVERNMENT AND NONPROFIT ENTITIES

政府与非营利组织会计

（第六版）

贺蕊莉 编著

东北财经大学出版社
Dongbei University of Finance & Economics Press

大连

图书在版编目（CIP）数据

政府与非营利组织会计 / 贺蕊莉编著. —6版. —大连：东北财经大学
出版社，2018.11
（东北财经大学财政学系列教材）
ISBN 978-7-5654-3341-2

Ⅰ．政…　Ⅱ．贺…　Ⅲ．单位预算会计-高等学校-教材　Ⅳ．F810.6

中国版本图书馆CIP数据核字（2018）第226741号

东北财经大学出版社出版
（大连市黑石礁尖山街217号　邮政编码　116025）
网　　址：http：//www.dufep.cn
读者信箱：dufep@dufe.edu.cn
大连住友彩色印刷有限公司印刷　　东北财经大学出版社发行
幅面尺寸：170mm×240mm　字数：587千字　印张：28.75　插页：1
2018年11月第6版　　　　　　　2018年11月第14次印刷
责任编辑：时　博　　　　　　　　责任校对：文　贺
封面设计：潘　凯　　　　　　　　版式设计：钟福建
定价：58.00元

教学支持　售后服务　联系电话：（0411）84710309
版权所有　侵权必究　举报电话：（0411）84710523
如有印装质量问题，请联系营销部：（0411）84710711

东北财经大学财政学系列教材
编审委员会

第六版前言

　　2014年，第十二届全国人民代表大会常务委员会第十次会议通过了对《中华人民共和国预算法》进行修改的决定。修改后的《预算法》第九十七条明确规定："各级政府财政部门应当按年度编制以权责发生制为基础的政府综合财务报告，报告政府整体财务状况、运行情况和财政中长期可持续性，报本级人民代表大会常务委员会备案。"《国务院关于批转财政部权责发生制政府综合财务报告制度改革方案的通知》（国发〔2014〕63号）中提出"力争在2020年前建立具有中国特色的政府会计准则体系和权责发生制政府综合财务报告制度"的实施方案。这一系列变化，对政府会计核算提出了新要求。

　　2015年财政部制发了《政府会计准则——基本准则》，2016年制发了《政府会计准则第1号——存货》、《政府会计准则第2号——投资》、《政府会计准则第3号——固定资产》和《政府会计准则第4号——无形资产》，2017年制发了《政府会计准则第5号——公共基础设施》、《政府会计准则第6号——政府储备物资》和《政府会计制度——行政事业单位会计科目和报表》，还有一些准则如负债等正在制定出台过程中。这些改革对《政府与非营利组织会计》的影响很大，为便于大家系统、及时地掌握和了解政府与非营利组织会计的管理与核算要求新变化，我们组织修订了本书。

　　本书编写的依据是现行的《财政总预算会计制度》（2015年）、《政府会计准则——基本准则》（2015年）、《政府会计准则第1号——存货》（2016年）、《政府会计准则第2号——投资》（2016年）、《政府会计准则第3号——固定资产》（2016年）、《政府会计准则第4号——无形资产》（2016年）、《政府会计准则第5号——公共基础设施》（2017年）、《政府会计准则第6号——政府储备物资》（2017年）和《政府会计制度——行政事业单位会计科目和报表》（2017年）、《民间非营利组织会计制度》（2004年）等，并吸纳了2016年的营业税改征增值税等改革措施。

　　全书共分4篇21章。第一篇是导论，介绍政府与非营利组织会计的基本情况和会计核算基础知识；第二篇是财政总预算会计，介绍财政总预算的资产、负债、净资产、收入和支出的会计核算；第三篇是行政事业单位会计，介绍行政事业单位财务会计的核算和预算会计的核算情况；第四篇是民间非营利组织会计，介绍民间非营利组织的资产、负债、净资产、收入和支出的会计核算。

本书的主要特点有如下三点：一是形象生动，画面感强。在本书的编写过程中，作者力求语言简洁生动，并绘制了大量的图表，把复杂的会计核算、转账流程以图表的方式表现出来，简单明了，易于理解和掌握。二是核算实例多，便于理解。会计是一门实务性极强的课程，讲授实务性课程的最有效方式是案例教学。本书有意识地安排了大量的核算实例，力求类型多样、覆盖面广、经济业务切合实际，便于学生学习理解。三是内容新颖，紧跟实践。阅读本书，可以使读者直接掌握最新的知识，节约学习成本。

全书由东北财经大学贺蕊莉教授编著。在本书的修订过程中，得到了马毅华老师以及臧泽祥、陈传明、黄立莎、王雪等同学的帮助，他们在搜集资料、数据和媒体等方面的协助，令本书的修订工作能够顺利进行，在此表示衷心的感谢！

本书自出版以来，受到广大师生的厚爱与支持，在此谨表深切的谢意，并祝大家学习愉快，工作顺利！

由于时间仓促，书中难免有不当之处，恳请读者批评指正。

编著者

2018年9月

目录

第一篇 导论

第二篇 财政总预算会计（政府财政会计）

第三篇　行政事业单位会计

第一篇　导论

第一篇　绪论

第一章 概述

第一节

政府与非营利组织会计概述

一、什么是政府与非营利组织会计

营利组织会计和非营利组织会计是会计体系的两大组成部分，前者的会计主体是以营利为目的的组织，后者的会计主体则是那些不以营利为目的的，而是致力于社会与经济文化事业的社会团体组织。非营利组织是由相关的营利组织或个人团体资助而运营的，营利性并不是其直接追求的，但它会通过非营利组织的努力所达成的制度改革、社会秩序改变来获得好处和回报。因此，非营利组织是市场经济中不可或缺的部分，它们是现代社会中推动制度变迁、实现利益均衡的重要力量，也是西方国家吸纳劳动力、实现就业的重要部门。它由成千上万个或官办或民办的非营利机构组成。一般地讲，政府也是一个非营利组织，属于非营利组织部门。这是由于政府是为了满足公民的共同需要、解决公民所面临的共同事务、向公民提供公共产品而设立的特别组织。维持组织运转的经费来源于税收，税收由公民按照一定的标准、以一定的形式交纳给政府。税收作为特别的费用，是公民换取政府公共服务的代价。为规范纳税人与政府的权利义务关系，西方国家一般要在《宪法》中对政府进行授权，允许其向公民征税作为向公民提供公共服务的支持费用。至于具体的税种，则需要立法机构审批通过，以税法的形式出台，公之于众，并在适当的时候依据形势需要进行调整。非营利组织，除政府外，还有众多形式、宗旨各异的民间团体，亦称民间非营利组织，它们为各种政治与社会目标而努力，参与到社会公共

治理当中。比如，各种慈善组织致力于对困难人群的救助，有救助艾滋病、孤独症、特殊灾害等；各种争取某种权利的组织，有争取性别平等、同性恋合法、选择权利、堕胎合法及反堕胎等；各种宗教团体，传授基督教、佛教、伊斯兰教等宗教教义；各种文化团体，宣传各种文化理念，等等。民间非营利组织是政府组织的重要伙伴，是现代国家实现公共治理的重要力量。与民间非营利组织相比，政府具有公共性、影响力大等特点，许多学者愿意将政府部门从一般的非营利组织中剥离出来研究，将原来的"非营利组织"概念扩展为"政府与非营利组织"，因而，狭义上的非营利组织就是指民间非营利组织。

在我国，营利组织会计又称为企业会计，是核算反映以营利为目的的各类企业组织的经济活动的专业会计；政府与非营利组织会计则是核算反映不以营利为目的的政府与非营利组织经济活动的专业会计。在我国政府职能日益完善、民间非营利组织日益发展的现代社会，政府与非营利组织会计将占有越来越重要的地位。

二、政府与非营利组织会计的组成

在我国，非营利组织会计主要包括四个部分：核算政府预算资金管理情况的财政总预算会计，核算以财政预算资金为主要来源、以实现政府职能为主要目的的行政单位会计，核算为满足公共事业需要而设置、由政府提供资金支持的事业单位会计，以及核算各种社会团体、民间非企业单位、宗教团体等不以营利为目的的民间非营利组织会计。此外，还有核算财政预算收入的收入征解会计如税收会计、关税会计，以及核算国库资金流向与管理的国库会计（见图1-1）。

财政总预算会计、行政单位会计、事业单位会计、税收会计、关税会计以及国库会计都是围绕着预算管理而进行的，被合称为预算会计。又因为它们都是针对政府资金的核算，又被统称为政府会计或政府与事业单位会计。在教学中，由于税收会计、关税会计和国库会计的使用面较窄，出于教学安排和知识结构等方面的考虑，仅仅介绍财政总预算会计、行政单位会计和事业单位会计三个部分。

事业单位是一个具有中国特色的单位，它是由政府投资举办的、拥有较大自主权的法人单位，是非营利组织的特殊部分。鉴于预算会计在会计体系中的地位及不同主体的会计间关系，传统的分类方法把会计体系分为企业会计与预算会计两大类；但在民间非营利组织日益发展壮大的今天，原来的分类方法已经不适宜了。

由于我国的民间非营利组织尚未充分发展，在社会经济生活中所占份额不大，事业单位会计仍然是非营利组织会计中的主要成分，居于主流地位。

西方的非营利组织会计的特征类似于我国的预算会计，但在会计管理体制上存在明显差别。西方国家，如美国，非营利组织会计由两个部分构成：政府会计和非政府支配的非营利组织会计。其中，政府会计包括联邦政府会计和州与地方政府会计以及公立大学医院会计等。非政府支配的非营利组织会计，包括私立大学及院校、与教会有关的医院、自愿性保健与福利组织会计等。

```
                营 利 组 织 会 计 （企业会计）
                    ┌─────────────────────────────┐
                    ┆         政府财政会计         ┆
                    ┆       （财政总预算会计）     ┆
        ┌──         ┆                             ┆
        │           ┆         政府收入征解会计     ┆
 会     │    政     ┆     （税务会计、关税会计等） ┆
 计     │    府     ┆                             ┆
 体     │    会     ┆         政府部门会计         ┆        预
 系     │    计     ┆       （行政单位会计）       ┆        算
        │           ┆                             ┆        会
        │           ┆           国库会计           ┆        计
        │ 非         ┆                             ┆
        │ 营    非   ┆     国营非营利组织会计       ┆
        │ 利    营   ┆       （事业单位会计）       ┆
        │ 组    利   └─────────────────────────────┘
        │ 织    部
        │ 会    门         民营非营利组织会计
        └ 计    会       （民间非营利组织会计）
               计
```

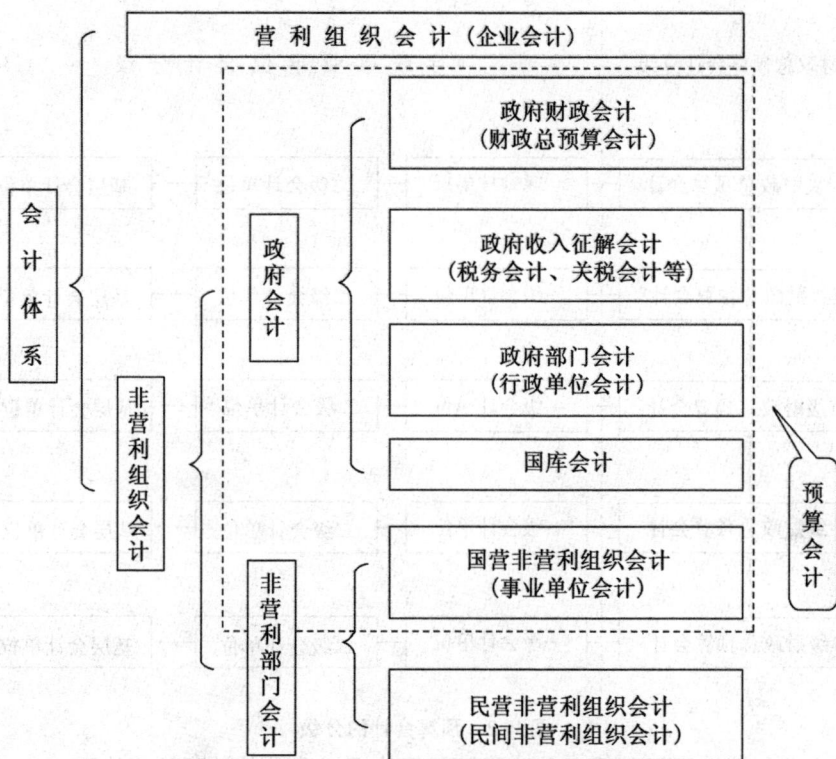

图1-1　我国会计体系概述

西方的会计体系中也有预算会计，但它与我们的预算会计在核算对象和内容上截然不同。西方的预算会计是专门核算政府预算指标及其变化情况的专业会计，即记录经过议会审批的政府预算指标及其变化情况，类似于我国的预算指标管理。在我国，经人大批准的政府预算指标、预算资金拨付、预算追加追减等预算指标变化情况的管理，是在财政部门内部由有关人员通过管理软件或简易账簿进行记录管理，类似于会计上的备查簿，没能像西方的预算会计那样进行严密的会计核算，严肃性不足，亟须改进。

三、政府与非营利组织会计的分级

民间非营利组织会计是由民间自发建立的，不存在级别的问题，这里仅指与政府相关的会计分级，亦即预算会计的分级，是财政总预算会计与行政事业单位间的关系（见图1-2）。

（一）财政总预算会计的分级

财政总预算会计的分级与政府预算的分级是一致的。政府预算体系是根据国家政权结构、行政区划和财政管理体制而确定的预算级次和预算单位按一定的方式组合成的统一整体。为实现事权与财权的统一，我国各级预算级次的设置与政权体系的层次基本对应，分为中央预算和地方预算。地方预算又分为省（自治区、直辖市）、设区的市（自治州）、县（自治县，不设区的市、直辖区、市辖区）、

财政总预算会计分级　　　　　　**行 政 事 业 单 位 会 计 分 级**

```
┌─────────────────┐    ┌──────────┐   ┌──────────┐   ┌──────────┐
│ 中央财政总预算会计 │────│ 一级会计单位 │───│ 二级会计单位 │───│ 基层会计单位 │
└─────────────────┘    └──────────┘   └──────────┘   └──────────┘

┌─────────────────┐    ┌──────────┐   ┌──────────┐   ┌──────────┐
│ 省级财政总预算会计 │────│ 一级会计单位 │───│ 二级会计单位 │───│ 基层会计单位 │
└─────────────────┘    └──────────┘   └──────────┘   └──────────┘

┌─────────────────┐    ┌──────────┐   ┌──────────┐   ┌──────────┐
│ 市级财政总预算会计 │────│ 一级会计单位 │───│ 二级会计单位 │───│ 基层会计单位 │
└─────────────────┘    └──────────┘   └──────────┘   └──────────┘

┌─────────────────┐    ┌──────────┐   ┌──────────┐   ┌──────────┐
│ 县级财政总预算会计 │────│ 一级会计单位 │───│ 二级会计单位 │───│ 基层会计单位 │
└─────────────────┘    └──────────┘   └──────────┘   └──────────┘

┌─────────────────┐    ┌──────────┐   ┌──────────┐   ┌──────────┐
│ 乡级财政总预算会计 │────│ 一级会计单位 │───│ 二级会计单位 │───│ 基层会计单位 │
└─────────────────┘    └──────────┘   └──────────┘   └──────────┘
```

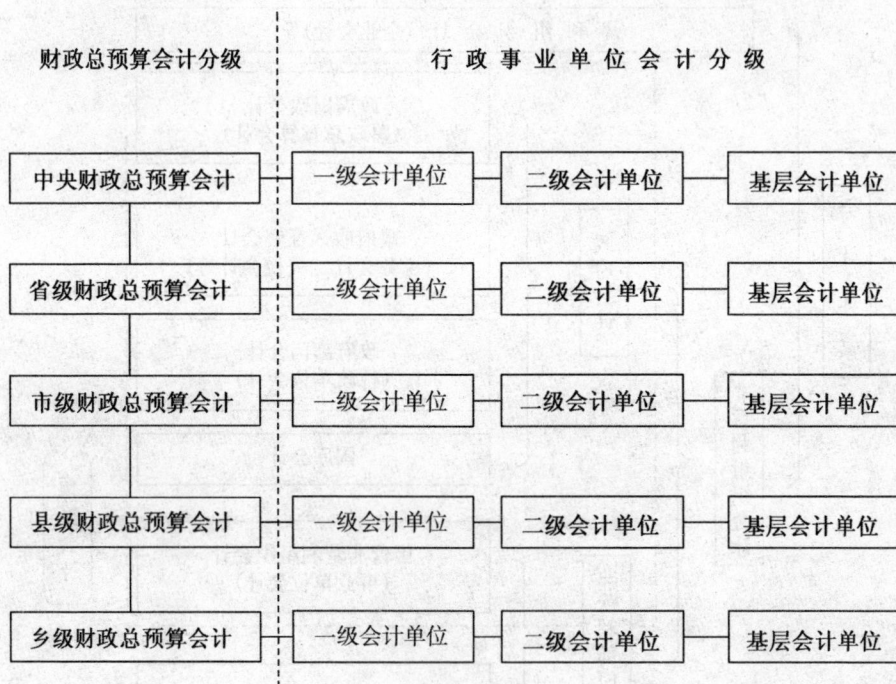

图1-2　预算会计的分级

乡（民族乡、镇）四级预算。上述五级预算构成了我国的政府预算体系。

　　财政总预算会计的管理体系，是和政府预算组成体系相一致的，也分为五级，即有一级政府就要建立一级总预算，每一级政府的总预算都在财政部门设立财政总预算会计。国家财政部设立中央财政总预算会计，省（包括自治区、直辖市）的财政厅（局）设立省级（包括自治区、直辖市）财政总预算会计，市（地、州）财政局设立市（地、州）级财政总预算会计，县（市）财政局设立县（市）级财政总预算会计，乡（镇）财政所设立乡（镇）级财政总预算会计。

　　各级总预算会计不仅要做好自身的会计核算、反映和监督工作，更重要的是负责组织和指导本地区的整个预算会计工作，指导下级总预算会计工作以及本地区事业行政单位会计工作，保证政府预算工作的顺利完成。

　　（二）事业行政单位会计的分级

　　根据现行的事业、行政管理体制，预算拨款关系和单位财务收支计划的编报程序，单位会计组织系统分为三级。

　　1.一级会计单位。与同级财政部门直接发生经费领报关系或财务关系（预算外资金审批关系、财务收支计划与会计决算审批关系），并有所属会计单位的，为一级会计单位。

　　2.二级会计单位，简称二级单位。与主管会计单位或上级会计单位发生经费领报关系、财务收支计划与会计决算审批关系，并有所属会计单位的，为二级会计单位。二级会计单位下面没有所属会计单位的，也视同基层会计单位。

3.三级会计单位，也称基层会计单位。与主管会计单位或二级会计单位直接发生经费领报关系、财务收支计划与会计决算审批关系，下面没有附属会计单位的，为三级会计单位，也称基层会计单位。

以上的会计单位，都应建立独立的单位预算，实行完整的会计核算制度。不具备独立核算条件的，实行单据报账制度，作为"报账单位"管理。

在实行国库集中支付制度以后，决定会计关系的主要是行政建制和财务收支计划的编报程序，预算拨款关系不再是决定性因素了。

（三）事业、行政单位会计与财政总预算会计的关系

事业、行政单位会计与财政总预算会计有着直接的、紧密的联系，主要表现在以下几个方面：

1.单位财务收支是同级政府预算的重要组成部分，政府预算核拨的事业费、行政经费和从财政专户核拨的预算外资金，是同级事业、行政单位收入的主要来源。单位会计与财政总预算会计相互配合，共同为促进社会事业发展、加强政权建设服务。

2.在缴拨款上有着直接的联系。单位应上缴财政的收入，要按规定缴入国家金库，应上缴的预算外资金，要按时缴入同级财政专户。而各级财政应拨付的事业费、行政经费和从财政专户核拨的预算外资金，要按计划及时拨给主管部门和单位。上述缴款、拨款手续，均通过各级财政总预算会计和单位会计办理。

3.各单位在预算执行过程中，平时要向主管部门和同级财政部门编制月报或季报，年终要编制年报。同级财政总预算会计要对各单位或主管部门的月报、季报、年报进行审核，并据以编制预算执行月报、季报和财政决算报表。

4.事业、行政单位作为会计主体，具有一定的自主权，但必须接受同级财政总预算会计的管理与监督，执行本级财政部门提出的检查意见。各级财政总预算会计也要加强对本单位会计的工作指导，提高单位会计的管理水平。

（四）收入征解会计、国库会计与财政总预算会计的关系

收入征解会计（包括税收会计、关税会计等）、国库会计和财政总预算会计同属于预算会计系列，是核算、反映和监督各级财政预算执行情况的专业会计，是财政预算管理的重要基础工作。在政府预算执行中，它们的共同目的是为圆满完成中央预算和地方预算服务。财政总预算会计是核算、反映和监督本级财政预算资金集中和分配的职能机构，掌握本级财政预算收支的全面情况和结果，处于综合的地位。收入征解会计负责核算、反映和监督中央预算和地方预算中各级税收征管、缴库过程的资金运动，负责核算各项税收的组织、实现与缴纳，处于专业会计的地位。国库会计机构是办理各级预算收支缴拨的机关。由于一切预算收入都由国库收纳，一切预算支出都由国库拨付，国库会计机构也是各级预算执行的重要部门。以上财、税、库三个方面是组织、管理和核算、反映、监督各级财政预算收入实现的重要部门。因此，它们必须相互提供有关资料、文件和报表，密切协作，才能确保完成任务。

从会计核算上看，财、税、库三者的联系也是很密切的。如税收会计的缴款书由国库收纳后，既是税务部门的实际入库凭证，又是国库入库的原始凭证，同时也是财政总预算会计收入记账的原始凭证。税收会计的实际缴库款，同各级国库的实际入库数，以及财政总预算会计相应的预算收入数应当是一致的。在财、税、库的对账工作中，国库有着重要作用。各级国库除每日向各级征收机关（税收会计）报送预算收入日报表外，同时向财政总预算会计报送预算收入日报表。财政总预算会计凭国库编制的收入日报表记入预算收入账及明细账，同时根据财政库存日报表核对预算支出拨款及库存余额。由于财政总预算会计的预算收入完全以国库的数据为准，拨款完全按财政的凭证支付，财政、国库的收入数字和库款余额应当保持一致。

第二节

政府与非营利组织会计的基本核算方法概述

政府与非营利组织会计核算方法是完成政府与非营利组织会计任务的基本手段，包括：设置会计科目、确定记账方法、填制审核会计凭证、登记会计账簿和编制会计报表等。它们之间既相互联系、相互补充、相互制约，又各自独立发挥不同的作用，从而构成一个完整的会计核算体系。

一、会计要素

会计要素又称会计报表要素，是对会计对象的基本分类。政府与非营利组织会计将会计要素分为资产、负债、净资产、收入和支出五类，各要素的具体内容由制度或准则加以确定。

（一）资产

资产是单位能以货币计量的经济资源，包括各种财产、债权或其他权利。其具有以下特征：（1）资产必须是一种经济资源。经济资源是能为单位服务或带来经济利益的资源，表现为货币资金、财产物资、机器设备和专利权等无形资产，以及债权和其他权利。不是经济资源的，不能作为单位的资产。（2）资产必须能用货币来计量。资产必须是能用货币计量出来，并据以登记入账、核算反映的经济资源。（3）资产必须为单位所占有或使用。单位拥有占有权或使用权（所有权）的经济资源才能作为单位的资产进行核算。（4）资产包括财产、债权和其他权利。资产有多种表现形式，既有以实物形态存在的，也有以非实物形态存在的。大致归纳起来，有财产、债权和其他权利几种形式。

由于资产的成因是资产存在和计价的基础，未来的、尚未发生的事项的可能后果不能确认为资产，一些已经不能带来未来经济利益流入的项目，如陈旧毁损的实物资产、已经无望收回的债权等都不能再作为资产来核算和列报。只有这样，才能保证会计信息的真实性。

（二）负债

负债是指单位承担的能以货币计量、需以资产或劳务偿还的债务。其具有以下特征：（1）负债是业已发生并必须在未来的某个特定时候予以了结的经济业务，该项业务的了结，需要该单位或是减少资产，或是付出劳务。（2）负债是能够用货币确切计量的债务责任，不能用货币计量的经济业务，则不能作为负债来进行核算。（3）负债通常都有确切的债权人和偿付日期，因此在会计核算上，均要求按照负债的类别和债权人进行明细核算。（4）大部分负债是交易的结果，而这种交易一般是以契约、合同、协议或者法律约束为前提的。（5）负债只有在偿还，或债权人放弃债权，或情况发生变化以后才能消失。

（三）净资产

净资产是指资产减去负债的差额，在营利组织会计中称为所有者权益，是指企业投资人对企业净资产的所有权。在政府与非营利组织会计中将其称为净资产，是由于这部分经济资源的所有权属于国家。民间非营利组织的出资人亦不能拥有组织净资产的所有权。净资产的特征是由单位所掌管支配，并能在一定程度上代表单位的经济实力。

（四）收入

收入是指国家或单位取得的非偿还性资金。其具有以下特征：（1）收入必须是不需要偿还的。单位取得的收入必须是非偿还性的，需要偿还的资金来源不能作为收入，而是属于负债的范畴。（2）在市场经济条件下，收入的表现形式通常为资金。对于特殊情况下取得的非资金性财物，也应是能以货币计量的。

（五）支出

支出是指一级政府或单位按照批准的预算所发生的资产耗费和损失。其具有以下特征：（1）支出是单位资产的耗费和损失。单位的支出，最终将表现为单位资产的减少。（2）能以货币计量。

与上述分类相适应，政府与非营利组织会计的会计平衡公式为：

资产 + 支出=负债 + 净资产 + 收入   (1-1)

（资产部类）（负债部类）

这一会计平衡公式是由营利组织会计的平衡公式演化而来的，并体现了非营利性的特点。

会计平衡公式，亦称会计等式，它是复式记账的基本原则，是进行会计核算、编制会计报表的理论依据。大家所熟悉的会计等式有两个。

资产=负债+所有者权益   (1-2)

利润=收入−支出   (1-3)

前者是一个静态的会计平衡公式，用于考核企业在某一时点上的财务状况，是编制资产负债表的基础公式。

后者则是一个动态的会计平衡公式，用于考核企业在某一期间内的盈利情况，是编制企业利润表的基础。

式（1-2）和式（1-3）并不是两个孤立的等式，而是相互联系、相互影响的，主要是由于式（1-3）的变动最终要影响到式（1-2）的所有者权益，这种影响可以通过式（1-4）反映出来：

资产=负债+所有者权益+利润（亏损时为负数） （1-4）

将式（1-3）代入式（1-4），则变为：

资产=负债+所有者权益+（收入-支出） （1-5）

政府与非营利组织会计也沿用了这些基本的会计等式，但在以下两点上作了变革：一是式（1-3）直接并入式（1-2）形成了式（1-5）；二是将"所有者权益"要素改为"净资产"。这主要是由会计主体的特殊性及其活动目标的非营利性决定的。

式（1-5）亦可写为：

资产+支出=负债+净资产+收入 （1-6）

为简便起见，将等式左边的"资产+支出"称为"资产部类"；将等式右边的"负债+净资产+收入"称为"负债部类"，即为式（1-1）。

$$\underbrace{资产 + 支出}_{资产部类} = \underbrace{负债 + 净资产 + 收入}_{负债部类}$$

会计科目是会计要素的细化，是对各项具体经济业务按其特征和经济管理要求进行归集、分类的类别名称，以便于正确系统地核算和监督各项经济业务所引起的资金运动。

会计账户是根据会计科目开设的，用以归类、反映和监督会计对象，是提供各类会计核算资料的工具。为了正确地记录和反映各项经济业务所引起的资金收付结存情况，账户不但要有明确的核算内容，而且要有一定的结构。在借贷记账法下，每个账户必须设置"借方"、"贷方"和"余额"三栏来分别记录资产、负债、净资产、收入和支出的增减变化情况和结果。而"借方"、"贷方"和"余额"就构成了账户的基本结构。

二、记账方法

记账方法就是运用一定的记账符号、记账方向、记账规则，编制会计分录和登记账簿的方法。它是针对经济活动确定会计分录的记账规则，是会计核算的基本方法之一。政府与非营利组织会计采用借贷记账法。借贷记账法是以"借"和"贷"作为记账符号，对每一项经济业务都采用方向相反、金额相等的方式，在有关的两个或两个以上账户中，全面地、相互联系地记录经济业务的一种复式记账方法。

（一）以"借""贷"为记账符号

借贷记账法以"借"和"贷"作为记账符号，表示记账方向。账户的左方称为"借方"，右方称为"贷方"。

账户的借方用来登记资产和支出的增加，同时用来登记负债、净资产和收入的减少；而账户的贷方用来登记负债、净资产和收入的增加，同时用来登记资产和支出的减少。

在一定时期内，账户的借方或贷方的合计数称为"发生额"，借方和贷方的差额称为"余额"。借方大于贷方的，其余额在借方；反之，其余额在贷方。在通常情况下，资产部类账户的余额在借方，负债部类账户的余额在贷方。

每个账户一定时期开始的余额称为"期初余额"，一定时期终了的余额称为"期末余额"。

期末余额的计算方法如下：

资产部类期末借方余额=期初借方余额+本期借方发生额-本期贷方发生额   (1-7)

负债部类期末贷方余额=期初贷方余额+本期贷方发生额-本期借方发生额   (1-8)

在借贷记账法下，各类账户的记账方向如表1-1所示。

表1-1 各类账户的记账方向

账户类别	借 方	贷 方	余 额 方 向
资产	+	−	借方
负债	−	+	贷方
净资产	−	+	贷方
收入	−	+	平时余额在贷方，年终结账后一般无余额
支出	+	−	平时余额在借方，年终结账后一般无余额

（二）采用"有借必有贷，借贷必相等"的记账原则

根据复式记账原理，结合借贷记账法下的账户结构，对于任何一项经济业务，都可以按照资金运动的方向，一方面记入一个或几个账户的借方，另一方面也必然要记入一个或几个账户的贷方，而且记入借方和贷方的数额必然是相等的。简言之，就是"有借必有贷，借贷必相等"。即不论是资金投入单位的业务，还是退出单位的业务，或是资金在单位内部循环与周转的业务，都是 方面记入有关账户的借方，另一方面记入有关账户的贷方，借方与贷方的数额必然相等。

（三）定期试算平衡

在每期业务终了后，都要检验账户记录是否正确，结出的账户余额有无差错。检验账户余额正确与否的试算平衡公式如下：

（1）发生额平衡法。当我们要检验所有账户在某一期间内对各项业务的记录是否正确时，可用这种方法。其平衡公式如下：

全部账户本期借方发生额合计=全部账户本期贷方发生额合计   (1-9)

（2）余额平衡法。当我们要检验所有账户记录的内容是否正确时，可采用这种办法。其平衡公式是：

全部账户借方余额合计=全部账户贷方余额合计   (1-10)

用账户类别反映为：

资产+支出=负债+净资产+收入

运用以上两种方法试算之后，如果达到平衡，说明账簿记录基本正确。

三、会计凭证

会计凭证是记录经济业务、明确经济责任、作为记账依据的书面证明，是单位发生经济业务并据以登记账簿的凭据。单位的任何一项经济业务，如领拨经费、支付费用、往来款项的结算等，都应取得或填制合法的会计凭证，要收有凭、付有据，登记账簿也必须根据审核后的会计凭证。因此，正确、严格地审核和填制会计凭证是会计工作中不可缺少的制度和手续，也是监督预算执行的一个重要环节。

正确合法的会计凭证可以及时准确地反映预算执行情况，并为登记账簿提供可靠的依据，明确经济责任，检查和监督经济业务的合法性，从而发挥会计的监督作用，保护国家财产的安全与完整。会计凭证按其填制程序和用途的不同，可以分为原始凭证和记账凭证两种。

（一）原始凭证

原始凭证是在经济业务发生或完成时取得和填制，载明经济业务具体内容和完成情况的书面证明，是进行会计核算的原始资料和重要依据。只有经过严格审核无误的原始凭证，才能作为编制记账凭证的依据。

1.原始凭证的编制与审核

填制和审核原始凭证，有如下要求：

（1）认真客观地记录各项经济业务的真实情况，数字要准确，大写与小写金额必须相符。支付款项的原始凭证要有收款单位和收款人的收款证明。购买实物的原始凭证要有验收证明。对于银行支票、收货票、收据等，必须按其连续编号顺序填写使用，写错作废时，应加盖作废戳记，连同存根全部保存，不得撕毁。

（2）从外单位取得的原始凭证，必须盖有填制单位的公章。从个人取得的原始凭证，必须有填制人员的签章。自制原始凭证必须有经办单位负责人或指定人员签章。

（3）要及时、正确地按规定的凭证格式和内容逐项填写经济业务的完成情况，同时要有经办部门和人员签章。

（4）原始凭证上的数字和文字都要填写清晰、工整，不得潦草涂改，如发生错误，应按规定手续作废，重新填制。

（5）经过上级批准的经济业务，应将批准文件作为原始凭证附件，如果批准文件需另行单独归档，应在凭证上注明批准机关名称、日期和文件字号。

原始凭证的审核是一项严肃细致的工作。对于违反财经纪律和制度的情况，会计人员有权拒绝付款、报销或执行，对于弄虚作假、营私舞弊、伪造涂改凭证等违法乱纪行为，应扣留凭证，及时向领导汇报，以便进行严肃处理；对于内容填列不全、数字计算有误、手续不完备、书写不清楚的原始凭证，应退回补办手续或更正。

只有经过严格审核无误的原始凭证，才能作为编制记账凭证的依据。

2.原始凭证的种类

从原始凭证的种类来看，财政总预算会计与事业、行政单位会计和民间非营利组织会计有所不同。总预算会计由于一般不直接办理预算收支，其原始凭证大部分是国库和单位预算会计及基建财务管理部门报送的会计报表。而事业行政单位预算会计是直接办理预算支出的，其原始凭证大部分是外来单据，如发货票、收款收据等。

单位预算会计的原始凭证的格式是多种多样的，反映的经济业务也是千差万别的，但它必须具备如下基本内容：①凭证的名称；②填制日期；③接受凭证单位名称；④经济业务摘要；⑤经济业务的实物数量、单价和金额；⑥填制凭证的单位、人员及经办人员的签章。

各级财政总预算会计的原始凭证包括：国库报来的各种收入日报表及其附件，如各种"缴款书""收入退还书""更正通知书"等；各种拨款和转账收款凭证，如预算拨款凭证、各种银行汇款凭证等；其他足以证明会计事项发生经过的凭证和文件等。

事业单位、行政单位会计和民间非营利组织会计的原始凭证包括：收款收据，借款凭证，预算拨款凭证，各种税票，材料出、入库单，固定资产出、入库单，开户银行转来的收、付款凭证，资金到账通知，往来结算凭证，其他足以证明会计事项发生经过的凭证和文件等。

（二）记账凭证

记账凭证是由会计人员根据审核后的原始凭证，按照会计核算要求加以归类而填制的，用以简单记载经济业务，确定会计分录并据以记账的会计凭证。记账凭证参考格式见表1-2，记账凭证汇总表的格式见表1-3，记账凭证封面的格式见表1-4。

表1-2　　　　　　　　　　　　**记账凭证**

总号：＿＿＿＿＿＿＿

年　月　日　　　　　　　　分号：＿＿＿＿＿＿＿

对方单位	摘要	借　方		贷　方		金额	记账符号	
		科目编号	科目名称	科目编号	科目名称			附凭证
								张

会计主管　　记账　　稽核　　出纳　　制单　　领缴　款人

表1-3 **记账凭证汇总表**

年　　月　　日　　　　　　　　凭证编号_____

会计科目	金　　额		总账页次
	借　　方	贷　　方	
附记账凭证　　张			

会计主管人员　　　　　　　记账　　　　　　稽核　　　　　　制单

表1-4 **记账凭证封面**
（单位名称）

时　间	年　　　　　　月
册数	本月共　册　　本册是第　册
张数	本册自第　号至第　号

记账凭证的编制方法如下：

1.应根据经审核无误的原始凭证归类整理编制记账凭证。记账凭证的各项内容必须填列齐全，经复核后凭以记账。制证人必须签名或盖章。

2.记账凭证一般根据每项经济业务的原始凭证编制。当天发生的同类会计事项可以适当归并后编制。不同会计事项的原始凭证，不得合并编制一张记账凭证，也不得把几天的会计事项加在一起作一个记账凭证。

3.记账凭证必须附有原始凭证。一张原始凭证涉及几张记账凭证的，可以把原始凭证附在主要的一张记账凭证后面，在其他记账凭证上注明附有原始凭证的记账凭证的编号。预拨经费转列支出、结账和更正错误的记账凭证，可以不附原始凭证，但应经主管会计人员签章。

4.记账凭证必须清晰、工整，不得潦草。记账凭证由指定人员复核，并经主管会计人员签章后据以记账。

5.记账凭证应按照会计事项发生的日期顺序整理制证记账。按照制证的顺序，每月从第一号起编排连续号码。

6.记账凭证每月应按顺序号整理，连同所附的原始凭证加上封面，装订成册保管，加盖单位公章。

四、会计账簿

（一）会计账簿的种类与格式

会计账簿是根据会计科目设置的，以会计核算过程中的会计凭证为依据，运用账户全面、系统、连续地记录预算资金和其他资金活动和结果的簿证。设置和登记会计账簿，是正确组织会计核算的一个重要环节。任何一个单位在经济业务发生后，首先要取得原始凭证和填制记账凭证。会计凭证所提供的只是具体的、详细的资料，而且凭证数量很多，比较分散，不能系统地反映一定时期内经济业务情况。因此，就有必要设置账簿，把会计凭证所提供的分散资料进行科学归类和整理，并及时地按顺序登记到各类不同的账簿和有关的账户中去。会计账簿是反映和监督各项收支、往来款项和库存资金的核算手段和监督手段，并为办理结算和清理债权债务及时提供信息，为编制会计报表提供数据。

与其他会计一样，政府与非营利组织会计账簿也分为总账、明细账和日记账三种。总账是按照制度规定的会计科目设置的，它是用来记录资产、负债、净资产、收入和支出各类所属科目增减和结存情况的账簿。利用总账，能全面、系统和综合地反映组织资金活动情况，是编制资产负债表的主要依据。总账与明细账平行登记。明细账是按照规定的明细科目和核算需要而设置的，它是对总账科目进行明细核算的账簿。每种会计要素都有相关的明细账簿。日记账是按照业务发生的顺序一笔一笔地进行连续登记，又称序时账，主要有现金日记账和银行存款日记账。

会计账簿的格式有三栏式和多栏式两种，三栏式账簿又有金额三栏式和数量金额三栏式之分。一般来说，普通的明细账和总账都用金额三栏式账簿（见表1-5和表1-6）；材料、固定资产类明细账用数量金额三栏式账簿（见表1-7）；支出费用类明细账用多栏式账簿。

表1-5　　　　　　　　　　　　　　　明　细　账

明细科目或户名：_____　　　　　　　　　　　　　　　　　　　　　第　页

年		凭证号	摘要	借方	贷方	余额	借（贷）方余额分析
月	日						

（三栏式账簿）

说明：各种收支明细账可采用本账格式。本账作支出明细核算时，"借（贷）方余额分析"栏以借方为主；本账作收入明细核算时，"借（贷）方余额分析"栏以贷方为主。

表1-6　　　　　　　　　　　　　　　总　　账

本账页数	
本户页数	

会计科目：_____
户　　名：_____

年		凭证号	摘　要	借方余额	贷方余额	余　额	
月	日					借或贷	金　额

（三栏式账簿）

表 1-7   **数量金额式账簿的格式**

<u>   明细账   </u>

库		编号	
区		名称	
架		材质	
层	位	规格	

账26

最高存量____   计划单价____

最低存量____   储备天数____   计量单位____

总页____

分页____

年		凭证号	摘　要	借　方			贷　方			核对号	余　额		
月	日			数量	单价	金　额	数量	单价	金　额		数量	单价	金　额

（二）会计账簿的平行登记

对经济业务在会计账簿上进行平行登记，是会计核算的基本规则要求，是明晰经济业务内容保证账簿记录准确的重要方法。

所谓平行登记是指将会计凭证所反映的经济内容，如凭单的日期、编号、业务内容摘要、金额等逐项记入有关的总账账户和其所属的明细账户。总账和明细账平行登记的要点是：①凡在总账账户中进行总括登记的，也要在它所属的明细账户中进行明细登记；②总账账户和它所属明细账户中登记的借方或贷方的方向、时间必须一致；③记入总账账户的金额必须与记入其所属各明细账户的金额之和相等。

（三）账簿的记账结账及错账更正

1.账簿的记账结账

会计人员在记账时要求做到以下几点：（1）根据审核无误的会计凭证登记账簿。记账时，应将会计凭证的日期、编号、业务内容摘要、金额和其他有关资料逐项记入账内，做到数字准确、摘要清楚、登记及时。（2）记账完毕，要在记账凭单上签名或盖章，并注明已经登记入账的符号"√"，表示已经记账。（3）记账时必须使用蓝黑墨水书写，不能使用圆珠笔或铅笔书写。但发生下列情况时可以用红墨水记录：①按照红字冲账的记账凭单，冲销错误的金额记录。②在不设多栏式账户的余额栏前，如未印明余额的方向（如借、贷）在余额栏内登记负数余额。③会计制度中规定用红字登记的其他记录。（4）账簿中书写的文字和数字在格内上面要留适当空距，不要写满格，一般应占格宽的1/2，便于发生错误时更正。(5) 各种账簿按页次顺序连续登记，不能跳行、隔页。如果发生跳行、隔页，应将空行、空页划线注销，或在空行、空页的摘要栏内注明"此行空白"或"此页空白"字样，并由记账人员签名或盖章。(6) 每一张账页登记完毕结转下页时，应结出本页合计数及余额，写在本页最后一行和下页第一行的有关栏内，并在摘要栏注明"过次页"和"承前页"字样。(7) 账簿记录发生错误，不能涂改、挖补、刮擦或用化学药水消除字迹，应按正规方法更正。(8) 会计人员应按照规定定期（按月、年）将各种会计账簿记录进行结账：①结转前必须将本期内发生的各项经济业务全部登记入账。②结账时，应结出每个账户的期末余额。结出余额后，应在账户的"借或贷"栏内写明"借"或"贷"的字样，以表示本账户的余额方向。没有余额的账户，应在"借或贷"栏内写"平"字，并在余额栏内用"- 0"表示。③年度终了时，要把各账户的余额结转下年，并在摘要栏中注明"结转下年"；在下年新账第一行余额栏内，填写上年结转的余额，并在摘要栏注明"上年结转"字样。

2.错账的更正

错账更正的方法有划线更正法、红字更正法和补记登记法：

（1）划线更正法。在月份结账前，发现账簿中文字或数字书写有错误的，或者数字计算有错误，而记账凭单没有错误，一般可以用划线更正法进行更正。更正时，应先在错误的文字或数字上划一条红线加以注销，但必须使原有的数字仍可辨认，然后在划线上面填写正确的文字或数字，并由记账人员在更正处盖章。

（2）红字更正法。①不论是月份结账前或结账后，如发现由于记账凭证中科目对应关系或金额有错误，致使账簿上错记的账，可以用红字更正法更正。更正时，须填制两张记账凭证，其中一张记账凭证用红笔填写会计分录，冲销原账户的错误（采用计算机做记账凭证的，以负数表示）。另一张记账凭证用蓝笔填写正确的会计分录，重新记账。②如果发现原记账凭证中会计分录没有错，只是所记金额大于应记金额，可以照正确数与错误数之间的差额，用红字填写一张记账凭证，据以冲销多记金额。

（3）补记登记法。如果记账凭证所记金额小于应记金额，也可用补记登记法将少记金额补足。

在会计电算化情况下，发生错误的环节通常是在记账凭证环节。对于错误记账凭证的更正，已经审核记账的凭证要在取消记账、审核后方可更正，有出纳签字的凭证还需要取消出纳签字，才可以进入更正凭证状态。另一种做法是填制一张与错误凭证借贷方相反但金额相同的凭证（或者是一张借贷方向相同但金额为负的凭证），并在摘要栏内注明要冲销凭证的编号、业务发生日期、主要业务活动等内容，进行冲账。然后再填制一张正确的记账凭证对经济业务做出正确的会计记录。

五、会计报表

会计报表是会计信息输出的主要载体，是会计记录、核算结果的一种体现形式。换言之，它是会计主体在一定期间内价值运动的过程及其结果的反映，也是反映会计主体在一定期间财务状况的书面文件。会计报表必须准确、及时和完整。

政府与非营利组织会计报表按时间可划分为旬报、月报和年报（即决算）；按编报单位可划分为财政总预算会计报表、行政单位会计报表、事业单位会计报表和民间非营利组织会计报表；按内容划分为资产负债表（是各编报单位都要报送的会计报表，它兼有营利组织会计中资产负债表和利润表的双重功能）、收入明细表、支出明细表、附表和说明书等。

要保证会计报表的质量，编制时必须遵循"正确性、及时性、完整性"的原则。

1.正确性原则。会计报表的数字必须真实可靠，必须根据核对无误的账簿记录和所属单位的报表编制、汇总，要做到账表相符。

2.及时性原则。会计报表的上报有很强的时间性。如果拖延了时间，就失去了利用的价值。所以，会计人员既要及时记账和结账，也要及时编制报表，并在规定时间内上报，才能有效地发挥报表的作用。

3.完整性原则。会计报表必须做到内容完整。要按照规定的报表种类、格式和指标认真填报，不能漏报、漏填，规定的栏目或行次不能任意取舍。要注意各种报表之间、各项目之间，凡有对应关系的数字，应该相互一致和相互衔接，以保证会计报表的逐级统一汇总。对有些项目和数据，还应该以附注加以说明。

关键概念

政府与非营利组织会计　预算会计　会计要素　平行登记

复习思考题

1.简述我国政府与非营利组织会计的组成体系。

2.我国的预算会计与西方发达国家的预算会计有何不同？

3.经济信息从进入到输出，在会计部门要经过哪些加工环节，各环节如何环环相扣？

第二篇 财政总预算会计（政府财政会计）

第二章 财政总预算会计概述

第一节
财政总预算会计及其任务

一、什么是财政总预算会计

财政总预算会计（简称总会计），是各级政府财政核算、反映、监督政府一般公共预算资金、政府性基金预算资金、国有资本经营预算资金、社会保险基金预算资金以及财政专户管理资金、专用基金和代管资金等资金活动的专业会计。其主体是各级政府，包括中央，省、自治区、直辖市，设区的市、自治州，县、自治县、不设区的市、市辖区，乡、民族乡、镇等各级政府财政部门的总会计。

《中华人民共和国预算法》规定，国家实行一级政府一级预算，设立中央，省、自治区、直辖市，设区的市、自治州，县、自治县、不设区的市、市辖区，乡、民族乡、镇五级预算。全国预算由中央预算和地方预算组成。地方预算由各省、自治区、直辖市总预算组成。地方各级总预算由本级预算和汇总的下一级总预算组成；下一级只有本级预算的，下一级总预算即指下一级的本级预算。没有下一级预算的，总预算即指本级预算。

预算由预算收入和预算支出组成。政府的全部收入和支出都应当纳入预算。预算包括一般公共预算、政府性基金预算、国有资本经营预算、社会保险基金预算。一般公共预算、政府性基金预算、国有资本经营预算、社会保险基金预算应当保持完整、独立。政府性基金预算、国有资本经营预算、社会保险基金预算应当与一般公共预算相衔接。由于我国目前社会保险基金管理主要由人力资源和社会保障部门负责，尚未纳入财政部门统一管理，因此，社会保险基金预算资金会计核算不适用本篇介绍的《财政总预算会计制度》，而是由财政部另行规定。

《财政总预算会计制度》规定，各级政府财政部门应当根据工作需要，配备一定数量的专职会计人员，负责总会计工作，并保持相对稳定。总会计的会计核算应当以本级政府财政业务活动持续正常地进行为前提。总会计应当划分会计期间，分期结算账目和编制会计报表。会计期间至少分为年度和月度。会计年度、月度等会计期间的起讫日期采用公历日期。年度终了后，可根据工作特殊需要设置一定期限的上年决算清理期。

总会计应当以人民币作为记账本位币，以元为金额单位，元以下记至角、分。发生外币业务，在登记外币金额的同时，一般应当按照业务发生当日中国人民银行公布的汇率中间价，将有关外币金额折算为人民币金额记账。期末，各种以外币计价或结算的资产负债项目，应当按照期末中国人民银行公布的汇率中间价进行折算。其中，货币资金项目因汇率变动产生的差额计入有关支出等科目；其他资产负债项目因汇率变动产生的差额计入有关净资产等科目。

总会计应当按照业务或事项的经济特征确定会计要素。会计要素包括资产、负债、净资产、收入和支出。总会计的会计核算一般采用收付实现制，部分经济业务或者事项应当按照规定采用权责发生制核算。总会计应当采用借贷记账法记账。总会计的会计记录应当使用中文，少数民族地区可以同时使用本民族文字。

二、财政总预算会计的工作任务

财政总预算会计的主要职责是进行会计核算，反映预算执行，实行会计监督，参与预算管理，合理调度资金。其工作任务具体如下：

1.进行会计核算。办理政府财政各项收支、资产负债的会计核算工作，反映政府财政预算执行情况和财务状况。财政总预算会计对各项预算收支、资金调拨和往来款项，都要进行核算和记载，做到正确、及时，日清月结。

2.严格财政资金收付调度管理。组织办理财政资金的收付、调拨，在确保资金安全性、规范性、流动性的前提下，合理调度管理资金，提高资金使用效益。财政总预算会计为了保证按照核定的预算及时供应好资金，要合理调度好各项财政资金，妥善解决财政资金库存和用款单位资金需求的矛盾，提高财政资金的使用效益。

3.规范账户管理。加强对国库单一账户、财政专户、零余额账户和预算单位银行账户等的管理。依据各类账户的管理要求，规范账户管理。

4.实行会计监督，参与预算管理。通过会计核算和反映，进行预算执行情况分析，并对总预算、部门预算和单位预算执行实行会计监督。

5.协调预算收入征收部门、国家金库、国库集中收付代理银行、财政专户开户银行和其他有关部门之间的业务关系。共同做好预算执行的核算、反映和监督工作。

6.组织本地区财政总决算、部门决算编审和汇总工作。各级财政总预算会计要指导和组织核查本行政区域内所属财政总预算会计和同级事业、行政单位的部门预算、决算编审和汇总工作，组织好财政总决算编审和汇总工作、发现问题及时改进。

7.组织和指导下级政府总会计工作。

三、财政总预算会计核算的信息质量要求

总会计的核算目标是向会计信息使用者提供政府财政预算执行情况、财务状况等会计信息，反映政府财政受托责任履行情况。总会计的会计信息使用者包括人民代表大会、政府及其有关部门、政府财政部门自身和其他会计信息使用者。

《财政总预算会计制度》对总会计信息质量要求如下：

1.总会计应当以实际发生的经济业务或者事项为依据进行会计核算，如实反映各项会计要素的情况和结果，保证会计信息真实可靠，全面反映政府财政的预算执行情况和财务状况等。

2.总会计提供的会计信息应当与政府财政受托责任履行情况的反映，会计信息使用者的监督、决策和管理需要相关，有助于会计信息使用者对政府财政过去、现在或者未来的情况做出评价或者预测。

3.总会计对于已经发生的经济业务或者事项，应当及时进行会计核算。

4.总会计提供的会计信息应当具有可比性。同一政府财政不同时期发生的相同或者相似的经济业务或者事项，应当采用一致的会计政策，不得随意变更。确需变更的，应当将变更的内容、理由和对政府财政预算执行情况、财务状况的影响在附注中予以说明。不同政府财政发生的相同或者相似的经济业务或者事项，应当采用统一的会计政策，确保不同政府财政的会计信息口径一致、相互可比。

5.总会计提供的会计信息应当清晰明了，便于会计信息使用者理解和使用。

第二节

财政总预算会计科目设置

一、会计科目设置原则

财政总预算会计依据下列原则设置会计科目：

1.各级总会计应当对有关法律、法规允许进行的经济活动，按照制度的规定使用会计科目进行核算；不得以本制度规定的会计科目及使用说明作为进行有关经济活动的依据。

2.各级总会计应当按照本制度的规定设置和使用会计科目，不需使用的总账科目可以不用；在不影响会计处理和编报会计报表的前提下，各级总会计可以根据实际情况自行增设本制度规定以外的明细科目，或者自行减少、合并本制度规定的明细科目。

3.各级总会计应当使用本制度统一规定的会计科目编号，不得随意打乱重编。

二、会计科目设置情况

财政总预算会计共有59个会计科目。其中，资产类15个、负债类11个、净资产类9个、收入类12个和支出类12个。详见表2-1。

表2-1 **财政总预算会计科目及核算内容**

科目编号	科目名称	核算内容
一、资产类		
1001	1.国库存款	核算政府财政存放在国库单一账户的款项
1003	2.国库现金管理存款	核算政府财政实行国库现金管理业务存放在商业银行的款项
1004	3.其他财政存款	核算政府财政未列入"国库存款""国库现金管理存款"科目反映的各项存款
1005	4.财政零余额账户存款	核算财政国库支付执行机构在代理银行办理财政直接支付的业务。财政国库支付执行机构未单设的地区不使用该科目
1006	5.有价证券	核算政府财政按照有关规定取得并持有的有价证券金额
1007	6.在途款	核算决算清理期和库款报解整理期内发生的需要通过本科目过渡处理的属于上年度收入、支出等业务的资金数
1011	7.预拨经费	核算政府财政预拨给预算单位尚未列为预算支出的款项
1021	8.借出款项	核算政府财政按照对外借款管理相关规定借给预算单位临时急需的，并需按期收回的款项
1022	9.应收股利	核算政府因持有股权投资应当收取的现金股利或利润
1031	10.与下级往来	核算本级政府财政与下级政府财政的往来待结算款项
1036	11.其他应收款	核算政府财政临时发生的其他应收、暂付、垫付款项。项目单位拖欠外国政府和国际金融组织贷款本息和相关费用导致相关政府财政履行担保责任，代偿的贷款本息费，也通过本科目核算
1041	12.应收地方政府债券转贷款	核算本级政府财政转贷给下级政府财政的地方政府债券资金的本金及利息
1045	13.应收主权外债转贷款	核算本级政府财政转贷给下级政府财政的外国政府和国际金融组织贷款等主权外债资金的本金及利息
1071	14.股权投资	核算政府持有的各类股权投资，包括国际金融组织股权投资、投资基金股权投资和企业股权投资等
1081	15.待发国债	核算为弥补中央财政预算收支差额，中央财政预计发行国债与实际发行国债之间的差额

续表

科目编号	科目名称	核算内容
二、负债类		
2001	16.应付短期政府债券	核算政府财政部门以政府名义发行的期限不超过1年（含1年）的国债和地方政府债券的应付本金和利息
2011	17.应付国库集中支付结余	核算政府财政采用权责发生制列支，预算单位尚未使用的国库集中支付结余资金
2012	18.与上级往来	核算本级政府财政与上级政府财政的往来待结算款项
2015	19.其他应付款	核算政府财政临时发生的暂收、应付和收到的不明性质款项。税务机关代征入库的社会保险费、项目单位使用并承担还款责任的外国政府和国际金融组织贷款，也通过本科目核算
2017	20.应付代管资金	核算政府财政代为管理的、使用权属于被代管主体的资金
2021	21.应付长期政府债券	核算政府财政部门以政府名义发行的期限超过1年的国债和地方政府债券的应付本金和利息
2022	22.借入款项	核算政府财政部门以政府名义向外国政府和国际金融组织等借入的款项，以及经国务院批准的其他方式借入的款项
2026	23.应付地方政府债券转贷款	核算地方政府财政从上级政府财政借入的地方政府债券转贷款的本金和利息
2027	24.应付主权外债转贷款	核算本级政府财政从上级政府财政借入的主权外债转贷款的本金和利息
2045	25.其他负债	核算政府财政因有关政策明确要求其承担支出责任的事项而形成的应付末付款项
2091	26.已结报支出	核算政府财政国库支付执行机构已清算的国库集中支付支出数额。财政国库支付执行机构未单设的地区，不使用该科目
三、净资产类		
3001	27.一般公共预算结转结余	核算政府财政纳入一般公共预算管理的收支相抵形成的结转结余
3002	28.政府性基金预算结转结余	核算政府财政纳入政府性基金预算管理的收支相抵形成的结转结余
3003	29.国有资本经营预算结转结余	核算政府财政纳入国有资本经营预算管理的收支相抵形成的结转结余
3005	30.财政专户管理资金结余	核算政府财政纳入财政专户管理的教育收费等资金收支相抵后形成的结余

科目编号	会计科目名称	核算内容
3007	31.专用基金结余	核算政府财政管理的专用基金收支相抵形成的结余
3031	32.预算稳定调节基金	核算政府财政设置的用于弥补以后年度预算资金不足的储备资金
3033	33.预算周转金	核算政府财政设置的用于调剂预算年度内季节性收支差额周转使用的资金
3081 308101 308102 308103 308104	34.资产基金 　应收地方政府债券 　转贷款 　应收主权外债转贷款 　股权投资 　应收股利	核算政府财政持有的应收地方政府债券转贷款、应收主权外债转贷款、股权投资和应收股利等资产（与其相关的资金收支纳入预算管理）在净资产中占用的金额
3082 308201 308202 308203 308204 308205 308206	35.待偿债净资产 　应付短期政府债券 　应付长期政府债券 　借入款项 　应付地方政府债券 　转贷款 　应付主权外债转贷款 　其他负债	核算政府财政因发生应付政府债券、借入款项、应付地方政府债券转贷款、应付主权外债转贷款、其他负债等负债（与其相关的资金收支纳入预算管理）相应需在净资产中冲减的金额
四、收入类		
4001	36.一般公共预算本级收入	核算政府财政筹集的纳入本级一般公共预算管理的税收收入和非税收入
4002	37.政府性基金预算本级收入	核算政府财政筹集的纳入本级政府性基金预算管理的非税收入
4003	38.国有资本经营预算本级收入	核算政府财政筹集的纳入本级国有资本经营预算管理的非税收入
4005	39.财政专户管理资金收入	核算政府财政纳入财政专户管理的教育收费等资金收入
4007	40.专用基金收入	核算政府财政按照法律法规和国务院、财政部规定设置或取得的粮食风险基金等专用基金收入
4011	41.补助收入	核算上级政府财政按照财政体制规定或因专项需要补助给本级政府财政的款项，包括税收返还、转移支付等
4012	42.上解收入	核算按照体制规定由下级政府财政上交给本级政府财政的款项
4013	43.地区间援助收入	核算受援方政府财政收到援助方政府财政转来的可统筹使用的各类援助、捐赠等资金收入

续表

科目编号	科目名称	核算内容
4021	44.调入资金	核算政府财政为平衡某类预算收支、从其他类型预算资金及其他渠道调入的资金
4031	45.动用预算稳定调节基金	核算政府财政为弥补本年度预算资金的不足，调用的预算稳定调节基金
4041	46.债务收入	核算政府财政按照国家法律、国务院规定以发行债券等方式取得的，以及向外国政府、国际金融组织等机构借款取得的纳入预算管理的债务收入
4042	47.债务转贷收入	核算省级以下（不含省级）政府财政收到上级政府财政转贷的债务收入

五、支出类

科目编号	科目名称	核算内容
5001	48.一般公共预算本级支出	核算政府财政管理的由本级政府使用的列入一般公共预算的支出
5002	49.政府性基金预算本级支出	核算政府财政管理的由本级政府使用的列入政府性基金预算的支出
5003	50.国有资本经营预算本级支出	核算政府财政管理的由本级政府使用的列入国有资本经营预算的支出
5005	51.财政专户管理资金支出	核算政府财政用纳入财政专户管理的教育收费等资金安排的支出
5007	52.专用基金支出	核算政府财政用专用基金收入安排的支出
5011	53.补助支出	核算本级政府财政按财政体制规定或因专项需要补助给下级政府财政的款项，包括对下级的税收返还、转移支付等
5012	54.上解支出	核算本级政府财政按照财政体制规定上交给上级政府财政的款项
5013	55.地区间援助支出	核算援助方政府财政安排用于受援方政府财政统筹使用的各类援助、捐赠等资金支出
5021	56.调出资金	核算政府财政为平衡预算收支、从某类资金向其他类型预算调出的资金
5031	57.安排预算稳定调节基金	核算政府财政按照有关规定安排的预算稳定调节基金
5041	58.债务还本支出	核算政府财政偿还本级政府财政承担的纳入预算管理的债务本金支出
5042	59.债务转贷支出	核算本级政府财政向下级政府财政转贷的债务支出

从会计科目的设置情况来看，财政总预算会计所核算的资金有一般公共预算资金、政府性基金预算资金、国有资本经营预算资金、财政专户管理资金、专用基金资金。前三项与《预算法》规定的"预算包括一般公共预算、政府性基金预算、国有资本经营预算、社会保险基金预算"的前三项一致，社会保险基金预算实行另外一种会计制度，所以不在本制度中核算。

一般公共预算资金是财政资金的主体部分，狭义上的财政资金就是指一般预算资金；政府性基金预算资金是政府收取的土地出让金等非税收入资金，是地方政府预算资金的重要来源；国有资本经营预算资金是政府以所有者身份取得的国有资本收益资金；财政专户管理资金是指财政部门为履行财政管理职能，在银行业金融机构开设用于管理核算特定资金的银行结算账户，如社会保险基金、国际金融组织和外国政府贷款赠款、偿债准备金、待缴国库单一账户的非税收入、教育收费、彩票发行机构和销售机构业务费、代管预算单位资金等；专用基金资金则是专门用途的基金资金，如粮食风险基金。

在各级财政总会计的业务中，一般预算资金核算是最主要的部分；政府性基金则视非税收入的情况而定；国有资本经营预算资金核算业务量，与该级政府所管理的国有企业数量、国有企业上缴股利的方式与数额关系密切；财政专户管理资金的核算业务相对烦琐，与专户管理资金种类和数额相关；专用基金资金业务目前较少。

关键概念

财政总预算会计　收付实现制　权责发生制　会计主体

复习思考题

1. 简述《财政总预算会计制度》的适用范围。
2. 简述财政总预算会计的工作任务。
3. 简述《财政总预算会计制度》对总会计信息质量的要求。
4. 简述财政总预算会计科目设置依据哪些原则？

第三章 财政总预算资产的核算

总会计核算的资产是指政府财政占有或控制的，能以货币计量的经济资源。按照流动性，分为流动资产和非流动资产。流动资产是指预计在1年内（含1年）变现的资产；非流动资产是指流动资产以外的资产。由于财政是代表政府办理资金再分配的行政机关，不直接办理预算资金的支出使用，资产中也没有财产物资，主要是货币资金、债权资金和股权资金大类。依据业务性质，具体分为财政性存款、有价证券、应收股利、借出款项、暂付及应收款项、预拨经费、应收转贷款和股权投资等（见表3-1）。

表3-1   **财政总预算资产的分类与会计科目设置**

资产分类		科目设置
货币资金	财政性存款	国库存款、国库现金管理存款、其他财政存款、财政零余额账户存款、在途款
债权资金	有价证券	有价证券
	应收股利	应收股利
	借出款项	借出款项
	暂付及应收款项	与下级往来、其他应收款
	预拨经费	预拨经费
	应收转贷款	应收地方政府债券转贷款、应收主权外债转贷款
	其他债权	待发国债
股权资金	股权投资	股权投资

第一节

财政性存款的核算

财政总预算货币资金的表现形式即财政性存款。财政性存款是指政府财政部门代表政府管理的国库存款、国库现金管理存款和其他财政存款等。财政性存款的支配权属于同级政府财政部门，并由总会计负责管理，统一在国库或选定的银行开立存款账户，统一收付，不得透支，不得提取现金。

各级总预算会计的财政性存款，包括国库存款、国库现金管理存款、其他财政存款、财政零余额账户存款，以及在决算清理期和库款报解整理期内发生的在途款。

财政总预算会计对符合资产定义的经济资源，应当在取得对其相关的权利，并且能够可靠地进行货币计量时确认。符合资产定义并确认的资产项目，应当列入资产负债表，应当按照取得或发生时的实际金额进行计量。

一、国库存款的核算

"国库存款"（1001）属资产类科目，用于核算政府财政存放在国库单一账户的款项。期末借方余额反映政府财政国库存款的结存数。

国库存款的主要账务处理如下：

（一）国库存款增加的核算

1.收到预算收入时，借记本科目，贷记有关预算收入科目。当日收入数为负数时，以红字记入（采用计算机记账的，用负数反映）。

【例3-1】某市财政收到国库报来"一般公共预算本级收入日报表"，当日一般公共预算本级收入为60万元，为国内私营企业增值税收入。

借：国库存款　　　　　　　　　　　　　　　　　　　　　　600 000
　　贷：一般公共预算本级收入——税收收入——增值税——国内增值税——私营
　　　　企业增值税　　　　　　　　　　　　　　　　　　　600 000

【例3-2】某市财政收到国库报来的"政府性基金预算收入日报表"，所列体育彩票资金收入为20万元。

借：国库存款　　　　　　　　　　　　　　　　　　　　　　200 000
　　贷：基金预算收入——彩票资金收入——体育彩票资金收入　　200 000

2.收到国库存款利息收入时，借记本科目，贷记"一般公共预算本级收入"科目。

【例3-3】某市财政收到本月国库存款利息收入16 000元。

借：国库存款　　　　　　　　　　　　　　　　　　　　　　16 000
　　贷：一般公共预算本级收入　　　　　　　　　　　　　　　16 000

3.收到缴入国库的来源不清的款项时，借记本科目，贷记"其他应付款"等科目。

【例3-4】某市财政收到一笔13 000元款项，性质不清，记入"其他应付款"科目。

借：国库存款　　　　　　　　　　　　　　　　　　　　13 000
　　贷：其他应付款　　　　　　　　　　　　　　　　　　　13 000

（二）国库存款减少的核算

国库存款减少时，按照实际支付的金额，借记有关科目，贷记本科目。

【例3-5】某市财政向市教育局划拨职业教育经费80万元，用于职业高中教育。

借：一般公共预算本级支出——教育支出——职业教育——职业高中教育
　　　　　　　　　　　　　　　　　　　　　　　　　　　800 000
　　贷：国库存款　　　　　　　　　　　　　　　　　　　800 000

二、国库现金管理存款

"国库现金管理存款"（1003）属资产类科目，用于核算政府财政实行国库现金管理业务存放在商业银行的款项。本科目期末借方余额反映政府财政实行国库现金管理业务持有的存款。

财政部和中国人民银行于2014年颁发《地方国库现金管理试点办法》，在预算管理水平高、财政专户清理力度大、政府债务约束考评机制相对完善的省（区、市）试点地方国库现金管理办法。地方国库现金管理是指在确保国库现金安全和资金支付需要的前提下，为提高财政资金使用效益，运用金融工具有效运作库款的管理活动。

国库现金管理存款的主要账务处理如下：

（一）转存商业银行

按照国库现金管理有关规定，将库款转存商业银行时，按照存入商业银行的金额，借记本科目，贷记"国库存款"科目。

【例3-6】某市财政根据库款结余情况，将1亿元资金转存到商业银行，期限为10个月。

借：国库现金管理存款　　　　　　　　　　　　　　　100 000 000
　　贷：国库存款　　　　　　　　　　　　　　　　　　100 000 000

（二）收回国库

国库现金管理存款收回国库时，按照实际收回的金额，借记"国库存款"科目，按照原存入商业银行的存款本金金额，贷记本科目，按照两者的差额，贷记"一般公共预算本级收入"科目。

【例3-7】接例3-6，存款到期，收回国库。本金1亿元，利息250万元。

借：国库存款　　　　　　　　　　　　　　　　　　　102 500 000
　　贷：国库现金管理存款　　　　　　　　　　　　　　100 000 000
　　　　一般公共预算本级收入　　　　　　　　　　　　　2 500 000

三、其他财政存款

"其他财政存款"（1004）是资产类科目，用于核算政府财政未列入"国库存款""国库现金管理存款"科目反映的各项存款。本科目期末借方余额反映政府财政持有的其他财政存款。

在财政总会计业务中，大部分的财政性存款为国库存款。但在有些时候，财政需要将款项转存到商业银行办理一些特殊的财政业务，如财政专户、未设国库的乡（镇）财政预算存款，由此就有了其他财政存款形式。本科目应当按照资金性质和存款银行等进行明细核算。

其他财政存款的主要账务处理如下：

（一）其他财政存款增加的核算

1.收到财政专户款。财政专户收到款项时，按照实际收到的金额，借记本科目，贷记有关科目。

【例3-8】某县财政收到代管的教育收费50万元。

借：其他财政存款		500 000
贷：应付代管资金		500 000

【例3-9】某省财政收到执法机构缴入财政专户的罚款收入16万元。

借：其他财政存款		160 000
贷：财政专户管理资金收入		160 000

2.利息收入。其他财政存款产生的利息收入，除规定作为专户资金收入外，其他利息收入都应缴入国库纳入一般公共预算管理。取得其他财政存款利息收入时，按照实际获得的利息金额，根据以下情况分别处理：

（1）按规定作为专户资金收入的，借记本科目，贷记"应付代管资金"或有关收入科目。

【例3-10】接例3-8，县财政收到代管的教育收费50万元的利息收入5 000元。

借：其他财政存款		5 000
贷：应付代管资金		5 000

（2）按规定应缴入国库的，借记本科目，贷记"其他应付款"科目。将其他财政存款利息收入缴入国库时，借记"其他应付款"科目，贷记本科目；同时，借记"国库存款"科目，贷记"一般公共预算本级收入"科目。

【例3-11】接例3-9，省财政收到执法机构缴入财政专户的罚款收入16万元的利息收入300元。

借：其他财政存款		300
贷：其他应付款		300

【例3-12】接例3-9和例3-11，省财政将收到的罚款收入16万元的利息收入300元转入国库单一账户。

借：其他应付款		300
贷：其他财政存款		300

借：国库存款　　　　　　　　　　　　　　　　　　　　　　　300

　　贷：一般公共预算本级收入　　　　　　　　　　　　　　　　300

（二）其他财政存款减少的核算

其他财政存款减少时，按照实际支付的金额，借记有关科目，贷记本科目。

【例3-13】接例3-8和例3-10，县财政将代管的教育收费核拨回缴款单位，本金50万元，利息5 000元。

借：应付代管资金　　　　　　　　　　　　　　　　　　　505 000

　　贷：其他财政存款　　　　　　　　　　　　　　　　　　505 000

四、财政零余额账户存款的核算

"财政零余额账户存款"（1005）属资产类科目，用于核算财政国库支付执行机构在代理银行办理财政直接支付的业务。本科目当日资金结算后一般应无余额。财政国库支付执行机构未单设的地区不使用该科目。

财政零余额账户是财政部门开设在代理银行，主要用于办理财政直接支付业务，并与国库单一账户进行清算的账户。该账户不得提取现金。开户时，财政部门向财政直接支付业务代理银行发出开设财政零余额账户的书面通知，代理银行依据《人民币银行结算账户管理办法实施细则》的规定，为财政部门开设财政零余额账户。财政零余额账户每日发生的支付，于当日营业终了前由代理银行与国库单一账户清算。财政零余额账户由国库支付执行机构负责管理，并签发支付指令。

财政零余额账户存款的主要账务处理如下：

（一）为预算单位直接支付款项

财政国库支付执行机构为预算单位直接支付款项时，借记有关预算支出科目，贷记本科目。

【例3-14】某市财政为市防疫站支付疫苗款项，总金额9万元，从财政零余额账户中支付。

借：一般公共预算本级支出　　　　　　　　　　　　　　　90 000

　　贷：财政零余额账户存款　　　　　　　　　　　　　　　90 000

（二）每日结算

财政国库支付执行机构每日将按部门分"类""款""项"汇总的预算支出结算清单等结算单与中国人民银行国库划款凭证核对无误后，送总预算会计结算资金，按照结算的金额，借记本科目，贷记"已结报支出"科目。

【例3-15】接例3-14，当日资金支付业务终了后，市财政国库处将当日的支出业务汇总与国库划款凭证核对无误后，送总预算会计结算资金，当日的一般公共预算本级支出9万元。

借：财政零余额账户存款　　　　　　　　　　　　　　　　90 000

　　贷：已结报支出　　　　　　　　　　　　　　　　　　　90 000

五、在途款的核算

"在途款"（1007）属资产类科目，用于核算决算清理期和库款报解整理期内发生的需要通过本科目过渡处理的属于上年度收入、支出等业务的资金数。本科目期末借方余额反映政府财政持有的在途款。

在途款是指在途未到达的款项。财政总预算会计的在途款是指在规定的决算清理期内，收到应属于上年度收入的款项和收回上年度不应列支的款项，或需要通过"在途款"科目过渡处理的资金数。这些款项，在发生时虽然款已收到，但是属于上年度的，从上年度的角度来看，这些款尚未到达，需要用"在途款"作过渡性核算。

在途款的主要账务处理如下：

决算清理期和库款报解整理期内收到属于上年度收入时，在上年度账务中，借记本科目，贷记有关收入科目；收回属于上年度拨款或支出时，在上年度账务中，借记本科目，贷记"预拨经费"或有关支出科目。冲转在途款时，在本年度账务中，借记"国库存款"科目，贷记本科目。

【例3-16】决算清理期中，收到国库报来"一般公共预算本级收入日报表"，收到属于上年度的一般公共预算本级收入5 000元。

在上年度账上记：

借：在途款 5 000

 贷：一般公共预算本级收入 5 000

在本年度新账上记：

借：国库存款 5 000

 贷：在途款 5 000

【例3-17】决算清理期，收回属于上年度多拨经费20 000元。

在上年度账上记：

借：在途款 20 000

 贷：预拨经费 20 000

在本年度新账上记：

借：国库存款 20 000

 贷：在途款 20 000

第二节

债权资金的核算

财政总预算会计核算的债权资金包括有价证券、应收股利、借出款项、暂付及应收款项、预拨经费、应收转贷款等。

一、有价证券的核算

有价证券是指政府财政按照有关规定取得并持有的政府债券。

"有价证券"（1006）属资产类科目，用于核算政府财政按照有关规定取得并持有的有价证券金额。本科目期末借方余额反映政府财政持有的有价证券金额。本科目应当按照有价证券种类和资金性质进行明细核算。

有价证券的主要账务处理如下：

（一）购入有价证券的核算

购入有价证券时，按照实际支付的金额，借记本科目，贷记"国库存款""其他财政存款"等科目。

【例3-18】某省财政用一般公共预算结余资金30万元购买国库券。

借：有价证券——国库券　　　　　　　　　　　　　　300 000
　　贷：国库存款　　　　　　　　　　　　　　　　　　　　300 000

（二）转让或到期兑付有价证券的核算

转让或到期兑付有价证券时，按照实际收到的金额，借记"国库存款""其他财政存款"等科目，按照该有价证券的账面余额，贷记本科目，按其差额，贷记"一般公共预算本级收入"等科目。

【例3-19】接例3-18，购入的国库券到期兑付，收到利息收入2万元。

借：国库存款　　　　　　　　　　　　　　　　　　　320 000
　　贷：有价证券——国库券　　　　　　　　　　　　　　300 000
　　　　一般公共预算本级收入　　　　　　　　　　　　　 20 000

二、应收股利的核算

应收股利是指政府因持有股权投资应当收取的现金股利或利润。

"应收股利"（1022）属资产类科目，用于核算政府因持有股权投资应当收取的现金股利或利润。本科目期末借方余额反映政府尚未收回的现金股利或利润。本科目应当按照被投资主体进行明细核算。

应收股利的主要账务处理如下：

（一）被投资主体宣告发放现金股利或利润的核算

持有股权投资期间被投资主体宣告发放现金股利或利润的，按应上缴政府财政的部分，借记本科目，贷记"资产基金——应收股利"科目；按照相同的金额，借记"资产基金——股权投资"科目，贷记"股权投资（损益调整）"科目。

【例3-20】某市财政通过市建设投资公司以政府性基金预算结余资金投资A公司，现A公司宣告发放股利，政府投资份额应得股利500万元，按照协议，市建设投资公司可提成3%，应上缴政府财政的部分为485万元。

借：应收股利　　　　　　　　　　　　　　　　　　　4 850 000
　　贷：资产基金——应收股利　　　　　　　　　　　　　4 850 000
借：资产基金——股权投资　　　　　　　　　　　　　4 850 000
　　贷：股权投资（损益调整）　　　　　　　　　　　　　4 850 000

（二）实际收到现金股利或利润的核算

实际收到现金股利或利润，借记"国库存款"等科目，贷记有关收入科目；按照相同的金额，借记"资产基金——应收股利"科目，贷记本科目。

【例3-21】接例3-20，市财政收到市建设投资公司转缴的A公司发放的股利485万元。

　　借：国库存款　　　　　　　　　　　　　　　　　　4 850 000
　　　　贷：政府性基金预算本级收入　　　　　　　　　　　　　4 850 000
　　借：资产基金——应收股利　　　　　　　　　　　　4 850 000
　　　　贷：应收股利　　　　　　　　　　　　　　　　　　　　4 850 000

三、借出款项的核算

借出款项是指政府财政按照对外借款管理相关规定借给预算单位临时急需，并需按期收回的款项。

"借出款项"（1021）属资产类科目，用于核算政府财政按照对外借款管理相关规定借给预算单位临时急需的，并需按期收回的款项。本科目期末借方余额反映政府财政借给预算单位尚未收回的款项。本科目应当按照借款单位等进行明细核算。

借出款项的主要账务处理如下：

（一）将款项借出的核算

将款项借出时，按照实际支付的金额，借记本科目，贷记"国库存款"等科目。

【例3-22】市食品药品监督管理局因开展专项活动需要，向市财政紧急借款50万元。

　　借：借出款项——食品药品监督管理局　　　　　　500 000
　　　　贷：国库存款　　　　　　　　　　　　　　　　　　　　500 000

（二）将款项收回的核算

收回借款时，按照实际收到的金额，借记"国库存款"等科目，贷记本科目。

【例3-23】经批准，市食品药品监督管理局的借款50万元转作经费拨款。

　　借：一般公共预算本级支出　　　　　　　　　　　500 000
　　　　贷：借出款项——食品药品监督管理局　　　　　　　　　500 000

四、暂付及应收款项的核算

暂付及应收款项是指政府财政业务活动中形成的债权，包括与下级往来和其他应收款等。暂付及应收款项应当及时清理结算，不得长期挂账。

（一）与下级往来的核算

"与下级往来"（1031）是双重性质的科目，用于核算本级政府财政与下级政府财政的往来待结算款项。本科目期末借方余额反映下级政府财政欠本级政府财政的款项；期末贷方余额反映本级政府财政欠下级政府财政的款项。

上下级财政之间的资金往来非常频繁，由上解、补助、往来借垫等多种业务引起，而且由于体制性上解和专项上解、体制性补助和专项补助并存，上下级财政之间的资金往来错综交织，需要有专门的账户进行核算。本科目应当按照下级政府财政、资金性质等进行明细核算。

与下级往来的主要账务处理如下：

1.借出和收回款项的核算

借给下级政府财政款项时，借记本科目，贷记"国库存款"科目。

【例3-24】某市财政借给所属甲县临时周转金50万元。

借：与下级往来——甲县　　　　　　　　　　　　　500 000
　　贷：国库存款　　　　　　　　　　　　　　　　　　　　500 000

收回借给下级政府财政款项时，借记"国库存款"科目，贷记本科目。

【例3-25】接例3-24，甲县根据库款情况归还市财政25万元。

借：国库存款　　　　　　　　　　　　　　　　　250 000
　　贷：与下级往来——甲县　　　　　　　　　　　　　　　250 000

2.体制结算的核算

上下级财政之间的体制结算业务主要有两类：一是下级政府财政对上级上解收入；二是上级政府财政对下级补助支出。

（1）下级政府财政对上级上解收入

A.体制结算中应当由下级政府财政上交的收入，借记本科目，贷记"上解收入"科目。

【例3-26】年末经结算，乙县应上解市财政800万元，实际已上解650万元。余款150万元暂作往来处理。

借：与下级往来——乙县　　　　　　　　　　　1 500 000
　　贷：上解收入　　　　　　　　　　　　　　　　　　　1 500 000

B.发生上解多交应当退回的，按照应当退回的金额，借记"上解收入"科目，贷记本科目。

【例3-27】接例3-26，经核查，乙县应上解市财政800万元，实际已上解750万元，应解未解款为50万元，退回100万元。

借：上解收入　　　　　　　　　　　　　　　　1 000 000
　　贷：与下级往来——乙县　　　　　　　　　　　　　　1 000 000

（2）上级政府财政对下级补助支出

A.借款转作补助支出或体制结算应当补助下级政府财政的支出，借记"国库存款""补助支出"等有关科目，贷记本科目。

【例3-28】接例3-24和例3-25，经批准，甲县尚未归还的25万元转作市财政对甲县的补助款。

借：补助支出　　　　　　　　　　　　　　　　250 000
　　贷：与下级往来——甲县　　　　　　　　　　　　　　250 000

B.发生补助多补应当退回的，按照应当退回的金额，借记本科目，贷记"补助支出"科目。

【例3-29】年末体制结算，市财政对丙县多补助15万元，予以收回。

借：与下级往来——丙县　　　　　　　　　　　150 000
　　贷：补助支出　　　　　　　　　　　　　　　　　　　150 000

（二）其他应收款的核算

"其他应收款"（1036）属资产类科目，用于核算政府财政临时发生的其他应收、暂付、垫付款项。项目单位拖欠外国政府和国际金融组织贷款本息和相关费用，导致相关政府财政履行担保责任代偿的贷款本息费，也通过本科目核算。本科目应及时清理结算。年终，原则上应无余额。本科目应当按照资金性质、债务单位等进行明细核算。

其他应收款的主要账务处理如下：

1.发生其他应收款项时，借记本科目，贷记"国库存款""其他财政存款"等科目。

【例3-30】市教育局经费紧张，市财政用一般公共预算资金为其垫付"教育券"发行手续费5万元。

借：其他应收款——教育局　　　　　　　　　　　　　　　 50 000

　　贷：国库存款　　　　　　　　　　　　　　　　　　　　　　 50 000

2.收回或转作预算支出时，借记"国库存款""其他财政存款"或有关支出科目，贷记本科目。

【例3-31】接例3-30，下月，市财政将为教育局垫付的手续费5万元转为预算支出。

借：一般公共预算本级支出　　　　　　　　　　　　　　　 50 000

　　贷：其他应收款　　　　　　　　　　　　　　　　　　　　　 50 000

3.政府财政对使用外国政府和国际金融组织贷款资金的项目单位履行担保责任，代偿贷款本息费时，借记本科目，贷记"国库存款""其他财政存款"等科目。政府财政行使追索权，收回项目单位贷款本息费时，借记"国库存款""其他财政存款"等科目，贷记本科目。政府财政最终未收回项目单位贷款本息费，经核准列支时，借记"一般公共预算本级支出"等科目，贷记本科目。

【例3-32】某市政府财政为市建设投资公司投资地铁项目的世行贷款担保，贷款到期，因建设投资公司经营资金困难，财政代为偿还本息，本金3亿元，利息5 000万元，共计3.5亿元。

借：其他应收款——建投公司　　　　　　　　　 350 000 000

　　贷：国库存款　　　　　　　　　　　　　　　　　　 350 000 000

【例3-33】接例3-30，建设投资公司依据财务情况，归还省财政垫付资金2亿元。

借：国库存款　　　　　　　　　　　　　　　　 200 000 000

　　贷：其他应收款——建投公司　　　　　　　　　　 200 000 000

【例3-34】接例3-30和例3-31，经批准，建设投资公司欠款1.5亿元转为基本建设拨款支出。

借：一般公共预算本级支出　　　　　　　　　　 150 000 000

　　贷：其他应收款——建投公司　　　　　　　　　　 150 000 000

五、预拨经费的核算

预拨经费是指政府财政在年度预算执行中预拨出应在以后各月列支以及会计年度终了前根据"二上"预算预拨出的下年度预算资金。预拨经费（不含预拨下年度预算资金）应在年终前转列支出或清理收回。

"预拨经费"（1011）属资产类科目，用于核算政府财政预拨给预算单位尚未列为预算支出的款项。本科目借方余额反映政府财政年末尚未转列支出或尚待收回的预拨经费数。本科目应当按照预拨经费种类、预算单位等进行明细核算。

预拨经费的主要账务处理如下：

（一）拨出款项的核算

拨出款项时，借记本科目，贷记"国库存款"科目。

【例3-35】某市财政向市科技局预拨下季度经费100万元。

借：预拨经费　　　　　　　　　　　　　　　　　　　　1 000 000

　　贷：国库存款　　　　　　　　　　　　　　　　　　　　1 000 000

（二）转列支出或收回预拨款项的核算

转列支出或收回预拨款项时，借记"一般公共预算本级支出""政府性基金预算本级支出""国库存款"等科目，贷记本科目。

【例3-36】接例3-35，市财政核拨科技局本月经费35万元。

借：一般公共预算本级支出　　　　　　　　　　　　　　350 000

　　贷：预拨经费　　　　　　　　　　　　　　　　　　　　350 000

六、应收转贷款的核算

应收转贷款是指政府财政将借入的资金转贷给下级政府财政的款项，包括应收地方政府债券转贷款、应收主权外债转贷款等。

（一）应收地方政府债券转贷款的核算

"应收地方政府债券转贷款"（1041）属资产类科目，用于核算本级政府财政转贷给下级政府财政的地方政府债券资金的本金及利息。本科目期末借方余额反映政府财政应收未收的地方政府债券转贷款本金和利息。

本科目下应当设置"应收地方政府一般债券转贷款"和"应收地方政府专项债券转贷款"明细科目，其下分别设置"应收本金"和"应收利息"两个明细科目，并按照转贷对象进行明细核算。

应收地方政府债券转贷款的主要账务处理如下：

1.向下级政府财政转贷的核算

向下级政府财政转贷地方政府债券资金时，按照转贷的金额，借记"债务转贷支出"科目，贷记"国库存款"科目；根据债务管理部门转来的相关资料，按照到期应收回的转贷本金金额，借记本科目，贷记"资产基金——应收地方政府债券转贷款"科目。

【例3-37】中央财政为A省的某建设项目发行专项债券，金额为5亿元，现向A省转贷。

借：债务转贷支出   500 000 000

 贷：国库存款   500 000 000

借：应收地方政府债券转贷款——应收地方政府专项债券转贷款——应收

 本金——A省   500 000 000

 贷：资产基金——应收地方政府债券转贷款   500 000 000

2.期末确认地方政府债券转贷款的应收利息的核算

期末确认地方政府债券转贷款的应收利息时，根据债务管理部门计算出的转贷款本期应收未收利息金额，借记本科目，贷记"资产基金——应收地方政府债券转贷款"科目。

【例3-38】接例3-37，季末，总会计收到债务管理部门计算出的A省转贷款本期应收未收利息，金额50万元。

借：应收地方政府债券转贷款——应收地方政府专项债券转贷款——应收

 利息——A省   500 000

 贷：资产基金——应收地方政府债券转贷款   500 000

3.收回下级政府财政偿还的转贷款本息的核算

收回下级政府财政偿还的转贷款本息时，按照收回的金额，借记"国库存款"等科目，贷记"其他应付款"或"其他应收款"科目；根据债务管理部门转来的相关资料，按照收回的转贷款本金及已确认的应收利息金额，借记"资产基金——应收地方政府债券转贷款"科目，贷记本科目。

【例3-39】接例3-37和例3-38，A省偿还转贷款本息共计3亿元。债务管理部门转来的相关资料显示，收回的转贷款本金为2.7亿元，应收利息为0.3亿元。

借：国库存款   300 000 000

 贷：其他应付款   300 000 000

借：资产基金——应收地方政府债券转贷款   300 000 000

 贷：应收地方政府债券转贷款——应收地方政府专项债券转贷款——应收本

  金——A省   270 000 000

               ——应收利

             息——A省

               30 000 000

4.扣缴下级政府财政的转贷款本息的核算

扣缴下级政府财政的转贷款本息时，按照扣缴的金额，借记"与下级往来"科目，贷记"其他应付款"或"其他应收款"科目；根据债务管理部门转来的相关资料，按照扣缴的转贷款本金及已确认的应收利息金额，借记"资产基金——应收地方政府债券转贷款"科目，贷记本科目。

【例3-40】接例3-37、例3-38和例3-39，年末体制结算，中央财政从对A省的补助中扣缴转贷款2亿元，债务管理部门转来的相关资料显示，扣缴的转贷款本金为1.8亿元，应收利息为0.2亿元。

借：与下级往来   200 000 000

  贷：其他应付款   200 000 000

借：资产基金——应收地方政府债券转贷款 200 000 000

  贷：应收地方政府债券转贷款——应收地方政府专项债券转贷款——应收本

    金——A省   180 000 000

                  ——应收利

    息——A省

                   20 000 000

（二）应收主权外债转贷款的核算

"应收主权外债转贷款"（1045）属资产类科目，用于核算本级政府财政转贷给下级政府财政的外国政府和国际金融组织贷款等主权外债资金的本金及利息。本科目期末借方余额反映政府财政应收未收的主权外债转贷款本金和利息。

本科目下应当设置"应收本金"和"应收利息"两个明细科目，并按照转贷对象进行明细核算。

应收主权外债转贷款的主要账务处理如下：

1.向下级政府财政转贷主权外债资金的核算

本级政府财政向下级政府财政转贷主权外债资金，且主权外债最终还款责任由下级政府财政承担的，相关账务处理如下：

（1）本级政府财政支付转贷资金时，根据转贷资金支付相关资料，借记"债务转贷支出"科目，贷记"其他财政存款"科目；根据债务管理部门转来的相关资料，按照实际持有的债权金额，借记本科目，贷记"资产基金——应收主权外债转贷款"科目。

【例3-41】某省政府财政获得德国政府贷款，在本省投资燃气设施改造，现将部分贷款转贷给所属的L市，用于L市的燃气设施改造，金额为1亿元。

借：债务转贷支出   100 000 000

  贷：其他财政存款   100 000 000

借：应收主权外债转贷款——应收本金——L市 100 000 000

  贷：资产基金——应收主权外债转贷款   100 000 000

（2）外方将贷款资金直接支付给用款单位或供应商时，本级政府财政根据转贷资金支付相关资料，借记"债务转贷支出"科目，贷记"债务收入"或"债务转贷收入"科目；根据债务管理部门转来的相关资料，按照实际持有的债权金额，借记本科目，贷记"资产基金——应收主权外债转贷款"科目；同时，借记"待偿债净资产"科目，贷记"借入款项"或"应付主权外债转贷款"科目。

【例3-42】接例3-41，省政府对L市追加转贷支出，并由德国政府贷款机构直接支付给设施改造的施工单位，金额为0.6亿元。

借：债务转贷支出   60 000 000

  贷：债务收入   60 000 000

借：应收主权外债转贷款——应收本金——L市　　　　60 000 000

　　贷：资产基金——应收主权外债转贷款　　　　　　　　60 000 000

借：待偿债净资产——借入款项　　　　　　　　　60 000 000

　　贷：借入款项　　　　　　　　　　　　　　　　　　60 000 000

2.期末确认主权外债转贷款的应收利息的核算

期末确认主权外债转贷款的应收利息时，根据债务管理部门计算出的转贷款的本期应收未收利息金额，借记本科目，贷记"资产基金——应收主权外债转贷款"科目。

【例3-43】接例3-41和例3-42，年末，债务管理部门转来的相关资料显示，L市的主权外债转贷款的应收未收利息为100万元。

借：应收主权外债转贷款——应收利息——L市　　　　1 000 000

　　贷：资产基金——应收主权外债转贷款　　　　　　　　1 000 000

3.收回转贷给下级政府财政主权外债的本息的核算

收回转贷给下级政府财政主权外债的本息时，按照收回的金额，借记"其他财政存款"科目，贷记"其他应付款"或"其他应收款"科目；根据债务管理部门转来的相关资料，按照实际收回的转贷款本金及已确认的应收利息金额，借记"资产基金——应收主权外债转贷款"科目，贷记本科目。

【例3-44】接例3-41、例3-42和例3-43，省财政收回转贷给L市的主权外债转贷款，本金1.4亿元，利息0.1亿元，共计1.5亿元。

借：其他财政存款　　　　　　　　　　　　　　　150 000 000

　　贷：其他应付款　　　　　　　　　　　　　　　　　150 000 000

借：资产基金——应收主权外债转贷款　　　　　　150 000 000

　　贷：应收主权外债转贷款——应收本金——L市　　　　140 000 000

　　　　　　　　　　　　——应收利息——L市　　　　　10 000 000

4.扣缴下级政府财政的转贷款本息的核算

扣缴下级政府财政的转贷款本息时，按照扣缴的金额，借记"与下级往来"科目，贷记"其他应付款"或"其他应收款"科目；根据债务管理部门转来的相关资料，按照扣缴的转贷款本金及已确认的应收利息金额，借记"资产基金——应收主权外债转贷款"科目，贷记本科目。

【例3-45】接例3-41、例3-42、例3-43和例3-44，年末体制结算，省财政扣缴L市的转贷款本息0.3亿元，其中，本金0.2亿元，利息0.1亿元。

借：与下级往来　　　　　　　　　　　　　　　　30 000 000

　　贷：其他应付款　　　　　　　　　　　　　　　　　30 000 000

借：资产基金——应收主权外债转贷款　　　　　　30 000 000

　　贷：应收主权外债转贷款——应收本金——L市　　　　20 000 000

　　　　　　　　　　　　——应收利息——L市　　　　　10 000 000

七、其他债权

财政总预算会计核算的资产还有待发国债等其他负债。

"待发国债"（1081）属资产类科目，用于核算为弥补中央财政预算收支差额，中央财政预计发行国债与实际发行国债之间的差额。本科目期末借方余额反映中央财政尚未使用的国债发行额度。

年度终了，实际发行国债收入用于债务还本支出后，小于为弥补中央财政预算收支差额中央财政预计发行国债时，按两者的差额，借记本科目，贷记相关科目；实际发行国债收入用于债务还本支出后，大于为弥补中央财政预算收支差额中央财政预计发行国债时，按两者的差额，借记相关科目，贷记本科目。

【例3-46】年度终了，中央财政实际发行国债收入用于债务还本后，小于为弥补中央财政预算收支差额中央财政预计发行国债，待发国债额200亿元，记入待发国债账户。

借：待发国债　　　　　　　　　　　　　　　20 000 000 000
　　贷：债务收入　　　　　　　　　　　　　　　　　20 000 000 000

第三节

股权资金的核算

财政总预算会计核算的股权资金主要指股权投资。股权投资是指政府持有的各类股权投资资产，包括国际金融组织股权投资、投资基金股权投资、企业股权投资等。

"股权投资"（1071）科目属资产类科目，用于核算政府持有的各类股权投资，包括国际金融组织股权投资、投资基金股权投资和企业股权投资等。本科目期末借方余额反映政府持有的各种股权投资金额。

股权投资一般采用权益法进行核算。

本科目应当按照"国际金融组织股权投资""投资基金股权投资""企业股权投资"设置一级明细科目，在一级明细科目下，可根据管理需要，按照被投资主体进行明细核算。对每一被投资主体还可按"投资成本""收益转增投资""损益调整""其他权益变动"进行明细核算。

股权投资的主要账务处理如下：

一、国际金融组织股权投资的核算

（一）政府财政代表政府认缴国际金融组织股本的核算

政府财政代表政府认缴国际金融组织股本时，按照实际支付的金额，借记"一般公共预算本级支出"等科目，贷记"国库存款"科目；根据股权投资确认相关资料，按照确定的股权投资成本，借记本科目，贷记"资产基金——股权投资"科目。

【例3-47】中央财政代表中华人民共和国政府认缴亚投行股本，首期支付100亿美元，折合人民币668亿元，并以一般公共预算资金支付（设实际投资即为投资成本）。

借：一般公共预算本级支出　　　　　　　　　66 800 000 000

　　贷：国库存款　　　　　　　　　　　　　　　　　　66 800 000 000

借：股权投资——国际金融组织股权投资——亚投行——投资成本

　　　　　　　　　　　　　　　　　　　　　66 800 000 000

　　贷：资产基金——股权投资　　　　　　　　　　　　66 800 000 000

（二）从国际金融组织撤出股本的核算

从国际金融组织撤出股本时，按照收回的金额，借记"国库存款"科目，贷记"一般公共预算本级支出"科目；根据股权投资清算相关资料，按照实际撤出的股本，借记"资产基金——股权投资"科目，贷记本科目。

【例3-48】接例3-47，经亚投行初始成员国协议，中国减少亚投行股本10亿美元，折合人民币66.8亿元，并收款存入国库（设实际投资即为投资成本）。

借：国库存款　　　　　　　　　　　　　6 680 000 000

　　贷：一般公共预算本级支出　　　　　　　　　　　6 680 000 000

借：资产基金——股权投资　　　　　　　6 680 000 000

　　贷：股权投资——国际金融组织股权投资——亚投行——投资成本

　　　　　　　　　　　　　　　　　　　　　6 680 000 000

二、投资基金股权投资的核算

（一）政府财政对投资基金进行股权投资的核算

政府财政对投资基金进行股权投资时，按照实际支付的金额，借记"一般公共预算本级支出"等科目，贷记"国库存款"等科目；根据股权投资确认相关资料，按照实际支付的金额，借记本科目（投资成本），按照确定的在被投资基金中占有的权益金额与实际支付金额的差额，借记或贷记本科目（其他权益变动），按照确定的在被投资基金中占有的权益金额，贷记"资产基金——股权投资"科目。

【例3-49】某省政府财政向H基金公司投资，以1.95亿元购入该基金面值2亿元的股权，用一般公共预算资金支付。

借：一般公共预算本级支出　　　　　　　195 000 000

　　贷：国库存款　　　　　　　　　　　　　　　　195 000 000

借：股权投资——投资基金股权投资——投资成本　195 000 000

　　　　　　　　　　　　　——其他权益变动　　　5 000 000

　　贷：资产基金——股权投资　　　　　　　　　　200 000 000

（二）年末损益的核算

年末，根据政府财政在被投资基金当期净利润或净亏损中占有的份额，借记或贷记本科目（损益调整），贷记或借记"资产基金——股权投资"科目。

【例3-50】接例3-49，年末，投资的H基金公司宣告获利，省政府财政投资的股权份额所获净利润为 1 500 万元。

借：股权投资——投资基金股权投资——损益调整　　　15 000 000

　　贷：资产基金——股权投资　　　　　　　　　　　　　　15 000 000

（三）将归属财政的收益留作基金滚动使用的核算

政府财政将归属财政的收益留作基金滚动使用时，借记本科目（收益转增投资），贷记本科目（损益调整）。

【例 3-51】接例 3-49 和例 3-50，经批准，将 H 基金公司归属财政的收益 1 500 万元留作基金滚动使用。

借：股权投资——投资基金股权投资——收益转增投资　　　15 000 000

　　贷：股权投资——投资基金股权投资——损益调整　　　　　　15 000 000

（四）被投资基金宣告发放现金股利或利润的核算

被投资基金宣告发放现金股利或利润时，按照应上缴政府财政的部分，借记"应收股利"科目，贷记"资产基金——应收股利"科目；同时按照相同的金额，借记"资产基金——股权投资"科目，贷记本科目（损益调整）。

【例 3-52】接例 3-49、例 3-50 和例 3-51，H 基金公司宣告发放现金股利，应上缴政府财政的金额应为 1 亿元。

借：应收股利　　　　　　　　　　　　　　　100 000 000

　　贷：资产基金——应收股利　　　　　　　　　　　　100 000 000

借：资产基金——股权投资　　　　　　　　　100 000 000

　　贷：股权投资——投资基金股权投资——损益调整　　　100 000 000

（五）被投资基金发生除净损益以外的其他权益变动的核算

被投资基金发生除净损益以外的其他权益变动时，按照政府财政持股比例计算应享有的部分，借记或贷记本科目（其他权益变动），贷记或借记"资产基金——股权投资"科目。

【例 3-53】接例 3-49、例 3-50、例 3-51 和例 3-52，受股灾影响，H 基金公司股本权益受损，政府财政所持股份权益损失 5 000 万元。

借：资产基金——股权投资　　　　　　　　　50 000 000

　　贷：股权投资——投资基金股权投资——其他权益变动　　　50 000 000

（六）政府财政从投资基金退出时核算

投资基金存续期满、清算或政府财政从投资基金退出需收回出资时，政府财政按照实际收回的资金，借记"国库存款"等科目，按照收回的原实际出资部分，贷记"一般公共预算本级支出"等科目，按照超出原实际出资的部分，贷记"一般公共预算本级收入"等科目；根据股权投资清算相关资料，按照因收回股权投资而减少在被投资基金中占有的权益金额，借记"资产基金——股权投资"科目，贷记本科目。

【例 3-54】接例 3-49、例 3-50、例 3-51、例 3-52 和例 3-53，按照协议，政府投资 H 基金公司的存续期满，从 H 公司收回资金 2 亿元，收款入账。当年的实际支出 1.95 亿元，收益 0.05 亿元。

借：国库存款	200 000 000	
贷：一般公共预算本级支出		195 000 000
一般公共预算本级收入		5 000 000

减少投资权益金额=2+0.15-1-0.5=0.65（亿元）

借：资产基金——股权投资	65 000 000	
股权投资——投资基金股权投资——其他权益变动	45 000 000	
——损益调整	100 000 000	
贷：股权投资——投资基金股权投资——投资成本		195 000 000
——收益转增投资		15 000 000

三、企业股权投资的核算

企业股权投资的账务处理，根据管理条件和管理需要，参照投资基金股权投资的账务处理。

关键概念

财政性存款　应收转贷款　预拨经费　待发国债

复习思考题

1. 依据业务性质，简述财政总预算会计核算的资产有哪些类型。
2. 简述财政总预算会计对资产的确认和计量。
3. 简述财政零余额账户的管理要求。

财政总预算负债的核算

第四章

　　负债是指政府财政承担的能以货币计量、需以资产偿付的债务。总会计对负债定义的债务，应当在对其承担偿还责任，并且能够可靠地进行货币计量时确认。符合负债定义并确认的负债项目，应当列入资产负债表。政府财政承担或有责任（偿债责任需要通过未来不确定事项的发生或不发生予以证实）的负债，不列入资产负债表，但应当在报表附注中披露。总会计核算的负债，应当按照承担的相关合同金额或实际发生金额进行计量。

　　总会计核算的负债按照流动性，分为流动负债和非流动负债。具体包括：应付短期政府债券、应付国库集中支付结余、暂收及应付款项、其他负债、应付长期政府债券、借入款项、应付转贷款、应付代管资金等（见表4-1）。

表4-1　　　　　　　　　**财政总预算负债的分类与会计科目设置**

负债分类		科目设置
流动负债	应付短期政府债券	应付短期政府债券
	应付国库集中支付结余	应付国库集中支付结余
	暂收及应付款项	与上级往来、其他应付款
	其他负债	其他负债、已结报支出
非流动负债	应付长期政府债券	应付长期政府债券
	借入款项	借入款项
	应付转贷款	应付地方政府债券转贷款、应付主权外债转贷款
	应付代管资金	应付代管资金

第一节
流动负债的核算

流动负债是指预计在1年内（含1年）偿还的负债。在财政总预算会计中，主要有应付短期政府债券、应付国库集中支付结余、与上级往来、其他应付款、应付代管资金、其他负债、已结报支出等科目。

一、应付短期政府债券的核算

应付短期政府债券是指政府财政采用发行政府债券方式筹集资金而形成的短期负债。

"应付短期政府债券"（2001）属负债类科目，用于核算政府财政部门以政府名义发行的期限不超过1年（含1年）的国债和地方政府债券的应付本金和利息。本科目期末贷方余额，反映政府财政尚未偿还的短期政府债券本金和利息。

本科目下应当设置"应付国债""应付地方政府一般债券""应付地方政府专项债券"等一级明细科目，在一级明细科目下，再分别设置"应付本金""应付利息"明细科目，分别核算政府债券的应付本金和利息。债务管理部门应当设置相应的辅助账，详细记录每期政府债券金额、种类、期限、发行日、到期日、票面利率、偿还本金及付息情况等。

应付短期政府债券的主要账务处理如下：

（一）实际收到短期政府债券发行收入的核算

实际收到短期政府债券发行收入时，按照实际收到的金额，借记"国库存款"科目，按照短期政府债券实际发行额，贷记"债务收入"科目，按照发行收入和发行额的差额，借记或贷记有关支出科目；根据债务发行确认文件等相关债券管理资料，按照到期应付的短期政府债券本金金额，借记"待偿债净资产——应付短期政府债券"科目，贷记本科目。

【例4-1】某省财政发行为期6个月的专项短期政府债券，面额5亿元，实际收到的发行收入4.98亿元。

借：国库存款	498 000 000
一般公共预算本级支出	2 000 000
贷：债务收入	500 000 000
借：待偿债净资产——应付短期政府债券	500 000 000
贷：应付短期政府债券——应付地方政府专项债券——应付本金	
	500 000 000

（二）期末确认短期政府债券的应付利息的核算

期末确认短期政府债券的应付利息时，根据债务管理部门计算出的本期应付未付利息金额，借记"待偿债净资产——应付短期政府债券"科目，贷记本科目。

【例4-2】接例4-1，月末，确认本月短期政府债券的应付利息为1 200万元。

借：待偿债净资产——应付短期政府债券　　　　　　　12 000 000

　　贷：应付短期政府债券——应付地方政府专项债券——应付利息　12 000 000

（三）实际支付本级政府财政承担的短期政府债券利息的核算

实际支付本级政府财政承担的短期政府债券利息时，借记"一般公共预算本级支出"或"政府性基金预算本级支出"科目，贷记"国库存款"等科目；实际支付利息金额中属于已确认的应付利息部分，还应根据债券兑付确认文件等相关债券管理资料，借记本科目，贷记"待偿债净资产——应付短期政府债券"科目。

【例4-3】接例4-1和例4-2，实际支付上月末确认的短期政府债券应付利息1 200万元。

借：一般公共预算本级支出　　　　　　　　　　　12 000 000

　　贷：国库存款　　　　　　　　　　　　　　　　　12 000 000

借：应付短期政府债券——应付地方政府专项债券——应付利息

　　　　　　　　　　　　　　　　　　　　　　　12 000 000

　　贷：待偿债净资产——应付短期政府债券　　　　　12 000 000

（四）实际偿还本级政府财政承担的短期政府债券本金的核算

实际偿还本级政府财政承担的短期政府债券本金时，借记"债务还本支出"科目，贷记"国库存款"等科目；根据债券兑付确认文件等相关债券管理资料，借记本科目，贷记"待偿债净资产——应付短期政府债券"科目。

【例4-4】接例4-1、例4-2和例4-3，发行的短期政府债券到期，现偿还本金5亿元。

借：债务还本支出　　　　　　　　　　　　　　500 000 000

　　贷：国库存款　　　　　　　　　　　　　　　　500 000 000

借：应付短期政府债券——应付地方政府专项债券——应付本金

　　　　　　　　　　　　　　　　　　　　　　500 000 000

　　贷：待偿债净资产——应付短期政府债券　　　　500 000 000

（五）省级财政部门采用定向承销方式发行短期地方政府债券置换存量债务的核算

省级财政部门采用定向承销方式发行短期地方政府债券置换存量债务时，根据债权债务确认相关资料，按照置换本级政府存量债务的额度，借记"债务还本支出"科目，贷记"债务收入"科目；根据债务管理部门转来的相关资料，按照置换本级政府存量债务的额度，借记"待偿债净资产——应付短期政府债券"科目，贷记本科目。

【例4-5】某省财政部门采用定向承销方式发行短期地方政府债券，用于置换存量债务。置换的本级政府存量债务额度为360亿元。

借：债务还本支出　　　　　　　　　　　36 000 000 000

　　贷：债务收入　　　　　　　　　　　　　36 000 000 000

借：待偿债净资产——应付短期政府债券　36 000 000 000

　　贷：应付短期政府债券——应付地方政府专项债券——应付本金　36 000 000 000

二、应付国库集中支付结余

应付国库集中支付结余是指国库集中支付中，按照财政部门批复的部门预算，当年未支而需结转下一年度支付的款项采用权责发生制列支后形成的债务。

"应付国库集中支付结余"（2011）属负债类科目，用于核算政府财政采用权责发生制列支，预算单位尚未使用的国库集中支付结余资金。本科目期末贷方余额反映政府财政尚未支付的国库集中支付结余。本科目应当根据管理需要，按照政府收支分类科目等进行相应明细核算。

应付国库集中支付结余的主要账务处理如下：

（一）年末确认国库集中支付结余的核算

年末，对当年形成的国库集中支付结余采用权责发生制列支时，借记有关支出科目，贷记本科目。

【例4-6】某市财政实行国库集中支付制度。年末，按照权责发生制列支一般公共预算本级支出，并形成3亿元的国库集中支付结余，记入国库集中支付结余账户。

借：一般公共预算本级支出   300 000 000

 贷：应付国库集中支付结余   300 000 000

（二）实际支付国库集中支付结余资金的核算

以后年度实际支付国库集中支付结余资金时，分以下情况处理：

1.按原结转预算科目支出的，借记本科目，贷记"国库存款"科目。

【例4-7】接例4-6，市教育学院用上年的教育经费结余购买一批教学设备，价款12万元，向市财政申请国库集中支付。市财政通过国库集中支付将款项直接支付给设备的供货商。

借：应付国库集中支付结余   120 000

 贷：国库存款   120 000

2.调整支出预算科目的，应当按原结转预算科目作冲销处理，借记本科目，贷记有关支出科目。同时，按实际支出预算科目作列支账务处理，借记有关支出科目，贷记"国库存款"科目。

【例4-8】接例4-6和例4-7，经批准，市教育学院将教育经费结余的20万元改为科研经费，并购买科研实验用材料。由市财政直接支付材料款项。

借：应付国库集中支付结余——教育经费结余   200 000

 贷：一般公共预算本级支出——教育经费   200 000

借：一般公共预算本级支出——科研经费   200 000

 贷：国库存款   200 000

三、暂收及应付款项

暂收及应付款项是指政府财政业务活动中形成的债务，包括与上级往来和其他应付款等。暂收及应付款项应当及时清理结算。

（一）与上级往来的核算

"与上级往来"（2012）属双重性质的科目，用于核算本级政府财政与上级政府财政的往来待结算款项。本科目期末贷方余额反映本级政府财政欠上级政府财政的款项；借方余额反映上级政府财政欠本级政府财政的款项。本科目应当按照往来款项的类别和项目等进行明细核算。

与上级往来的主要账务处理如下：

1.本级政府财政从上级政府财政借入款项或体制结算中发生应上交上级政府财政款项时，借记"国库存款""上解支出"等科目，贷记本科目。

【例4-9】某市财政因资金困难，向省财政借款5 000万元。

借：国库存款 50 000 000

　　贷：与上级往来 50 000 000

2.本级政府财政归还借款、转作上级补助收入或体制结算中应由上级补给款项时，借记本科目，贷记"国库存款""补助收入"等科目。

【例4-10】接例4-9，市财政归还省财政借款3 000万元，省财政将剩余的2 000万元转作对市财政的补助。

借：与上级往来 50 000 000

　　贷：国库存款 30 000 000

　　　　补助收入 20 000 000

（二）其他应付款的核算

"其他应付款"（2015）属负债类科目，用于核算政府财政临时发生的暂收、应付和收到的不明性质款项。税务机关代征入库的社会保险费、项目单位使用并承担还款责任的外国政府和国际金融组织贷款，也通过本科目核算。本科目期末贷方余额反映政府财政尚未结清的其他应付款项。本科目应当按照债权单位或资金来源等进行明细核算。

其他应付款的主要账务处理如下：

1.收到暂存款项时，借记"国库存款""其他财政存款"等科目，贷记本科目。

【例4-11】某省财政收到不明性质的款项50万元，收入国库。

借：国库存款 500 000

　　贷：其他应付款 500 000

2.将暂存款项清理退还或转作收入时，借记本科目，贷记"国库存款""其他财政存款"或有关收入科目。

【例4-12】接例4-11，经确认，已入账的不明性质款项为应缴入财政专户的政府性基金收入，转入财政专户。

借：其他应付款 500 000

　　贷：国库存款 500 000

借：其他财政存款 500 000

　　贷：政府性基金本级收入 500 000

3.社会保险费代征入库时，借记"国库存款"科目，贷记本科目。社会保险费国库缴存社保基金财政专户时，借记本科目，贷记"国库存款"科目。

【例4-13】某省实行税务机构代征的社会保险费，现省财政收到750万元社会保险费，缴入国库。

借：国库存款   7 500 000

  贷：其他应付款   7 500 000

【例4-14】接例4-13，将社会保险费由国库缴存社保基金财政专户。

借：其他应付款   7 500 000

  贷：国库存款   7 500 000

4.收到项目单位承担还款责任的外国政府和国际金融组织贷款资金时，借记"其他财政存款"科目，贷记本科目；付给项目单位时，借记本科目，贷记"其他财政存款"科目。收到项目单位偿还贷款资金时，借记"其他财政存款"科目，贷记本科目；付给外国政府和国际金融组织项目单位还款资金时，借记本科目，贷记"其他财政存款"科目。

【例4-15】某市财政收到法国政府贷款资金350亿元，该笔贷款由地铁建设单位承担还款责任。

借：其他财政存款   35 000 000 000

  贷：其他应付款   35 000 000 000

【例4-16】接例4-15，将资金付给地铁建设单位。

借：其他应付款   35 000 000 000

  贷：其他财政存款   35 000 000 000

【例4-17】接例4-15和例4-16，收到地铁建设单位偿还贷款本金和利息资金365亿元。

借：其他财政存款   36 500 000 000

  贷：其他应付款   36 500 000 000

【例4-18】接例4-15、例4-16和例4-17，付给法国政府地铁建设单位还款资金。

借：其他应付款   36 500 000 000

  贷：其他财政存款   36 500 000 000

四、其他负债的核算

其他负债是指政府财政因有关政策明确要求其承担支出责任的事项而形成的应付未付款项。在财政总预算会计中，其他负债的科目有"其他负债"和"已结报支出"。

（一）其他负债的核算

"其他负债"（2045）属负债类科目，用于核算政府财政因有关政策明确要求其承担支出责任的事项而形成的应付未付款项。本科目贷方余额反映政府财政承担的尚未支付的其他负债余额。本科目应当按照债权单位和项目等进行明细核算。

其他负债的主要账务处理如下：

1.有关政策已明确政府财政承担的支出责任，按照确定应承担的负债金额，借记"待偿债净资产"科目，贷记本科目。

【例4-19】接例4-15、例4-16、例4-17和例4-18，依据新发布的国家《资产支持计划业务管理暂行办法》，市财政应该对地铁建设承担部分责任。对于地铁建设单位的法国政府贷款所欠尾款2 000万元，由市财政偿还。

借：待偿债净资产——其他负债　　　　　　　　　　20 000 000

　　贷：其他负债　　　　　　　　　　　　　　　　　　　　　20 000 000

2.实际偿还负债时，借记有关支出等科目，贷记"国库存款"等科目。同时，按照相同的金额，借记本科目，贷记"待偿债净资产"科目。

【例4-20】接例4-19，市财政偿还地铁建设项目法国政府贷款尾款2 000万元。

借：一般公共预算本级支出　　　　　　　　　　　　20 000 000

　　贷：国库存款　　　　　　　　　　　　　　　　　　　　　20 000 000

借：其他负债　　　　　　　　　　　　　　　　　　20 000 000

　　贷：待偿债净资产——其他负债　　　　　　　　　　　　　20 000 000

（二）已结报支出的核算

"已结报支出"（2091）属单设国库支付执行机构使用的会计科目，用于核算政府财政国库支付执行机构已清算的国库集中支付支出数额。财政国库支付执行机构未单设的地区，不使用该科目。本科目年终转账后无余额。

已结报支出的主要账务处理如下：

1.每日汇总清算后，财政国库支付执行机构会计根据有关划款凭证回执联和按部门分"类""款""项"汇总的"预算支出结算清单"，对于财政直接支付，借记"财政零余额账户存款"科目，贷记本科目；对于财政授权支付，借记"一般公共预算本级支出""政府性基金预算本级支出""国有资本经营预算本级支出"等科目，贷记本科目。

【例4-21】某市实行国库集中支付制度，单设财政国库支付执行机构。收到当日"预算支出结算清单"，清单显示，当日的财政直接支付的一般公共预算本级支出1.5亿元、政府性基金预算本级支出0.8亿元，共计2.3亿元；财政授权支付的一般公共预算本级支出0.5亿元，国有资本经营预算本级支出0.1亿元。

借：财政零余额账户存款　　　　　　　　　　　　230 000 000

　　贷：已结报支出　　　　　　　　　　　　　　　　　　　230 000 000

借：一般公共预算本级支出　　　　　　　　　　　　50 000 000

　　国有资本经营预算本级支出　　　　　　　　　　10 000 000

　　贷：已结报支出　　　　　　　　　　　　　　　　　　　60 000 000

2.年终财政国库支付执行机构按照累计结清的支出金额，与有关方面核对一致后转账时，借记本科目，贷记"一般公共预算本级支出""政府性基金预算本级支出""国有资本经营预算本级支出"等科目。

【例4-22】接例4-21，年终，财政国库支付执行机构与有关方面核对，已结报支出累计1 431亿元，其中，一般公共预算本级支出856亿元，政府性基金预算本级支出541亿元，国有资本经营预算本级支出34亿元。

借：已结报支出　　　　　　　　　　　143 100 000 000
　　贷：一般公共预算本级支出　　　　　　　　　　85 600 000 000
　　　　政府性基金预算本级支出　　　　　　　　　54 100 000 000
　　　　国有资本经营预算本级支出　　　　　　　　 3 400 000 000

第二节

非流动负债的核算

非流动负债是指流动负债以外的负债。在财政总预算会计中，主要有应付长期政府债券、借入款项、应付地方政府债券转贷款、应付主权外债转贷款和应付代管资金科目。

一、应付长期政府债券

"应付长期政府债券"（2021）属负债类科目，用于核算政府财政部门以政府名义发行的期限超过1年的国债和地方政府债券的应付本金和利息。本科目期末贷方余额反映政府财政尚未偿还的长期政府债券本金和利息。

本科目下应当设置"应付国债""应付地方政府一般债券""应付地方政府专项债券"等一级明细科目，在一级明细科目下，再分别设置"应付本金""应付利息"明细科目，分别核算政府债券的应付本金和利息。债务管理部门应当设置相应的辅助账，详细记录每期政府债券金额、种类、期限、发行日、到期日、票面利率、偿还本金及付息情况等。

应付长期政府债券的主要账务处理如下：

（一）实际收到长期政府债券发行收入的核算

实际收到长期政府债券发行收入时，按照实际收到的金额，借记"国库存款"科目，按照长期政府债券实际发行额，贷记"债务收入"科目，按照发行收入和发行额的差额，借记或贷记有关支出科目；根据债券发行确认文件等相关债券管理资料，按照到期应付的长期政府债券本金金额，借记"待偿债净资产——应付长期政府债券"科目，贷记本科目。

【例4-23】某省财政收到政府发行长期债券收入101亿元，该批债券的面值是100亿元，为溢价发行。

借：国库存款　　　　　　　　　　　　10 100 000 000
　　贷：债务收入　　　　　　　　　　　　　　　10 000 000 000
　　　　一般公共预算本级支出　　　　　　　　　　100 000 000

借：待偿债净资产——应付长期政府债券　　　　　　　　10 000 000 000

　　贷：应付长期政府债券——应付地方政府一般债券——应付本金　　10 000 000 000

（二）期末确认长期政府债券的应付利息的核算

期末确认长期政府债券的应付利息时，根据债务管理部门计算出的本期应付未付利息金额，借记"待偿债净资产——应付长期政府债券"科目，贷记本科目。

【例4-24】接例4-23，期末，确认本期的长期政府债券的应付利息为1 400万元。

借：待偿债净资产——应付长期政府债券　　　　　　　　14 000 000

　　贷：应付长期政府债券——应付地方政府一般债券——应付利息　　14 000 000

（三）实际支付本级政府财政承担的长期政府债券利息的核算

实际支付本级政府财政承担的长期政府债券利息时，借记"一般公共预算本级支出"或"政府性基金预算本级支出"科目，贷记"国库存款"等科目；实际支付利息金额中属于已确认的应付利息部分，还应根据债券兑付确认文件等相关债券管理资料，借记本科目，贷记"待偿债净资产——应付长期政府债券"科目。

【例4-25】接例4-23和例4-24，实际支付本期的本级政府财政承担的长期政府债券利息1 400万元。

借：一般公共预算本级支出　　　　　　　　　　　　　　14 000 000

　　贷：国库存款　　　　　　　　　　　　　　　　　　　　14 000 000

借：应付长期政府债券——应付地方政府一般债券——应付利息　14 000 000

　　贷：待偿债净资产——应付长期政府债券　　　　　　　　14 000 000

（四）实际偿还本级政府财政承担的长期政府债券本金的核算

实际偿还本级政府财政承担的长期政府债券本金时，借记"债务还本支出"科目，贷记"国库存款"等科目；根据债券兑付确认文件等相关债券管理资料，借记本科目，贷记"待偿债净资产——应付长期政府债券"科目。

【例4-26】接例4-23、例4-24和例4-25，省财政偿还长期政府债券本金100亿元。

借：债务还本支出　　　　　　　　　　　　　　　　　　10 000 000 000

　　贷：国库存款　　　　　　　　　　　　　　　　　　　　10 000 000 000

借：应付长期政府债券——应付地方政府一般债券——应付本金

　　　　　　　　　　　　　　　　　　　　　　　　　　10 000 000 000

　　贷：待偿债净资产——应付长期政府债券　　　　　　　　10 000 000 000

（五）本级政府财政偿还下级政府财政承担的地方政府债券本息的核算

本级政府财政偿还下级政府财政承担的地方政府债券本息时，借记"其他应付款"或"其他应收款"科目，贷记"国库存款"科目；根据债券兑付确认文件等相关债券管理资料，按照实际偿还的长期政府债券本金及已确认的应付利息金额，借记本科目，贷记"待偿债净资产——应付长期政府债券"科目。

【例4-27】某市财政偿还所属C县政府财政承担的地方政府长期债券本息，本金1亿元，利息0.15亿元，共计1.15亿元。

借：其他应收款　　　　　　　　　　　　115 000 000

　　贷：国库存款　　　　　　　　　　　　　　　　115 000 000

借：应付长期政府债券——应付地方政府一般债券——应付本金

　　　　　　　　　　　　　　　　　　　100 000 000

　　　　　　　　　　　　　　——应付利息

　　　　　　　　　　　　　　15 000 000

　　贷：待偿债净资产——应付长期政府债券　　　　115 000 000

（六）省级财政部门采用定向承销方式发行长期地方政府债券置换存量债务的核算

省级财政部门采用定向承销方式发行长期地方政府债券置换存量债务时，根据债权债务确认相关资料，按照置换本级政府存量债务的额度，借记"债务还本支出"科目，按照置换下级政府存量债务的额度，借记"债务转贷支出"科目，按照置换存量债务的总额度，贷记"债务收入"科目；根据债务管理部门转来的相关资料，按照置换存量债务的总额度，借记"待偿债净资产——应付长期政府债券"科目，贷记本科目。同时，按照置换下级政府存量债务额度，借记"应收地方政府债券转贷款"科目，贷记"资产基金——应收地方政府债券转贷款"科目。

【例4-28】某省级财政部门定向承销方式发行长期地方政府债券，用于置换本级政府存量债务1 600亿元，下级政府存量债务300亿元。

借：债务还本支出　　　　　　160 000 000 000

　　债务转贷支出　　　　　　　30 000 000 000

　　贷：债务收入　　　　　　　　　　　　190 000 000 000

借：待偿债净资产——应付长期政府债券　190 000 000 000

　　贷：应付长期政府债券　　　　　　　　190 000 000 000

借：应收地方政府债券转贷款　　30 000 000 000

　　贷：资产基金——应收地方政府债券转贷款　　30 000 000 000

二、借入款项

借入款项是指政府财政部门以政府名义向外国政府、国际金融组织等借入的款项，以及通过经国务院批准的其他方式借款形成的负债。

"借入款项"（2022）属负债类科目，用于核算政府财政部门以政府名义向外国政府和国际金融组织等借入的款项，以及经国务院批准的其他方式借入的款项。本科目期末贷方余额反映本级政府财政尚未偿还的借入款项本金和利息。

本科目下应当设置"应付本金""应付利息"明细科目，分别对借入款项的应付本金和利息进行明细核算，还应当按照债权人进行明细核算。债务管理部门应当设置相应的辅助账，详细记录每笔借入款项的期限、借入日期、偿还及付息情况等。

借入款项的主要账务处理如下：

（一）借入主权外债的账务处理

1.本级政府财政收到借入的主权外债资金时，借记"其他财政存款"科目，贷记"债务收入"科目；根据债务管理部门转来的相关资料，按照实际承担的债务金额，借记"待偿债净资产——借入款项"科目，贷记本科目。

【例4-29】中央财政从荷兰政府借入外债资金，折合人民币1 219亿元，借款存入商业银行。

借：其他财政存款　　　　　　　　　121 900 000 000

　　贷：债务收入　　　　　　　　　　　　　　　　　121 900 000 000

借：待偿债净资产——借入款项　　　121 900 000 000

　　贷：借入款项——应付本金　　　　　　　　　　　121 900 000 000

2.本级政府财政借入主权外债，且由外方将贷款资金直接支付给用款单位或供应商时，应根据以下情况分别处理：

（1）本级政府财政承担还款责任，贷款资金由本级政府财政同级部门（单位）使用的，本级政府财政部门根据贷款资金支付相关资料，借记"一般公共预算本级支出"等科目，贷记"债务收入"科目；根据债务管理部门转来的相关资料，按照实际承担的债务金额，借记"待偿债净资产——借入款项"科目，贷记本科目。

【例4-30】某省财政借入一笔美国政府贷款，资金由本级政府财政同级单位使用，用于改建供水系统，由外方将贷款资金直接支付给用款单位。贷款折合人民币200亿元。

借：一般公共预算本级支出　　　　　20 000 000 000

　　贷：债务收入　　　　　　　　　　　　　　　　　20 000 000 000

借：待偿债净资产——借入款项　　　20 000 000 000

　　贷：借入款项——应付本金　　　　　　　　　　　20 000 000 000

（2）本级政府财政承担还款责任，贷款资金由下级政府财政同级部门（单位）使用的，本级政府财政部门根据贷款资金支付相关资料及预算指标文件，借记"补助支出"科目，贷记"债务收入"科目；根据债务管理部门转来的相关资料，按照实际承担的债务金额，借记"待偿债净资产——借入款项"科目，贷记本科目。

【例4-31】某市财政借入法国政府贷款折合人民币110亿元，由下级政府财政的同级单位使用，由外方将贷款资金直接支付给用款单位。

借：补助支出　　　　　　　　　　　11 000 000 000

　　贷：债务收入　　　　　　　　　　　　　　　　　11 000 000 000

借：待偿债净资产——借入款项　　　11 000 000 000

　　贷：借入款项——应付本金　　　　　　　　　　　11 000 000 000

（3）下级政府财政承担还款责任，贷款资金由下级政府财政同级部门（单位）使用的，本级政府财政部门根据贷款资金支付相关资料，借记"债务转贷支出"科目，贷记"债务收入"科目；根据债务管理部门转来的相关资料，按照实际承担的债务金额，借记"待偿债净资产——借入款项"科目，贷记本科目；同时，借记"应收主权外债转贷款"科目，贷记"资产基金——应收主权外债转贷款"科目。

【例4-32】M市政府财政借入意大利政府贷款，折合人民币2亿元。贷款由下属 D 县政府财政同级的水利部门使用，由 D 县政府财政承担还款责任，由外方将贷款资金直接支付给用款单位。

借：债务转贷支出　　　　　　　　　　　　200 000 000
　　贷：债务收入　　　　　　　　　　　　　　　　　　200 000 000
借：待偿债净资产——借入款项　　　　　　200 000 000
　　贷：借入款项——应付本金　　　　　　　　　　　　200 000 000
借：应收主权外债转贷款　　　　　　　　　200 000 000
　　贷：资产基金——应收主权外债转贷款　　　　　　　200 000 000

3. 期末确认借入主权外债的应付利息时，根据债务管理部门计算出的本期应付未付利息金额，借记"待偿债净资产——借入款项"科目，贷记本科目。

【例 4-33】接例 4-32，期末，M 市政府财政确认借入的主权外债本期应付利息，为 20 万元。

借：待偿债净资产——借入款项　　　　　　200 000
　　贷：借入款项——应付利息　　　　　　　　　　　　200 000

4. 偿还本级政府财政承担的借入主权外债本金时，借记"债务还本支出"科目，贷记"国库存款""其他财政存款"等科目；根据债务管理部门转来的相关资料，按照实际偿还的本金金额，借记本科目，贷记"待偿债净资产——借入款项"科目。

【例 4-34】接例 4-29，中央财政偿还从荷兰政府借入外债资金本金 1 219 亿元。

借：债务还本支出　　　　　　　　121 900 000 000
　　贷：其他财政存款　　　　　　　　　　　　121 900 000 000
借：借入款项——应付本金　　　　121 900 000 000
　　贷：待偿债净资产——借入款项　　　　　　121 900 000 000

5. 偿还本级政府财政承担的借入主权外债利息时，借记"一般公共预算本级支出"等科目，贷记"国库存款""其他财政存款"等科目；实际偿还利息金额中属于已确认的应付利息部分，还应根据债务管理部门转来的相关资料，借记本科目，贷记"待偿债净资产——借入款项"科目。

【例 4-35】接例 4-29 和例 4-34，中央财政偿还已确认的从荷兰政府借入外债资金利息 11 亿元。

借：一般公共预算本级支出　　　　1 100 000 000
　　贷：其他财政存款　　　　　　　　　　　　1 100 000 000
借：借入款项——应付利息　　　　1 100 000 000
　　贷：待偿债净资产——借入款项　　　　　　1 100 000 000

6. 偿还下级政府财政承担的借入主权外债的本息时，借记"其他应付款"或"其他应收款"科目，贷记"国库存款""其他财政存款"等科目；根据债务管理部门转来的相关资料，按照实际偿还的本金及已确认的应付利息金额，借记本科目，贷记"待偿债净资产——借入款项"科目。

【例 4-36】接例 4-32 和例 4-33，M 市政府财政偿还由 D 县承担偿还责任的意大利政府债务本息，本金2亿元，已确认利息0.4亿元，共计2.4亿元。

借：其他应收款   240 000 000

 贷：其他财政存款   240 000 000

借：借入款项——应付本金   200 000 000

   ——应付利息   40 000 000

 贷：待偿债净资产——借入款项   240 000 000

7.被上级政府财政扣缴借入主权外债的本息时，借记"其他应收款"科目，贷记"与上级往来"科目；根据债务管理部门转来的相关资料，按照实际扣缴的本金及已确认的应付利息金额，借记本科目，贷记"待偿债净资产——借入款项"科目。列报支出时，对应由本级政府财政承担的还本支出，借记"债务还本支出"科目，贷记"其他应收款"科目；对应由本级政府财政承担的利息支出，借记"一般公共预算本级支出"等科目，贷记"其他应收款"科目。

【例4-37】接例4-32、例4-33和例4-36，因资金困难，D县偿还意大利政府债务本息的2.4亿元中，有1亿元是M市政府财政代为偿付的，其中，本金0.9亿元，利息0.1亿元。在年末，被M市政府财政扣缴。

扣缴本息时，记：

借：其他应收款   100 000 000

 贷：与上级往来   100 000 000

借：借入款项——应付本金   90 000 000

   ——应付利息   10 000 000

 贷：待偿债净资产——借入款项   100 000 000

列报支出时，记：

借：债务还本支出   90 000 000

 贷：其他应收款   90 000 000

借：一般公共预算本级支出   10 000 000

 贷：其他应收款   10 000 000

8.债权人豁免本级政府财政承担偿还责任的借入主权外债本息时，根据债务管理部门转来的相关资料，按照被豁免的本金及已确认的应付利息金额，借记本科目，贷记"待偿债净资产——借入款项"科目。

债权人豁免下级政府财政承担偿还责任的借入主权外债本息时，根据债务管理部门转来的相关资料，按照被豁免的本金及已确认的应付利息金额，借记本科目，贷记"待偿债净资产——借入款项"科目；同时，借记"资产基金——应收主权外债转贷款"科目，贷记"应收主权外债转贷款"科目。

【例4-38】接例4-29，荷兰政府豁免中央政府财政承担偿还责任的借款本息，本金1 219亿元，利息11亿元。

借：借入款项——应付本金   121 900 000 000

   ——应付利息   1 100 000 000

　　贷：待偿债净资产——借入款项　　　　　　　　　　123 000 000 000

　　【例4-39】接例4-32，意大利政府豁免M市政府财政借入的应由D县承担偿还责任的贷款本息，本金2亿元，利息0.4亿元，共计2.4亿元。

　　借：借入款项——应付本金　　　　　　　　　200 000 000

　　　　　　——应付利息　　　　　　　　　　40 000 000

　　　贷：待偿债净资产——借入款项　　　　　　　　　240 000 000

　　借：资产基金——应收主权外债转贷款　　　240 000 000

　　　贷：应收主权外债转贷款　　　　　　　　　　　240 000 000

　　（二）其他借入款项的账务处理

　　其他借入款项账务处理参照本科目使用说明中借入主权外债业务的账务处理。

三、应付转贷款

　　应付转贷款是指地方政府财政向上级政府财政借入转贷资金而形成的负债，包括应付地方政府债券转贷款和应付主权外债转贷款等。

　　（一）应付地方政府债券转贷款的核算

　　"应付地方政府债券转贷款"（2026）属负债类科目，用于核算地方政府财政从上级政府财政借入的地方政府债券转贷款的本金和利息。本科目期末贷方余额反映本级政府财政尚未偿还的地方政府债券转贷款的本金和利息。

　　本科目下应当设置"应付地方政府一般债券转贷款"和"应付地方政府专项债券转贷款"一级明细科目，在一级明细科目下再分别设置"应付本金"和"应付利息"两个明细科目，分别对应付本金和利息进行明细核算。

　　应付地方政府债券转贷款的主要账务处理如下：

　　1.收到上级政府财政转贷的地方政府债券资金时，借记"国库存款"科目，贷记"债务转贷收入"科目；根据债务管理部门转来的相关资料，按照到期应偿还的转贷款本金金额，借记"待偿债净资产——应付地方政府债券转贷款"科目，贷记本科目。

　　【例4-40】某省财政通过中央财政发行新能源发展专项债券20亿元，发行完毕，收到中央财政转来的债券资金，存入国库。

　　借：国库存款　　　　　　　　　　　　　2 000 000 000

　　　贷：债务转贷收入　　　　　　　　　　　　　2 000 000 000

　　借：待偿债净资产——应付地方政府债券转贷款　2 000 000 000

　　　贷：应付地方政府债券转贷款——应付地方政府专项债券转贷款——应付本金

　　　　　　　　　　　　　　　　　　　　　　　2 000 000 000

　　2.期末确认地方政府债券转贷款的应付利息时，根据债务管理部门计算出的本期应付未付利息金额，借记"待偿债净资产——应付地方政府债券转贷款"科目，贷记本科目。

　　【例4-41】接例4-40，期末确认债券转贷款的应付利息，本期应付未付利息金额为680万元。

借：待偿债净资产——应付地方政府债券转贷款　　　　　6 800 000

　　贷：应付地方政府债券转贷款——应付地方政府专项债券转贷款——应付利息

　　　　　　　　　　　　　　　　　　　　　　　　　　　6 800 000

3.偿还本级政府财政承担的地方政府债券转贷款本金时，借记"债务还本支出"科目，贷记"国库存款"等科目；根据债务管理部门转来的相关资料，按照实际偿还的本金金额，借记本科目，贷记"待偿债净资产——应付地方政府债券转贷款"科目。

【例4-42】接例4-40和例4-41，省财政偿还新能源发展专项债券本金20亿元。

借：债务还本支出　　　　　　　　　　　　　　2 000 000 000

　　贷：国库存款　　　　　　　　　　　　　　　　　　2 000 000 000

借：应付地方政府债券转贷款——应付地方政府专项债券转贷款——应付本金

　　　　　　　　　　　　　　　　　　　　　　　2 000 000 000

　　贷：待偿债净资产——应付地方政府债券转贷款　　　2 000 000 000

4.偿还本级政府财政承担的地方政府债券转贷款的利息时，借记"一般公共预算本级支出"或"政府性基金预算本级支出"科目，贷记"国库存款"等科目；实际支付利息金额中属于已确认的应付利息部分，还应根据债务管理部门转来的相关资料，借记本科目，贷记"待偿债净资产——应付地方政府债券转贷款"科目。

【例4-43】接例4-40、例4-41和例4-42，省财政偿还已确认的新能源发展专项债券利息3 432万元。

借：一般公共预算本级支出　　　　　　　　　　34 320 000

　　贷：国库存款　　　　　　　　　　　　　　　　　　34 320 000

借：应付地方政府债券转贷款——应付地方政府专项债券转贷款——应付利息

　　　　　　　　　　　　　　　　　　　　　　　34 320 000

　　贷：待偿债净资产——应付地方政府债券转贷款　　　34 320 000

5.偿还下级政府财政承担的地方政府债券转贷款的本息时，借记"其他应付款"或"其他应收款"科目，贷记"国库存款"等科目；根据债务管理部门转来的相关资料，按照实际偿还的本金及已确认的应付利息金额，借记本科目，贷记"待偿债净资产——应付地方政府债券转贷款"科目。

【例4-44】某市财政获得省级财政转贷，该贷款由所属R县财政使用并承担债券转贷款本息。现偿还转贷款本金1.3亿元，已确认利息0.2亿元，共计1.5亿元。

借：其他应付款　　　　　　　　　　　　　　　150 000 000

　　贷：国库存款　　　　　　　　　　　　　　　　　　150 000 000

借：应付地方政府债券转贷款——应付地方政府一般债券转贷款——应付本金

　　　　　　　　　　　　　　　　　　　　　　　130 000 000

　　　　　　　　　　　　　　　　　　　　——应付利息

　　　　　　　　　　　　　　　　　　　　　　　20 000 000

　　贷：待偿债净资产——应付地方政府债券转贷款　　　150 000 000

6.被上级政府财政扣缴地方政府债券转贷款本息时，借记"其他应收款"科目，贷记"与上级往来"科目；根据债务管理部门转来的相关资料，按照实际扣缴的本金及已确认的应付利息金额，借记本科目，贷记"待偿债净资产——应付地方政府债券转贷款"科目。列报支出时，对本级政府财政承担的还本支出，借记"债务还本支出"科目，贷记"其他应收款"科目；对本级政府财政承担的利息支出，借记"一般公共预算本级支出"或"政府性基金预算本级支出"科目，贷记"其他应收款"科目。

【例4-45】接例4-44，某市财政所属的R县财政，因资金困难，在偿还的1.5亿元中有0.5亿元是由市财政垫付的，年末，被市财政扣缴。经确认，0.5亿元中本金0.42亿元，利息0.08亿元。

R县财政扣缴本息时，记：

借：其他应收款	50 000 000	
贷：与上级往来		50 000 000

借：应付地方政府债券转贷款——应付地方政府一般债券转贷款——应付本金

	42 000 000	
——应付利息		
	8 000 000	
贷：待偿债净资产——应付地方政府债券转贷款		50 000 000

列报支出时，记：

借：债务还本支出	42 000 000	
贷：其他应收款		42 000 000
借：一般公共预算本级支出	8 000 000	
贷：其他应收款		8 000 000

7.采用定向承销方式发行地方政府债券置换存量债务时，省级以下（不含省级）财政部门根据上级财政部门提供的债权债务确认相关资料，按照置换本级政府存量债务的额度，借记"债务还本支出"科目，按照置换下级政府存量债务的额度，借记"债务转贷支出"科目，按照置换存量债务的总额度，贷记"债务转贷收入"科目；根据债务管理部门转来的相关资料，按照置换存量债务的总额度，借记"待偿债净资产——应付地方政府债券转贷款"科目，贷记本科目。同时，按照置换下级政府存量债务额度，借记"应收地方政府债券转贷款"科目，贷记"资产基金——应收地方政府债券转贷款"科目。

【例4-46】某市财政采用定向承销方式发行地方政府债券置换存量债务，省财政提供的债权债务确认相关资料显示，置换本级政府存量债务的额度为5 000万元。其中，市本级置换债务4 000万元，置换下级政府存量债务的额度为1 000万元。

借：债务还本支出	40 000 000	
债务转贷支出	10 000 000	
贷：债务转贷收入		50 000 000

借：待偿债净资产——应付地方政府债券转贷款 50 000 000

    贷：应付地方政府债券转贷款 50 000 000

借：应收地方政府债券转贷款 10 000 000

    贷：资产基金——应收地方政府债券转贷款 10 000 000

（二）应付主权外债转贷款的核算

"应付主权外债转贷款"（2027）属负债类科目，用于核算本级政府财政从上级政府财政借入的主权外债转贷款的本金和利息。本科目期末贷方余额反映本级政府财政尚未偿还的主权外债转贷款本金和利息。

本科目下应当设置"应付本金"和"应付利息"两个明细科目，分别对应付本金和利息进行明细核算。

应付主权外债转贷款的主要账务处理如下：

1.收到上级政府财政转贷的主权外债资金时，借记"其他财政存款"科目，贷记"债务转贷收入"科目；根据债务管理部门转来的相关资料，按照实际承担的债务金额，借记"待偿债净资产——应付主权外债转贷款"科目，贷记本科目。

【例4-47】S市收到省政府财政转贷的主权外债资金80亿元。

借：其他财政存款 8 000 000 000

    贷：债务转贷收入 8 000 000 000

借：待偿债净资产——应付主权外债转贷款 8 000 000 000

    贷：应付主权外债转贷款——应付本金 8 000 000 000

2.从上级政府财政借入主权外债转贷款，且由外方将贷款资金直接支付给用款单位或供应商时，应根据以下情况分别处理：

（1）本级政府财政承担还款责任，贷款资金由本级政府财政同级部门（单位）使用的，本级政府财政根据贷款资金支付相关资料，借记"一般公共预算本级支出"等科目，贷记"债务转贷收入"科目；根据债务管理部门转来的相关资料，按照实际承担的债务金额，借记"待偿债净资产——应付主权外债转贷款"科目，贷记本科目。

【例4-48】W市从省政府财政借入主权外债转贷款，且由外方将贷款资金直接支付给用款单位或供应商，资金总额1 000亿元。其中，本级政府财政承担还款责任，贷款资金由本级政府财政同级部门（单位）使用的资金额度为600亿元。

借：一般公共预算本级支出 60 000 000 000

    贷：债务转贷收入 60 000 000 000

借：待偿债净资产——应付主权外债转贷款 60 000 000 000

    贷：应付主权外债转贷款——应付本金 60 000 000 000

（2）本级政府财政承担还款责任，贷款资金由下级政府财政同级部门（单位）使用的，本级政府财政部门根据贷款资金支付相关资料及预算指标文件，借记"补助支出"科目，贷记"债务转贷收入"科目；根据债务管理部门转来的相关资料，按照实际承担的债务金额，借记"待偿债净资产——应付主权外债转贷款"科目，贷记本科目。

【例4-49】接例4-48，W市从省政府财政借入主权外债转贷款，且由外方将贷款资金直接支付给用款单位或供应商，资金总额1 000亿元。其中，本级政府财政承担还款责任，贷款资金由下级政府财政同级部门（单位）使用的资金额度为250亿元。

借：补助支出   25 000 000 000

 贷：债务转贷收入   25 000 000 000

借：待偿债净资产——应付主权外债转贷款 25 000 000 000

 贷：应付主权外债转贷款——应付本金   25 000 000 000

（3）下级政府财政承担还款责任，贷款资金由下级政府财政同级部门（单位）使用的，本级政府财政部门根据贷款资金支付相关资料，借记"债务转贷支出"科目，贷记"债务转贷收入"；根据债务管理部门转来的相关资料，按照实际承担的债务金额，借记"待偿债净资产——应付主权外债转贷款"科目，贷记本科目；同时，借记"应收主权外债转贷款"科目，贷记"资产基金——应收主权外债转贷款"科目。

【例4-50】接例4-48和例4-49，W市从省政府财政借入主权外债转贷款，且由外方将贷款资金直接支付给用款单位或供应商，资金总额1 000亿元。其中，下级A县政府财政承担还款责任，贷款资金由下级政府财政同级部门（单位）使用的资金额度为150亿元。

借：债务转贷支出   15 000 000 000

 贷：债务转贷收入   15 000 000 000

借：待偿债净资产——应付主权外债转贷款 15 000 000 000

 贷：应付主权外债转贷款——应付本金   15 000 000 000

借：应收主权外债转贷款——应付本金   15 000 000 000

 贷：资产基金——应收主权外债转贷款   15 000 000 000

3.期末确认主权外债转贷款的应付利息时，按照债务管理部门计算出的本期应付未付利息金额，借记"待偿债净资产——应付主权外债转贷款"科目，贷记本科目。

【例4-51】接例4-47，S市确认从省政府财政转贷的主权外债资金的应付利息，本期应付未付利息额为1 000万元。

借：待偿债净资产——应付主权外债转贷款   10 000 000

 贷：应付主权外债转贷款——应付利息   10 000 000

4.偿还本级政府财政承担的借入主权外债转贷款的本金时，借记"债务还本支出"科目，贷记"其他财政存款"等科目；根据债务管理部门转来的相关资料，按照实际偿还的本金金额，借记本科目，贷记"待偿债净资产——应付主权外债转贷款"科目。

【例4-52】接例4-47和例4-51，S市偿还本级政府财政承担的借入主权外债转贷款的本金80亿元。

借：债务还本支出　　　　　　　　　　　　　　8 000 000 000

　　贷：其他财政存款　　　　　　　　　　　　　　　　　　8 000 000 000

借：应付主权外债转贷款——应付本金　　　　　8 000 000 000

　　贷：待偿债净资产——应付主权外债转贷款　　　　　　8 000 000 000

5.偿还本级政府财政承担的借入主权外债转贷款的利息时，借记"一般公共预算本级支出"等科目，贷记"其他财政存款"等科目；实际偿还利息金额中属于已确认的应付利息部分，还应根据债务管理部门转来的相关资料，借记本科目，贷记"待偿债净资产——应付主权外债转贷款"科目。

【例4-53】接例4-47、例4-51和例4-52，S市偿还已确认的本级政府财政承担的借入主权外债转贷款的利息1.8亿元。

借：一般公共预算本级支出　　　　　　　　　　180 000 000

　　贷：其他财政存款　　　　　　　　　　　　　　　　　180 000 000

借：应付主权外债转贷款——应付利息　　　　　180 000 000

　　贷：待偿债净资产——应付主权外债转贷款　　　　　　180 000 000

6.偿还下级政府财政承担的借入主权外债转贷款的本息时，借记"其他应付款"或"其他应收款"科目，贷记"其他财政存款"等科目；根据债务管理部门转来的相关资料，按照实际偿还的本金及已确认的应付利息金额，借记本科目，贷记"待偿债净资产——应付主权外债转贷款"科目。

【例4-54】接例4-48、例4-49和例4-50，W市偿还下级政府财政承担的借入主权外债转贷款的本息152亿元，其中，本金150亿元，已确认利息2亿元。

借：其他应付款　　　　　　　　　　　　　　　15 200 000 000

　　贷：其他财政存款　　　　　　　　　　　　　　　　　15 200 000 000

借：应付主权外债转贷款——应付本金　　　　　15 000 000 000

　　　　　　　　　　　　——应付利息　　　　　　200 000 000

　　贷：待偿债净资产——应付主权外债转贷款　　　　　　15 200 000 000

7.被上级政府财政扣缴借入主权外债转贷款的本息时，借记"其他应收款"科目，贷记"与上级往来"科目；根据债务管理部门转来的相关资料，按照被扣缴的本金及已确认的应付利息金额，借记本科目，贷记"待偿债净资产——应付主权外债转贷款"科目。列报支出时，对本级政府财政承担的还本支出，借记"债务还本支出"科目，贷记"其他应收款"科目；对本级政府财政承担的利息支出，借记"一般公共预算本级支出"等科目，贷记"其他应收款"科目。

【例4-55】接例4-54，因资金困难，W市的下级县市政府财政偿还主权外债转贷款的本息中有10亿元是由市政府财政垫付。年末，被省政府财政扣回。10亿元扣款中，应付本金9.5亿元，应付利息0.5亿元。

扣缴本息时，记：

借：其他应收款　　　　　　　　　　　　　　　1 000 000 000

　　贷：与上级往来　　　　　　　　　　　　　　　　　　1 000 000 000

借：应付主权外债转贷款——应付本金 950 000 000

       ——应付利息 50 000 000

 贷：待偿债净资产——应付主权外债转贷款 1 000 000 000

列报支出时，记：

借：债务还本支出 950 000 000

 贷：其他应收款 950 000 000

借：一般公共预算本级支出 50 000 000

 贷：其他应收款 50 000 000

8.上级政府财政豁免主权外债转贷款本息时，根据以下情况分别处理：

（1）豁免本级政府财政承担偿还责任的主权外债转贷款本息时，根据债务管理部门转来的相关资料，按照豁免转贷款的本金及已确认的应付利息金额，借记本科目，贷记"待偿债净资产——应付主权外债转贷款"科目。

【例4-56】接例4-54，A县政府财政偿还主权外债转贷款的本息中有10亿元是由市政府财政垫付的，其中，应付本金9.5亿元，已确认应付利息0.5亿元。经市领导研究，豁免该笔资金。A县政府财政的服务处理如下：

借：应付主权外债转贷款——应付本金 950 000 000

       ——应付利息 50 000 000

 贷：待偿债净资产——应付主权外债转贷款 1 000 000 000

（2）豁免下级政府财政承担偿还责任的主权外债转贷款本息时，根据债务管理部门转来的相关资料，按照豁免转贷款的本金及已确认的应付利息金额，借记本科目，贷记"待偿债净资产——应付主权外债转贷款"科目；同时，借记"资产基金——应收主权外债转贷款"科目，贷记"应收主权外债转贷款"科目。

【例4-57】接例4-54和例4-56，A县政府财政偿还主权外债转贷款的本息中有10亿元是由市政府财政垫付的，其中，应付本金9.5亿元，已确认应付利息0.5亿元。经市领导研究，豁免该笔资金。W市财政的账务处理如下：

借：应付主权外债转贷款——应付本金 950 000 000

       ——应付利息 50 000 000

 贷：待偿债净资产——应付主权外债转贷款 1 000 000 000

借：资产基金——应收主权外债转贷款 1 000 000 000

 贷：应收主权外债转贷款 1 000 000 000

四、应付代管资金

应付代管资金是指政府财政代为管理的，使用权属于被代管主体的资金。

"应付代管资金"（2017）属负债类科目，用于核算政府财政代为管理的、使用权属于被代管主体的资金。本科目期末贷方余额反映政府财政尚未支付的代管资金。

本科目应当根据管理需要进行相关明细核算。

应付代管资金的主要账务处理如下：

（一）收到代管资金的核算

收到代管资金时，借记"其他财政存款"等科目，贷记本科目。

【例4-58】某市财政收到天使投资基金托管资金3 000万元。

借：其他财政存款　　　　　　　　　　　　　　　30 000 000

　　贷：应付代管资金　　　　　　　　　　　　　　　　30 000 000

（二）支付代管资金的核算

支付代管资金时，借记本科目，贷记"其他财政存款"等科目。

【例4-59】接例4-58，依照天使投资基金的托管要求，向某项目支付代管资金资助200万元。

借：应付代管资金　　　　　　　　　　　　　　　2 000 000

　　贷：其他财政存款　　　　　　　　　　　　　　　　2 000 000

（三）代管资金产生的利息收入的核算

代管资金产生的利息收入按照相关规定仍属于代管资金的，借记"其他财政存款"等科目，贷记本科目。

【例4-60】接例4-58和例4-59，代管资金产生的利息收入260元。

借：其他财政存款　　　　　　　　　　　　　　　　260

　　贷：应付代管资金　　　　　　　　　　　　　　　　260

关键概念

主权外债　应付转贷款　应付代管资金

复习思考题

1.简述财政总预算会计债务的特点和计量。

2.简述应付短期政府债券的核算。

3.简述应付国库集中支付结余的核算。

第五章　财政总预算净资产的核算

净资产是指政府财政资产减去负债的差额。总会计核算的净资产包括一般公共预算结转结余、政府性基金预算结转结余、国有资本经营预算结转结余、财政专户管理资金结余、专用基金结余、预算稳定调节基金、预算周转金、资产基金和待偿债净资产。《预算法》规定，预算包括一般公共预算、政府性基金预算、国有资本经营预算和社会保险基金预算。总会计核算的净资产中的一般公共预算结转结余、政府性基金预算结转结余、国有资本经营预算结转结余为《预算法》规定的基本预算资金净资产核算科目，我们称之为基本预算净资产，其余的净资产类型称之为其他净资产。

各项结转结余应每年结算一次。财政总预算净资产的分类与会计科目设置见表5-1。

表5-1　　　　　　　　　　财政总预算净资产的分类与会计科目设置

净资产分类		科目设置
基本预算净资产	一般公共预算结转结余	一般公共预算结转结余
	政府性基金预算结转结余	政府性基金预算结转结余
	国有资本经营预算结转结余	国有资本经营预算结转结余
其他净资产	财政专户管理资金结余	财政专户管理资金结余
	专用基金结余	专用基金结余
	预算稳定调节基金	预算稳定调节基金
	预算周转金	预算周转金
	资产基金	资产基金
	待偿债净资产	待偿债净资产

第一节

基本预算净资产的核算

在本节，我们将介绍一般公共预算结转结余、政府性基金预算结转结余、国有资本经营预算结转结余的核算。

一、一般公共预算结转结余的核算

一般公共预算结转结余是指一般公共预算收支的执行结果。

"一般公共预算结转结余"（3001）属净资产科目，用于核算政府财政纳入一般公共预算管理的收支相抵形成的结转结余。本科目年终贷方余额反映一般公共预算收支相抵后的滚存结转结余。

一般公共预算结转结余的主要账务处理如下：

（一）年终转账的核算

年终转账时，将一般公共预算的有关收入科目贷方余额转入本科目的贷方，借记"一般公共预算本级收入""补助收入——一般公共预算补助收入""上解收入——一般公共预算上解收入""地区间援助收入""调入资金——一般公共预算调入资金""债务收入——一般债务收入""债务转贷收入——地方政府一般债务转贷收入""动用预算稳定调节基金"等科目，贷记本科目；将一般公共预算的有关支出科目借方余额转入本科目的借方，借记本科目，贷记"一般公共预算本级支出""上解支出——一般公共预算上解支出""补助支出——一般公共预算补助支出""地区间援助支出""调出资金——一般公共预算调出资金""安排预算稳定调节基金""债务转贷支出——地方政府一般债务转贷支出""债务还本支出——一般债务还本支出"等科目。

【例5-1】年终，某市财政进行年终转账，将一般公共预算的有关收入科目贷方余额转入"一般公共预算结转结余"科目的贷方。"一般公共预算本级收入"科目贷方余额1 360亿元，"补助收入——一般公共预算补助收入"科目贷方余额20亿元，"上解收入——一般公共预算上解收入"科目贷方余额480亿元，"地区间援助收入"科目贷方余额2亿元，"调入资金——一般公共预算调入资金"科目贷方余额26亿元，"债务收入——一般债务收入"科目贷方余额583亿元，"债务转贷收入——地方政府一般债务转贷收入"科目贷方余额70亿元，"动用预算稳定调节基金"科目贷方余额1亿元。

借：一般公共预算本级收入　　　　　　　136 000 000 000

　　补助收入——一般公共预算补助收入　　2 000 000 000

　　上解收入——一般公共预算上解收入　　48 000 000 000

　　地区间援助收入　　　　　　　　　　　200 000 000

　　调入资金——一般公共预算调入资金　　2 600 000 000

借：债务收入——一般债务收入　　　　　　　　　58 300 000 000

　　债务转贷收入——地方政府一般债务转贷收入　7 000 000 000

　　动用预算稳定调节基金　　　　　　　　　　　100 000 000

　贷：一般公共预算结转结余　　　　　　　　　　　　　254 200 000 000

【例5-2】年终，某市财政进行年终转账，将一般公共预算的有关收入科目借方余额转入"一般公共预算结转结余"科目的借方。"一般公共预算本级支出"科目借方余额1 606亿元，"上解支出——一般公共预算上解支出"科目借方余额325亿元，"补助支出——一般公共预算补助支出"科目借方余额50亿元，"地区间援助支出"科目借方余额10亿元，"调出资金——一般公共预算调出资金"科目借方余额2亿元，"安排预算稳定调节基金"科目借方余额3亿元，"债务转贷支出——地方政府一般债务转贷支出"科目的借方余额70亿元，"债务还本支出——一般债务还本支出"科目借方余额480亿元。

借：一般公共预算结转结余　　　　　　　　　254 600 000 000

　贷：一般公共预算本级支出　　　　　　　　　　　　160 600 000 000

　　上解支出——一般公共预算上解支出　　　　　　　32 500 000 000

　　补助支出——一般公共预算补助支出　　　　　　　5 000 000 000

　　地区间援助支出　　　　　　　　　　　　　　　　1 000 000 000

　　调出资金——一般公共预算调出资金　　　　　　　200 000 000

　　安排预算稳定调节基金　　　　　　　　　　　　　300 000 000

　　债务转贷支出——地方政府一般债务转贷支出　　　7 000 000 000

　　债务还本支出——一般债务还本支出　　　　　　　48 000 000 000

（二）设置和补充预算周转金的核算

设置和补充预算周转金时，借记本科目，贷记"预算周转金"科目。

【例5-3】年终，某市财政依据财政结余情况，补充预算周转金1.5亿元。

借：一般公共预算结转结余　　　　　　　　　150 000 000

　贷：预算周转金　　　　　　　　　　　　　　　　　150 000 000

二、政府性基金预算结转结余的核算

政府性基金预算结转结余是指政府性基金预算收支的执行结果。

"政府性基金预算结转结余"（3002）属净资产类科目，用于核算政府财政纳入政府性基金预算管理的收支相抵形成的结转结余。本科目年终贷方余额反映政府性基金预算收支相抵后的滚存结转结余。本科目应当根据管理需要，按照政府性基金的种类进行明细核算。

政府性基金预算结转结余的主要账务处理如下：

年终转账时，应将政府性基金预算的有关收入科目贷方余额按照政府性基金种类分别转入本科目下相应明细科目的贷方，借记"政府性基金预算本级收入""补助收入——政府性基金预算补助收入""上解收入——政府性基金预算上解收入""调入资金——政府性基金预算调入资金""债务收入——专项债务收入""债务转贷收入——地方政府专项债务转贷收入"等科目，贷记本科目；将政府性基金预算的有关支出科目借方余额按照政府性基金种类分别转入本科目下相应明细科目的借方，借记本科目，贷记"政府性基金预算本级支出""上解支出——政府性基金预算上解支出""补助支出——政府性基金预算补助支出""调出资金——政府性基金预算调出资金""债务还本支出——专项债务还本支出""债务转贷支出——地方政府专项债务转贷支出"等科目。

【例5-4】年终，某市将政府性基金预算的有关收入科目贷方余额按照政府性基金种类分别转入"政府性基金预算结转结余"科目下相应明细科目的贷方。"政府性基金预算本级收入"科目贷方余额350亿元，"补助收入——政府性基金预算补助收入"科目贷方余额20亿元，"上解收入——政府性基金预算上解收入"科目贷方余额30亿元，"调入资金——政府性基金预算调入资金"科目贷方余额1亿元，"债务收入——专项债务收入"科目贷方余额100亿元，"债务转贷收入——地方政府专项债务转贷收入"科目贷方余额80亿元。

借：政府性基金预算本级收入　　　　　　　35 000 000 000
　　补助收入——政府性基金预算补助收入　　2 000 000 000
　　上解收入——政府性基金预算上解收入　　3 000 000 000
　　调入资金——政府性基金预算调入资金　　100 000 000
　　债务收入——专项债务收入　　　　　　　10 000 000 000
　　债务转贷收入——地方政府专项债务转贷收入 8 000 000 000
　　贷：政府性基金预算结转结余　　　　　　　　58 100 000 000

【例5-5】年终，某县财政将政府性基金预算的有关支出科目借方余额按照政府性基金种类分别转入"政府性基金预算结转结余"科目下相应明细科目的借方。"政府性基金预算本级支出"科目借方余额21亿元，"上解支出——政府性基金预算上解支出"科目借方余额6亿元，"补助支出——政府性基金预算补助支出"科目借方余额2亿元，"调出资金——政府性基金预算调出资金"科目借方余额0.5亿元，"债务还本支出——专项债务还本支出"科目借方余额5亿元，"债务转贷支出——地方政府专项债务转贷支出"科目借方余额3亿元。

借：政府性基金预算结转结余　　　　　　　3 750 000 000
　　贷：政府性基金预算本级支出　　　　　　　　2 100 000 000
　　　　上解支出——政府性基金预算上解支出　　　600 000 000
　　　　补助支出——政府性基金预算补助支出　　　200 000 000
　　　　调出资金——政府性基金预算调出资金　　　50 000 000
　　　　债务还本支出——专项债务还本支出　　　　500 000 000
　　　　债务转贷支出——地方政府专项债务转贷支出 300 000 000

三、国有资本经营预算结转结余的核算

国有资本经营预算结转结余是指国有资本经营预算收支的执行结果。

"国有资本经营预算结转结余"（3003）属净资产类科目，用于核算政府财政纳

入国有资本经营预算管理的收支相抵形成的结转结余。本科目年终贷方余额反映国有资本经营预算收支相抵后的滚存结转结余。

国有资本经营预算结转结余的主要账务处理如下：

年终转账时，应将国有资本经营预算的有关收入科目贷方余额转入本科目贷方，借记"国有资本经营预算本级收入"等科目，贷记本科目；将国有资本经营预算的有关支出科目借方余额转入本科目借方，借记本科目，贷记"国有资本经营预算本级支出""调出资金——国有资本经营预算调出资金"等科目。

【例5-6】年终，某省将"国有资本经营预算本级收入"科目贷方余额6.2亿元，转入"国有资本经营预算结转结余"科目贷方。

借：国有资本经营预算本级收入   620 000 000

　　贷：国有资本经营预算结转结余   620 000 000

【例5-7】年终，某省将"国有资本经营预算本级支出"科目借方余额6亿元和"调出资金——国有资本经营预算调出资金"0.5亿元，转入"国有资本经营预算结转结余"科目借方。

借：国有资本经营预算结转结余   650 000 000

　　贷：国有资本经营预算本级支出   600 000 000

　　　　调出资金——国有资本经营预算调出资金   50 000 000

第二节

其他净资产的核算

一、财政专户管理资金结余的核算

财政专户管理资金结余是指纳入财政专户管理的教育收费等资金收支的执行结果。

"财政专户管理资金结余"（3005）属净资产类科目，用于核算政府财政纳入财政专户管理的教育收费等资金收支相抵后形成的结余。本科目年终贷方余额反映政府财政纳入财政专户管理的资金收支相抵后的滚存结余。本科目应当根据管理需要，按照部门（单位）等进行明细核算。

财政专户管理资金结余的主要账务处理如下：

年终转账时，将财政专户管理资金的有关收入科目贷方余额转入本科目贷方，借记"财政专户管理资金收入"等科目，贷记本科目；将财政专户管理资金的有关支出科目借方余额转入本科目借方，借记本科目，贷记"财政专户管理资金支出"等科目。

【例5-8】年终，某县财政将"财政专户管理资金收入"科目贷方余额5万元转入"财政专户管理资金结余"科目贷方。

借：财政专户管理资金收入　50 000
　　贷：财政专户管理资金结余　50 000

【例5-9】年终，某县财政将"财政专户管理资金支出"科目借方余额3.6万元转入"财政专户管理资金结余"科目借方。

借：财政专户管理资金结余　36 000
　　贷：财政专户管理资金支出　36 000

二、专用基金结余的核算

专用基金结余是指专用基金收支的执行结果。

"专用基金结余"（3007）属净资产类科目，用于核算政府财政管理的专用基金收支相抵形成的结余。本科目年终贷方余额反映政府财政管理的专用基金收支相抵后的滚存结余。本科目应当根据专用基金的种类进行明细核算。

专用基金结余的主要账务处理如下：

年终转账时，将专用基金的有关收入科目贷方余额转入本科目贷方，借记"专用基金收入"等科目，贷记本科目；将专用基金的有关支出科目借方余额转入本科目借方，借记本科目，贷记"专用基金支出"等科目。

【例5-10】年终，某市财政将"专用基金收入"科目贷方余额200万元转入"专用基金结余"科目贷方。

借：专用基金收入　2 000 000
　　贷：专用基金结余　2 000 000

【例5-11】年终，某市财政将"专用基金支出"科目借方余额200万元转入"专用基金结余"科目借方。

借：专用基金结余　2 000 000
　　贷：专用基金支出　2 000 000

三、预算稳定调节基金的核算

预算稳定调节基金是指政府财政安排用于弥补以后年度预算资金不足的储备资金。

"预算稳定调节基金"（3031）属净资产类科目，用于核算政府财政设置的用于弥补以后年度预算资金不足的储备资金。本科目期末贷方余额反映预算稳定调节基金的规模。

预算稳定调节基金的主要账务处理如下：

（一）补充预算稳定调节基金的核算

使用超收收入或一般公共预算结余补充预算稳定调节基金时，借记"安排预算稳定调节基金"科目，贷记本科目。

【例5-12】某省财政使用超收收入补充预算稳定调节基金150万元。

借：安排预算稳定调节基金　1 500 000
　　贷：预算稳定调节基金　1 500 000

（二）将预算周转金调入预算稳定调节基金的核算

将预算周转金调入预算稳定调节基金时，借记"预算周转金"科目，贷记本科目。

【例5-13】某县财政依据资金使用情况，将预算周转金15万元调入预算稳定调节基金。

借：预算周转金 150 000

　　贷：预算稳定调节基金 150 000

（三）调用预算稳定调节基金的核算

调用预算稳定调节基金时，借记本科目，贷记"动用预算稳定调节基金"科目。

【例5-14】某省调用预算稳定调节基金2 000万元，用于弥补预算缺口。

借：预算稳定调节基金 20 000 000

　　贷：动用预算稳定调节基金 20 000 000

四、预算周转金的核算

预算周转金是指政府财政为调剂预算年度内季节性收支差额，保证及时用款而设置的库款周转资金。

"预算周转金"（3033）属净资产类科目，用于核算政府财政设置的用于调剂预算年度内季节性收支差额周转使用的资金。本科目期末贷方余额反映预算周转金的规模。

预算周转金应根据《预算法》要求设置，主要账务处理如下：

（一）设置和补充预算周转金的核算

设置和补充预算周转金时，借记"一般公共预算结转结余"科目，贷记本科目。

【例5-15】某省依据一般公共预算结转结余情况，补充预算周转金100万元。

借：一般公共预算结转结余 1 000 000

　　贷：预算周转金 1 000 000

（二）将预算周转金调入预算稳定调节基金的核算

将预算周转金调入预算稳定调节基金时，借记本科目，贷记"预算稳定调节基金"科目。

【例5-16】某市将预算周转金50万元调入预算稳定调节基金。

借：预算周转金 500 000

　　贷：预算稳定调节基金 500 000

五、资产基金的核算

资产基金是指政府财政持有的债权和股权投资等资产（与其相关的资金收支纳入预算管理）在净资产中占用的金额。

"资产基金"（3081）属净资产类科目，用于核算政府财政持有的应收地方政府债券转贷款、应收主权外债转贷款、股权投资和应收股利等资产（与其相关的资金收支纳入预算管理）在净资产中占用的金额。本科目期末贷方余额，反映政府财政持有应收地方政府债券转贷款、应收主权外债转贷款、股权投资和应收股利等资产

（与其相关的资金收支纳入预算管理）在净资产中占用的金额。

本科目下应当设置"应收地方政府债券转贷款""应收主权外债转贷款""股权投资""应收股利"等明细科目，进行明细核算。

资产基金的账务处理参见"应收地方政府债券转贷款""应收主权外债转贷款""股权投资"和"应收股利"等科目的使用说明。

六、待偿债净资产的核算

待偿债净资产是指政府财政承担应付短期政府债券、应付长期政府债券、借入款项、应付地方政府债券转贷款、应付主权外债转贷款、其他负债等负债（与其相关的资金收支纳入预算管理）而相应需在净资产中冲减的金额。

"待偿债净资产"（3082）属净资产类科目，用于核算政府财政因发生应付政府债券、借入款项、应付地方政府债券转贷款、应付主权外债转贷款、其他负债等负债（与其相关的资金收支纳入预算管理）相应需在净资产中冲减的金额。本科目期末借方余额，反映政府财政承担应付政府债券、借入款项、应付地方政府债券转贷款、应付主权外债转贷款和其他负债等负债（与其相关的资金收支纳入预算管理）而相应需冲减净资产的金额。

本科目下应当设置"应付短期政府债券""应付长期政府债券""借入款项""应付地方政府债券转贷款""应付主权外债转贷款""其他负债"等明细科目，进行明细核算。

待偿债净资产的账务处理参见"应付短期政府债券""应付长期政府债券""借入款项""应付地方政府债券转贷款""应付主权外债转贷款""其他负债"等科目的使用说明。

关键概念

资产基金 预算周转金 预算稳定调节基金

复习思考题

1.财政总预算会计核算的净资产包括哪些预算资金？

2.简述一般公共预算结转结余的核算。

3.简述政府性基金预算结转结余的核算。

4.简述国有资本经营预算结转结余的核算。

第六章　财政总预算收入的核算

收入是指政府财政为实现政府职能，根据法律法规等所筹集的资金。总会计核算的收入包括一般公共预算本级收入、政府性基金预算本级收入、国有资本经营预算本级收入、财政专户管理资金收入、专用基金收入、补助收入、上解收入、地区间援助收入、调入资金、动用预算稳定调节基金、债务收入、债务转贷收入等。依据收入的性质，我们将收入划分为基本预算收入、其他收入、调拨收入和债务收入四大类。财政总预算收入的分类与会计科目设置见表6-1。

表6-1　　　　　　　　　财政总预算收入的分类与会计科目设置

收入分类		科目设置
基本预算收入	一般公共预算本级收入	一般公共预算本级收入
	政府性基金预算本级收入	政府性基金预算本级收入
	国有资本经营预算本级收入	国有资本经营预算本级收入
其他收入	财政专户管理资金收入	财政专户管理资金收入
	专用基金收入	专用基金收入
调拨收入	补助收入	补助收入
	上解收入	上解收入
	地区间援助收入	地区间援助收入
	调入资金	调入资金
	动用预算稳定调节基金	动用预算稳定调节基金
债务收入	债务收入	债务收入
	债务转贷收入	债务转贷收入

总会计应当加强各项收入的管理，严格会计核算手续。对于各项收入的账务处理必须以审核无误的国库入库凭证、预算收入日报表和其他合法凭证为依据。发现错误，应当按照相关规定及时通知有关单位共同更正。对于已缴入国库和财政专户的收入退库（付），要严格把关，强化监督。凡不属于国家规定的退库（付）项目，一律不得冲退收入。属于国家规定的退库（付）事项，具体退库（付）程序按财政部的有关规定办理。

第一节

基本预算收入的核算

在本节，主要介绍一般公共预算本级收入、政府性基金预算本级收入和国有资本经营预算本级收入的核算。

一般公共预算本级收入、政府性基金预算本级收入、国有资本经营预算本级收入应当按照实际收到的金额入账。

已建乡（镇）国库的地区，乡（镇）财政的本级收入以乡（镇）国库收到数为准。县（含县本级）以上各级财政的各项预算收入（含固定收入与共享收入）以缴入基层国库数额为准；未建乡（镇）国库的地区，乡（镇）财政的本级收入以乡（镇）总会计收到县级财政返回数额为准。

一、一般公共预算本级收入的核算

一般公共预算本级收入是指政府财政筹集的纳入本级一般公共预算管理的税收收入和非税收入。

"一般公共预算本级收入"（4001）属收入类科目，用于核算政府财政筹集的纳入本级一般公共预算管理的税收收入和非税收入。本科目平时贷方余额反映一般公共预算本级收入的累计数。

本科目应当根据《政府收支分类科目》中"一般公共预算收入科目"规定进行明细核算。

一般公共预算本级收入的主要账务处理如下：

（一）收到款项的核算

收到款项时，根据当日"预算收入日报表"所列一般公共预算本级收入数，借记"国库存款"等科目，贷记本科目。

【例6-1】某市财政收到当日"预算收入日报表"，所列一般公共预算本级收入数216万元，为集体企业城市维护建设税。

借：国库存款 　　　　　　　　　　　　　　　　　　　2 160 000

　　贷：一般公共预算本级收入——税收收入——城市维护建设税——集体企业
　　城市维护建设税 　　　　　　　　　　　　　　　　2 160 000

（二）年终转账的核算

年终转账时，本科目贷方余额全数转入"一般公共预算结转结余"科目，借记本科目，贷记"一般公共预算结转结余"科目。结转后，本科目无余额。

【例6-2】年终，某县的"一般公共预算本级收入"科目贷方余额1 253万元，全数转入"一般公共预算结转结余"科目。

借：一般公共预算本级收入　　　　　　　　　　　12 530 000

　　贷：一般公共预算结转结余　　　　　　　　　　　　　12 530 000

二、政府性基金预算本级收入的核算

政府性基金预算本级收入是指政府财政筹集的纳入本级政府性基金预算管理的非税收入。

"政府性基金预算本级收入"（4002）属收入类科目，用于核算政府财政筹集的纳入本级政府性基金预算管理的非税收入。本科目平时贷方余额反映政府性基金预算本级收入的累计数。

本科目应当根据《政府收支分类科目》中"政府性基金预算收入科目"规定进行明细核算。

政府性基金预算本级收入的主要账务处理如下：

（一）收到款项的核算

收到款项时，根据当日预算收入日报表所列政府性基金预算本级收入数，借记"国库存款"等科目，贷记本科目。

【例6-3】某省收到当日的"预算收入日报表"，所列政府性基金预算本级收入数8 845亿元，为土地出让价款收入。

借：国库存款　　　　　　　　　　　　　884 500 000 000

　　贷：政府性基金预算本级收入——非税收入——国有土地使用权出让收入

　　　　——土地出让价款收入　　　　　　　　　884 500 000 000

（二）年终转账的核算

年终转账时，本科目贷方余额全数转入"政府性基金预算结转结余"科目，借记本科目，贷记"政府性基金预算结转结余"科目。结转后，本科目无余额。

【例6-4】年终，某县财政的"政府性基金预算本级收入"科目贷方余额466万元，全数转入"政府性基金预算结转结余"科目。

借：政府性基金预算本级收入　　　　　　　　　4 660 000

　　贷：政府性基金预算结转结余　　　　　　　　　　　4 660 000

三、国有资本经营预算本级收入的核算

国有资本经营预算本级收入是指政府财政筹集的纳入本级国有资本经营预算管理的非税收入。

"国有资本经营预算本级收入"（4003）属收入类科目，用于核算政府财政筹集的纳入本级国有资本经营预算管理的非税收入。本科目平时贷方余额反映国有资本经营预算本级收入的累计数。

本科目应当根据《政府收支分类科目》中"国有资本经营预算收入科目"规定进行明细核算。

国有资本经营预算本级收入的主要账务处理如下：

（一）收到款项的核算

收到款项时，根据当日"预算收入日报表"所列国有资本经营预算本级收入数，借记"国库存款"等科目，贷记本科目。

【例6-5】某市收到当日的"预算收入日报表"，所列国有资本经营预算本级收入数25万元，为医药企业利润收入。

借：国库存款　　　　　　　　　　　　　　　　　　250 000

　　贷：国有资本经营预算本级收入——非税收入——国有资本经营收入——利

　　　　润收入——医药企业利润收入　　　　　　　　250 000

（二）年终转账的核算

年终转账时，本科目贷方余额全数转入"国有资本经营预算结转结余"科目，借记本科目，贷记"国有资本经营预算结转结余"科目。结转后，本科目无余额。

【例6-6】年终，某省"国有资本经营预算本级收入"科目的贷方余额3 672万元，全数转入"国有资本经营预算结转结余"科目。

借：国有资本经营预算本级收入　　　　　　　　　36 720 000

　　贷：国有资本经营预算结转结余　　　　　　　　36 720 000

第二节

其他收入的核算

在财政总预算会计中，在基本预算收入、调拨收入和债务收入之外的其他收入，主要有财政专户管理资金收入和专用基金收入。

财政专户管理资金收入和专用基金收入应当按照实际收到的金额入账。

一、财政专户管理资金收入的核算

财政专户管理资金收入是指政府财政纳入财政专户管理的教育收费等资金收入。

"财政专户管理资金收入"（4005）属收入类科目，用于核算政府财政纳入财政专户管理的教育收费等资金收入。本科目平时贷方余额反映财政专户管理资金收入的累计数。

本科目应当按照《政府收支分类科目》中"收入分类科目"规定进行明细核算。同时，根据管理需要，按部门（单位）等进行明细核算。

财政专户管理资金收入的主要账务处理如下：

（一）收到财政专户管理资金的核算

收到财政专户管理资金时，借记"其他财政存款"科目，贷记本科目。

【例6-7】某省财政收到待缴国库单一账户的教育收费收入50万元,存入财政专户。

借:其他财政存款 500 000
　　贷:财政专户管理资金收入 500 000

(二)年终转账的核算

年终转账时,本科目贷方余额全数转入"财政专户管理资金结余"科目,借记本科目,贷记"财政专户管理资金结余"科目。结转后,本科目无余额。

【例6-8】年终,某市财政"财政专户管理资金收入"科目贷方余额752万元,全数转入"财政专户管理资金结余"科目。

借:财政专户管理资金收入 7 520 000
　　贷:财政专户管理资金结余 7 520 000

二、专用基金收入的核算

专用基金收入是指政府财政根据法律法规等规定设立的各项专用基金(包括粮食风险基金等)取得的资金收入。

"专用基金收入"(4007)属收入类科目,用于核算政府财政按照法律法规和国务院、财政部规定设置或取得的粮食风险基金等专用基金收入。本科目平时贷方余额反映取得专用基金收入的累计数。本科目应当按照专用基金的种类进行明细核算。

专用基金收入的主要账务处理如下:

(一)取得专用基金收入转入财政专户的核算

通过预算支出安排取得专用基金收入转入财政专户的,借记"其他财政存款"科目,贷记本科目;同时,借记"一般公共预算本级支出"等科目,贷记"国库存款""补助收入"等科目。退回专用基金收入时,借记本科目,贷记"其他财政存款"科目。

【例6-9】某县通过预算支出安排取得粮食风险基金收入50万元,并转入财政专户。

借:其他财政存款 500 000
　　贷:专用基金收入 500 000
借:一般公共预算本级支出 500 000
　　贷:国库存款 500 000

(二)安排取得专用基金收入仍存在国库的核算

通过预算支出安排取得专用基金收入仍存在国库的,借记"一般公共预算本级支出"等科目,贷记"专用基金收入"科目。

【例6-10】某市通过预算支出安排取得粮食风险基金收入300万元,资金仍存在国库。

借:一般公共预算本级支出 3 000 000
　　贷:专用基金收入 3 000 000

（三）年终转账的核算

年终转账时，本科目贷方余额全数转入"专用基金结余"科目，借记本科目，贷记"专用基金结余"科目。结转后，本科目无余额。

【例6-11】年终，某省财政"专用基金收入"科目贷方余额5 000万元，全数转入"专用基金结余"科目。

借：专用基金收入　　　　　　　　　　　　　　　　50 000 000

　　贷：专用基金结余　　　　　　　　　　　　　　　　50 000 000

第三节

调拨收入的核算

调拨收入是指在各级政府财政之间进行资金调拨以及在本级政府财政不同类型资金之间调剂所形成的收入，包括补助收入、上解收入、调入资金和地区间援助收入等。

调拨收入应当按照财政体制的规定或实际发生的金额入账。

一、补助收入的核算

补助收入是指上级政府财政按照财政体制规定或因专项需要补助给本级政府财政的款项，包括上级税收返还、转移支付等。

"补助收入"（4011）属收入类科目，用于核算上级政府财政按照财政体制规定或因专项需要补助给本级政府财政的款项，包括税收返还、转移支付等。本科目平时贷方余额反映补助收入的累计数。

本科目下应当按照不同的资金性质设置"一般公共预算补助收入""政府性基金预算补助收入"等明细科目。

补助收入的主要账务处理如下：

（一）收到上级政府财政拨入补助款的核算

收到上级政府财政拨入的补助款时，借记"国库存款""其他财政存款"等科目，贷记本科目。

【例6-12】某县财政收到市财政拨入的一般公共预算补助款30万元，存入国库。

借：国库存款　　　　　　　　　　　　　　　　　　300 000

　　贷：补助收入——一般公共预算补助收入　　　　　　300 000

（二）专项转移支付资金实行特设专户管理的核算

专项转移支付资金实行特设专户管理的，政府财政应当根据上级政府财政下达的预算文件确认补助收入。年度当中收到资金时，借记"其他财政存款"科目，贷记"与上级往来"等科目；年度终了，根据专项转移支付资金预算文件，借记"与上级往来"科目，贷记本科目。

【例6-13】L市获得"风能科技创新发展"专项转移支付资金1 000万元,并按省的要求存入特设专户。该专项转移支付资金由省政府性基金预算收入设立。

年中,收到资金时,记:

借:其他财政存款　　　　　　　　　　　　　　　10 000 000

　贷:与上级往来　　　　　　　　　　　　　　　　　　　　10 000 000

年度终了,根据专项转移支付资金预算文件确认收入时,记:

借:与上级往来　　　　　　　　　　　　　　　　10 000 000

　贷:补助收入——政府性基金预算补助收入　　　　　　　　　10 000 000

（三）从"与上级往来"科目转入的核算

从"与上级往来"科目转入本科目时,借记"与上级往来"科目,贷记本科目。

【例6-14】某市财政因资金周转困难向省财政借款200万元记入"与上级往来"科目,经省领导批准,该笔借款转为省对市的补助。

借:与上级往来　　　　　　　　　　　　　　　　2 000 000

　贷:补助收入——一般公共预算补助收入　　　　　　　　　　2 000 000

（四）有主权外债业务的财政部门,贷款资金由本级政府财政同级部门（单位）使用,且贷款的最终还款责任由上级政府财政承担的,本级政府财政部门收到贷款资金时,借记"其他财政存款"科目,贷记本科目;外方将贷款资金直接支付给供应商或用款单位时,借记"一般公共预算本级支出",贷记本科目

【例6-15】F市有两笔主权外债业务,均是贷款资金由本级政府财政同级单位使用,且贷款的最终还款责任由省政府财政承担。第一笔主权外债业务是收到贷款资金536万元;第二笔主权外债业务是外方将贷款资金直接支付给用款单位,金额为2 400万元。

财政部门收到贷款资金时,记:

借:其他财政存款　　　　　　　　　　　　　　　5 360 000

　贷:补助收入　　　　　　　　　　　　　　　　　　　　　5 360 000

外方将贷款资金直接支付给用款单位时,记:

借:一般公共预算本级支出　　　　　　　　　　　24 000 000

　贷:补助收入　　　　　　　　　　　　　　　　　　　　　24 000 000

（五）年终与上级政府财政结算时,根据预算文件,按照尚未收到的补助款金额,借记"与上级往来"科目,贷记本科目。退还或核减补助收入时,借记本科目,贷记"国库存款""与上级往来"等科目

【例6-16】年终与省财政结算,F市应收但尚未收到补助款260万元;H市应退还补助收入50万元。

F市:

借:与上级往来　　　　　　　　　　　　　　　　2 600 000

　贷:补助收入　　　　　　　　　　　　　　　　　　　　　2 600 000

H市：

借：补助收入 500 000

　　贷：与上级往来 500 000

（六）年终转账时，本科目贷方余额应根据不同资金性质分别转入对应的结转结余科目，借记本科目，贷记"一般公共预算结转结余""政府性基金预算结转结余"等科目。结转后，本科目无余额

【例6-17】年终，F市财政"补助收入——一般公共预算补助收入"科目贷方余额736万元，"补助收入——政府性基金预算补助收入"科目贷方余额200万元，分别转入"一般公共预算结转结余"和"政府性基金预算结转结余"科目。

借：补助收入——一般公共预算补助收入 7 360 000

　　贷：一般公共预算结转结余 7 360 000

借：补助收入——政府性基金预算补助收入 2 000 000

　　贷：政府性基金预算结转结余 2 000 000

二、上解收入的核算

上解收入是指按照财政体制规定由下级政府财政上交给本级政府财政的款项。

"上解收入"（4012）属收入类科目，用于核算按照体制规定由下级政府财政上交给本级政府财政的款项。本科目平时贷方余额反映上解收入的累计数。

本科目下应当按照不同资金性质设置"一般公共预算上解收入""政府性基金预算上解收入"等明细科目。同时，还应当按照上解地区进行明细核算。

上解收入的主要账务处理如下：

（一）收到下级政府财政上解款的核算

收到下级政府财政的上解款时，借记"国库存款"等科目，贷记本科目。

【例6-18】某市财政收到所属C县的上解款30万元，存入国库。

借：国库存款 300 000

　　贷：上解收入——一般公共预算上解收入 300 000

（二）年终财政结算的核算

年终与下级政府财政结算时，根据预算文件，按照尚未收到的上解款金额，借记"与下级往来"科目，贷记本科目。退还或核减上解收入时，借记本科目，贷记"国库存款""与下级往来"等科目。

【例6-19】年终，某市财政与C县财政结算，C县应上解而未上解收入金额是50万元，作往来处理。

借：与下级往来 500 000

　　贷：上解收入——一般公共预算上解收入 500 000

（三）年终转账的核算

年终转账时，本科目贷方余额应根据不同资金性质分别转入对应的结转结余科目，借记本科目，贷记"一般公共预算结转结余""政府性基金预算结转结余"等科目。结转后，本科目无余额。

【例6-20】年终，某市财政"上解收入——一般公共预算上解收入"科目贷方余额763万元，"上解收入——政府性基金预算上解收入"科目贷方余额89万元，分别转入"一般公共预算结转结余"和"政府性基金预算结转结余"科目。

借：上解收入——一般公共预算上解收入 7 630 000
　　贷：一般公共预算结转结余 7 630 000
借：上解收入——政府性基金预算上解收入 890 000
　　贷：政府性基金预算结转结余 890 000

三、地区间援助收入的核算

地区间援助收入是指受援方政府财政收到援助方政府财政转来的可统筹使用的各类援助、捐赠等资金收入。

"地区间援助收入"（4013）属收入类科目，用于核算受援方政府财政收到援助方政府财政转来的可统筹使用的各类援助、捐赠等资金收入。本科目平时贷方余额反映地区间援助收入的累计数。本科目应当按照援助地区及管理需要进行相应的明细核算。

地区间援助收入的主要账务处理如下：

（一）收到援助资金的核算

收到援助方政府财政转来的资金时，借记"国库存款"科目，贷记本科目。

【例6-21】X自治区收到广东省政府财政转来的援助资金2亿元，存入国库。

借：国库存款 200 000 000
　　贷：地区间援助收入 200 000 000

（二）年终转账的核算

年终转账时，本科目贷方余额全数转入"一般公共预算结转结余"科目，借记本科目，贷记"一般公共预算结转结余"科目。结转后，本科目无余额。

【例6-22】年终，X自治区财政"地区间援助收入"科目贷方余额2亿元，全数转入"一般公共预算结转结余"科目。

借：地区间援助收入 200 000 000
　　贷：一般公共预算结转结余 200 000 000

四、调入资金的核算

调入资金是指政府财政为平衡某类预算收支，从其他类型预算资金及其他渠道调入的资金。

"调入资金"（4021）属收入类科目，用于核算政府财政为平衡某类预算收支、从其他类型预算资金及其他渠道调入的资金。本科目平时贷方余额反映调入资金的累计数。

本科目下应当按照不同资金性质设置"一般公共预算调入资金""政府性基金预算调入资金"等明细科目。

调入资金的主要账务处理如下：

（一）调入一般公共预算的核算

从其他类型预算资金及其他渠道调入一般公共预算时，按照调入的资金金额，借记"调出资金——政府性基金预算调出资金""调出资金——国有资本经营预算调出资金""国库存款"等科目,贷记本科目(一般公共预算调入资金)。

【例6-23】某省从政府性基金预算调入一般公共预算360万元,用于平衡一般公共预算。

借:调出资金——政府性基金预算调出资金　　　　　　　3 600 000

　　贷:调入资金——一般公共预算调入资金　　　　　　　　3 600 000

(二)调入政府性基金预算的核算

从其他类型预算资金及其他渠道调入政府性基金预算时,按照调入的资金金额,借记"调出资金——一般公共预算调出资金""国库存款"等科目,贷记本科目(政府性基金预算调入资金)。

【例6-24】某市从一般公共预算调入政府性基金预算133万元,用于平衡政府性基金预算。

借:调出资金——一般公共预算调出资金　　　　　　　　1 330 000

　　贷:调入资金——政府性基金预算调入资金　　　　　　　1 330 000

(三)年终转账的核算

年终转账时,本科目贷方余额分别转入相应的结转结余科目,借记本科目,贷记"一般公共预算结转结余""政府性基金预算结转结余"等科目。结转后,本科目无余额。

【例6-25】年终,某县财政"调入资金——一般公共预算调入资金"科目贷方余额76万元,全数转入"一般公共预算结转结余"科目。

借:调入资金——一般公共预算调入资金　　　　　　　　760 000

　　贷:一般公共预算结转结余　　　　　　　　　　　　　　760 000

五、动用预算稳定调节基金

"动用预算稳定调节基金"(4031)属收入类科目,用于核算政府财政为弥补本年度预算资金的不足而调用的预算稳定调节基金。本科目平时贷方余额反映动用预算稳定调节基金的累计数。

动用预算稳定调节基金的主要账务处理如下:

(一)调用预算稳定调节基金的核算

调用预算稳定调节基金时,借记"预算稳定调节基金"科目,贷记本科目。

【例6-26】某省调用预算稳定调节基金1 000万元,用于弥补本年度预算资金的不足。

借:预算稳定调节基金　　　　　　　　　　　　　　　10 000 000

　　贷:动用预算稳定调节基金　　　　　　　　　　　　　10 000 000

(二)年终转账的核算

年终转账时,本科目贷方余额全数转入"一般公共预算结转结余"科目,借记本科目,贷记"一般公共预算结转结余"科目。结转后,本科目无余额。

【例6-27】接例6-26,年终,该省"动用预算稳定调节基金"科目贷方余额

1 000万元，全数转入"一般公共预算结转结余"科目。

> 借：动用预算稳定调节基金　　　　　　　　　　　　10 000 000
>
> 　　贷：一般公共预算结转结余　　　　　　　　　　　　　　　10 000 000

第四节

债务收入的核算

债务收入是指政府财政根据法律法规等规定，通过发行债券、向外国政府和国际金融组织借款等方式筹集的纳入预算管理的资金收入。

债务收入包括"债务收入"科目和"债务转贷收入"科目。债务收入应当按照实际发行额或借入的金额入账；债务转贷收入应当按照实际收到的转贷金额入账。

一、债务收入的核算

"债务收入"（4041）属收入类科目，用于核算政府财政按照国家法律、国务院规定以发行债券等方式取得的，以及向外国政府、国际金融组织等机构借款取得的纳入预算管理的债务收入。本科目平时贷方余额反映债务收入的累计数。

本科目应当按照《政府收支分类科目》中"债务收入科目"的规定进行明细核算。

债务收入的主要账务处理如下：

（一）收到政府债券发行收入的核算

省级以上政府财政收到政府债券发行收入时，按照实际收到的金额，借记"国库存款"科目，按照政府债券实际发行额，贷记本科目，按照发行收入和发行额的差额，借记或贷记有关支出科目；根据债务管理部门转来的债券发行确认文件等相关资料，按照到期应付的政府债券本金金额，借记"待偿债净资产——应付短期政府债券""待偿债净资产——应付长期政府债券"科目，贷记"应付短期政府债券""应付长期政府债券"等科目。

【例6-28】中央财政发行短期政府债券收入200亿元，款项存入国库。

> 借：国库存款　　　　　　　　　　　　　　20 000 000 000
>
> 　　贷：债务收入　　　　　　　　　　　　　　　　　　20 000 000 000
>
> 借：待偿债净资产——应付短期政府债券　　20 000 000 000
>
> 　　贷：应付短期政府债券　　　　　　　　　　　　　　20 000 000 000

（二）向外国政府、国际金融组织等机构借款的核算

政府财政向外国政府、国际金融组织等机构借款时，按照借入的金额，借记"国库存款""其他财政存款"等科目，贷记本科目；根据债务管理部门转来的相关资料，按照实际承担的债务金额，借记"待偿债净资产——借入款项"科目，贷记"借入款项"科目。

【例6-29】中央财政向国际金融组织借款60亿元，款项存入国库。

借：国库存款　　　　　　　　　　　　　6 000 000 000

　　贷：债务收入　　　　　　　　　　　　　　　　6 000 000 000

借：待偿债净资产——借入款项　　　　　6 000 000 000

　　贷：借入款项——应付本金　　　　　　　　　　6 000 000 000

（三）本级政府财政借入主权外债，且由外方将贷款资金直接支付给用款单位或供应商的核算

本级政府财政借入主权外债，且由外方将贷款资金直接支付给用款单位或供应商时，应根据以下情况分别处理：

1.本级政府财政承担还款责任，贷款资金由本级政府财政同级部门（单位）使用的，本级政府财政根据贷款资金支付相关资料，借记"一般公共预算本级支出"科目，贷记本科目；根据债务管理部门转来的相关资料，按照实际承担的债务金额，借记"待偿债净资产——借入款项"科目，贷记"借入款项"科目。

【例6-30】某省财政借入法国政府贷款20亿元，贷款资金由外方直接支付给用款单位，本级政府财政承担还款责任。

借：一般公共预算本级支出　　　　　　　2 000 000 000

　　贷：债务收入　　　　　　　　　　　　　　　　2 000 000 000

借：待偿债净资产——借入款项　　　　　2 000 000 000

　　贷：借入款项——应付本金　　　　　　　　　　2 000 000 000

2.本级政府财政承担还款责任，贷款资金由下级政府财政同级部门（单位）使用的，本级政府财政根据贷款资金支付相关资料及预算指标文件，借记"补助支出"科目，贷记本科目；根据债务管理部门转来的相关资料，按照实际承担的债务金额，借记"待偿债净资产——借入款项"科目，贷记"借入款项"科目。

【例6-31】某省政府财政承担还款责任，贷款资金由下级政府财政同级部门使用的借入荷兰政府贷款，金额为56亿元，资金由外方直接支付给用款单位。

借：补助支出　　　　　　　　　　　　　5 600 000 000

　　贷：债务收入　　　　　　　　　　　　　　　　5 600 000 000

借：待偿债净资产——借入款项　　　　　5 600 000 000

　　贷：借入款项——应付本金　　　　　　　　　　5 600 000 000

3.下级政府财政承担还款责任，贷款资金由下级政府财政同级部门（单位）使用的，本级政府财政根据贷款资金支付相关资料，借记"债务转贷支出"科目，贷记本科目；根据债务管理部门转来的相关资料，按照实际承担的债务金额，借记"待偿债净资产——借入款项"科目，贷记"借入款项"科目；同时，借记"应收主权外债转贷款"科目，贷记"资产基金——应收主权外债转贷款"科目。

【例6-32】M省获得葡萄牙政府贷款26亿元，贷款资金由所属L市政府财政同级部门使用，L市政府财政承担还款责任，资金由外方直接支付给用款单位。

借：债务转贷支出　　　　　　　　　　　2 600 000 000

贷：债务收入	2 600 000 000
借：待偿债净资产——借入款项	2 600 000 000
贷：借入款项——应付本金	2 600 000 000
借：应收主权外债转贷款	2 600 000 000
贷：资产基金——应收主权外债转贷款	2 600 000 000

（四）年终转账的核算

年终转账时，本科目下"专项债务收入"明细科目的贷方余额应按照对应的政府性基金种类分别转入"政府性基金预算结转结余"相应明细科目，借记本科目（专项债务收入），贷记"政府性基金预算结转结余"科目；本科目下其他明细科目的贷方余额全数转入"一般公共预算结转结余"科目，借记本科目（其他明细科目），贷记"一般公共预算结转结余"科目。结转后，本科目无余额。

【例6-33】年终，某省财政"债务收入——专项债务收入"科目贷方余额12亿元，"债务收入———一般债务收入"科目贷方余额60亿元，全数转入"政府性基金预算结转结余"和"一般公共预算结转结余"科目。

借：债务收入——专项债务收入	1 200 000 000
贷：政府性基金预算结转结余	1 200 000 000
借：债务收入———一般债务收入	6 000 000 000
贷：一般公共预算结转结余	6 000 000 000

二、债务转贷收入的核算

债务转贷收入是指本级政府财政收到上级政府财政转贷的债务收入。

"债务转贷收入"（4042）属收入类科目，用于核算省级以下（不含省级）政府财政收到上级政府财政转贷的债务收入。本科目平时贷方余额反映债务转贷收入的累计数。

本科目下应当设置"地方政府一般债务转贷收入""地方政府专项债务转贷收入"明细科目。

债务转贷收入的主要账务处理如下：

（一）收到地方政府债券转贷收入的核算

省级以下（不含省级）政府财政收到地方政府债券转贷收入时，按照实际收到的金额，借记"国库存款"科目，贷记本科目；根据债务管理部门转来的相关资料，按照到期应偿还的转贷款本金金额，借记"待偿债净资产——应付地方政府债券转贷款"科目，贷记"应付地方政府债券转贷款"科目。

【例6-34】某市财政收到省财政转来的地方政府债券转贷款50亿元，存入国库。

借：国库存款	5 000 000 000
贷：债务转贷收入	5 000 000 000
借：待偿债净资产——应付地方政府债券转贷款	5 000 000 000
贷：应付地方政府债券转贷款	5 000 000 000

（二）收到主权外债转贷收入的核算

省级以下（不含省级）政府财政收到主权外债转贷收入的具体账务处理如下：

1.本级财政收到主权外债转贷资金时，借记"其他财政存款"科目，贷记本科目；根据债务管理部门转来的相关资料，按照实际承担的债务金额，借记"待偿债净资产——应付主权外债转贷款"科目，贷记"应付主权外债转贷款"科目。

【例6-35】某市财政收到主权外债转贷收入15亿元，存入专户。

借：其他财政存款　　　　　　　　　　　　　　1 500 000 000

　贷：债务转贷收入　　　　　　　　　　　　　　　　　1 500 000 000

借：待偿债净资产——应付主权外债转贷款　　1 500 000 000

　贷：应付主权外债转贷款　　　　　　　　　　　　　　1 500 000 000

2.从上级政府财政借入主权外债转贷款，且由外方将贷款资金直接支付给用款单位或供应商时，应根据以下情况分别处理：

（1）本级政府财政承担还款责任，贷款资金由本级政府财政同级部门（单位）使用的，本级政府财政根据贷款资金支付相关资料，借记"一般公共预算本级支出"科目，贷记本科目；根据债务管理部门转来的相关资料，按照实际承担的债务金额，借记"待偿债净资产——应付主权外债转贷款"科目，贷记"应付主权外债转贷款"科目。

【例6-36】L市通过省政府财政借入主权外债转贷款26亿元，用于城市发行建设，贷款资金由本级政府财政同级城建单位使用，资金由外方将贷款资金直接支付给用款单位，L市政府财政承担还款责任。

借：一般公共预算本级支出　　　　　　　　　2 600 000 000

　贷：债务转贷收入　　　　　　　　　　　　　　　　　2 600 000 000

借：待偿债净资产——应付主权外债转贷款　　2 600 000 000

　贷：应付主权外债转贷款　　　　　　　　　　　　　　2 600 000 000

（2）本级政府财政承担还款责任，贷款资金由下级政府财政同级部门（单位）使用的，本级政府财政根据贷款资金支付相关资料及预算文件，借记"补助支出"科目，贷记本科目；根据债务管理部门转来的相关资料，按照实际承担的债务金额，借记"待偿债净资产——应付主权外债转贷款"科目，贷记"应付主权外债转贷款"科目。

【例6-37】R市从省财政获得借入主权外债转贷款12亿元，用于所属F县农田水利建设。贷款资金由F县财政同级的农业局使用，资金由外方将贷款资金直接支付给用款部门，R市政府财政承担还款责任。

借：补助支出　　　　　　　　　　　　　　　1 200 000 000

　贷：债务转贷收入　　　　　　　　　　　　　　　　　1 200 000 000

借：待偿债净资产——应付主权外债转贷款　　1 200 000 000

　贷：应付主权外债转贷款　　　　　　　　　　　　　　1 200 000 000

（3）下级政府财政承担还款责任，贷款资金由下级政府财政同级部门（单位）

使用的，本级政府财政根据转贷资金支付相关资料，借记"债务转贷支出"科目，贷记本科目；根据债务管理部门转来的相关资料，按照实际承担的债务金额，借记"待偿债净资产——应付主权外债转贷款"科目，贷记"应付主权外债转贷款"科目；同时，借记"应收主权外债转贷款"科目，贷记"资产基金——应收主权外债转贷款"科目。下级政府财政根据贷款资金支付相关资料，借记"一般公共预算本级支出"科目，贷记本科目；根据债务管理部门转来的相关资料，按照实际承担的债务金额，借记"待偿债净资产——应付主权外债转贷款"科目，贷记"应付主权外债转贷款"科目。

【例6-38】S市从省财政获得借入主权外债转贷款10.5亿元，用于所属H县经济技术开发区建设。贷款资金由H县财政同级的建委使用，资金由外方将贷款资金直接支付给用款部门，H县政府财政承担还款责任。

S市：

借：债务转贷支出 1 050 000 000

    贷：债务转贷收入 1 050 000 000

借：待偿债净资产——应付主权外债转贷款 1 050 000 000

    贷：应付主权外债转贷款 1 050 000 000

借：应收主权外债转贷款 1 050 000 000

    贷：资产基金——应收主权外债转贷款 1 050 000 000

H县：

借：一般公共预算本级支出 1 050 000 000

    贷：债务转贷收入 1 050 000 000

借：待偿债净资产——应付主权外债转贷款 1 050 000 000

    贷：应付主权外债转贷款 1 050 000 000

（三）年终转账的核算

年终转账时，本科目下"地方政府一般债务转贷收入"明细科目的贷方余额全数转入"一般公共预算结转结余"科目，借记本科目，贷记"一般公共预算结转结余"科目。本科目下"地方政府专项债务转贷收入"明细科目的贷方余额按照对应的政府性基金种类分别转入"政府性基金预算结转结余"相应明细科目，借记本科目，贷记"政府性基金预算结转结余"科目。结转后，本科目无余额。

【例6-39】年终，某市"债务转贷收入——地方政府一般债务转贷收入"科目的贷方余额26亿元，"债务转贷收入——地方政府专项债务转贷收入"科目的贷方余额19亿元，分别全数转入"一般公共预算结转结余"和"政府性基金预算结转结余"相应科目。

借：债务转贷收入——地方政府一般债务转贷收入 2 600 000 000

    贷：一般公共预算结转结余 2 600 000 000

借：债务转贷收入——地方政府专项债务转贷收入 1 900 000 000

    贷：政府性基金预算结转结余 1 900 000 000

关键概念

财政专户管理资金收入　债务转贷收入　地区间援助收入　调入资金

复习思考题

1. 财政总预算会计核算的收入包括哪些内容？
2. 简述各类收入的确认。
3. 简述一般公共预算本级收入的核算。
4. 简述转移收入的核算。

第七章 财政总预算支出的核算

支出是指政府财政为实现政府职能，对财政资金的分配和使用。总核算会计的支出包括一般公共预算本级支出、政府性基金预算本级支出、国有资本经营预算本级支出、财政专户管理资金支出、专用基金支出、补助支出、上解支出、地区间援助支出、调出资金、安排预算稳定调节基金、债务还本支出、债务转贷支出等。依据支出的性质，我们将支出划分为基本预算支出、其他支出、调拨支出和债务支出四大类。财政总预算支出的分类与会计科目设置见表7-1。

表7-1　　　　　　　　　　财政总预算支出的分类与会计科目设置

支出分类		科目设置
基本预算支出	一般公共预算本级支出	一般公共预算本级支出
	政府性基金预算本级支出	政府性基金预算本级支出
	国有资本经营预算本级支出	国有资本经营预算本级支出
其他支出	财政专户管理资金支出	财政专户管理资金支出
	专用基金支出	专用基金支出
调拨支出	补助支出	补助支出
	上解支出	上解支出
	地区间援助支出	地区间援助支出
	调出资金	调出资金
	安排预算稳定调节基金	安排预算稳定调节基金
债务支出	债务还本支出	债务还本支出
	债务转贷支出	债务转贷支出

总会计应当加强支出管理，科学预测和调度资金，严格按照批准的年度预算和用款计划办理支出，严格审核拨付申请，严格按预算管理规定和拨付实际列报支出，不得办理无预算、无用款计划、超预算、超用款计划的支出，不得任意调整预算支出科目。

对于各项支出的账务处理必须以审核无误的国库划款清算凭证、资金支付凭证和其他合法凭证为依据。地方各级财政部门除国库集中支付结余外，不得采用权责发生制列支。权责发生制列支只限于年末采用，平时不得采用。

第一节

基本预算支出的核算

一般公共预算本级支出、政府性基金预算本级支出、国有资本经营预算本级支出一般应当按照实际支付的金额入账，年末可采用权责发生制将国库集中支付结余列支入账。

一、一般公共预算本级支出的核算

一般公共预算本级支出是指政府财政管理的由本级政府使用的列入一般公共预算的支出。

凡是属于预拨经费的款项，到期转列支出时，应当按规定列报口径转列支出。对于收回当年已列支出的款项，应冲销当年支出。对于收回以前年度已列支出的款项，除财政部门另有规定外，应冲销当年支出。

"一般公共预算本级支出"（5001）属支出类科目，用于核算政府财政管理的由本级政府使用的列入一般公共预算的支出。本科目平时借方余额反映一般公共预算本级支出的累计数。

本科目应当根据《政府收支分类科目》中"支出功能分类科目"设置明细科目。同时，根据管理需要，按照支出经济分类科目、部门等进行明细核算。

一般公共预算本级支出的主要账务处理如下：

（一）实际发生一般公共预算本级支出的核算

实际发生一般公共预算本级支出时，借记本科目，贷记"国库存款""其他财政存款"等科目。

【例7-1】某省财政向省审计厅拨付信息化建设费20万元，由国库存款支付。

借：一般公共预算本级支出——一般公共服务支出——审计事务——信息化建
　　设费　　　　　　　　　　　　　　　　　　　　　　　200 000

　　贷：国库存款　　　　　　　　　　　　　　　　　　　　　　200 000

（二）年终结转应付国库集中支付结余的核算

年度终了，对纳入国库集中支付管理的、当年未支而需结转下一年度支付的款项（国库集中支付结余），采用权责发生制确认支出时，借记本科目，贷记"应付国库集中支付结余"科目。

【例7-2】年度终了，A市财政对纳入国库集中支付管理的、当年未支而需结转下一年度支付的款项采用权责发生制确认支出。经确认，纪检监察局的行政运行费15.2万元，人口与计划生育委员会的人口规划与发展战略研究费21.3万元，共计36.5万元，为结余资金。

借：一般公共预算本级支出——一般公共服务支出——纪检监察事务——行政

运行   152 000

——人口与计划生育事务——

人口规划与发展战略研究

213 000

贷：应付国库集中支付结余——纪检   152 000

——计生委   213 000

（三）年终转账的核算

年终转账时，本科目借方余额应全数转入"一般公共预算结转结余"科目，借记"一般公共预算结转结余"科目，贷记本科目。结转后，本科目无余额。

【例7-3】年终转账时，A市财政"一般公共预算本级支出"科目借方余额3.52亿元，全数转入"一般公共预算结转结余"科目。

借：一般公共预算结转结余   352 000 000

贷：一般公共预算本级支出   352 000 000

二、政府性基金预算本级支出的核算

政府性基金预算本级支出是指政府财政管理的由本级政府使用的列入政府性基金预算的支出。

"政府性基金预算本级支出"（5002）属支出类科目，用于核算政府财政管理的由本级政府使用的列入政府性基金预算的支出。本科目平时借方余额反映政府性基金预算本级支出的累计数。

本科目应当按照《政府收支分类科目》中"支出功能分类科目"设置明细科目。同时，根据管理需要，按照支出经济分类科目、部门等进行明细核算。

政府性基金预算本级支出的主要账务处理如下：

（一）实际发生政府性基金预算本级支出的核算

实际发生政府性基金预算本级支出时，借记本科目，贷记"国库存款"科目。

【例7-4】某省财政向教育厅支出中等职业学校教学设施费625万元。

借：政府性基金预算本级支出——教育支出——地方教育附加安排的支出——

中等职业学校教学设施   6 250 000

贷：国库存款   6 250 000

（二）年终结转应付国库集中支付结余的核算

年度终了，对纳入国库集中支付管理的、当年未支而需结转下一年度支付的款项（国库集中支付结余），采用权责发生制确认支出时，借记本科目，贷记"应付国库集中支付结余"科目。

【例7-5】Y市实行国库集中支付。年度终了，对纳入国库集中支付管理的、当年未支而需结转下一年度支付的政府性基金款项，采用权责发生制确认支出。经确认，民政局的残疾人就业和培训费260万元，国土资源与住房保障局的公共租赁住房费1.54亿元，共计1.566亿元，为结余资金。

借：政府性基金预算本级支出——社会保障和就业支出——残疾人就业保障金
支出——就业和培训　　　　　　　　　　　　　2 600 000

　　　　　　　　——城乡社区支出——政府住房基金支出——公
共租赁住房支出　　154 000 000

贷：应付国库集中支付结余——民政　　　　　　　　　　2 600 000

　　　　　　　　——国土　　　　　　　　　　　　154 000 000

（三）年终转账的核算

年终转账时，本科目借方余额应全数转入"政府性基金预算结转结余"科目，借记"政府性基金预算结转结余"科目，贷记本科目。结转后，本科目无余额。

【例7-6】Y市财政"政府性基金预算本级支出"科目借方余额410.5亿元，全数转入"政府性基金预算结转结余"科目。

借：政府性基金预算结转结余　　　　　41 050 000 000

贷：政府性基金预算本级支出　　　　　　　　41 050 000 000

三、国有资本经营预算本级支出的核算

国有资本经营预算本级支出是指政府财政管理的由本级政府使用的列入国有资本经营预算的支出。

"国有资本经营预算本级支出"（5003）属支出类科目，用于核算政府财政管理的由本级政府使用的列入国有资本经营预算的支出。本科目平时借方余额反映国有资本经营预算本级支出的累计数。

本科目应当按照《政府收支分类科目》中"支出功能分类科目"设置明细科目。同时，根据管理需要，按照支出经济分类科目、部门等进行明细核算。

需要说明的是，按照《中共中央关于全面深化改革若干重大问题的决定》和《财政部关于完善政府预算体系有关问题的通知》要求，国有资本经营预算除继续加大调入一般公共预算用于保障和改善民生支出力度外，主要用于解决国有企业历史遗留问题及相关改革成本支出、对国有企业的资本金注入以及国有企业政策性补贴等方面。

国有资本经营预算本级支出的主要账务处理如下：

（一）实际发生国有资本经营预算本级支出的核算

实际发生国有资本经营预算本级支出时，借记本科目，贷记"国库存款"科目。

【例7-7】某省财政用国有资本经营预算资金3亿元，安排在"教育支出类"下的"国有经济结构调整支出项"，以国库存款支付。

借：国有资本经营预算本级支出——教育支出——国有资本经营预算本级支出

　　——国有经济结构调整支出　　　　　　　　　　　300 000 000

　　贷：国库存款　　　　　　　　　　　　　　　　　　　　300 000 000

　　（二）年终国库集中支付结余的核算

　　年度终了，对纳入国库集中支付管理的、当年未支而需结转下一年度支付的款项（国库集中支付结余），采用权责发生制确认支出时，借记本科目，贷记"应付国库集中支付结余"科目。

　　【例7-8】接例7-7，年终，M市对纳入国库集中支付管理的、当年未支而需结转下一年度支付的款项采用权责发生制确认支出。经确认，尚有"城乡社区支出类"下的"产业升级与发展支出项"21亿元，为结余资金。

　　借：国有资本经营预算本级支出——城乡社区支出——国有资本经营预算本级

　　　支出——产业升级与发展支出　　　　　2 100 000 000

　　　贷：应付国库集中支付结余　　　　　　　　　　2 100 000 000

　　（三）年终转账的核算

　　年终转账时，本科目借方余额应全数转入"国有资本经营预算结转结余"科目，借记"国有资本经营预算结转结余"科目，贷记本科目。结转后，本科目无余额。

　　【例7-9】接例7-7和例7-8，M市年终转账时，将"国有资本经营预算本级支出——教育支出——国有资本经营预算本级支出——国有经济结构调整支出"科目借方余额3亿元和"国有资本经营预算本级支出——城乡社区支出——国有资本经营预算本级支出——产业升级与发展支出"科目借方余额21亿元，全数转入"国有资本经营预算结转结余"科目。

　　借：国有资本经营预算结转结余　　　　　　　　2 400 000 000

　　　贷：国有资本经营预算本级支出——教育支出——国有资本经营预算本级支出

　　　　——国有经济结构调整支出　　　　　　　　300 000 000

　　　　　　——城乡社区支出——国有资本经营预算本级

　　　　支出——产业升级与发展支出项

　　　　　　　　　　　　　　　　　　　　　　2 100 000 000

第二节

其他支出的核算

　　在本节中，我们将介绍财政专户管理资金支出、专用基金支出科目的核算。

　　财政专户管理资金支出、专用基金支出应当按照实际支付的金额入账。

一、财政专户管理资金支出的核算

　　财政专户管理资金支出是指政府财政用纳入财政专户管理的教育收费等资金安排的支出。

　　"财政专户管理资金支出"（5005）属支出类科目，用于核算政府财政用纳入财政专户管理的教育收费等资金安排的支出。本科目平时借方余额反映财政专户管理资金支出的累计数。

本科目应当按照《政府收支分类科目》中"支出功能分类科目"设置相应明细科目。同时，根据管理需要，按照支出经济分类科目、部门（单位）等进行明细核算。

财政专户管理资金的主要账务处理如下：

（一）发生财政专户管理资金支出的核算

发生财政专户管理资金支出时，借记本科目，贷记"其他财政存款"等有关科目。

【例7-10】某市财政动用专户管理的教育收费收入，向教育局拨付小学教育经费130万元。

借：财政专户管理资金支出　　　　　　　　　　　　　1 300 000
　　贷：其他财政存款　　　　　　　　　　　　　　　　　　　1 300 000

（二）年终转账的核算

年终转账时，本科目借方余额全数转入"财政专户管理资金结余"科目，借记"财政专户管理资金结余"科目，贷记本科目。结转后，本科目无余额。

【例7-11】年终，某县财政"财政专户管理资金支出"科目借方余额15万元，全数转入"财政专户管理资金结余"科目。

借：财政专户管理资金结余　　　　　　　　　　　　　150 000
　　贷：财政专户管理资金支出　　　　　　　　　　　　　　　150 000

二、专用基金支出的核算

专用基金支出是指政府财政用专用基金收入安排的支出。

从本级预算支出中安排提取的专用基金，按照实际提取金额列支入账。

"专用基金支出"（5007）属支出类科目，用于核算政府财政用专用基金收入安排的支出。本科目平时借方余额反映专用基金支出的累计数。

本科目应当根据专用基金的种类设置明细科目。同时，根据管理需要，按部门等进行明细核算。

专用基金支出的主要账务处理如下：

（一）发生专用基金支出的核算

发生专用基金支出时，借记本科目，贷记"其他财政存款"等有关科目。退回专用基金支出时，做相反的会计分录。

【例7-12】某市财政从一般公共预算安排的粮食风险基金收入中，支出20万元，用于粮食安全补助支出。

借：专用基金支出　　　　　　　　　　　　　　　　　200 000
　　贷：其他财政存款　　　　　　　　　　　　　　　　　　　200 000

（二）年终转账的核算

年终转账时，本科目借方余额全数转入"专用基金结余"科目，借记"专用基金结余"科目，贷记本科目。结转后，本科目无余额。

【例7-13】年终，某省政府财政"专用基金支出"科目借方余额200万元，全数转入"专用基金结余"科目。

借：专用基金结余   2 000 000

  贷：专用基金支出   2 000 000

第三节

调拨支出的核算

调拨支出是指在各级政府财政之间进行资金调拨以及在本级政府财政不同类型资金之间调剂所形成的支出，包括补助支出、上解支出、地区间援助支出、调出资金、安排预算稳定调节基金。

调拨支出应当按照财政体制的规定或实际发生的金额入账。

一、补助支出的核算

补助支出是指本级政府财政按财政体制规定或因专项需要补助给下级政府财政的款项，包括对下级的税收返还、转移支付等。

"补助支出"（5011）属支出类科目，用于核算本级政府财政按财政体制规定或因专项需要补助给下级政府财政的款项，包括对下级的税收返还、转移支付等。本科目平时借方余额反映补助支出的累计数。

本科目下应当按照不同资金性质设置"一般公共预算补助支出""政府性基金预算补助支出"等明细科目，同时还应当按照补助地区进行明细核算。

补助支出的主要账务处理如下：

（一）发生补助支出的核算

发生补助支出或从"与下级往来"科目转入时，借记本科目，贷记"国库存款""其他财政存款""与下级往来"等科目。

【例7-14】经批准，某市向所属X县补助支出30万元，原X县借款10万元转为补助支出，以国库存款支付20万元。

借：补助支出——X县   300 000

  贷：国库存款   200 000

     与下级往来——X县   100 000

（二）专项转移支付资金实行特设专户管理的核算

专项转移支付资金实行特设专户管理的，本级政府财政应当根据本级政府财政下达的预算文件确认补助支出，借记本科目，贷记"国库存款""与下级往来"等科目。

【例7-15】义务教育专项转移支付实行特设专户管理，F市财政根据本级政府财政下达的预算文件确认对甲县的补助支出15万元，对乙县的补助支出18万元，共计33万元，以国库存款支付。

借：补助支出——甲县　　　　　　　　　　　　　　　　　150 000

　　　　　——乙县　　　　　　　　　　　　　　　　　180 000

　　贷：国库存款　　　　　　　　　　　　　　　　　　　　　330 000

（三）有主权外债业务的核算

有主权外债业务的财政部门，贷款资金由下级政府财政同级部门（单位）使用，且贷款最终还款责任由本级政府财政承担的，本级政府财政部门支付贷款资金时，借记本科目，贷记"其他财政存款"科目，外方将贷款资金直接支付给用款单位或供应商时，借记本科目，贷记"债务收入""债务转贷收入"等科目；根据债务管理部门转来的相关外债转贷管理资料，按照实际支付的金额，借记"待偿债净资产"科目，贷记"借入款项""应付主权外债转贷款"等科目。

【例7-16】F市财政获得欧盟的主权外债支持本市所属甲县和乙县的教育事业发展，贷款最终还款责任由本级政府财政承担。收到欧盟转来的贷款资金300万元，并转给甲县200万元。

收到款项时，记：

借：其他财政存款　　　　　　　　　　　　　　　　　3 000 000

　　贷：债务收入　　　　　　　　　　　　　　　　　　　3 000 000

借：待偿债净资产——借入款项　　　　　　　　　　　3 000 000

　　贷：借入款项——应付本金　　　　　　　　　　　　　3 000 000

转给甲县时，记：

借：补助支出——甲县　　　　　　　　　　　　　　　2 000 000

　　贷：其他财政存款　　　　　　　　　　　　　　　　　2 000 000

【例7-17】接例7-16，F市财政获得欧盟的主权外债支持本市所属甲县和乙县的教育事业发展，贷款最终还款责任由本级政府财政承担。贷款资金1 000万元由欧盟直接支付给乙县。

借：补助支出——乙县　　　　　　　　　　　　　　10 000 000

　　贷：债务收入　　　　　　　　　　　　　　　　　　10 000 000

借：待偿债净资产——借入款项　　　　　　　　　　10 000 000

　　贷：借入款项——应付本金　　　　　　　　　　　　10 000 000

（四）年终与下级政府财政结算的核算

年终与下级政府财政结算时，按照尚未拨付的补助金额，借记本科目，贷记"与下级往来"科目；退还或核减补助支出时，借记"国库存款""与下级往来"等科目，贷记本科目。

【例7-18】接例7-16，年终结算时，F市财政尚未转拨给甲县的100万元，转入"与下级往来"科目。

借：补助支出——甲县　　　　　　　　　　　　　　　1 000 000

　　贷：与下级往来　　　　　　　　　　　　　　　　　　1 000 000

（五）年终转账时，本科目借方余额应根据不同资金性质分别转入对应的结转结余科目，借记"一般公共预算结转结余""政府性基金预算结转结余"等科目，贷记本科目。结转后，本科目无余额

【例7-19】年终转账时，F市财政的"补助支出——一般公共预算补助支出——甲县"科目借方余额600万元，"补助支出——一般公共预算补助支出——乙县"科目借方余额1 500万元，共计2 100万元全数转入"一般公共预算结转结余"科目。

借：一般公共预算结转结余　　　　　　　　　　　　21 000 000

　　贷：补助支出——一般公共预算补助支出——甲县　　　　　6 000 000

　　　　　　　　　　　　　　　　　　　　　——乙县　　　　15 000 000

二、上解支出的核算

上解支出是指按照财政体制规定由本级政府财政上交给上级政府财政的款项。

"上解支出"（5012）属支出类科目，用于核算本级政府财政按照财政体制规定上交给上级政府财政的款项。本科目平时借方余额反映上解支出的累计数。

本科目下应当按照不同资金性质设置"一般公共预算上解支出""政府性基金预算上解支出"等明细科目。

上解支出的主要账务处理如下：

（一）发生上解支出的核算

发生上解支出时，借记本科目，贷记"国库存款""与上级往来"等科目。

【例7-20】F市财政向省财政上解政府性基金预算资金20万元。

借：上解支出——政府性基金预算上解支出　　　　　200 000

　　贷：国库存款　　　　　　　　　　　　　　　　　　　200 000

（二）年终与上级政府财政结算的核算

年终与上级政府财政结算时，按照尚未支付的上解金额，借记本科目，贷记"与上级往来"科目；退还或核减上解支出时，借记"国库存款""与上级往来"等科目，贷记本科目。

【例7-21】接例7-20，F市财政与省财政结算，核减政府性基金预算上解支出5万元，记入"与上级往来"科目。

借：与上级往来　　　　　　　　　　　　　　　　　50 000

　　贷：上解支出——政府性基金预算上解支出　　　　　　　50 000

（三）年终转账的核算

年终转账时，本科目借方余额应根据不同资金性质分别转入对应的结转结余科目，借记"一般公共预算结转结余""政府性基金预算结转结余"等科目，贷记本科目。结转后，本科目无余额。

【例7-22】年终转账时，某市财政的"上解支出——一般公共预算上解支出"科目借方余额8 100万元，"上解支出——政府性基金预算上解支出"科目借方余额5 000万元，分别转入对应的结转结余科目。

借：一般公共预算结转结余　　　　　　　　　　　　81 000 000

　　贷：上解支出——一般公共预算上解支出　　　　　　　　　81 000 000

借：政府性基金预算结转结余　　　　　　　　　　　50 000 000

　　贷：上解支出——政府性基金预算上解支出　　　　　　　　50 000 000

三、地区间援助支出的核算

地区间援助支出是指援助方政府财政安排用于受援方政府财政统筹使用的各类援助、捐赠等资金支出。

"地区间援助支出"（5013）属支出类科目，用于核算援助方政府财政安排用于受援方政府财政统筹使用的各类援助、捐赠等资金支出。本科目平时借方余额反映地区间援助支出的累计数。本科目应当按照受援地区及管理需要进行相应明细核算。

地区间援助支出的主要账务处理如下：

（一）发生地区间援助支出的核算

发生地区间援助支出时，借记本科目，贷记"国库存款"科目。

【例7-23】山东省对西藏进行地区间援助，支出1亿元，以国库存款支付。

借：地区间援助支出　　　　　　　　　　　　　　　100 000 000

　　贷：国库存款　　　　　　　　　　　　　　　　　　　100 000 000

（二）年终转账的核算

年终转账时，本科目借方余额全数转入"一般公共预算结转结余"科目，借记"一般公共预算结转结余"科目，贷记本科目。结转后，本科目无余额。

【例7-24】接例7-23，年终转账时，山东省将"地区间援助支出"科目借方余额1亿元，全数转入"一般公共预算结转结余"科目。

借：一般公共预算结转结余　　　　　　　　　　　100 000 000

　　贷：地区间援助支出　　　　　　　　　　　　　　　　100 000 000

四、调出资金的核算

调出资金是指政府财政为平衡预算收支，从某类资金向其他类型预算调出的资金。

"调出资金"（5021）属支出类科目，用于核算政府财政为平衡预算收支、从某类资金向其他类型预算调出的资金。本科目平时借方余额反映调出资金的累计数。

本科目下应当设置"一般公共预算调出资金""政府性基金预算调出资金""国有资本经营预算调出资金"等明细科目。

调出资金的主要账务处理如下：

（一）从一般公共预算调出资金的核算

从一般公共预算调出资金时，按照调出的金额，借记本科目（一般公共预算调出资金），贷记"调入资金"相关明细科目。

【例7-25】某市从一般公共预算调出资金536万元，用于平衡政府性基金预算。

借：调出资金——一般公共预算调出资金　　　　　5 360 000

贷：调入资金——政府性基金预算调入资金 5 360 000

（二）从政府性基金预算调出资金的核算

从政府性基金预算调出资金时，按照调出的金额，借记本科目（政府性基金预算调出资金），贷记"调入资金"相关明细科目。

【例7-26】某省从政府性基金预算调出资金1亿元，用于平衡国有资本经营预算。

借：调出资金——政府性基金预算调出资金 100 000 000

　　贷：调入资金——国有资本经营预算调入资金 100 000 000

（三）从国有资本经营预算调出资金的核算

从国有资本经营预算调出资金时，按照调出的金额，借记本科目（国有资本经营预算调出资金），贷记"调入资金"相关明细科目。

【例7-27】某市从国有资本经营预算调出资金480万元，用于平衡一般公共预算。

借：调出资金——国有资本经营预算调出资金 4 800 000

　　贷：调入资金——一般公共预算调入资金 4 800 000

（四）年终转账的核算

年终转账时，本科目借方余额分别转入相应的结转结余科目，借记"一般公共预算结转结余""政府性基金预算结转结余""国有资本经营预算结转结余"等科目，贷记本科目。结转后，本科目无余额。

【例7-28】接例7-26，年末，省财政"调出资金——政府性基金预算调出资金"科目借方余额1亿元，全数转入"政府性基金预算结转结余"科目。

借：政府性基金预算结转结余 100 000 000

　　贷：调出资金——政府性基金预算调出资金 100 000 000

五、安排预算稳定调节基金的核算

预算平衡是财政资金平衡的重要标志，也是防范财政风险的工具。按照《预算法》第四十一条规定："各级一般公共预算按照国务院的规定可以设置预算稳定调节基金，用于弥补以后年度预算资金的不足。"

"安排预算稳定调节基金"（5031）属支出类科目，用于核算政府财政按照有关规定安排的预算稳定调节基金。本科目平时借方余额反映安排预算稳定调节基金的累计数。

安排预算稳定调节基金的主要账务处理如下：

（一）补充预算稳定调节基金的核算

补充预算稳定调节基金时，借记本科目，贷记"预算稳定调节基金"科目。

【例7-29】某市财政依据一般公共预算结转结余的情况，补充预算稳定调节基金500万元，用于弥补以后年度预算资金的不足。

借：安排预算稳定调节基金 5 000 000

　　贷：预算稳定调节基金 5 000 000

（二）年终转账的核算

年终转账时，本科目借方余额全数转入"一般公共预算结转结余"科目，借记"一般公共预算结转结余"科目，贷记本科目。结转后，本科目无余额。

【例7-30】接例7-29，市财政将"安排预算稳定调节基金"科目借方余额500万元，全数转入"一般公共预算结转结余"科目。

  借：一般公共预算结转结余   5 000 000

    贷：安排预算稳定调节基金   5 000 000

第四节

债务支出的核算

债务支出，有债务转贷支出和债务还本支出两种方式。

一、债务还本支出的核算

债务还本支出是指政府财政偿还本级政府财政承担的债务本金支出。

债务还本支出应当按照实际偿还的金额入账。

"债务还本支出"（5041）属支出类科目，用于核算政府财政偿还本级政府财政承担的纳入预算管理的债务本金支出。本科目平时借方余额反映本级政府财政债务还本支出的累计数。

本科目应当根据《政府收支分类科目》中"债务还本支出科目"有关规定设置明细科目。

债务还本支出的主要账务处理如下：

（一）偿还本级承担还款责任的债务本金的核算

偿还本级政府财政承担的政府债券、主权外债等纳入预算管理的债务本金时，借记本科目，贷记"国库存款""其他财政存款"等科目；根据债务管理部门转来相关资料，按照实际偿还的本金金额，借记"应付短期政府债券""应付长期政府债券""借入款项""应付地方政府债券转贷款""应付主权外债转贷款"等科目，贷记"待偿债净资产"科目。

【例7-31】某省偿还本级政府财政承担的政府债券20亿元。

  借：债务还本支出   2 000 000 000

    贷：国库存款   2 000 000 000

  借：应付短期政府债券   2 000 000 000

    贷：待偿债净资产——应付短期政府债券   2 000 000 000

（二）偿还2014年12月31日以前的存量债务本金的核算

偿还截至2014年12月31日本级政府财政承担的存量债务本金时，借记本科目，贷记"国库存款""其他财政存款"等科目。

【例7-32】中央财政偿还存量债务本金310亿元，该笔债务偿还期截至2014年

12月31日，借入时仅做了借记"国库存款""其他财政存款"等科目，贷记"债务收入"等科目的记录。

借：债务还本支出   31 000 000 000

  贷：国库存款   31 000 000 000

（三）年终转账的核算

年终转账时，本科目下"专项债务还本支出"明细科目的借方余额应按照对应的政府性基金种类分别转入"政府性基金预算结转结余"相应明细科目，借记"政府性基金预算结转结余"科目，贷记本科目（专项债务还本支出）。本科目下其他明细科目的借方余额全数转入"一般公共预算结转结余"科目，借记"一般公共预算结转结余"科目，贷记本科目（其他明细科目）。结转后，本科目无余额。

【例7-33】年终转账时，某市财政将"债务还本支出——一般债务还本支出"明细科目的借方余额126亿元，"债务还本支出——专项债务还本支出"明细科目的借方余额328亿元，分别转入"一般公共预算结转结余"和"政府性基金预算结转结余"相应明细科目。

借：一般公共预算结转结余   12 600 000 000

  贷：债务还本支出——一般债务还本支出   12 600 000 000

借：政府性基金预算结转结余   32 800 000 000

  贷：债务还本支出——专项债务还本支出   32 800 000 000

二、债务转贷支出的核算

债务转贷支出是指本级政府财政向下级政府财政转贷的债务支出。

债务转贷支出应当按照实际转贷的金额入账。

"债务转贷支出"（5042）属支出类科目，用于核算本级政府财政向下级政府财政转贷的债务支出。本科目平时借方余额反映债务转贷支出的累计数。

本科目下应当设置"地方政府一般债务转贷支出""地方政府专项债务转贷支出"明细科目，同时还应当按照转贷地区进行明细核算。

债务转贷支出的主要账务处理如下：

（一）本级政府财政向下级政府财政转贷地方政府债券资金的核算

本级政府财政向下级政府财政转贷地方政府债券资金时，借记本科目，贷记"国库存款"科目；根据债务管理部门转来的相关资料，按照到期应收回的转贷款本金金额，借记"应收地方政府债券转贷款"科目，贷记"资产基金——应收地方政府债券转贷款"科目。

【例7-34】某省政府财政向所属A市政府财政转贷地方政府一般债券资金2亿元。

借：债务转贷支出——地方政府一般债务转贷支出   200 000 000

  贷：国库存款   200 000 000

借：应收地方政府债券转贷款   200 000 000

  贷：资产基金——应收地方政府债券转贷款   200 000 000

（二）本级政府财政向下级政府财政转贷主权外债资金的核算

本级政府财政向下级政府财政转贷主权外债资金，且主权外债最终还款责任由下级政府财政承担的，相关账务处理如下：

1.本级政府财政支付转贷资金时，根据转贷资金支付相关资料，借记"债务转贷支出"科目，贷记"其他财政存款"科目；根据债务管理部门转来的相关资料，按照实际持有的债权金额，借记"应收主权外债转贷款"科目，贷记"资产基金——应收主权外债转贷款"科目。

【例7-35】J省获得俄罗斯政府贷款用于石化产业升级改造，现向所属D市财政支付转贷资金20亿元，还款责任由D市政府财政承担。

借：债务转贷支出——地方政府专项债务转贷支出——D市

　　　　　　　　　　　　　　　　　　　　　　2 000 000 000

　　贷：其他财政存款　　　　　　　　　　　　　　　2 000 000 000

借：应收主权外债转贷款——俄罗斯政府贷款　2 000 000 000

　　贷：资产基金——应收主权外债转贷款　　　　　　　2 000 000 000

2.外方将贷款资金直接支付给用款单位或供应商时，本级政府财政根据转贷资金支付相关资料，借记本科目，贷记"债务收入""债务转贷收入"科目；根据债务管理部门转来的相关资料，按照实际持有的债权金额，借记"应收主权外债转贷款"科目，贷记"资产基金——应收主权外债转贷款"科目；同时，借记"待偿债净资产"科目，贷记"借入款项""应付主权外债转贷款"等科目。

【例7-36】接例7-35，J省获得俄罗斯政府贷款用于石化产业升级改造，依据前期的投资情况，现第二批次的资金到位。本次的贷款资金35亿元由外方直接支付给用款单位，还款责任由D市政府财政承担。

借：债务转贷支出——地方政府专项债务转贷支出——D市

　　　　　　　　　　　　　　　　　　3 500 000 000

　　贷：债务收入　　　　　　　　　　　　　　3 500 000 000

借：应收主权外债转贷款——俄罗斯政府贷款　3 500 000 000

　　贷：资产基金——应收主权外债转贷款　　　　　　3 500 000 000

借：待偿债净资产——借入款项　　　　　　3 500 000 000

　　贷：借入款项　　　　　　　　　　　　　　　3 500 000 000

（三）年终转账的核算

年终转账时，本科目下"地方政府一般债务转贷支出"明细科目的借方余额全数转入"一般公共预算结转结余"科目，借记"一般公共预算结转结余"科目，贷记"债务转贷支出——地方政府一般债务转贷支出"科目。本科目下"地方政府专项债务转贷支出"明细科目的借方余额全数转入"政府性基金预算结转结余"科目，借记"政府性基金预算结转结余"科目，贷记"债务转贷支出——地方政府专项债务转贷支出"科目。结转后，本科目无余额。

【例7-37】接例7-35和例7-36，J省的"债务转贷支出——地方政府专项债务转贷支出——D市"明细科目的借方余额全数55亿元，转入"政府性基金预算结转结余"科目。

借：政府性基金预算结转结余   5 500 000 000

 贷：债务转贷支出——地方政府专项债务转贷支出——D市 5 500 000 000

关键概念

一般公共预算支出 政府性基金预算支出 国有资本经营预算支出

复习思考题

1. 财政总预算会计核算的支出包括哪些内容？
2. 财政总预算会计在核算支出时应注意哪些问题？
3. 简述各项支出的账务处理依据。

第八章　财政总预算年终清理结算和会计报表的编审

第一节

年终清理和结账

一、年终清理

财政总预算会计应当按月进行会计结账。具体结账方法，按照《会计基础工作规范》办理。

政府财政部门应当及时进行年终清理结算。年终清理结算的主要事项如下：

1.核对年度预算。预算是预算执行和办理会计结算的依据。年终前，总会计应配合预算管理部门将本级政府财政全年预算指标与上、下级政府财政总预算和本级各部门预算进行核对，及时办理预算调整和转移支付事项。本年预算调整和对下转移支付一般截止到 11 月底；各项预算拨款，一般截止到 12 月 25 日。

2.清理本年预算收支。认真清理本年预算收入，督促征收部门和国家金库年终前如数缴库。应在本年预算支领列报的款项，非特殊原因，应在年终前办理完毕。

清理财政专户管理资金和专用基金收支。凡属应列入本年的收入，应及时催收，并缴入国库或指定财政专户。

3.组织征收部门和国家金库进行年度对账。

4.清理核对当年拨款支出。总会计对本级各单位的拨款支出应与单位的拨款收入核对无误。属于应收回的拨款，应及时收回，并按收回数相应冲减预算支出。属于预拨下年度的经费，不得列入当年预算支出。

5.核实股权、债权和债务。财政部门内部相关资产、债务管理部门应于12月20日前向总会计提供与股权、债权、债务等核算和反映相关的资料。总会计对股权投资、借出款项、应收股利、应收地方政府债券转贷款、应收主权外债转贷款、借入款项、应付短期政府债券、应付长期政府债券、应付地方政府债券转贷款、应付主权外债转贷款、其他负债等余额应与相关管理部门进行核对，记录不一致的要及时查明原因，按规定调整账务，做到账实相符，账账相符。

6.清理往来款项。政府财政要认真清理其他应收款、其他应付款等各种往来款项，在年度终了前予以收回或归还。应转作收入或支出的各项款项，要及时转入本年有关收支账。

7.进行年终财政结算。

二、年终结算和结账

（一）年终财政结算

财政预算管理部门要在年终清理的基础上，于次年元月底前结清上下级政府财政的转移支付收支和往来款项。总会计要按照财政管理体制的规定，根据预算结算单，与年度预算执行过程中已补助和已上解数额进行比较，结合往来款和借垫款情况，计算出全年最后应补或应退数额，填制"年终财政决算结算单"，经核对无误后，作为年终财政结算凭证，据以入账。在某种意义上，年终结算也是财政总预算会计在编制决算前的一项特殊的年终清理工作。

总会计对年终决算清理期内发生的会计事项，应当划清会计年度。属于清理上年度的会计事项，记入上年度会计账；属于新年度的会计事项，记入新年度会计账，防止错记漏记。

（二）年终结账

经过年终清理和结算，把各项结算收支入账后，即可办理年终结账。年终结账工作一般分为年终转账、结清旧账和记入新账三个步骤，依次做账。

1.年终转账。计算出各科目12月份合计数和全年累计数，结出12月末余额，编制结账前的"资产负债表"，再根据收支余额填制记账凭证，将收支分别转入"一般公共预算结转结余""政府性基金预算结转结余""国有资本经营预算结转结余""专用基金结余""财政专户管理资金结余"等科目冲销。

财政总预算会计年终转账见图8-1。

【例8-1】年终，某市财政在年终清理、年终结算的基础上进行年终转账，转账前的收入和支出类科目余额见表8-1。要求进行年终转账，并结出各预算本年的结转结余资金额。

（1）将"一般公共预算本级收入"科目及其他收入类科目下的一般公共预算相关明细科目的贷方余额转入"一般公共预算结转结余"科目。

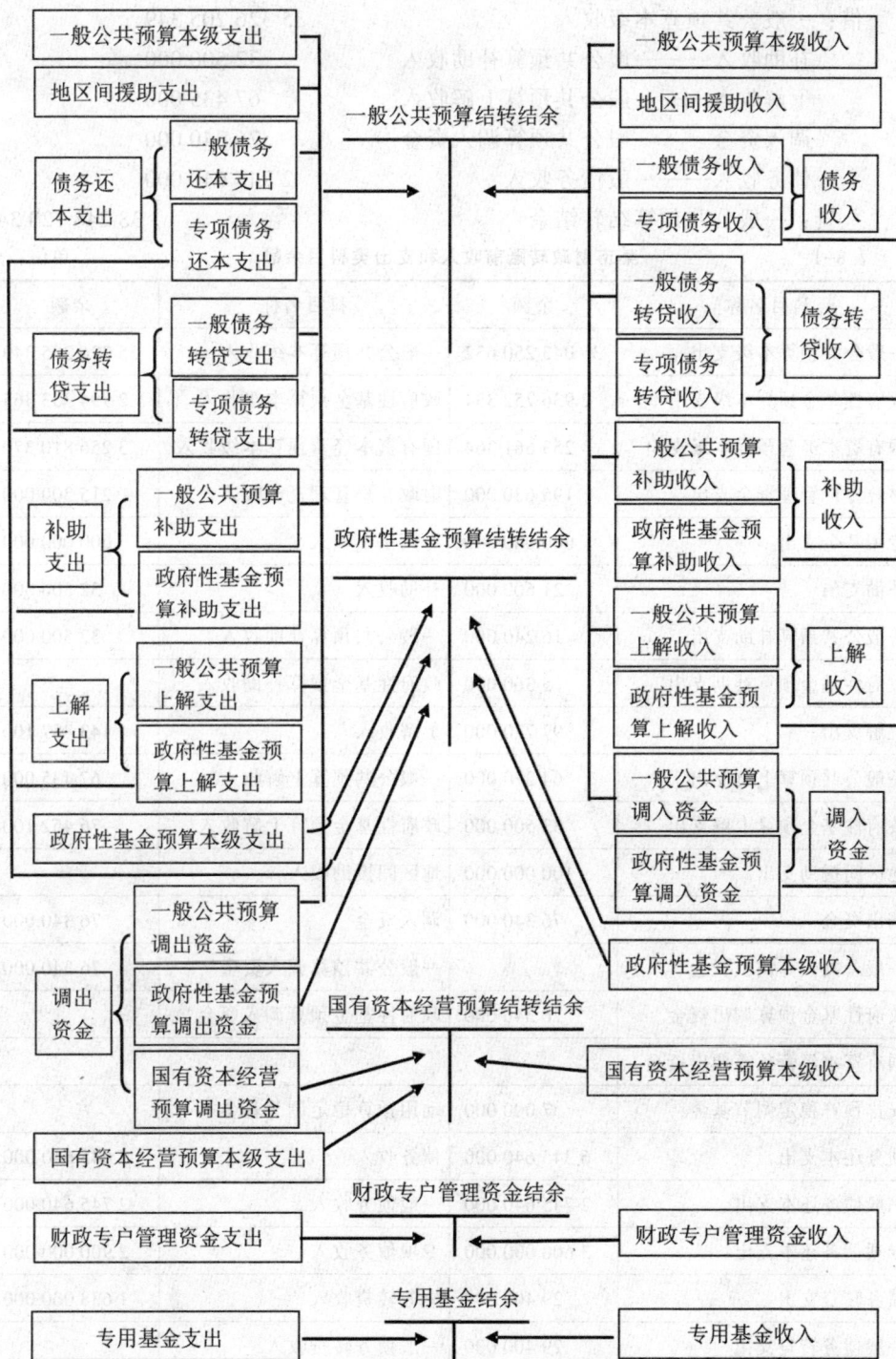

图 8-1　财政总预算会计年终转账图示

借：一般公共预算本级收入　　　　　　　　35 326 205 349
　　补助收入——一般公共预算补助收入　　　　 32 500 000
　　上解收入——一般公共预算上解收入　　　　 67 435 000
　　调入资金——一般公共预算调入资金　　　　 76 340 000
　　债务收入——一般债务收入　　　　　　2 745 640 000
　贷：一般公共预算结转结余　　　　　　　38 248 120 349

表8-1　　　　　　　　某市财政转账前收入和支出类科目余额　　　　　　单位：元

科目名称	余额	科目名称	余额
一般公共预算本级支出	36 043 250 632	一般公共预算本级收入	35 326 205 349
政府性基金预算本级支出	2 936 752 334	政府性基金预算本级收入	2 994 333 365
国有资本经营预算本级支出	3 253 661 364	国有资本经营预算本级收入	3 256 810 370
财政专户管理资金支出	195 630 000	财政专户管理资金收入	215 300 000
专用基金支出	600 000 000	专用基金收入	600 000 000
补助支出	21 600 000	补助收入	32 500 000
一般公共预算补助支出	16 240 000	一般公共预算补助收入	32 500 000
政府性基金预算补助支出	5 360 000	政府性基金预算补助收入	
上解支出	97 770 000	上解收入	143 887 100
一般公共预算上解支出	64 270 000	一般公共预算上解收入	67 435 000
政府性基金预算上解支出	33 500 000	政府性基金预算上解收入	76 452 100
地区间援助支出	100 000 000	地区间援助收入	
调出资金	76 340 000	调入资金	76 340 000
一般公共预算调出资金		一般公共预算调入资金	76 340 000
政府性基金预算调出资金	76 340 000	政府性基金预算调入资金	
国有资本经营预算调出资金			
安排预算稳定调节基金	7 000 000	动用预算稳定调节基金	
债务还本支出	6 345 640 000	债务收入	5 645 640 000
一般债务还本支出	2 745 640 000	一般债务收入	2 745 640 000
专项债务还本支出	3 600 000 000	专项债务收入	2 900 000 000
债务转贷支出	29 400 000	债务转贷收入	1 638 000 000
一般债务转贷支出	29 400 000	一般债务转贷收入	
专项债务转贷支出		专项债务转贷收入	1 638 000 000
合计	49 707 044 330	合计	49 929 016 184

（2）将"一般公共预算本级支出"科目及其他支出类科目下的一般公共预算相关明细科目的借方余额转入"一般公共预算结转结余"科目。

借：一般公共预算结转结余　　　　　　　　　　38 998 800 632

　　贷：一般公共预算本级支出　　　　　　　　　　　　　36 043 250 632

　　　　补助支出——一般公共预算补助支出　　　　　　　　16 240 000

　　　　上解支出——一般公共预算上解支出　　　　　　　　64 270 000

　　　　地区间援助支出　　　　　　　　　　　　　　　　100 000 000

　　　　债务还本支出——一般债务还本支出　　　　　　 2 745 640 000

　　　　债务转贷支出——一般债务转贷支出　　　　　　　　29 400 000

（3）本年一般公共预算结转结余额

收入合计-支出合计=38 248 120 349-38 998 800 632=-750 680 283（元）

（4）将"政府性基金预算本级收入"科目及其他收入类科目下的政府性基金预算相关明细科目的贷方余额转入"政府性基金预算结转结余"科目。

借：政府性基金预算本级收入　　　　　　　　 2 994 333 365

　　上解收入——政府性基金预算上解收入　　　　 76 452 100

　　债务收入——专项债务收入　　　　　　　　 2 900 000 000

　　债务转贷收入——专项债务转贷收入　　　　 1 638 000 000

　　　　贷：政府性基金预算结转结余　　　　　　　　　　 7 608 785 465

（5）将"政府性基金预算本级支出"科目及其他支出类科目下的政府性基金预算相关明细科目的借方余额转入"政府性基金预算结转结余"科目。

借：政府性基金预算结转结余　　　　　　　　 6 651 952 334

　　贷：政府性基金预算本级支出　　　　　　　　　　　 2 936 752 334

　　　　补助支出——政府性基金预算补助支出　　　　　　 5 360 000

　　　　上解支出——政府性基金预算上解支出　　　　　　33 500 000

　　　　调出资金——政府性基金预算调出资金　　　　　　76 340 000

　　　　债务还本支出——专项债务还本支出　　　　　　 3 600 000 000

（6）本年政府性基金预算结转结余额

收入合计-支出合计=7 608 785 465-6 651 952 334=956 833 131（元）

（7）将"国有资本经营预算本级收入"科目贷方余额转入"国有资本经营预算结转结余"科目。

借：国有资本经营预算本级收入　　　　　　　 3 256 810 370

　　贷：国有资本经营预算结转结余　　　　　　　　　　 3 256 810 370

（8）将"国有资本经营预算本级支出"科目借方余额转入"国有资本经营预算结转结余"科目。

借：国有资本经营预算结转结余　　　　　　　 3 253 661 364

　　贷：国有资本经营预算本级支出　　　　　　　　　　 3 253 661 364

（9）本年国有资本经营预算结转结余额

收入合计-支出合计=3 256 810 370-3 253 661 364=3 149 006（元）

（10）将"财政专户管理资金收入"科目贷方余额转入"财政专户管理资金结余"科目。

借：财政专户管理资金收入　　　　　　　　　　215 300 000

　　贷：财政专户管理资金结余　　　　　　　　　　　　215 300 000

（11）将"财政专户管理资金支出"科目借方余额转入"财政专户管理资金结余"科目。

借：财政专户管理资金结余　　　　　　　　　　195 630 000

　　贷：财政专户管理资金支出　　　　　　　　　　　　195 630 000

（12）本年财政专户管理资金结余额

收入合计-支出合计=215 300 000-195 630 000=19 670 000（元）

（13）将"专用基金收入"科目贷方余额转入"专用基金结余"科目。

借：专用基金收入　　　　　　　　　　　　　　600 000 000

　　贷：专用基金结余　　　　　　　　　　　　　　　　600 000 000

（14）将"专用基金支出"科目借方余额转入"专用基金结余"科目。

借：专用基金结余　　　　　　　　　　　　　　600 000 000

　　贷：专用基金支出　　　　　　　　　　　　　　　　600 000 000

（15）本年专用基金结余额

收入合计-支出合计=600 000 000-600 000 000=0（元）

（16）将"安排预算稳定调节基金"科目借方余额转入"预算稳定调节基金"科目。

借：预算稳定调节基金　　　　　　　　　　　　7 000 000

　　贷：安排预算稳定调节基金　　　　　　　　　　　　7 000 000

（17）本年预算稳定调节基金结余额

收入合计-支出合计=0-7 000 000（元）=-7 000 000（元）

2.结清旧账。将各个收入和支出科目的借方、贷方结出全年总计数。对年终有余额的科目，在"摘要"栏内注明"结转下年"字样，表示转入新账。

3.记入新账。根据年终转账后的总账和明细账余额编制年终"资产负债表"和有关明细表（不需填制记账凭证），将表列各科目余额直接记入新年度有关总账和明细账年初余额栏内，并在"摘要"栏注明"上年结转"字样，以区别新年度发生数。

决算经本级人民代表大会常务委员会（或人民代表大会）审查批准后，如需更正原报决算草案收入、支出时，则要相应调整有关账目，重新办理结账事项。

第二节

会计报表的编审

总会计报表是反映政府财政预算执行结果和财务状况的书面文件，包括资产负债表、收入支出表、一般公共预算执行情况表、政府性基金预算执行情况表、国有资本经营预算执行情况表、财政专户管理资金收支情况表、专用基金收支情况表等会计报表和附注。

一、报表编制规定

总会计应当按照下列规定编制会计报表：

1.一般公共预算执行情况表、政府性基金预算执行情况表、国有资本经营预算执行情况表应当按旬、月度和年度编制，财政专户管理资金收支情况表和专用基金收支情况表应当按月度和年度编制，收入支出表按月度和年度编制，资产负债表和附注应当至少按年度编制。旬报、月报的报送期限及编报内容应当根据上级政府财政具体要求和本行政区域预算管理的需要办理。

2.总会计应当根据《财政总预算会计制度》编制并提供真实、完整的会计报表，切实做到账表一致，不得估列代编，弄虚作假。

3.总会计要严格按照统一规定的种类、格式、内容、计算方法和编制口径填制会计报表，以保证全国统一汇总和分析。汇总报表的单位，要把所属单位的报表汇集齐全，防止漏报。

二、资产负债表的编审

资产负债表是反映政府财政在某一特定日期财务状况的报表。资产负债表应当按照资产、负债和净资产分类、分项列示。报表格式见表8-2。

表8-2 　　　　　　　　　　　　　**资产负债表**

会财政01表

编制单位：　　　　　　　　＿＿＿年＿＿＿月＿＿＿日　　　　　　　　　单位：元

资　产	年初余额	期末余额	负债和净资产	年初余额	期末余额
流动资产：			流动负债：		
国库存款			应付短期政府债券		
国库现金管理存款			应付利息		
其他财政存款			应付国库集中支付结余		
有价证券			与上级往来		
在途款			其他应付款		
预拨经费			应付代管资金		
借出款项			一年内到期的非流动负债		
应收股利			流动负债合计		
应收利息			非流动负债：		
与下级往来			应付长期政府债券		
其他应收款			借入款项		

资　产	年初余额	期末余额	负债和净资产	年初余额	期末余额
流动资产合计			应付地方政府债券转贷款		
非流动资产：			应付主权外债转贷款		
应收地方政府债券转贷款			其他负债		
应收主权外债转贷款			非流动负债合计		
股权投资			负债合计		
待发国债			一般公共预算结转结余		
非流动资产合计			政府性基金预算结转结余		
			国有资本经营预算结转结余		
			财政专户管理资金结余		
			专用基金结余		
			预算稳定调节基金		
			预算周转金		
			资产基金		
			减：待偿债净资产		
			净资产合计		
资产总计			负债和净资产总计		

资产负债表的编制说明如下：

（一）本表"年初余额"栏内各项数字应当根据上年末资产负债表"期末余额"栏内数字填列

如果本年度资产负债表规定的各个项目的名称和内容同上年度不相一致，应对上年年末资产负债表各项目的名称和数字按照本年度的规定进行调整，填入本表"年初余额"栏内。

（二）本表"期末余额"栏各项目的内容和填列方法

1.资产类项目

（1）"国库存款"项目，反映政府财政期末存放在国库单一账户的款项金额。本项目应当根据"国库存款"科目的期末余额填列。

（2）"国库现金管理存款"项目，反映政府财政期末实行国库现金管理业务持有的存款金额。本项目应当根据"国库现金管理存款"科目的期末余额填列。

（3）"其他财政存款"项目，反映政府财政期末持有的其他财政存款金额。本项目应当根据"其他财政存款"科目的期末余额填列。

（4）"有价证券"项目，反映政府财政期末持有的有价证券金额。本项目应当根据"有价证券"科目的期末余额填列。

（5）"在途款"项目，反映政府财政期末持有的在途款金额。本项目应当根据"在途款"科目的期末余额填列。

（6）"预拨经费"项目，反映政府财政期末尚未转列支出或尚待收回的预拨经费金额。本项目应当根据"预拨经费"科目的期末余额填列。

（7）"借出款项"项目，反映政府财政期末借给预算单位尚未收回的款项金额。本项目应当根据"借出款项"科目的期末余额填列。

（8）"应收股利"项目，反映政府期末尚未收回的现金股利或利润金额。本项目应当根据"应收股利"科目的期末余额填列。

（9）"应收利息"项目，反映政府财政期末尚未收回的应收利息金额。本项目应当根据"应收地方政府债券转贷款"科目和"应收主权外债转贷款"科目下"应收利息"明细科目的期末余额合计数填列。

（10）"与下级往来"项目，正数反映下级政府财政欠本级政府财政的款项金额；负数反映本级政府财政欠下级政府财政的款项金额。本项目应当根据"与下级往来"科目的期末余额填列，期末余额如在贷方则以"−"号填列。

（11）"其他应收款"项目，反映政府财政期末尚未收回的其他应收款的金额。本项目应当根据"其他应收款"科目的期末余额填列。

（12）"应收地方政府债券转贷款"项目，反映政府财政期末尚未收回的地方政府债券转贷款的本金金额。本项目应当根据"应收地方政府债券转贷款"科目下"应收本金"明细科目的期末余额填列。

（13）"应收主权外债转贷款"项目，反映政府财政期末尚未收回的主权外债转贷款的本金金额。本项目应当根据"应收主权外债转贷款"科目下的"应收本金"明细科目的期末余额填列。

（14）"股权投资"项目，反映政府期末持有的股权投资的金额。本项目应当根据"股权投资"科目的期末余额填列。

（15）"待发国债"项目，反映中央政府财政期末尚未使用的国债发行额度。本项目应当根据"待发国债"科目的期末余额填列。

2.负债类项目

（16）"应付短期政府债券"项目，反映政府财政期末尚未偿还的发行期限不超过1年（含1年）的政府债券的本金金额。本项目应当根据"应付短期政府债券"科目下的"应付本金"明细科目的期末余额填列。

（17）"应付利息"项目，反映政府财政期末尚未支付的应付利息金额。本项目应当根据"应付短期政府债券""借入款项""应付地方政府债券转贷款""应付主权外债转贷款"科目下的"应付利息"明细科目期末余额，以及属于分期付息到期还本的"应付长期政府债券"的"应付利息"明细科目期末余额计算填列。

（18）"应付国库集中支付结余"项目，反映政府财政期末尚未支付的国库集中支付结余金额。本项目应当根据"应付国库集中支付结余"科目的期末余额填列。

（19）"与上级往来"项目，正数反映本级政府财政期末欠上级政府财政的款项金额；负数反映上级政府财政欠本级政府财政的款项金额。本项目应当根据"与上级往来"科目的期末余额填列，如为借方余额则以"–"号填列。

（20）"其他应付款"项目，反映政府财政期末尚未支付的其他应付款的金额。本项目应当根据"其他应付款"科目的期末余额填列。

（21）"应付代管资金"项目，反映政府财政期末尚未支付的代管资金金额。本项目应当根据"应付代管资金"科目的期末余额填列。

（22）"一年内到期的非流动负债"项目，反映政府财政期末承担的1年以内（含1年）到偿还期的非流动负债。本项目应当根据"应付长期政府债券""借入款项""应付地方政府债券转贷款""应付主权外债转贷款""其他负债"等科目的期末余额及债务管理部门提供的资料分析填列。

（23）"应付长期政府债券"项目，反映政府财政期末承担的偿还期限超过1年的长期政府债券的本金金额及到期一次还本付息的长期政府债券的应付利息金额。本项目应当根据"应付长期政府债券"科目的期末余额分析填列。

（24）"借入款项"项目，反映政府财政期末承担的偿还期限超过1年的借入款项的本金金额。本项目应当根据"借入款项"科目下"应付本金"明细科目的期末余额分析填列。

（25）"应付地方政府债券转贷款"项目，反映政府财政期末承担的偿还期限超过1年的地方政府债券转贷款的本金金额。本项目应当根据"应付地方政府债券转贷款"科目下"应付本金"明细科目的期末余额分析填列。

（26）"应付主权外债转贷款"项目，反映政府财政期末承担的偿还期限超过1年的主权外债转贷款的本金金额。本项目应当根据"应付主权外债转贷款"科目下"应付本金"明细科目的期末余额分析填列。

（27）"其他负债"项目，反映政府财政期末承担的偿还期限超过1年的其他负债金额。本项目应当根据"其他负债"科目的期末余额分析填列。

3.净资产类项目

（28）"一般公共预算结转结余"项目，反映政府财政期末滚存的一般公共预算结转结余金额。本项目应当根据"一般公共预算结转结余"科目的期末余额填列。

（29）"政府性基金预算结转结余"项目，反映政府财政期末滚存的政府性基金预算结转结余金额。本项目应当根据"政府性基金预算结转结余"科目的期末余额填列。

（30）"国有资本经营预算结转结余"项目，反映政府财政期末滚存的国有资本经营预算结转结余金额。本项目应当根据"国有资本经营预算结转结余"科目的期末余额填列。

（31）"财政专户管理资金结余"项目，反映政府财政期末滚存的财政专户管理资金结余金额。本项目应当根据"财政专户管理资金结余"科目的期末余额填列。

（32）"专用基金结余"项目，反映政府财政期末滚存的专用基金结余金额。本项目应当根据"专用基金结余"科目的期末余额填列。

（33）"预算稳定调节基金"项目，反映政府财政期末预算稳定调节基金的余额。本项目应当根据"预算稳定调节基金"科目的期末余额填列。

（34）"预算周转金"项目，反映政府财政期末预算周转金的余额。本项目应当根据"预算周转金"科目的期末余额填列。

（35）"资产基金"项目，反映政府财政期末持有的应收地方政府债券转贷款、应收主权外债转贷款、股权投资和应收股利等资产在净资产中占用的金额。本项目应当根据"资产基金"科目的期末余额填列。

（36）"待偿债净资产"项目，反映政府财政期末因承担应付短期政府债券、应付长期政府债券、借入款项、应付地方政府债券转贷款、应付主权外债转贷款、其他负债等负债相应需在净资产中冲减的金额。本项目应当根据"待偿债净资产"科目的期末借方余额以"－"号填列。

三、收入支出表的编审

收入支出表是反映政府财政在某一会计期间各类财政资金收、支、余情况的报表。收入支出表根据资金性质按照收入、支出、结转结余的构成分类、分项列示。报表格式见表8-3。

收入支出表的编制说明如下：

（一）本表"本月数"栏反映各项目的本月实际发生数

在编制年度收入支出表时，应将本栏改为"上年数"栏，反映上年度各项目的实际发生数；如果本年度收入支出表规定的各个项目的名称和内容同上年度不一致，应对上年度收入支出表各项目的名称和数字按照本年度的规定进行调整，填入本年度收入支出表的"上年数"栏。

本表"本年累计数"栏反映各项目自年初起至报告期末止的累计实际发生数。编制年度收入支出表时，应当将本栏改为"本年数"。

（二）本表"本月数"栏各项目的内容和填列方法

1. "年初结转结余"项目，反映政府财政本年初各类资金结转结余金额。其中，一般公共预算的"年初结转结余"应当根据"一般公共预算结转结余"科目的年初余额填列；政府性基金预算的"年初结转结余"应当根据"政府性基金预算结转结余"科目的年初余额填列；国有资本经营预算的"年初结转结余"应当根据"国有资本经营预算结转结余"科目的年初余额填列；财政专户管理资金的"年初结转结余"应当根据"财政专户管理资金结余"科目的年初余额填列；专用基金的"年初结转结余"应当根据"专用基金结余"科目的年初余额填列。

表 8-3   **收入支出表**

会财政 02 表

编制单位：   ____年____月   单位：元

项目	一般公共预算		政府性基金预算		国有资本经营预算		财政专户管理资金		专用基金	
	本月数	本年累计数	本月数	本年累计数	本月数	本年累计数	本月数	本年累计数	本月数	本年累计数
年初结转结余										
收入合计										
本级收入										
其中：来自预算安排的收入	—	—	—	—	—	—	—	—	—	—
补助收入					—	—	—	—	—	—
上解收入					—	—	—	—	—	—
地区间援助收入					—	—	—	—	—	—
债务收入					—	—	—	—	—	—
债务转贷收入					—	—	—	—	—	—
动用预算稳定调节基金					—	—	—	—	—	—
调入资金					—	—	—	—	—	—
支出合计										
本级支出										
其中：权责发生制列支							—	—	—	—
预算安排专用基金的支出			—		—		—	—	—	—
补助支出					—	—	—	—	—	—
上解支出					—	—	—	—	—	—
地区间援助支出	—	—			—	—	—	—	—	—
债务还本支出					—	—	—	—	—	—
债务转贷支出					—	—	—	—	—	—
安排预算稳定调节基金			—	—	—	—	—	—	—	—
调出资金							—	—	—	—
结余转出	—	—	—	—	—	—	—	—	—	—
其中：增设预算周转金			—	—	—	—	—	—	—	—
年末结转结余										

注：表中有"—"的部分不必填列。

2. "收入合计"项目，反映政府财政本期取得的各类资金的收入合计金额。其中，一般公共预算的"收入合计"应当根据属于一般公共预算的"本级收入""补助收入""上解收入""地区间援助收入""债务收入""债务转贷收入""动用预算稳定调节基金""调入资金"各行项目金额的合计填列；政府性基金预算的"收入合计"应当根据属于政府性基金预算的"本级收入""补助收入""上解收入""债务收入""债务转贷收入""调入资金"各行项目金额的合计填列；国有资本经营预算的"收入合计"应当根据属于国有资本经营预算的"本级收入"项目的金额填列；财政专户管理资金的"收入合计"应当根据属于财政专户管理资金的"本级收入"项目的金额填列；专用基金的"收入合计"应当根据属于专用基金的"本级收入"项目的金额填列。

3. "本级收入"项目，反映政府财政本期取得的各类资金的本级收入金额。其中，一般公共预算的"本级收入"应当根据"一般公共预算本级收入"科目的本期发生额填列；政府性基金预算的"本级收入"应当根据"政府性基金预算本级收入"科目的本期发生额填列；国有资本经营预算的"本级收入"应当根据"国有资本经营预算本级收入"科目的本期发生额填列；财政专户管理资金的"本级收入"应当根据"财政专户管理资金收入"科目的本期发生额填列；专用基金的"本级收入"应当根据"专用基金收入"科目的本期发生额填列。

4. "补助收入"项目，反映政府财政本期取得的各类资金的补助收入金额。其中，一般公共预算的"补助收入"应当根据"补助收入"科目下的"一般公共预算补助收入"明细科目的本期发生额填列；政府性基金预算的"补助收入"应当根据"补助收入"科目下的"政府性基金预算补助收入"明细科目的本期发生额填列。

5. "上解收入"项目，反映政府财政本期取得的各类资金的上解收入金额。其中，一般公共预算的"上解收入"应当根据"上解收入"科目下的"一般公共预算上解收入"明细科目的本期发生额填列；政府性基金预算的"上解收入"应当根据"上解收入"科目下的"政府性基金预算上解收入"明细科目的本期发生额填列。

6. "地区间援助收入"项目，反映政府财政本期取得的地区间援助收入金额。本项目应当根据"地区间援助收入"科目的本期发生额填列。

7. "债务收入"项目，反映政府财政本期取得的债务收入金额。其中，一般公共预算的"债务收入"应当根据"债务收入"科目下除"专项债务收入"以外的其他明细科目的本期发生额填列；政府性基金预算的"债务收入"应当根据"债务收入"科目下的"专项债务收入"明细科目的本期发生额填列。

8. "债务转贷收入"项目，反映政府财政本期取得的债务转贷收入金额。其中，一般公共预算的"债务转贷收入"应当根据"债务转贷收入"科目下"地方政府一般债务转贷收入"明细科目的本期发生额填列；政府性基金预算的"债务转贷收入"应当根据"债务转贷收入"科目下的"地方政府专项债务转贷收入"明细科目的本期发生额填列。

9. "动用预算稳定调节基金"项目，反映政府财政本期调用的预算稳定调节基金金额。本项目应当根据"动用预算稳定调节基金"科目的本期发生额填列。

10."调入资金"项目，反映政府财政本期取得的调入资金金额。其中，一般公共预算的"调入资金"应当根据"调入资金"科目下"一般公共预算调入资金"明细科目的本期发生额填列；政府性基金预算的"调入资金"应当根据"调入资金"科目下"政府性基金预算调入资金"明细科目的本期发生额填列。

11."支出合计"项目，反映政府财政本期发生的各类资金的支出合计金额。其中，一般公共预算的"支出合计"应当根据属于一般公共预算的"本级支出""补助支出""上解支出""地区间援助支出""债务还本支出""债务转贷支出""安排预算稳定调节基金""调出资金"各行项目金额的合计填列；政府性基金预算的"支出合计"应当根据属于政府性基金预算的"本级支出""补助支出""上解支出""债务还本支出""债务转贷支出""调出资金"各行项目金额的合计填列；国有资本经营预算的"支出合计"应当根据属于国有资本经营预算的"本级支出"和"调出资金"项目金额的合计填列；财政专户管理资金的"支出合计"应当根据属于财政专户管理资金的"本级支出"项目的金额填列；专用基金的"支出合计"应当根据属于专用基金的"本级支出"项目的金额填列。

12."补助支出"项目，反映政府财政本期发生的各类资金的补助支出金额。其中，一般公共预算的"补助支出"应当根据"补助支出"科目下的"一般公共预算补助支出"明细科目的本期发生额填列；政府性基金预算的"补助支出"应当根据"补助支出"科目下的"政府性基金预算补助支出"明细科目的本期发生额填列。

13."上解支出"项目，反映政府财政本期发生的各类资金的上解支出金额。其中，一般公共预算的"上解支出"应当根据"上解支出"科目下的"一般公共预算上解支出"明细科目的本期发生额填列；政府性基金预算的"上解支出"应当根据"上解支出"科目下的"政府性基金预算上解支出"明细科目的本期发生额填列。

14."地区间援助支出"项目，反映政府财政本期发生的地区间援助支出金额。本项目应当根据"地区间援助支出"科目的本期发生额填列。

15."债务还本支出"项目，反映政府财政本期发生的债务还本支出金额。其中，一般公共预算的"债务还本支出"应当根据"债务还本支出"科目下除"专项债务还本支出"以外的其他明细科目的本期发生额填列；政府性基金预算的"债务还本支出"应当根据"债务还本支出"科目下的"专项债务还本支出"明细科目的本期发生额填列。

16."债务转贷支出"项目，反映政府财政本期发生的债务转贷支出金额。其中，一般公共预算的"债务转贷支出"应当根据"债务转贷支出"科目下"地方政府一般债务转贷支出"明细科目的本期发生额填列；政府性基金预算的"债务转贷支出"应当根据"债务转贷支出"科目下的"地方政府专项债务转贷支出"明细科目的本期发生额填列。

17."安排预算稳定调节基金"项目,反映政府财政本期安排的预算稳定调节基金金额。本项目根据"安排预算稳定调节基金"科目的本期发生额填列。

18."调出资金"项目,反映政府财政本期发生的各类资金的调出资金金额。其中,一般公共预算的"调出资金"应当根据"调出资金"科目下"一般公共预算调出资金"明细科目的本期发生额填列;政府性基金预算的"调出资金"应当根据"调出资金"科目下"政府性基金预算调出资金"明细科目的本期发生额填列;国有资本经营预算的"调出资金"应当根据"调出资金"科目下"国有资本经营预算调出资金"明细科目的本期发生额填列。

19."增设预算周转金"项目,反映政府财政本期设置和补充预算周转金的金额。本项目应当根据"预算周转金"科目的本期贷方发生额填列。

20."年末结转结余"项目,反映政府财政本年末的各类资金的结转结余金额。其中,一般公共预算的"年末结转结余"应当根据"一般公共预算结转结余"科目的年末余额填列;政府性基金预算的"年末结转结余"应当根据"政府性基金预算结转结余"科目的年末余额填列;国有资本经营预算的"年末结转结余"应当根据"国有资本经营预算结转结余"科目的年末余额填列;财政专户管理资金的"年末结转结余"应当根据"财政专户管理资金结余"科目的年末余额填列;专用基金的"年末结转结余"应当根据"专用基金结余"科目的年末余额填列。

四、一般公共预算执行情况表的编审

一般公共预算执行情况表是反映政府财政在某一会计期间一般公共预算收支执行结果的报表,按照《政府收支分类科目》中"一般公共预算收支科目"列示。报表格式见8-4。

表8-4 **一般公共预算执行情况表**

会财政03-1表

编制单位: ____年____月____旬 单位:元

项 目	本月(旬)数	本年(月)累计数
一般公共预算本级收入		
101税收收入		
10101增值税		
1010101国内增值税		
……		
一般公共预算本级支出		
201一般公共服务支出		
20101人大事务		
2010101行政运行		
……		

一般公共预算执行情况表的编制说明如下：

1. "一般公共预算本级收入"项目及所属各明细项目，应当根据"一般公共预算本级收入"科目及所属各明细科目的本期发生额填列。

2. "一般公共预算本级支出"项目及所属各明细项目，应当根据"一般公共预算本级支出"科目及所属各明细科目的本期发生额填列。

五、政府性基金预算执行情况表的编审

政府性基金预算执行情况表是反映政府财政在某一会计期间政府性基金预算收支执行结果的报表，按照《政府收支分类科目》中"政府性基金预算收支科目"列示。报表格式见表8-5。

表8-5   **政府性基金预算执行情况表**

会财政03-2表

编制单位：   ____年____月____旬   单位：元

项　目	本月（旬）数	本年（月）累计数
政府性基金预算本级收入		
10301政府性基金收入		
1030102农网还贷资金收入		
103010201中央农网还贷资金收入		
……		
政府性基金预算本级支出		
206科学技术支出		
20610核电站乏燃料处理处置基金支出		
2061001乏燃料运输		
……		

政府性基金预算执行情况表的编制说明如下：

1. "政府性基金预算本级收入"项目及所属各明细项目，应当根据"政府性基金预算本级收入"科目及所属各明细科目的本期发生额填列。

2. "政府性基金预算本级支出"项目及所属各明细项目，应当根据"政府性基金预算本级支出"科目及所属各明细科目的本期发生额填列。

六、国有资本经营预算执行情况表的编审

国有资本经营预算执行情况表是反映政府财政在某一会计期间国有资本经营预算收支执行结果的报表，按照《政府收支分类科目》中"国有资本经营预算收支科目"列示。报表格式见表8-6。

表8-6　　　　　　　　　　**国有资本经营预算执行情况表**

会财政03-3表

编制单位：　　　　　　　　　　　年　月　旬　　　　　　　　　　单位：元

项　目	本月（旬）数	本年（月）累计数
国有资本经营预算本级收入		
10306国有资本经营收入		
1030601利润收入		
103060103 烟草企业利润收入		
……		
国有资本经营预算本级支出		
208 社会保障和就业支出		
20804 补充全国社会保障基金		
2080451国有资本经营预算补充社保基金支出		
……		

国有资本经营预算执行情况表的编制说明如下：

1."国有资本经营预算本级收入"项目及所属各明细项目，应当根据"国有资本经营预算本级收入"科目及所属各明细科目的本期发生额填列。

2."国有资本经营预算本级支出"项目及所属各明细项目，应当根据"国有资本经营预算本级支出"科目及所属各明细科目的本期发生额填列。

七、财政专户管理资金收支情况表的核算

财政专户管理资金收支情况表是反映政府财政在某一会计期间纳入财政专户管理的财政专户管理资金全部收支情况的报表，按照相关政府收支分类科目列示。报表格式见表8-7。

表8-7　　　　　　　　　　**财政专户管理资金收支情况表**

会财政04表

编制单位：　　　　　　　　　____年____月　　　　　　　　　　单位：元

项　目	本月数	本年累计数
财政专户管理资金收入		
财政专户管理资金支出		

财政专户管理资金收支情况表的编制说明如下：

1．"财政专户管理资金收入"项目及所属各明细项目，应当根据"财政专户管理资金收入"科目及所属各明细科目的本期发生额填列。

2．"财政专户管理资金支出"项目及所属各明细项目，应当根据"财政专户管理资金支出"科目及所属各明细科目的本期发生额填列。

八、专用基金收支情况表的编审

专用基金收支情况表是反映政府财政在某一会计期间专用基金全部收支情况的报表，按照不同类型的专用基金分别列示。报表格式见表8-8。

表8-8 专用基金收支情况表

会财政05表

编制单位： ____年____月 单位：元

项　目	本月数	本年累计数
专用基金收入		
粮食风险基金		
……		
专用基金支出		
粮食风险基金		
……		

专用基金收支情况表的编制说明如下：

1．"专用基金收入"项目及所属各明细项目，应当根据"专用基金收入"科目及所属各明细科目的本期发生额填列。

2．"专用基金支出"项目及所属各明细项目，应当根据"专用基金支出"科目及所属各明细科目的本期发生额填列。

九、附注

附注是指对在会计报表中列示项目的文字描述或明细资料，以及对未能在会计报表中列示项目的说明。总会计报表附注应当至少披露下列内容：

1．遵循《财政总预算会计制度》的声明；

2．本级政府财政预算执行情况和财务状况的说明；

3．会计报表中列示的重要项目的进一步说明，包括其主要构成、增减变动情况等；

4．或有负债情况的说明；

5．有助于理解和分析会计报表的其他需要说明的事项。

十、决算草案编审

财政总预算会计年度报表，反映年度预算收支的最终结果和财务状况。总会计参与或具体负责组织下列决算草案编审工作：

1.参与组织制定决算草案编审办法。根据上级政府财政的统一要求和本行政区域预算管理的需要，提出年终收支清理、数字编列口径、决算审查和组织领导等具体要求，并对财政结算、结余处理等具体问题制定管理办法。

2.根据上级政府财政的要求，结合本行政区域的具体情况制定本行政区域政府财政总决算统一表格。

3.办理全年各项收支、预拨款项、往来款项等会计对账、结账工作。

4.对下级政府财政布置决算草案编审工作，指导、督促其及时汇总报送决算。

5.审核、汇总所属财政部门总决算草案，向上级政府财政部门报送本辖区汇总的财政总决算草案。

6.编制决算说明和决算分析报告，向上级政府财政汇报决算编审工作情况，进行上下级政府财政之间的财政体制结算以及财政总决算的文件归档工作。

7.各级政府财政应将汇总编制的本级决算草案及时报本级政府审定。各级政府财政应按照上级政府财政部门的要求，将经本级人民政府审定的本行政区域决算草案逐级及时报送备案。计划单列市的财政决算，除按规定报送财政部外，应按所在省的规定报所在省。

具体的决算编审工作，按照财政决算管理部门的相关规定执行。

关键概念

财政年终结算　一般公共预算执行情况表　附注

复习思考题

1.简述财政总预算年终清理结算的主要事项。

2.简述财政总预算会计年终转账账务处理。

3.简述财政总预算会计编制会计报表应当遵循的规定。

4.简述资产负债表的编制。

5.简述收入支出表的编制。

6.财政总预算会计参与或具体负责组织哪些决算草案的编审工作？

第三篇　行政事业单位会计

行政事业单位会计概述

第一节

行政事业单位会计基本规定

一、什么是行政事业单位

行政事业单位是行政单位和事业单位的合称。行政事业单位会计又简称为单位会计。

行政单位是代表政府行使政府权力的机构，是进行国家行政管理、组织经济建设和文化建设、维护社会公共秩序的单位，主要包括国家权力机关、行政机关、司法机关、检察机关等。在我国，实行预算管理的其他机关、政党组织等也被视为行政单位，如中国共产党各级委员会、各民主党派组织等，也执行行政单位会计制度。行政单位会计是围绕预算资金的分配、使用和管理而组织核算的专业会计。

事业单位则是国家为了社会公益目的，由国家机关举办或者其他组织利用国有资产举办的，从事教育、科研、文化、卫生、体育、新闻出版、广播电视、社会福利、救助减灾、统计调查、技术推广与实验、公用设施管理、物资仓储、监测、勘探与勘察、测绘、检验检测与鉴定、法律、资源管理、质量技术监督、经济监督、知识产权、公证与认证、信息与咨询、人才交流、就业服务、机关后勤服务等活动的社会服务组织。

事业单位不以营利为直接目的，其工作成果与组织价值不直接以可估量的物质形态或货币形态表现出来，而是一种社会效益。相对于企业单位而言，事业单位是国家机构的延伸，其资产都属国有，政府决定事业单位的设立、注销以及编制，并对事业单位的各种活动进行直接组织和管理；各类事业单位活动所需的各种经费主要来自于政府拨款。从行业上看，我国的事业单位遍布各个领域，主要有教育、科技、文化、卫生、社会福利、体育、交通、城市、房地产服务、农林牧渔水、信息咨询、法律服务、勘察设计、海洋、环境保护、检验检测、知识产权及机关后勤服务等。从单位性质上看，事业单位又有公益性、准公益性和经营性之分，对于经营性事业单位，财政一般不予补贴，政府财政只对公益性和准公益性事业单位进行补贴。还有一种事业单位叫"参公事业单位"，就是对工作人员参照公务员管理的事业单位，是承担了政府行政管理职能或机关后勤服务的事业单位，财政对参公事业单位采取全额拨款管理。

二、行政事业单位会计一般规定

我国政府会计核算标准体系形成于1998年前后，主要涵盖财政总预算会计、行政单位会计与事业单位会计。其中，事业单位会计包括医院、基层医疗卫生机构、高等学校、中小学校、科学事业单位、彩票机构等行业事业单位会计制度，及国有建设单位会计制度等。2010年以来，财政部适应公共财政管理的需要，先后对上述部分会计标准进行了修订，基本满足了现行部门预算管理的需要。党的十八届三中全会提出了"建立权责发生制政府综合财务报告制度"，2014年新修订的《预算法》对各级政府提出按年度编制以权责发生制为基础的政府综合财务报告的新要求，为此，根据《中华人民共和国会计法》《中华人民共和国预算法》《政府会计准则——基本准则》编制了《政府会计制度——行政事业单位会计科目和报表》，于2019年实行。

1.适用范围。行政事业单位制度适用于各级各类行政单位和事业单位，纳入企业财务管理体系执行企业会计准则或小企业会计准则的单位除外。

2.基本建设投资。单位对基本建设投资应当按照《制度》规定统一进行会计核算，不再单独建账，但是应当按项目单独核算，并保证项目资料完整。

3.会计功能。单位会计核算应当具备财务会计与预算会计双重功能，实现财务会计与预算会计适度分离并相互衔接，全面、清晰反映单位财务信息和预算执行信息。

4.会计核算基础。政府会计由预算会计和财务会计构成。单位财务会计核算实行权责发生制；单位预算会计核算实行收付实现制，国务院另有规定的，依照其规定。

5.现金收支业务。单位对于纳入部门预算管理的现金收支业务，在采用财务会计核算的同时应当进行预算会计核算；对于其他业务，仅需进行财务会计核算。

6.会计要素。单位会计要素包括财务会计要素和预算会计要素。财务会计要素包括资产、负债、净资产、收入和费用；预算会计要素包括预算收入、预算支出和预算结余。

第二节
行政事业单位会计科目设置

一、行政事业单位会计科目使用规则

1.单位应当按照本制度的规定设置和使用会计科目。在不影响会计处理和编制报表的前提下，单位可以根据实际情况自行增设或减少某些会计科目。

2.单位应当执行本制度统一规定的会计科目编号，以便于填制会计凭证、登记账簿、查阅账目，实行会计信息化管理。

3.单位在填制会计凭证、登记会计账簿时，应当填列会计科目的名称，或者同时填列会计科目的名称和编号，不得只填列会计科目编号、不填列会计科目名称。

4.单位设置明细科目或进行明细核算，除遵循本制度规定外，还应当满足权责发生制政府部门财务报告和政府综合财务报告编制的其他需要。

二、行政事业单位会计科目简介

行政事业单位会计分为财务会计和预算会计，共计103个科目。财务会计设有77个科目，分别是资产类35个、负债类16个、净资产类7个、收入类11个、支出类8个；预算会计设有26个科目，分别是预算收入类9个、预算支出类8个、预算结余类9个。参见表9-1。

表9-1　　　　　　　　　　**行政事业单位会计科目及核算内容**

科目编号	科目名称	核算内容
一、财务会计科目		
(一) 资产类		
1001	1.库存现金	核算单位的库存现金
1002	2.银行存款	核算单位存入银行或者其他金融机构的各种存款
1011	3.零余额账户用款额度	核算实行国库集中支付的单位根据财政部门批复的用款计划收到和支用的零余额账户用款额度
1021	4.其他货币资金	核算单位的外埠存款、银行本票存款、银行汇票存款、信用卡存款等各种其他货币资金
1101	5.短期投资	核算事业单位按照规定取得的，持有时间不超过1年（含1年）的投资
1201	6.财政应返还额度	核算实行国库集中支付的单位应收财政返还的资金额度，包括可以使用的以前年度财政直接支付资金额度和财政应返还的财政授权支付资金额度

科目编号	科目名称	核算内容
1211	7.应收票据	核算事业单位因开展经营活动销售产品、提供有偿服务等而收到的商业汇票，包括银行承兑汇票和商业承兑汇票
1212	8.应收账款	核算事业单位提供服务、销售产品等应收取的款项，以及单位因出租资产、出售物资等应收取的款项
1214	9.预付账款	核算单位按照购货、服务合同或协议规定预付给供应单位（或个人）的款项，以及按照合同规定向承包工程的施工企业预付的备料款和工程款
1215	10.应收股利	核算事业单位持有长期股权投资应当收取的现金股利或应当分得的利润
1216	11.应收利息	核算事业单位长期债券投资应当收取的利息
1218	12.其他应收款	核算单位除财政应返还额度、应收票据、应收账款、预付账款、应收股利、应收利息以外的其他各项应收及暂付款项，如职工预借的差旅费、已经偿还银行尚未报销的本单位公务卡欠款、拨付给内部有关部门的备用金、应向职工收取的各种垫付款项、支付的可以收回的订金或押金、应收的上级补助和附属单位上缴款项等
1219	13.坏账准备	核算事业单位对收回后不需上缴财政的应收账款和其他应收款提取的坏账准备
1301	14.在途物品	核算单位采购材料等物资时货款已付或已开出商业汇票但尚未验收入库的在途物品的采购成本
1302	15.库存物品	核算单位在开展业务活动及其他活动中为耗用或出售而储存的各种材料、产品、包装物、低值易耗品，以及达不到固定资产标准的用具、装具、动植物等的成本；已完成的测绘、地质勘查、设计成果等的成本，也通过本科目核算。单位随买随用的零星办公用品，可以在购进时直接列作费用，不通过本科目核算；单位控制的政府储备物资，应当通过"政府储备物资"科目核算，不通过本科目核算；单位受托存储保管的物资和受托转赠的物资，应当通过"受托代理资产"科目核算，不通过本科目核算；单位为在建工程购买和使用的材料物资，应当通过"工程物资"科目核算，不通过本科目核算
1303	16.加工物品	核算单位自制或委托外单位加工的各种物品的实际成本；未完成的测绘、地质勘查、设计成果的实际成本，也通过本科目核算

科目编号	科目名称	核算内容
1401	17.待摊费用	核算单位已经支付，但应当由本期和以后各期分别负担的分摊期在1年以内（含1年）的各项费用，如预付航空保险费、预付租金等
1501	18.长期股权投资	核算事业单位按照规定取得的，持有时间超过1年（不含1年）的股权性质的投资
1502	19.长期债券投资	核算事业单位按照规定取得的，持有时间超过1年（不含1年）的债券投资
1601	20.固定资产	核算单位固定资产的原值
1602	21.固定资产累计折旧	核算单位计提的固定资产累计折旧；公共基础设施和保障性住房计提的累计折旧，应当分别通过"公共基础设施累计折旧（摊销）"科目和"保障性住房累计折旧"科目核算，不通过本科目核算
1611	22.工程物资	核算单位为在建工程准备的各种物资的成本，包括工程用材料、设备等
1613	23.在建工程	核算单位在建的建设项目工程的实际成本；单位在建的信息系统项目工程、公共基础设施项目工程、保障性住房项目工程的实际成本，也通过本科目核算
1701	24.无形资产	核算单位无形资产的原值；非大批量购入、单价小于1 000元的无形资产，可以于购买的当期将其成本直接计入当期费用
1702	25.无形资产累计摊销	核算单位对使用年限有限的无形资产计提的累计摊销
1703	26.研发支出	核算单位自行研究开发项目研究阶段和开发阶段发生的各项支出；建设项目中的软件研发支出，应当通过"在建工程"科目核算，不通过本科目核算
1801	27.公共基础设施	核算单位控制的公共基础设施的原值
1802	28.公共基础设施累计折旧（摊销）	核算单位计提的公共基础设施累计折旧和累计摊销
1811	29.政府储备物资	核算单位控制的政府储备物资的成本；对政府储备物资不负有行政管理职责但接受委托具体负责执行其存储保管等工作的单位，其受托代储的政府储备物资应当通过"受托代理资产"科目核算，不通过本科目核算

续表

科目编号	科目名称	核算内容
1821	30.文物文化资产	核算单位为满足社会公共需求而控制的文物文化资产的成本；单位为满足自身开展业务活动或其他活动需要而控制的文物和陈列品，应当通过"固定资产"科目核算，不通过本科目核算
1831	31.保障性住房	核算单位为满足社会公共需求而控制的保障性住房的原值
1832	32.保障性住房累计折旧	核算单位计提的保障性住房的累计折旧
1891	33.受托代理资产	核算单位接受委托方委托管理的各项资产，包括受托指定转赠的物资、受托存储保管的物资等的成本。单位管理的罚没物资也应当通过本科目核算；单位收到的受托代理资产为现金和银行存款的，不通过本科目核算，应当通过"库存现金""银行存款"科目进行核算
1901	34.长期待摊费用	核算单位已经支出，但应由本期和以后各期负担的分摊期限在1年以上（不含1年）的各项费用，如以经营租赁方式租入的固定资产发生的改良支出等
1902	35.待处理财产损溢	核算单位在资产清查过程中查明的各种资产盘盈、盘亏和报废、毁损的价值

（二）负债类

科目编号	科目名称	核算内容
2001	36.短期借款	核算事业单位经批准向银行或其他金融机构等借入的期限在1年内（含1年)的各种借款
2101	37.应交增值税	核算单位按照税法规定计算应交纳的增值税
2102	38.其他应交税费	核算单位按照税法等规定计算应交纳的除增值税以外的各种税费，包括城市维护建设税、教育费附加、地方教育费附加、车船税、房产税、城镇土地使用税和企业所得税等；单位代扣代缴的个人所得税，也通过本科目核算；单位应交纳的印花税不需要预提应交税费，直接通过"业务活动费用""单位管理费用""经营费用"等科目核算，不通过本科目核算
2103	39.应缴财政款	核算单位取得或应收的按照规定应当上缴财政的款项，包括应缴国库的款项和应缴财政专户的款项。单位按照国家税法等有关规定应当缴纳的各种税费，通过"应交增值税""其他应交税费"科目核算，不通过本科目核算

科目编号	科目名称	核算内容
2201	40.应付职工薪酬	核算单位按照有关规定应付给职工（含长期聘用人员）及为职工支付的各种薪酬，包括基本工资、国家统一规定的津贴补贴、规范津贴补贴（绩效工资）、改革性补贴、社会保险费（如职工基本养老保险费、职业年金、基本医疗保险费等）、住房公积金等
2301	41.应付票据	核算事业单位因购买材料、物资等而开出、承兑的商业汇票，包括银行承兑汇票和商业承兑汇票
2302	42.应付账款	核算单位因购买物资、接受服务、开展工程建设等而应付的偿还限在1年以内（含1年）的款项
2303	43.应付政府补贴款	核算负责发放政府补贴的行政单位，按照规定应当支付给政府补贴接受者的各种政府补贴款
2304	44.应付利息	核算事业单位按照合同约定应支付的借款利息，包括短期借款、分期付息到期还本的长期借款等应支付的利息
2305	45.预收账款	核算事业单位预先收取但尚未结算的款项
2307	46.其他应付款	核算单位除应交增值税、其他应交税费、应缴财政款、应付职工薪酬、应付票据、应付账款、应付政府补贴款、应付利息、预收账款以外，其他各项偿还期限在1年内（含1年）的应付及暂收款项，如收取的押金、存入保证金、已经报销但尚未偿还银行的本单位公务卡欠款等；同级政府财政部门预拨的下期预算款和没有纳入预算的暂付款项，以及采用实拨资金方式通过本单位转拨给下属单位的财政拨款，也通过本科目核算
2401	47.预提费用	核算单位预先提取的已经发生但尚未支付的费用，如预提租金费用等；事业单位按规定从科研项目收入中提取的项目间接费用或管理费，也通过本科目核算；事业单位计提的借款利息费用，通过"应付利息""长期借款"科目核算，不通过本科目核算
2501	48.长期借款	核算事业单位经批准向银行或其他金融机构等借入的期限超过1年（不含1年）的各种借款本息
2502	49.长期应付款	核算单位发生的偿还期限超过1年（不含1年）的应付款项，如以融资租赁方式取得固定资产应付的租赁费等
2601	50.预计负债	核算单位对因或有事项所产生的现时义务而确认的负债，如对未决诉讼等确认的负债

科目编号	科目名称	核算内容
2901	51.受托代理负债	核算单位接受委托取得受托代理资产时形成的负债
（三）净资产类		
3001	52.累计盈余	核算单位历年实现的盈余扣除盈余分配后滚存的金额，以及因无偿调入调出资产产生的净资产变动额；按照规定上缴、缴回、单位间调剂结转结余资金产生的净资产变动额，以及对以前年度盈余的调整金额，也通过本科目核算
3101	53.专用基金	核算事业单位按照规定提取或设置的具有专门用途的净资产，主要包括职工福利基金、科技成果转换基金等
3201	54.权益法调整	核算事业单位持有的长期股权投资采用权益法核算时，按照被投资单位除净损益和利润分配以外的所有者权益变动份额调整长期股权投资账面余额而计入净资产的金额
3301	55.本期盈余	核算单位本期各项收入、费用相抵后的余额
3302	56.本年盈余分配	核算单位本年度盈余分配的情况和结果
3401	57.无偿调拨净资产	核算单位无偿调入或调出非现金资产所引起的净资产变动金额
3501	58.以前年度盈余调整	核算单位本年度发生的调整以前年度盈余的事项，包括本年度发生的重要前期差错更正涉及调整以前年度盈余的事项
（四）收入类		
4001	59.财政拨款收入	核算单位从同级政府财政部门取得的各类财政拨款；同级政府财政部门预拨的下期预算款和没有纳入预算的暂付款项，以及采用实拨资金方式通过本单位转拨给下属单位的财政拨款，通过"其他应付款"科目核算，不通过本科目核算
4101	60.事业收入	核算事业单位开展专业业务活动及其辅助活动实现的收入，不包括从同级政府财政部门取得的各类财政拨款
4201	61.上级补助收入	核算事业单位从主管部门和上级单位取得的非财政拨款收入
4301	62.附属单位上缴收入	核算事业单位取得的附属独立核算单位按照有关规定上缴的收入

续表

科目编号	科目名称	核算内容
4401	63.经营收入	核算事业单位在专业业务活动及其辅助活动之外开展非独立核算经营活动取得的收入
4601	64.非同级财政拨款收入	核算单位从非同级政府财政部门取得的经费拨款，包括从同级政府其他部门取得的横向转拨财政款、从上级或下级政府财政部门取得的经费拨款等；事业单位因开展科研及其辅助活动从非同级政府财政部门取得的经费拨款，应当通过"事业收入——非同级财政拨款"科目核算，不通过本科目核算
4602	65.投资收益	核算事业单位股权投资和债券投资所实现的收益或发生的损失
4603	66.捐赠收入	核算单位接受其他单位或者个人捐赠取得的收入
4604	67.利息收入	核算单位取得的银行存款利息收入
4605	68.租金收入	核算单位经批准利用国有资产出租取得并按照规定纳入本单位预算管理的租金收入
4609	69.其他收入	核算单位取得的除财政拨款收入、事业收入、上级补助收入、附属单位上缴收入、经营收入、非同级财政拨款收入、投资收益、捐赠收入、利息收入、租金收入以外的各项收入，包括现金盘盈收入、按照规定纳入单位预算管理的科技成果转化收入、行政单位收回已核销的其他应收款、无法偿付的应付及预收款项、置换换出资产评估增值等

（五）费用类

科目编号	科目名称	核算内容
5001	70.业务活动费用	核算单位为实现其职能目标，依法履职或开展专业业务活动及其辅助活动所发生的各项费用
5101	71.单位管理费用	核算事业单位本级行政及后勤管理部门开展管理活动发生的各项费用，包括单位行政及后勤管理部门发生的人员经费、公用经费、资产折旧（摊销）等费用，以及由单位统一负担的离退休人员经费、工会经费、诉讼费、中介费等
5201	72.经营费用	核算事业单位在专业业务活动及其辅助活动之外开展非独立核算经营活动发生的各项费用

续表

科目编号	科目名称	核算内容
5301	73.资产处置费用	核算单位经批准处置资产时发生的费用，包括转销的被处置资产价值，以及在处置过程中发生的相关费用或者处置收入小于相关费用形成的净支出。资产处置的形式按照规定包括无偿调拨、出售、出让、转让、置换、对外捐赠、报废、毁损以及货币性资产损失核销等；单位在资产清查中查明的资产盘亏、毁损以及资产报废等，应当先通过"待处理财产损溢"科目进行核算，再将处理资产价值和处理净支出计入本科目。短期投资、长期股权投资、长期债券投资的处置，按照相关资产科目的规定进行账务处理
5401	74.上缴上级费用	核算事业单位按照财政部门和主管部门的规定上缴上级单位款项发生的费用
5501	75.对附属单位补助费用	核算事业单位用财政拨款收入之外的收入对附属单位补助发生的费用
5801	76.所得税费用	核算有企业所得税缴纳义务的事业单位按规定缴纳企业所得税所形成的费用
5901	77.其他费用	核算单位发生的除业务活动费用、单位管理费用、经营费用、资产处置费用、上缴上级费用、对附属单位补助费用、所得税费用以外的各项费用，包括利息费用、坏账损失、罚没支出、现金资产捐赠支出以及相关税费、运输费等

二、预算会计科目

（一）预算收入类

6001	1.财政拨款预算收入	核算单位从同级政府财政部门取得的各类财政拨款
6101	2.事业预算收入	核算事业单位开展专业业务活动及其辅助活动取得的现金流入；事业单位因开展科研及其辅助活动从非同级政府财政部门取得的经费拨款，也通过本科目核算
6201	3.上级补助预算收入	核算事业单位从主管部门和上级单位取得的非财政补助现金流入
6301	4.附属单位上缴预算收入	核算事业单位取得附属独立核算单位根据有关规定上缴的现金流入

续表

科目编号	科目名称	核算内容
6401	5.经营预算收入	核算事业单位取得附属独立核算单位根据有关规定上缴的现金流入
6501	6.债务预算收入	核算事业单位按照规定从银行和其他金融机构等借入的、纳入部门预算管理的、不以财政资金作为偿还来源的债务本金
6601	7.非同级财政拨款预算收入	核算单位从非同级政府财政部门取得的财政拨款,包括本级横向转拨财政款和非本级财政拨款。对于因开展科研及其辅助活动从非同级政府财政部门取得的经费拨款,应当通过"事业预算收入——非同级财政拨款"科目进行核算,不通过本科目核算
6602	8.投资预算收益	核算事业单位取得的按照规定纳入部门预算管理的属于投资收益性质的现金流入,包括股权投资收益、出售或收回债券投资所取得的收益和债券投资利息收入
6609	9.其他预算收入	核算单位除财政拨款预算收入、事业预算收入、上级补助预算收入、附属单位上缴预算收入、经营预算收入、债务预算收入、非同级财政拨款预算收入、投资预算收益之外的纳入部门预算管理的现金流入,包括捐赠预算收入、利息预算收入、租金预算收入、现金盘盈收入等
(二)预算支出类		
7101	10.行政支出	核算行政单位履行其职责实际发生的各项现金流出
7201	11.事业支出	核算事业单位开展专业业务活动及其辅助活动实际发生的各项现金流出
7301	12.经营支出	核算事业单位在专业业务活动及其辅助活动之外开展非独立核算经营活动实际发生的各项现金流出
7401	13.上缴上级支出	核算事业单位按照财政部门和主管部门的规定上缴上级单位款项发生的现金流出
7501	14.对附属单位补助支出	核算事业单位用财政拨款预算收入之外的收入对附属单位补助发生的现金流出
7601	15.投资支出	核算事业单位以货币资金对外投资发生的现金流出
7701	16.债务还本支出	核算事业单位偿还自身承担的纳入预算管理的从金融机构举借的债务本金的现金流出

续表

科目编号	科目名称	核算内容
7901	17.其他支出	核算单位除行政支出、事业支出、经营支出、上缴上级支出、对附属单位补助支出、投资支出、债务还本支出以外的各项现金流出，包括利息支出、对外捐赠现金支出、现金盘亏损失、接受捐赠（调入）和对外捐赠（调出）非现金资产发生的税费支出、资产置换过程中发生的相关税费支出、罚没支出等

（三）预算结余类

科目编号	科目名称	核算内容
8001	18.资金结存	核算单位纳入部门预算管理的资金的流入、流出、调整和滚存等情况
8101	19.财政拨款结转	核算单位取得的同级财政拨款结转资金的调整、结转和滚存情况
8102	20.财政拨款结余	核算单位取得的同级财政拨款项目支出结余资金的调整、结转和滚存情况
8201	21.非财政拨款结转	核算单位除财政拨款收支、经营收支以外各非同级财政拨款专项资金的调整、结转和滚存情况
8202	22.非财政拨款结余	核算单位历年滚存的非限定用途的非同级财政拨款结余资金，主要为非财政拨款结余扣除结余分配后滚存的金额
8301	23.专用结余	核算事业单位按照规定从非财政拨款结余中提取的具有专门用途的资金的变动和滚存情况
8401	24.经营结余	核算事业单位本年度经营活动收支相抵后余额弥补以前年度经营亏损后的余额
8501	25.其他结余	核算单位本年度除财政拨款收支、非同级财政专项资金收支和经营收支以外各项收支相抵后的余额
8701	26.非财政拨款结余分配	核算事业单位本年度非财政拨款结余分配的情况和结果

关键概念

单位会计　参公事业单位　行政单位会计

复习思考题

1.简述政府会计的构成。
2.单位财务会计核算实行什么会计基础？
3.单位预算会计核算实行什么会计基础？

第十章　行政事业单位财务会计资产的管理与核算

资产是指政府会计主体过去的经济业务或者事项形成的，由政府会计主体控制的，预期能够产生服务潜力或者带来经济利益流入的经济资源。服务潜力是指政府会计主体利用资产提供公共产品和服务以履行政府职能的潜在能力；经济利益流入表现为现金及现金等价物的流入，或者现金及现金等价物流出的减少。

政府会计主体的资产按照流动性，分为流动资产、非流动资产、经管资产及其他资产。流动资产是指预计在1年内（含1年）耗用或者可以变现的资产，包括货币资金、短期投资、应收及预付款项、存货等；非流动资产是指流动资产以外的资产，包括固定资产、在建工程、无形资产、长期投资等；经管资产是指行政事业单位代表政府经营管理的公共资产，包括公共基础设施、政府储备资产、文物文化资产、保障性住房等；其他资产是指除流动资产、非流动资产、经管资产之外的行政事业单位资产，包括待摊费用、受托代理资产、长期待摊费用、待处理财产损溢等。具体参见表10-1。

表10-1　　　　　　　　**行政事业单位资产的分类与会计科目设置**

资产分类		会计科目设置
流动资产	货币资金	库存现金、银行存款、零余额账户用款额度、其他货币资金
	短期投资	短期投资
	应收及预付款项	财政应返还额度、应收票据、应收账款、预付账款、应收股利、应收利息、其他应收款、坏账准备
	存货	在途物品、库存物品、加工物品

续表

资产分类		会计科目设置
非流动资产	固定资产	固定资产、固定资产累计折旧
	在建工程	工程物资、在建工程
	无形资产	无形资产、无形资产累计摊销、研发支出
	长期投资	长期股权投资、长期债券投资
经管资产	公共基础设施	公共基础设施、公共基础设施累计折旧（摊销）
	政府储备资产	政府储备物资
	文物文化资产	文物文化资产
	保障性住房	保障性住房、保障性住房累计折旧
其他资产		待摊费用、受托代理资产、长期待摊费用、待处理财产损溢

第一节

货币资金的管理与核算

行政事业单位的货币资金有库存现金、银行存款、零余额账户用款额度、其他货币资金等。

一、库存现金的管理与核算

为核算单位的库存现金，设置"库存现金"（1001）科目。本科目期末借方余额，反映单位实际持有的库存现金。单位应当严格按照国家有关现金管理的规定收支现金，并按照本制度规定核算现金的各项收支业务。本科目应当设置"受托代理资产"明细科目，核算单位受托代理、代管的现金。单位有外币现金的，应当分别按照人民币、外币种类设置"库存现金日记账"进行明细核算。有关外币现金业务的账务处理参见"银行存款"科目的相关规定。

单位应当设置"库存现金日记账"，由出纳人员根据收付款凭证，按照业务发生顺序逐笔登记。每日终了，应当计算当日的现金收入合计数、现金支出合计数和结余数，并将结余数与实际库存数相核对，做到账款相符。现金收入业务繁多、单独设有收款部门的单位，收款部门的收款员应当将每天所收现金连同收款凭据一并交财务部门核收记账，或者将每天所收现金直接送存开户银行后，将收款凭证及向银行送存现金的凭证等一并交财务部门核收记账。

库存现金的主要账务处理如下：

（一）库存现金增加的核算

1.从银行等金融机构提取现金，按照实际提取的金额，借记本科目，贷记"银行存款"科目。

【例10-1】县农业局从银行提取现金30 000元。

借：库存现金   30 000

 贷：银行存款   30 000

2.根据规定从单位零余额账户提取现金，按照实际提取的金额，借记本科目，贷记"零余额账户用款额度"科目。

【例10-2】某市实行国库集中支付制度，市直属中学根据规定从单位零余额账户提取现金50 000元。

借：库存现金   50 000

 贷：零余额账户用款额度   50 000

3.因内部职工出差等原因借出的现金，按照实际借出的现金金额，借记"其他应收款"科目，贷记本科目。出差人员报销差旅费时，按照实际报销的金额，借记"业务活动费用""单位管理费用"等科目，按照实际借出的现金金额，贷记"其他应收款"科目，按照其差额，借记或贷记本科目。

【例10-3】市文广局王军出差，预借差旅费10 000元。

借：其他应收款——王军   10 000

 贷：库存现金   10 000

【例10-4】接例10-3，王军出差归来，报销差旅费9 300元，余款700元交回。

借：业务活动费用   9 300

  库存现金   700

 贷：其他应收款——王军   10 000

4.因提供服务、物品或者其他事项收到现金，按照实际收到的金额，借记本科目，贷记"事业收入""应收账款"等相关科目。涉及增值税业务的，相关账务处理参见"应交增值税"科目。

（二）库存现金减少的核算

1.将现金存入银行等金融机构，按照实际存入金额，借记"银行存款"科目，贷记本科目。

【例10-5】省建筑大学将50 000元库存现金存入开户银行。

借：银行存款   50 000

 贷：库存现金   50 000

2.将现金退回单位零余额账户，按照实际退回的金额，借记"零余额账户用款额度"科目，贷记本科目。

【例10-6】县农业局实行国库集中支付制度，现将库存现金35 000元退回零余额账户。

借：零余额账户用款额度   35 000

　　贷：库存现金　　　　　　　　　　　　　　　　　　　　　35 000

　　3.因购买服务、物品或者其他事项支付现金，按照实际支付的金额，借记"业务活动费用""单位管理费用""库存物品"等相关科目，贷记本科目。涉及增值税业务的，相关账务处理参见"应交增值税"科目。

　　4.以库存现金对外捐赠，按照实际捐出的金额，借记"其他费用"科目，贷记本科目。

　　【例10-7】市房管事业单位以自有资金向某NGO组织捐赠100 000元，用于新入职人员的住房救助，以库存现金支付。

　　借：其他费用　　　　　　　　　　　　　　　　　　　100 000
　　　　贷：库存现金　　　　　　　　　　　　　　　　　　100 000

　　（三）代管现金的核算

　　收到受托代理、代管的现金，按照实际收到的金额，借记本科目（受托代理资产），贷记"受托代理负债"科目；支付受托代理、代管的现金，按照实际支付的金额，借记"受托代理负债"科目，贷记本科目（受托代理资产）。

　　【例10-8】某县发生地震，县民政局收到公益慈善促进会委托代理资金，现金260 000元，收款入库。

　　借：库存现金　　　　　　　　　　　　　　　　　　　260 000
　　　　贷：受托代理负债　　　　　　　　　　　　　　　　260 000

　　【例10-9】接例10-8，县民政局将受托代理资金260 000元发放给灾民。

　　借：受托代理负债　　　　　　　　　　　　　　　　　260 000
　　　　贷：库存现金　　　　　　　　　　　　　　　　　　260 000

　　二、银行存款的核算

　　为核算单位存入银行或者其他金融机构的各种存款，设置"银行存款"（1002）科目。本科目期末借方余额，反映单位实际存放在银行或其他金融机构的款项。

　　单位应当按照开户银行或其他金融机构、存款种类及币种等，分别设置"银行存款日记账"，由出纳人员根据收付款凭证，按照业务的发生顺序逐笔登记，每日终了应结出余额。"银行存款日记账"应定期与"银行对账单"核对，至少每月核对一次。月度终了，单位银行存款日记账账面余额与银行对账单余额之间如有差额，应当逐笔查明原因并进行处理，按月编制"银行存款余额调节表"，调节相符。

　　单位应当严格按照国家有关支付结算办法的规定办理银行存款收支业务，并按照《政府会计制度》规定核算银行存款的各项收支业务。本科目应当设置"受托代理资产"明细科目，核算单位受托代理、代管的银行存款。

　　银行存款的主要账务处理如下：

　　（一）人民币业务的账务处理

　　1.将款项存入银行或者其他金融机构，按照实际存入的金额，借记本科目，贷记"库存现金""应收账款""事业收入""经营收入""其他收入"等相关科目。涉及增值税业务的，相关账务处理参见"应交增值税"科目。

【例10-10】某大学对外提供职业教育培训服务，现收到培训收入210 000元，款项存入银行（该收入免税）。

借：银行存款　　　　　　　　　　　　　　　　　210 000

　　贷：事业收入　　　　　　　　　　　　　　　　　210 000

2.收到银行存款利息，按照实际收到的金额，借记本科目，贷记"利息收入"科目。

【例10-11】市教育局收到银行存款利息1 309元。

借：银行存款　　　　　　　　　　　　　　　　　　1 309

　　贷：利息收入　　　　　　　　　　　　　　　　　　1 309

3.从银行等金融机构提取现金，按照实际提取的金额，借记"库存现金"科目，贷记本科目。

【例10-12】县科技局从银行提取现金20 000元用于日常业务支出。

借：库存现金　　　　　　　　　　　　　　　　　　20 000

　　贷：银行存款　　　　　　　　　　　　　　　　　　20 000

4.以银行存款支付相关费用，按照实际支付的金额，借记"业务活动费用""单位管理费用""其他费用"等相关科目，贷记本科目。涉及增值税业务的，相关账务处理参见"应交增值税"科目。

【例10-13】市中心小学支付本月电费3 465元，以银行存款支付。

借：业务活动费用　　　　　　　　　　　　　　　　3 465

　　贷：银行存款　　　　　　　　　　　　　　　　　　3 465

5.以银行存款对外捐赠，按照实际捐出的金额，借记"其他费用"科目，贷记本科目。

【例10-14】市中心医院向郊区农民工小学捐款100 000元，以银行存款支付。

借：其他费用　　　　　　　　　　　　　　　　　100 000

　　贷：银行存款　　　　　　　　　　　　　　　　　100 000

6.收到受托代理、代管的银行存款，按照实际收到的金额，借记本科目（受托代理资产），贷记"受托代理负债"科目；支付受托代理、代管的银行存款，按照实际支付的金额，借记"受托代理负债"科目，贷记本科目（受托代理资产）。

【例10-15】市卫生防疫中心收到某慈善机构委托代管资金500 000元，用于为困难家庭儿童免费接种流行性脑脊髓膜炎疫苗，款项存入银行。

借：银行存款　　　　　　　　　　　　　　　　　500 000

　　贷：受托代理负债　　　　　　　　　　　　　　　500 000

【例10-16】接例10-15，购买疫苗80 000元，并为困难家庭儿童免费接种，以银行存款支付。

借：受托代理负债　　　　　　　　　　　　　　　　80 000

　　贷：银行存款　　　　　　　　　　　　　　　　　　80 000

（二）外币业务的账务处理

单位发生外币业务的，应当按照业务发生当日的即期汇率，将外币金额折算为人民币金额记账，并登记外币金额和汇率。期末，各种外币账户的期末余额，应当按照期末的即期汇率折算为人民币，作为外币账户期末人民币余额。调整后的各种外币账户人民币余额与原账面余额的差额，作为汇兑损益计入当期费用。

1.以外币购买物资、设备等，按照购入当日的即期汇率将支付的外币或应支付的外币折算为人民币金额，借记"库存物品"等科目，贷记本科目、"应付账款"等科目的外币账户。涉及增值税业务的，相关账务处理参见"应交增值税"科目。

2.销售物品、提供服务以外币收取相关款项等，按照收入确认当日的即期汇率将收取的外币或应收取的外币折算为人民币金额，借记本科目、"应收账款"等科目的外币账户，贷记"事业收入"等相关科目。

【例10-17】黄河市生物研究所对外销售其研制产品100盒，每盒售价（不含税）120美元，计12 000美元，应缴增值税1 920美元，共计13 920美元，货款存入银行。当日的即期汇率为1美元兑换人民币6.3元。

12 000×6.3=75 600（元）

1 920×6.3=12 096（元）

13 920×6.3=87 696（元）

借：银行存款——美元　　　　　　　　　　　　　　　　　　87 696

　　贷：事业收入　　　　　　　　　　　　　　　　　　　　　75 600

　　　　应交增值税——销项税额　　　　　　　　　　　　　　12 096

【例10-18】黄河市生物研究所收取以前年度销售给A公司的产品货款600美元，收款当日的即期汇率为1美元兑换人民币6.25元。

600×6.25=3 750（元）

借：银行存款——美元　　　　　　　　　　　　　　　　　　3 750

　　贷：应收账款　　　　　　　　　　　　　　　　　　　　　3 750

3.期末，根据各外币银行存款账户按照期末汇率调整后的人民币余额与原账面人民币余额的差额，作为汇兑损益，借记或贷记本科目，贷记或借记"业务活动费用""单位管理费用"等科目。

【例10-19】接例10-17和例10-18，年末，黄河市生物研究所的美元账户存款共计14 520美元，折合人民币91 446元。12月31日的即期汇率为1美元兑换人民币6.35元。

14 520×6.35=92 202（元）

92 202-91 446=756（元）

借：银行存款——美元　　　　　　　　　　　　　　　　　　756

　　贷：业务活动费用　　　　　　　　　　　　　　　　　　　756

4."应收账款""应付账款"等科目有关外币账户期末汇率调整业务的账务处理参照本科目。

三、零余额账户用款额度的核算

为核算实行国库集中支付的单位根据财政部门批复的用款计划收到和支用的零余额账户用款额度，设置"零余额账户用款额度"（1011）科目。本科目期末借方余额，反映单位尚未支用的零余额账户用款额度。年末注销单位零余额账户用款额度后，本科目应无余额。

零余额账户用款额度的主要账务处理如下：

（一）收到额度

单位收到"财政授权支付到账通知书"时，根据通知书所列金额，借记本科目，贷记"财政拨款收入"科目。

【例10-20】县海洋与渔业局收到代理银行转来的"财政授权支付到账通知书"，通知书所列金额为300 000元。

借：零余额账户用款额度   300 000

  贷：财政拨款收入   300 000

（二）支用额度

1.支付日常活动费用时，按照支付的金额，借记"业务活动费用""单位管理费用"等科目，贷记本科目。

【例10-21】县海洋与渔业局开出转账支票，购买打印纸5箱，每箱600元，共计3 000元。

借：业务活动费用   3 000

  贷：零余额账户用款额度   3 000

2.购买库存物品或购建固定资产，按照实际发生的成本，借记"库存物品""固定资产""在建工程"等科目，按照实际支付或应付的金额，贷记本科目、"应付账款"等科目。涉及增值税业务的，相关账务处理参见"应交增值税"科目。

【例10-22】某大学建设一栋教学楼，发生工程款310 000元，以零余额账户用款额度支付。

借：在建工程   310 000

  贷：零余额账户用款额度   310 000

3.从零余额账户提取现金时，按照实际提取的金额，借记"库存现金"科目，贷记本科目。

【例10-23】省检察院从零余额账户提取现金150 000元。

借：库存现金   150 000

  贷：零余额账户用款额度   150 000

（三）因购货退回等发生财政授权支付额度退回的，按照退回的金额，借记本科目，贷记"库存物品"等科目。

【例10-24】市中心医院上月所购的注射器存在质量问题，予以退货，货款165 000元退回到零余额账户。

借：零余额账户用款额度   165 000

　　贷：库存物品　　　　　　　　　　　　　　　　　　　　　　　165 000

　　（四）年末处理

　　1.年末，根据代理银行提供的对账单作注销额度的相关账务处理，借记"财政应返还额度——财政授权支付"科目，贷记本科目。

　　【例10-25】年末，北清县科技局根据代理银行提供的对账单注销其零余额账户用款额度163 215元。

　　借：财政应返还额度——财政授权支付　　　　　　　　　　163 215

　　　　贷：零余额账户用款额度　　　　　　　　　　　　　　　163 215

　　2.年末，单位本年度财政授权支付预算指标数大于零余额账户用款额度下达数的，根据未下达的用款额度，借记"财政应返还额度——财政授权支付"科目，贷记"财政拨款收入"科目。

　　【例10-26】年末，北清县科技局本年度财政授权支付预算指标数大于零余额账户用款额度下达数。尚有210 000元未下达用款额度。

　　借：财政应返还额度——财政授权支付　　　　　　　　　　210 000

　　　　贷：财政拨款收入　　　　　　　　　　　　　　　　　　210 000

　　3.下年初，单位根据代理银行提供的上年度注销额度恢复到账通知书作恢复额度的相关账务处理，借记本科目，贷记"财政应返还额度——财政授权支付"科目。

　　【例10-27】接例10-25，北清县科技局根据代理银行提供的上年度注销额度恢复到账通知书，恢复上年度注销额度163 215元。

　　借：零余额账户用款额度　　　　　　　　　　　　　　　　163 215

　　　　贷：财政应返还额度——财政授权支付　　　　　　　　　163 215

　　4.单位收到财政部门批复的上年未下达零余额账户用款额度，借记本科目，贷记"财政应返还额度——财政授权支付"科目。

　　【例10-28】接例10-26，下年初，北清县科技局收到财政部门批复的上年未下达零余额账户用款额度210 000元。

　　借：零余额账户用款额度　　　　　　　　　　　　　　　　210 000

　　　　贷：财政应返还额度——财政授权支付　　　　　　　　　210 000

　　四、其他货币资金的核算

　　为核算单位的外埠存款、银行本票存款、银行汇票存款、信用卡存款等各种其他货币资金，设置"其他货币资金"（1021）科目。本科目期末借方余额，反映单位实际持有的其他货币资金。

　　单位应当加强对其他货币资金的管理，及时办理结算，对于逾期尚未办理结算的银行汇票、银行本票等，应当按照规定及时转回，并按照上述规定进行相应账务处理。本科目应当设置"外埠存款""银行本票存款""银行汇票存款""信用卡存款"等明细科目，进行明细核算。

　　其他货币资金的主要账务处理如下：

（一）在异地开立银行账户的核算

单位按照有关规定需要在异地开立银行账户，将款项委托本地银行汇往异地开立账户时，借记本科目，贷记"银行存款"科目。收到采购员交来供应单位发票账单等报销凭证时，借记"库存物品"等科目，贷记本科目。将多余的外埠存款转回本地银行时，根据银行的收账通知，借记"银行存款"科目，贷记本科目。

【例10-29】某大学在上海采购教学物资一批，现将5 000 000元委托本地银行汇往上海开立账户。

借：其他货币资金　　　　　　　　　　　　　　　　　5 000 000
　贷：银行存款　　　　　　　　　　　　　　　　　　　　　5 000 000

【例10-30】接例10-29，采购物资到货，采购员交来的供应单位发票账单显示，物资总价款4 102 564元，应缴增值税697 436元，共计4 800 000元，用异地存款支付，物资已验收入库。

借：库存物品　　　　　　　　　　　　　　　　　　4 800 000
　贷：其他货币资金　　　　　　　　　　　　　　　　　　4 800 000

【例10-31】接例10-29和例10-30，采购结束，将剩余的异地存款200 000元转回本地银行。

借：银行存款　　　　　　　　　　　　　　　　　　200 000
　贷：其他货币资金　　　　　　　　　　　　　　　　　　200 000

（二）取得银行本票、银行汇票的核算

将款项交存银行取得银行本票、银行汇票，按照取得的银行本票、银行汇票金额，借记本科目，贷记"银行存款"科目。使用银行本票、银行汇票购买库存物品等资产时，按照实际支付金额，借记"库存物品"等科目，贷记本科目。如有余款或因本票、汇票超过付款期等原因而退回款项，按照退款金额，借记"银行存款"科目，贷记本科目。

【例10-32】市肿瘤医院因异地采购医疗设备而办理银行本票，现将15 000 000元存入银行，取得同等面额的银行本票。

借：其他货币资金　　　　　　　　　　　　　　　15 000 000
　贷：银行存款　　　　　　　　　　　　　　　　　　　15 000 000

【例10-33】接例10-32，市肿瘤医院使用银行本票购买医疗设备（不需安装）10台，每台1 463 000元，共计14 630 000元。设备验收后投入使用。

借：固定资产　　　　　　　　　　　　　　　　　14 630 000
　贷：其他货币资金　　　　　　　　　　　　　　　　　14 630 000

【例10-34】接例10-32和例10-33，购买设备后余款370 000元退回。

借：银行存款　　　　　　　　　　　　　　　　　　370 000
　贷：其他货币资金　　　　　　　　　　　　　　　　　　370 000

（三）取得信用卡的核算

将款项交存银行取得信用卡，按照交存金额，借记本科目，贷记"银行存款"

科目。用信用卡购物或支付有关费用，按照实际支付金额，借记"单位管理费用""库存物品"等科目，贷本科目。单位信用卡在使用过程中，需向其账户续存资金的，按照续存金额，借记本科目，贷记"银行存款"科目。

【例10-35】某市住建委办理信用卡用于单位在国外购买专业资料，现将1 000 000元存款转存到办卡银行。

借：其他货币资金　　　　　　　　　　　　　　　　1 000 000
　贷：银行存款　　　　　　　　　　　　　　　　　　　　1 000 000

【例10-36】接例10-35，市住建委购买东北沦陷时期本市地下管网设施档案资料，价款54 000元，用信用卡支付。

借：单位管理费用　　　　　　　　　　　　　　　　　54 000
　贷：其他货币资金　　　　　　　　　　　　　　　　　　　54 000

【例10-37】接例10-35和例10-36，市住建委向其信用卡账户续存资金600 000元。

借：其他货币资金　　　　　　　　　　　　　　　　600 000
　贷：银行存款　　　　　　　　　　　　　　　　　　　　600 000

第二节

应收及预付款项的管理与核算

一、财政应返还额度的核算

为核算实行国库集中支付的单位应收财政返还的资金额度，包括可以使用的以前年度财政直接支付资金额度和财政应返还的财政授权支付资金额度，设置"财政应返还额度"（1201）科目。本科目期末借方余额，反映单位应收财政返还的资金额度。本科目应当设置"财政直接支付""财政授权支付"两个明细科目进行明细核算。

财政应返还额度的主要账务处理如下：

（一）财政直接支付

1.年末，单位根据本年度财政直接支付预算指标数大于当年财政直接支付实际发生数的差额，借记本科目（财政直接支付），贷记"财政拨款收入"科目。

【例10-38】年末，省教育厅本年度的财政直接支付预算指标数为9 450 000元，当年财政直接支付实际发生额为9 300 000元，尚有150 000元的指标没有使用。

借：财政应返还额度——财政直接支付　　　　　　　150 000
　贷：财政拨款收入　　　　　　　　　　　　　　　　　150 000

2.单位使用以前年度财政直接支付额度支付款项时，借记"业务活动费用""单位管理费用"等科目，贷记本科目（财政直接支付）。

【例10-39】接例10-38，省教育厅用上年财政直接支付额度购买电脑10台，每台价款5 400元，共计54 000元，由财政直接支付。

借：固定资产　　　　　　　　　　　　　　　　54 000

　　贷：财政应返还额度——财政直接支付　　　　　　　54 000

（二）财政授权支付

1.年末，根据代理银行提供的对账单作注销额度的相关账务处理，借记本科目（财政授权支付），贷记"零余额账户用款额度"科目。

【例10-40】年末，省教育厅依据代理银行提供的对账单注销额度尚未使用的零余额账户用款额度184 356元。

借：财政应返还额度——财政授权支付　　　　　　184 356

　　贷：零余额账户用款额度　　　　　　　　　　　　184 356

2.年末，单位本年度财政授权支付预算指标数大于零余额账户用款额度下达数的，根据未下达的用款额度，借记本科目（财政授权支付），贷记"财政拨款收入"科目。

【例10-41】年末，省教育厅与省财政核对确认本年度尚未下达的财政授权支付用款额度，本年度财政授权支付预算指标数为8 000 000元，已经下达指标数为7 800 000元，差额200 000元。

借：财政应返还额度——财政授权支付　　　　　　200 000

　　贷：财政拨款收入　　　　　　　　　　　　　　　200 000

3.下年初，单位根据代理银行提供的上年度注销额度恢复到账通知书作恢复额度的相关账务处理，借记"零余额账户用款额度"科目，贷记本科目（财政授权支付）。单位收到财政部门批复的上年未下达零余额账户用款额度，借记"零余额账户用款额度"科目，贷记本科目（财政授权支付）。

【例10-42】下年初，省教育厅收到上年度注销额度恢复到账通知书，恢复额度184 356元。

借：零余额账户用款额度　　　　　　　　　　　　184 356

　　贷：财政应返还额度——财政授权支付　　　　　　184 356

【例10-43】下年初，省教育厅收到财政部门批复的上年未下达零余额账户用款额度200 000元。

借：零余额账户用款额度　　　　　　　　　　　　200 000

　　贷：财政应返还额度——财政授权支付　　　　　　200 000

二、应收票据的核算

为核算事业单位因开展经营活动销售产品、提供有偿服务等而收到的商业汇票，包括银行承兑汇票和商业承兑汇票，设置"应收票据"（1211）科目。本科目期末借方余额，反映事业单位持有的商业汇票票面金额。

事业单位应当设置"应收票据备查簿"，逐笔登记每一应收票据的种类、号数、出票日期、到期日、票面金额、交易合同号和付款人、承兑人、背书人姓名或单位名称、背书转让日、贴现日期、贴现率和贴现净额、收款日期、收回金额和退票情况等。应收票据到期结清票款或退票后，应当在备查簿内逐笔注销。本科目应当按照开出、承兑商业汇票的单位等进行明细核算。

应收票据的主要账务处理如下：

（一）收到商业汇票的核算

因销售产品、提供服务等收到商业汇票，按照商业汇票的票面金额，借记本科目，按照确认的收入金额，贷记"经营收入"等科目。涉及增值税业务的，相关账务处理参见"应交增值税"科目。

【例10-44】市疾病防控中心向A公司员工提供禽流感疾病防治服务，服务收入20 000元，应缴增值税1 200元，共计21 200元。收到A公司开出的商业承兑汇票一张，票面金额21 200元，期限6个月，没有利息。

借：应收票据——A公司 21 200

　贷：事业收入 21 200

（二）贴现商业汇票的核算

持未到期的商业汇票向银行贴现，按照实际收到的金额（即扣除贴现息后的净额），借记"银行存款"科目，按照贴现息金额，借记"经营费用"等科目，按照商业汇票的票面金额，贷记本科目（无追索权）或"短期借款"科目（有追索权）。附追索权的商业汇票到期未发生追索事项的，按照商业汇票的票面金额，借记"短期借款"科目，贷记本科目。

【例10-45】接例10-44，因资金短缺，市疾病防控中心持未到期的A公司商业承兑汇票向银行贴现，扣除贴现息800元后，实际收到款项20 400元，票据贴现为有追索权贴现。

借：银行存款 20 400

　经营费用 800

　　贷：短期借款 21 200

【例10-46】接例10-44和例10-45，A公司的商业承兑汇票到期，未发生追索事项。

借：短期借款 21 200

　贷：应收票据——A公司 21 200

（三）背书转让商业汇票的核算

将持有的商业汇票背书转让以取得所需物资时，按照取得物资的成本，借记"库存物品"等科目，按照商业汇票的票面金额，贷记本科目，如有差额，借记或贷记"银行存款"等科目。涉及增值税业务的，相关账务处理参见"应交增值税"科目。

【例10-47】接例10-44，市疾病防控中心向L公司购买医用材料一批，价款33 500元，应缴增值税5 360元，共计38 860元。因资金短缺，将未到期的A公司商业承兑汇票进行背书转让，抵值21 200元，余款17 660元以银行存款支付。材料已验收入库。

    借：库存物品   33 500

        应交增值税——进项税额   5 360

      贷：应收票据——A公司   21 200

          银行存款   17 660

（四）商业汇票到期的核算

商业汇票到期时，应当分别以下情况处理：

1. 收回票款时，按照实际收到的商业汇票票面金额，借记"银行存款"科目，贷记本科目。

【例10-48】接例10-44，商业汇票到期，市疾病防控中心收到21 200元，款项存入银行。

    借：银行存款   21 200

      贷：应收票据——A公司   21 200

2. 因付款人无力支付票款，收到银行退回的商业承兑汇票、委托收款凭证、未付票款通知书或拒付款证明等，按照商业汇票的票面金额，借记"应收账款"科目，贷记本科目。

【例10-49】接例10-44，商业汇票到期，A公司因经营困难无力支付票款，转为应收账款。

    借：应收账款   21 200

      贷：应收票据——A公司   21 200

三、应收账款的核算

为核算事业单位提供服务、销售产品等应收取的款项，以及单位因出租资产、出售物资等应收取的款项，设置"应收账款"（1212）科目。本科目期末借方余额，反映单位尚未收回的应收账款。本科目应当按照债务单位（或个人）进行明细核算。

应收账款的主要账务处理如下：

（一）应收账款收回后不需上缴财政

1. 单位发生应收账款时，按照应收未收金额，借记本科目，贷记"事业收入""经营收入""租金收入""其他收入"等科目。涉及增值税业务的，相关账务处理参见"应交增值税"科目。

【例10-50】市职业技术学院为工人养老院提供老年护理培训服务，培训收入40 000元，款项尚未收回，培训收入免税。

    借：应收账款——工人养老院   40 000

      贷：事业收入   40 000

2. 收回应收账款时，按照实际收到的金额，借记"银行存款"等科目，贷记本科目。

【例10-51】接例10-50，市职业技术学院收到工人养老院支付的培训服务款项

40 000元，存入银行。

  借：银行存款   40 000

   贷：应收账款——工人养老院   40 000

（二）应收账款收回后需上缴财政

1.单位出租资产发生应收未收租金款项时，按照应收未收金额，借记本科目，贷记"应缴财政款"科目。收回应收账款时，按照实际收到的金额，借记"银行存款"等科目，贷记本科目。

【例10-52】市工人文化宫对外出租剧场，M演艺公司租用剧场3天租金共30 000元，预收账款5 000元存入银行，剩余租金25 000元尚未收回。按照规定，租金收入上缴财政。

  借：应收账款——M演艺公司   25 000

    预收账款   5 000

   贷：应缴财政款   30 000

【例10-53】接例10-52，市工人文化宫收到M演艺公司租用剧场剩余租金25 000元，存入银行。

  借：银行存款   25 000

   贷：应收账款——M演艺公司   25 000

2.单位出售物资发生应收未收款项时，按照应收未收金额，借记本科目，贷记"应缴财政款"科目。收回应收账款时，按照实际收到的金额，借记"银行存款"等科目，贷记本科目。涉及增值税业务的，相关账务处理参见"应交增值税"科目。

【例10-54】市卫生学校向C企业出售一批专用物资，价款50 000元，款项尚未收到。按规定，该款项应上缴财政。

  借：应收账款——C企业   50 000

   贷：应缴财政款   50 000

【例10-55】接例10-54，市卫生学校收到C企业的物资款50 000元，存入银行。

  借：银行存款   50 000

   贷：应收账款——C企业   50 000

（三）不需上缴财政的应收账款的核销

事业单位应当于每年年末，对收回后不需上缴财政的应收账款进行全面检查，如发生不能收回的迹象，应当计提坏账准备。

1.对于账龄超过规定年限、确认无法收回的应收账款，按照规定报经批准后予以核销。按照核销金额，借记"坏账准备"科目，贷记本科目。核销的应收账款应在备查簿中保留登记。

【例10-56】接例10-50，市职业技术学院为工人养老院提供培训的服务收入40 000元欠款无法收回，按照规定报经批准后予以核销。

借：坏账准备   40 000

  贷：应收账款——工人养老院   40 000

2.已核销的应收账款在以后期间又收回的，按照实际收回金额，借记本科目，贷记"坏账准备"科目；同时，借记"银行存款"等科目，贷记本科目。

【例10-57】接例10-56，市职业技术学院已核销的工人养老院欠款收回，40 000元存入银行。

借：应收账款——工人养老院   40 000

  贷：坏账准备   40 000

同时，记：

借：银行存款   40 000

  贷：应收账款——工人养老院   40 000

（四）需上缴财政的应收账款的核销

单位应当于每年年末，对收回后应当上缴财政的应收账款进行全面检查。

1.对于账龄超过规定年限、确认无法收回的应收账款，按照规定报经批准后予以核销。按照核销金额，借记"应缴财政款"科目，贷记本科目。核销的应收账款应当在备查簿中保留登记。

【例10-58】接例10-54，市卫生学校向C企业出售专用物资的价款50 000元无法收回，按照规定报经批准后予以核销。按规定该款项应上缴财政。

借：应缴财政款   50 000

  贷：应收账款——C企业   50 000

2.已核销的应收账款在以后期间又收回的，按照实际收回金额，借记"银行存款"等科目，贷记"应缴财政款"科目。

【例10-59】接例10-58，市卫生学校已核销的C企业欠款50 000元收回并存入银行，按规定该款项应上缴财政。

借：银行存款   50 000

  贷：应缴财政款   50 000

四、预付账款的核算

为核算单位按照购货、服务合同或协议规定预付给供应单位（或个人）的款项，以及按照合同规定向承包工程的施工企业预付的备料款和工程款，设置"预付账款"（1214）科目。本科目借方记录预付账款的增加额，贷方记录减少额。本科目期末借方余额，反映单位实际预付但尚未结算的款项。

本科目应当按照供应单位（或个人）及具体项目进行明细核算；对于基本建设项目发生的预付账款，还应当在本科目所属基建项目明细科目下设置"预付备料款""预付工程款""其他预付款"等明细科目，进行明细核算。

预付账款的主要账务处理如下：

（一）预付款项时的核算

根据购货、服务合同或协议规定预付款项时，按照预付金额，借记本科目，贷记"财政拨款收入""零余额账户用款额度""银行存款"等科目。

【例10-60】省民委向K公司订购一台专用设备，按合同预付订金10 000元，以零余额账户用款额度支付。

借：预付账款——K公司　　　　　　　　　　　　　　　　　10 000
　　贷：零余额账户用款额度　　　　　　　　　　　　　　　　　　　10 000

（二）收到所购资产或服务时的核算

收到所购资产或服务时，按照购入资产或服务的成本，借记"库存物品""固定资产""无形资产""业务活动费用"等相关科目，按照相关预付账款的账面余额，贷记本科目，按照实际补付的金额，贷记"财政拨款收入""零余额账户用款额度""银行存款"等科目。涉及增值税业务的，相关账务处理参见"应交增值税"科目。

【例10-61】接例10-60，省民委收到向K公司订购的专用设备，设备价款36 000元，应缴增值税5 760元，对方垫付运杂费300元，共计42 060元。预付款10 000元，余款32 060元以零余额账户用款额度支付。

借：固定资产　　　　　　　　　　　　　　　　　　　　　　42 060
　　贷：预付账款——K公司　　　　　　　　　　　　　　　　　　　10 000
　　　　零余额账户用款额度　　　　　　　　　　　　　　　　　　　32 060

（三）结算工程价款及备料款时的核算

根据工程进度结算工程价款及备料款时，按照结算金额，借记"在建工程"科目，按照相关预付账款的账面余额，贷记本科目，按照实际补付的金额，贷记"财政拨款收入""零余额账户用款额度""银行存款"等科目。

【例10-62】省民委自建一栋办公楼，依据建造合同和工程进度与建设单位A公司结算工程总价款34 850 000元，预付账款120 000元，余款34 730 000元以财政直接支付方式付款。

借：在建工程　　　　　　　　　　　　　　　　　　　　34 850 000
　　贷：预付账款——A公司　　　　　　　　　　　　　　　　　　120 000
　　　　财政拨款收入　　　　　　　　　　　　　　　　　　　34 730 000

（四）预付账款退回的核算

发生预付账款退回的，按照实际退回金额，借记"财政拨款收入"［本年直接支付］、"财政应返还额度"［以前年度直接支付］、"零余额账户用款额度"、"银行存款"等科目，贷记本科目。

【例10-63】接例10-60，省民委向K公司订购的专用设备，因K公司的原因无法履行合同，预付订金10 000元退回到零余额账户。

借：零余额账户用款额度　　　　　　　　　　　　　　　　　10 000
　　贷：预付账款——K公司　　　　　　　　　　　　　　　　　　　10 000

（五）无法收到所购货物或服务的核算

单位应当于每年年末，对预付账款进行全面检查。如果有确凿证据表明预付账款不再符合预付款项性质，或者因供应单位破产、撤销等原因可能无法收到所购货物、服务的，应当先将其转入其他应收款，再按照规定进行处理。将预付账款账面余额转入其他应收款时，借记"其他应收款"科目，贷记本科目。

【例10-64】接例10-60，省民委向K公司订购专用设备，因K公司的原因而无法履行合同，预付的10 000元订金转入"其他应收款"账户。

借：其他应收款——K公司   10 000

 贷：预付账款——K公司   10 000

五、应收股利的核算

为核算事业单位持有长期股权投资应当收取的现金股利或应当分得的利润设置"应收股利"（1215）科目。本科目期末借方余额，反映事业单位应当收取但尚未收到的现金股利或利润。本科目应当按照被投资单位等进行明细核算。

应收股利的主要账务处理如下：

（一）投资价款中所包含的已宣告但尚未发放现金股利的核算

1.取得长期股权投资，按照支付的价款中所包含的已宣告但尚未发放的现金股利，借记本科目，按照确定的长期股权投资成本，借记"长期股权投资"科目，按照实际支付的金额，贷记"银行存款"等科目。

【例10-65】省工业大学购买M公司的长期股权100股，每股1 000元，共100 000元，以银行存款支付。其中，每股股价中包含已宣告但尚未发放的现金股利50元，共计5 000元。

借：长期股权投资——M公司   95 000

  应收股利——M公司   5 000

 贷：银行存款   100 000

2.收到取得投资时实际支付价款中所包含的已宣告但尚未发放的现金股利时，按照收到的金额，借记"银行存款"科目，贷记本科目。

【例10-66】接例10-65，省工业大学收到购买M公司长期股权投资时实际支付价款中所包含的已宣告但尚未发放的现金股利5 000元，款项存入银行。

借：银行存款   5 000

 贷：应收股利——M公司   5 000

（二）被投资单位宣告发放现金股利或利润的核算

长期股权投资持有期间，被投资单位宣告发放现金股利或利润的，按照应享有的份额，借记本科目，贷记"投资收益"（成本法下）或"长期股权投资"（权益法下）科目。

【例10-67】接例10-65和例10-66，省工业大学对长期投资收益实行成本法核算，现M公司宣告发放现金股利，每股100元，大学应获得股利10 000元。

借：应收股利——M公司   10 000

 贷：投资收益   10 000

（三）实际收到现金股利或利润时的核算

实际收到现金股利或利润时，按照收到的金额，借记"银行存款"等科目，贷记本科目。

【例10-68】接例10-67，省工业大学收到M公司发放的现金股利10 000元，存入银行。

借：银行存款　　　　　　　　　　　　　　　　　　　　　　　　10 000

　　贷：应收股利——M公司　　　　　　　　　　　　　　　　　　　　10 000

六、应收利息的核算

为核算事业单位长期债券投资应当收取的利息，设置"应收利息"（1216）科目。本科目期末借方余额，反映事业单位应收未收的长期债券投资利息。事业单位购入的到期一次还本付息的长期债券投资持有期间的利息，应当通过"长期债券投资——应计利息"科目核算，不通过本科目核算。本科目应当按照被投资单位等进行明细核算。

应收利息的主要账务处理如下：

（一）取得长期债券投资时实际支付价款中所包含的已到付息期但尚未领取的利息的核算

取得长期债券投资，按照确定的投资成本，借记"长期债券投资"科目，按照支付的价款中包含的已到付息期但尚未领取的利息，借记本科目，按照实际支付的金额，贷记"银行存款"等科目。收到取得投资时实际支付价款中所包含的已到付息期但尚未领取的利息时，按照收到的金额，借记"银行存款"等科目，贷记本科目。

【例10-69】县防疫站购买长期债券，按面额购入债券150 000元，已到付息期但尚未领取的利息6 000元，合计156 000元，以银行存款支付。

借：长期债券投资　　　　　　　　　　　　　　　　　　150 000

　　应收利息　　　　　　　　　　　　　　　　　　　　　6 000

　　贷：银行存款　　　　　　　　　　　　　　　　　　　　　　156 000

【例10-70】接例10-69，县防疫站收到取得投资时实际支付价款中所包含的已到付息期但尚未领取的利息6 000元，存入银行。

借：银行存款　　　　　　　　　　　　　　　　　　　　6 000

　　贷：应收利息　　　　　　　　　　　　　　　　　　　　　6 000

（二）确认长期债券投资利息收入的核算

按期计算确认长期债券投资利息收入时，对于分期付息、一次还本的长期债券投资，按照以票面金额和票面利率计算确定的应收未收利息金额，借记本科目，贷记"投资收益"科目。

【例10-71】接例10-69，年末，县防疫站购入的长期债券确认本年度利息收入8 300元。

借：应收利息　　　　　　　　　　　　　　　　　　　　8 300

　　贷：投资收益　　　　　　　　　　　　　　　　　　　　　8 300

（三）实际收到应收利息的核算

实际收到应收利息时，按照收到的金额，借记"银行存款"等科目，贷记本科目。

【例 10-72】接例 10-71，县防疫站收到长期债券投资利息 8 300 元，存入银行。

借：银行存款   8 300

    贷：应收利息   8 300

七、其他应收款的核算

为核算单位除财政应返还额度、应收票据、应收账款、预付账款、应收股利、应收利息以外的其他各项应收及暂付款项，如职工预借的差旅费、已经偿还银行尚未报销的本单位公务卡欠款、拨付给内部有关部门的备用金、应向职工收取的各种垫付款项、支付的可以收回的订金或押金、应收的上级补助和附属单位上缴款项等，设置"其他应收款"（1218）科目。本科目期末借方余额，反映单位尚未收回的其他应收款。本科目应当按照其他应收款的类别以及债务单位（或个人）进行明细核算。

其他应收款的主要账务处理如下：

（一）发生其他各种应收及暂付款项的核算

发生其他各种应收及暂付款项时，按照实际发生金额，借记本科目，贷记"零余额账户用款额度""银行存款""库存现金""上级补助收入""附属单位上缴收入"等科目。涉及增值税业务的，相关账务处理参见"应交增值税"科目。

【例 10-73】市第一医院临时工张洁因生活急需向医院借款 2 000 元，经领导批准，以库存现金支付。

借：其他应收款——张洁   2 000

    贷：库存现金   2 000

（二）收回其他各种应收及暂付款项的核算

收回其他各种应收及暂付款项时，按照收回的金额，借记"库存现金""银行存款"等科目，贷记本科目。

【例 10-74】接例 10-73，市第一医院收到临时工张洁偿还的借款 2 000 元。

借：库存现金   2 000

    贷：其他应收款——张洁   2 000

（三）单位内部备用金的核算

单位内部实行备用金制度的，有关部门使用备用金以后应当及时到财务部门报销并补足备用金。财务部门核定并发放备用金时，按照实际发放金额，借记本科目，贷记"库存现金"等科目。根据报销金额用现金补足备用金定额时，借记"业务活动费用""单位管理费用"等科目，贷记"库存现金"等科目，报销数和拨补数都不再通过本科目核算。

【例 10-75】中央科技大学内部实行备用金制度，财务部门核定并向材料学院发放备用金 50 000 元。

借：其他应收款——材料学院　　　　　　　　　　　　　　50 000
　　贷：库存现金　　　　　　　　　　　　　　　　　　　　　50 000

【例10-76】接例10-75，中央科技大学财务部门报销材料学院购买文件夹款项760元。

借：业务活动费用　　　　　　　　　　　　　　　　　　　760
　　贷：库存现金　　　　　　　　　　　　　　　　　　　　　760

（四）偿还尚未报销的本单位公务卡欠款的核算

偿还尚未报销的本单位公务卡欠款时，按照偿还的款项，借记本科目，贷记"零余额账户用款额度""银行存款"等科目；持卡人报销时，按照报销金额，借记"业务活动费用""单位管理费用"等科目，贷记本科目。

【例10-77】省第一中学偿还校资产部尚未报销的本单位公务卡欠款65 230元，以零余额账户用款额度支付。

借：其他应收款——资产部　　　　　　　　　　　　　　　65 230
　　贷：零余额账户用款额度　　　　　　　　　　　　　　　　65 230

【例10-78】省第一中学资产部报销采购设备款65 230元，设备已验收投入使用。

借：固定资产　　　　　　　　　　　　　　　　　　　　　65 230
　　贷：其他应收款——资产部　　　　　　　　　　　　　　　65 230

（五）将预付账款账面余额转入其他应收款的核算

将预付账款账面余额转入其他应收款时，借记本科目，贷记"预付账款"科目。具体说明参见"预付账款"科目。

【例10-79】中央党校向J公司预订的设备因对方的原因无法完成购买合同，将预付账款200 000元转入其他应收款。

借：其他应收款——J公司　　　　　　　　　　　　　　　200 000
　　贷：预付账款——J公司　　　　　　　　　　　　　　　　200 000

（六）事业单位核销其他应收款的核算

事业单位应当于每年年末，对其他应收款进行全面检查，如发生不能收回的迹象，应当计提坏账准备。

1.对于账龄超过规定年限、确认无法收回的其他应收款，按照规定报经批准后予以核销。按照核销金额，借记"坏账准备"科目，贷记本科目。核销的其他应收款应当在备查簿中保留登记。

【例10-80】接例10-79，年末，中央党校对其他应收款进行全面检查，确认由向J公司预订设备款转入的其他应收款200 000元无法收回，按照规定报经批准后予以核销。

借：坏账准备　　　　　　　　　　　　　　　　　　　　　200 000
　　贷：其他应收款——J公司　　　　　　　　　　　　　　　200 000

2.已核销的其他应收款在以后期间又收回的，按照实际收回金额，借记本科目，贷记"坏账准备"科目；同时，借记"银行存款"等科目，贷记本科目。

【例10-81】接例10-79和例10-80，中央党校收到已经核销的J公司应收款200 000元，存入银行。

借：其他应收款——J公司   200 000

  贷：坏账准备   200 000

同时，记：

借：银行存款   200 000

  贷：其他应收款——J公司   200 000

（七）行政单位核销其他应收款的核算

行政单位应当于每年年末，对其他应收款进行全面检查。对于超过规定年限、确认无法收回的其他应收款，应当按照有关规定报经批准后予以核销。核销的其他应收款应在备查簿中保留登记。

1.经批准核销其他应收款时，按照核销金额，借记"资产处置费用"科目，贷记本科目。

【例10-82】年末，县文化局对其他应收款进行全面检查，确认原下属文化馆的100 000元因文化馆改制无法收回，经批准予以核销。

借：资产处置费用   100 000

  贷：其他应收款——文化馆   100 000

2.已核销的其他应收款在以后期间又收回的，按照收回金额，借记"银行存款"等科目，贷记"其他收入"科目。

【例10-83】接例10-82，县文化局收到原下属文化馆偿还的100 000元，存入银行。

借：银行存款   100 000

  贷：其他收入   100 000

八、坏账准备的核算

（一）事业单位坏账准备的管理要求

1.对预计可能产生的坏账损失计提、确认坏账准备。事业单位应当于每年年末，对收回后不需上缴财政的应收账款和其他应收款进行全面检查，分析其可收回性，对预计可能产生的坏账损失计提坏账准备、确认坏账损失。

2.坏账准备计提方法一经确定，不得随意变更。事业单位可以采用应收款项余额百分比法、账龄分析法、个别认定法等方法计提坏账准备。坏账准备计提方法一经确定即不得随意变更，如需变更，应当按照规定报经批准，并在财务报表附注中予以说明。

3.补提或冲减的坏账准备金额的计算公式。当期应补提或冲减的坏账准备金额的计算公式如下：

当期应补提　　按照期末应收账款　　本科目　　　　本科目
或冲减的　=　和其他应收款计算　-期末贷方（或+　期末　）
坏账准备　　应计提的坏账准备金额　　余额　　　　借方余额

（二）坏账准备的账务处理

为核算事业单位对收回后不需上缴财政的应收账款和其他应收款提取的坏账准备，设置"坏账准备"（1219）科目。本科目期末贷方余额，反映事业单位提取的坏账准备金额。本科目应当分别应收账款和其他应收款进行明细核算。

坏账准备的主要账务处理如下：

1.提取坏账准备时，借记"其他费用"科目，贷记本科目；冲减坏账准备时，借记本科目，贷记"其他费用"科目。

【例10-84】年末，市水文研究院对收回后不需上缴财政的应收账款和其他应收款提取坏账准备15 420元。

借：其他费用　　　　　　　　　　　　　　　　　　　　15 420
　　贷：坏账准备　　　　　　　　　　　　　　　　　　　　　15 420

2.对于账龄超过规定年限并确认无法收回的应收账款、其他应收款，应当按照有关规定报经批准后，按照无法收回的金额，借记本科目，贷记"应收账款""其他应收款"科目。

【例10-85】市水文研究院有一笔账龄5年的N中心所欠应收账款50 000元，确认无法收回，报经批准后予以核销。

借：坏账准备　　　　　　　　　　　　　　　　　　　　50 000
　　贷：应收账款——N中心　　　　　　　　　　　　　　　　50 000

3.已核销的应收账款、其他应收款在以后期间又收回的，按照实际收回金额，借记"应收账款""其他应收款"科目，贷记本科目；同时，借记"银行存款"等科目，贷记"应收账款""其他应收款"科目。

【例10-86】接例10-85，市水文研究院收到已经核销的N中心所欠应收账款50 000元，存入银行。

借：应收账款——N中心　　　　　　　　　　　　　　　50 000
　　贷：坏账准备　　　　　　　　　　　　　　　　　　　　　50 000
同时，记：
借：银行存款　　　　　　　　　　　　　　　　　　　　50 000
　　贷：应收账款——N中心　　　　　　　　　　　　　　　　50 000

第三节

存货的管理与核算

行政事业单位的存货有在途物品、库存物品和加工物品等。

一、在途物品的核算

为核算单位采购材料等物资时货款已付或已开出商业汇票但尚未验收入库的在途物品的采购成本，设置"在途物品"（1301）科目。本科目期末借方余额，反映单位在途物品的采购成本。本科目可按照供应单位和物品种类进行明细核算。

在途物品的主要账务处理如下：

（一）单位购入材料等物品的核算

单位购入材料等物品，按照确定的物品采购成本的金额，借记本科目，按照实际支付的金额，贷记"财政拨款收入""零余额账户用款额度""银行存款"等科目。涉及增值税业务的，相关账务处理参见"应交增值税"科目。

【例10-87】市地震局购买一批防震物资，物资采购成本62 000元，增值税9 920元，共计71 920元，由财政直接支付。

借：在途物品   71 920

 贷：财政拨款收入   71 920

（二）所购材料等物品到达验收入库的核算

所购材料等物品到达验收入库，按照确定的库存物品成本金额，借记"库存物品"科目，按照物品采购成本金额，贷记本科目，按照使得入库物品达到目前场所和状态所发生的其他支出，贷记"银行存款"等科目。

【例10-88】接例10-87，市地震局所购防震物资到货，发生运输费用3 100元，经银行存款支付。

借：库存物品   75 020

 贷：在途物品   71 920

  银行存款   3 100

二、库存物品的核算

为核算单位在开展业务活动及其他活动中为耗用或出售而储存的各种材料、产品、包装物、低值易耗品，以及达不到固定资产标准的用具、装具、动植物等的成本，设置"库存物品"（1302）科目。本科目期末借方余额，反映单位库存物品的实际成本。已完成的测绘、地质勘查、设计成果等的成本，也通过本科目核算。

单位随买随用的零星办公用品，可以在购进时直接列作费用，不通过本科目核算。单位控制的政府储备物资，应当通过"政府储备物资"科目核算，不通过本科目核算。单位受托存储保管的物资和受托转赠的物资，应当通过"受托代理资产"科目核算，不通过本科目核算。单位为在建工程购买和使用的材料物资，应当通过"工程物资"科目核算，不通过本科目核算。

本科目应当按照库存物品的种类、规格、保管地点等进行明细核算。单位储存的低值易耗品、包装物较多的，可以在本科目（低值易耗品、包装物）下按照"在库""在用""摊销"等进行明细核算。

库存物品的主要账务处理如下：

（一）取得的库存物品的核算

取得的库存物品，应当按照其取得时的成本入账。

1.外购的库存物品验收入库，按照确定的成本，借记本科目，贷记"财政拨款收入""零余额账户用款额度""银行存款""应付账款""在途物品"等科目。涉及增值税业务的，相关账务处理参见"应交增值税"科目。

【例10-89】市职业技术学院外购10箱教学用具，每箱850元（含税），共计8 500元，以零余额账户用款额度支付，货物已验收入库。

借：库存物品 8 500

　贷：零余额账户用款额度 8 500

2.自制的库存物品加工完成并验收入库，按照确定的成本，借记本科目，贷记"加工物品——自制物品"科目。

【例10-90】市职业技术学院自制一批教学用具，加工完成并验收入库，加工成本共13 150元，物品验收入库。

借：库存物品 13 150

　贷：加工物品——自制物品 13 150

3.委托外单位加工收回的库存物品验收入库，按照确定的成本，借记本科目，贷记"加工物品——委托加工物品"等科目。

【例10-91】市职业技术学院委托某企业加工10辆特制轮椅用于教学，经计算，每辆轮椅加工成本1 620元，共计16 200元，物品验收入库。

借：库存物品 16 200

　贷：加工物品——委托加工物品 16 200

4.接受捐赠的库存物品验收入库，按照确定的成本，借记本科目；按照发生的相关税费、运输费等，贷记"银行存款"等科目，按照其差额，贷记"捐赠收入"科目。接受捐赠的库存物品按照名义金额入账的，按照名义金额，借记本科目，贷记"捐赠收入"科目；同时，按照发生的相关税费、运输费等，借记"其他费用"科目，贷记"银行存款"等科目。

【例10-92】市职业技术学院接受某基金会捐赠实验器材一批，对方提供的发票显示器材价款72 300元，增值税11 568元，合计83 868元，器材已验收入库。发生运输费600元，以库存现金支付。

借：库存物品 84 468

　贷：捐赠收入 83 868

　　库存现金 600

【例10-93】市职业技术学院接受校友捐赠的一批自制教具，因无可参照市场价格以名义金额入账，发生运输费用1 000元，以库存现金支付，教具已验收入库。

借：库存物品 1 001

　贷：捐赠收入 1

　　库存现金 1 000

5.无偿调入的库存物品验收入库，按照确定的成本，借记本科目，按照发生的相关税费、运输费等，贷记"银行存款"等科目，按照其差额，贷记"无偿调拨净资产"科目。

【例10-94】市职业技术学院无偿调入一批办公用品，比照市场价格估值7 460元，发生运费300元，以库存现金支付，办公用品已验收入库。

借：库存物品   7 760

  贷：库存现金   300

    无偿调拨净资产   7 460

6.置换换入的库存物品验收入库，按照确定的成本，借记本科目，按照换出资产的账面余额，贷记相关资产科目（换出资产为固定资产、无形资产的，还应当借记"固定资产累计折旧""无形资产累计摊销"科目），按照置换过程中发生的其他相关支出，贷记"银行存款"等科目，按照借贷方差额，借记"资产处置费用"科目或贷记"其他收入"科目。涉及补价的，分别以下情况处理：

（1）支付补价的，按照确定的成本，借记本科目，按照换出资产的账面余额，贷记相关资产科目（换出资产为固定资产、无形资产的，还应当借记"固定资产累计折旧""无形资产累计摊销"科目），按照支付的补价和置换过程中发生的其他相关支出，贷记"银行存款"等科目，按照借贷方差额，借记"资产处置费用"科目或贷记"其他收入"科目。

【例10-95】市职业技术学院以一台不需用设备置换换入一批教学用材料，换入教学用材料的价值13 500元，换出设备账面余额21 000元，已提折旧9 843元，向对方补价1 500元，以银行存款支付，材料已验收入库。

借：库存物品   13 500

    累计折旧   9 843

  贷：固定资产   21 000

    银行存款   1 500

    其他收入   843

（2）收到补价的，按照确定的成本，借记本科目，按照收到的补价，借记"银行存款"等科目，按照换出资产的账面余额，贷记相关资产科目（换出资产为固定资产、无形资产的，还应当借记"固定资产累计折旧""无形资产累计摊销"科目），按照置换过程中发生的其他相关支出，贷记"银行存款"等科目，按照补价扣减其他相关支出后的净收入，贷记"应缴财政款"科目，按照借贷方差额，借记"资产处置费用"科目或贷记"其他收入"科目。

【例10-96】市职业技术学院以一项专利技术置换换入一批办公用耗材，换入耗材价值8 450元，对方补价1 000元存入银行。换出专利的账面余额是61 000元，已摊销45 430元，材料已验收入库，转换过程中发生运输费用200元，以库存现金支付。

借：库存物品　　　　　　　　　　　　　　　　　　　　8 450

　　无形资产累计摊销　　　　　　　　　　　　　　　　45 430

　　银行存款　　　　　　　　　　　　　　　　　　　　1 000

　　资产处置费用　　　　　　　　　　　　　　　　　　7 120

　　贷：无形资产　　　　　　　　　　　　　　　　　　　　　61 000

　　　　库存现金　　　　　　　　　　　　　　　　　　　　　　200

　　　　应缴财政款　　　　　　　　　　　　　　　　　　　　　800

（二）库存物品发出的核算

库存物品在发出时，分别以下情况处理：

1.领用。

（1）单位开展业务活动等领用、按照规定自主出售发出或加工发出库存物品，按照领用、出售等发出物品的实际成本，借记"业务活动费用""单位管理费用""经营费用""加工物品"等科目，贷记本科目。

【例10-97】市职业技术学院党委办公室领用文件夹20个、签字笔2盒，实际成本共315元。

借：单位管理费用　　　　　　　　　　　　　　　　　　315

　　贷：库存物品　　　　　　　　　　　　　　　　　　　　　315

（2）采用一次转销法摊销低值易耗品、包装物的，在首次领用时将其账面余额一次性摊销计入有关成本费用，借记有关科目，贷记本科目。

【例10-98】接例10-93，市职业技术学院对校友捐赠的一批自制教具实行一次转销法摊销，社会保障学院第一次领用该教具，将其账面余额一次性摊销计入"业务活动费用"科目。

借：业务活动费用　　　　　　　　　　　　　　　　　1 001

　　贷：库存物品　　　　　　　　　　　　　　　　　　　　1 001

（3）采用五五摊销法摊销低值易耗品、包装物的，首次领用时，将其账面余额的50%摊销计入有关成本费用，借记有关科目，贷记本科目；使用完时，将剩余的账面余额转销计入有关成本费用，借记有关科目，贷记本科目。

【例10-99】接例10-93，市职业技术学院对校友捐赠的一批自制教具实行五五摊销法摊销，社会保障学院第一次领用该教具将其账面余额的50%，即500.5元，摊销计入"业务活动费用"科目。

借：业务活动费用　　　　　　　　　　　　　　　　　500.5

　　贷：库存物品　　　　　　　　　　　　　　　　　　　　500.5

2.对外出售。经批准对外出售的库存物品（不含可自主出售的库存物品）发出时，按照库存物品的账面余额，借记"资产处置费用"科目，贷记本科目；同时，按照收到的价款，借记"银行存款"等科目，按照处置过程中发生的相关费用，贷记"银行存款"等科目，按照其差额，贷记"应缴财政款"科目。

【例10-100】接例10-94，经批准，市职业技术学院将无偿调入的办公用品对外出售，库存物品账面余额7 760元，收到价款7 700元，存入银行，发生搬运费200元，以库存现金支付，余款上缴财政。

借：资产处置费用　　　　　　　　　　　　　　　　　　　7 760
　贷：库存物品　　　　　　　　　　　　　　　　　　　　　　　7 760
借：银行存款　　　　　　　　　　　　　　　　　　　　　7 700
　贷：库存现金　　　　　　　　　　　　　　　　　　　　　　　　200
　　　应缴财政款　　　　　　　　　　　　　　　　　　　　　　7 500

3.对外捐赠。经批准对外捐赠的库存物品发出时，按照库存物品的账面余额和对外捐赠过程中发生的归属于捐出方的相关费用合计数，借记"资产处置费用"科目，按照库存物品账面余额，贷记本科目，按照对外捐赠过程中发生的归属于捐出方的相关费用，贷记"银行存款"等科目。

【例10-101】市职业技术学院对外捐赠一批教学用具，用具的账面余额9 550元，支付运输费用330元，以库存现金支付。

借：资产处置费用　　　　　　　　　　　　　　　　　　　9 880
　贷：库存物品　　　　　　　　　　　　　　　　　　　　　　　9 550
　　　库存现金　　　　　　　　　　　　　　　　　　　　　　　　330

4.无偿调出。经批准无偿调出的库存物品发出时，按照库存物品的账面余额，借记"无偿调拨净资产"科目，贷记本科目；同时，按照无偿调出过程中发生的归属于调出方的相关费用，借记"资产处置费用"科目，贷记"银行存款"等科目。

【例10-102】经批准，市职业技术学院无偿调出的一批库存物资，物资的账面余额16 400元，发生搬运费500元，以库存现金支付。

借：无偿调拨净资产　　　　　　　　　　　　　　　　　16 400
　贷：库存物品　　　　　　　　　　　　　　　　　　　　　　16 400
借：资产处置费用　　　　　　　　　　　　　　　　　　　　500
　贷：库存现金　　　　　　　　　　　　　　　　　　　　　　　　500

5.置换换出。经批准置换换出的库存物品，参照本科目有关置换换入库存物品的规定进行账务处理。

【例10-103】市职业技术学院以一批库存教具置换设备一台，设备价值11 500元，库存物品账面余额9 500元，向对方补价2 000元，以银行存款支付。

借：固定资产　　　　　　　　　　　　　　　　　　　　11 500
　贷：库存物品　　　　　　　　　　　　　　　　　　　　　　　9 500
　　　银行存款　　　　　　　　　　　　　　　　　　　　　　　2 000

（三）清查盘点的核算

单位应当定期对库存物品进行清查盘点，每年至少盘点一次。对于发生的库存物品盘盈、盘亏或者报废、毁损，应当先计入"待处理财产损溢"科目，按照规定报经批准后及时进行后续账务处理。

1.盘盈的库存物品，其成本按照有关凭据注明的金额确定；没有相关凭据但按照规定经过资产评估的，其成本按照评估价值确定；没有相关凭据也未经过评估的，其成本按照重置成本确定。如无法采用上述方法确定盘盈的库存物品成本的，按照名义金额入账。盘盈的库存物品，按照确定的入账成本，借记本科目，贷记"待处理财产损溢"科目。

【例10-104】年末，市职业技术学院对库存物品进行盘点，盘盈12件教学用具，同类物品市场价格每件110元，共计1 320元。

　　借：库存物品　　　　　　　　　　　　　　　　　　　　1 320
　　　　贷：待处理财产损溢　　　　　　　　　　　　　　　　　1 320

2.盘亏或者毁损、报废的库存物品，按照待处理库存物品的账面余额，借记"待处理财产损溢"科目，贷记本科目。属于增值税一般纳税人的单位，若因非正常原因导致的库存物品盘亏或毁损，还应当将与该库存物品相关的增值税进项税额转出，按照其增值税进项税额，借记"待处理财产损溢"科目，贷记"应交增值税——应交税金（进项税额转出）"科目。

【例10-105】年末，市职业技术学院对库存物品进行盘点，盘亏笔记本50本，账面余额600元，转入"待处理财产损溢"科目。

　　借：待处理财产损溢　　　　　　　　　　　　　　　　　　　600
　　　　贷：库存物品　　　　　　　　　　　　　　　　　　　　　600

三、加工物品的核算

为核算单位自制或委托外单位加工的各种物品的实际成本，设置"加工物品"（1303）科目。本科目期末借方余额，反映单位自制或委托外单位加工但尚未完工的各种物品的实际成本。未完成的测绘、地质勘查、设计成果的实际成本，也通过本科目核算。

本科目应当设置"自制物品""委托加工物品"两个一级明细科目，并按照物品类别、品种、项目等设置明细账，进行明细核算。本科目"自制物品"一级明细科目下应当设置"直接材料""直接人工""其他直接费用"等二级明细科目归集自制物品发生的直接材料、直接人工（专门从事物品制造人员的人工费）等直接费用；对于自制物品发生的间接费用，应当在本科目"自制物品"一级明细科目下单独设置"间接费用"二级明细科目予以归集，期末，再按照一定的分配标准和方法，分配计入有关物品的成本。

加工物品的主要账务处理如下：

（一）自制物品

1.为自制物品领用材料等，按照材料成本，借记本科目（自制物品——直接材料），贷记"库存物品"科目。

【例10-106】县文化宫从仓库领用布匹若干，价值670元，用于制作演出服装。

　　借：加工物品——自制物品——直接材料　　　　　　　　　　670
　　　　贷：库存物品　　　　　　　　　　　　　　　　　　　　　670

2.专门从事物品制造的人员发生的直接人工费用，按照实际发生的金额，借记本科目（自制物品——直接人工），贷记"应付职工薪酬"科目。

【例10-107】接例10-106，月末计提本月工资，其中服装制作人员的本月工资62 150元。

借：加工物品——自制物品——直接人工　　　　　　　　　　62 150
　　贷：应付职工薪酬　　　　　　　　　　　　　　　　　　　　　　62 150

3.为自制物品发生的其他直接费用，按照实际发生的金额，借记本科目（自制物品——其他直接费用），贷记"零余额账户用款额度""银行存款"等科目。

【例10-108】接例10-106和例10-107，支付设计费20 000元，以零余额账户用款额度支付。

借：加工物品——自制物品——其他直接费用　　　　　　　　20 000
　　贷：零余额账户用款额度　　　　　　　　　　　　　　　　　　　20 000

4.为自制物品发生的间接费用，按照实际发生的金额，借记本科目（自制物品——间接费用），贷记"零余额账户用款额度""银行存款""应付职工薪酬""固定资产累计折旧""无形资产累计摊销"等科目。

间接费用一般按照生产人员工资、生产人员工时、机器工时、耗用材料的数量或成本、直接费用（直接材料和直接人工）或产品产量等进行分配。单位可根据具体情况自行选择间接费用的分配方法。分配方法一经确定，不得随意变更。

【例10-109】接例10-106至例10-108，月末，计提固定资产折旧，自制物品的生产部门用固定资产折旧费用670元，应分担的无形资产摊销500元。

借：加工物品——自制物品——间接费用　　　　　　　　　　 1 170
　　贷：固定资产累计折旧　　　　　　　　　　　　　　　　　　　　 670
　　　　无形资产累计摊销　　　　　　　　　　　　　　　　　　　　 500

5.已经制造完成并验收入库的物品，按照所发生的实际成本（包括耗用的直接材料费用、直接人工费用、其他直接费用和分配的间接费用），借记"库存物品"科目，贷记本科目（自制物品）。

【例10-110】接例10-106至例10-109，自制服装完成，共发生费用83 990元（670+62 150+20 000+1 170），并验收入库。

借：库存物品　　　　　　　　　　　　　　　　　　　　　　 83 990
　　贷：加工物品——自制物品——直接材料　　　　　　　　　　　　 670
　　　　　　　　　　　　　——直接人工　　　　　　　　　　　　62 150
　　　　　　　　　　　　　——其他直接费用　　　　　　　　　　20 000
　　　　　　　　　　　　　——间接费用　　　　　　　　　　　　 1 170

（二）委托加工物品

1.发给外单位加工的材料等，按照其实际成本，借记本科目（委托加工物品），贷记"库存物品"科目。

【例10-111】县文化宫委托某服装企业加工一批演出服装，并发给服装企业布料若干，实际成本1 600元。

借：加工物品——委托加工物品 　　　　　　　　　　　　　　 1 600

　　贷：库存物品 　　　　　　　　　　　　　　　　　　　　　　 1 600

2.支付加工费、运输费等费用，按照实际支付的金额，借记本科目（委托加工物品），贷记"零余额账户用款额度""银行存款"等科目。涉及增值税业务的，相关账务处理参见"应交增值税"科目。

【例10-112】接例10-111，向服装企业支付加工费17 480元，以银行存款支付。

借：加工物品——委托加工物品 　　　　　　　　　　　　　　 17 480

　　贷：银行存款 　　　　　　　　　　　　　　　　　　　　　 17 480

3.委托加工完成的材料等验收入库，按照加工前发出材料的成本和加工、运输成本等，借记"库存物品"等科目，贷记本科目（委托加工物品）。

【例10-113】接例10-111和例10-112，委托加工的服装完成，实际成本共计19 080元（1 600+17 480），并验收入库。

借：库存物品 　　　　　　　　　　　　　　　　　　　　　　 19 080

　　贷：加工物品——委托加工物品 　　　　　　　　　　　　　 19 080

第四节

对外投资的管理与核算

一、短期投资的核算

为核算事业单位按照规定取得的，持有时间不超过1年（含1年）的投资，设置"短期投资"（1101）科目。本科目期末借方余额，反映事业单位持有短期投资的成本。本科目应当按照投资的种类等进行明细核算。

短期投资的主要账务处理如下：

（一）取得短期投资的核算

1.取得短期投资时，按照确定的投资成本，借记本科目，贷记"银行存款"等科目。

【例10-114】市科技局以结余资金在二级市场购买1年到期的国债券，面值900 000元，其中包含已到付息期但尚未领取的利息1 500元，支付手续费200元，共计901 700元，以银行存款支付。

借：短期投资 　　　　　　　　　　　　　　　　　　　　　　 901 700

　　贷：银行存款 　　　　　　　　　　　　　　　　　　　　　 901 700

2.收到取得投资时实际支付价款中包含的已到付息期但尚未领取的利息，按照实际收到的金额，借记"银行存款"科目，贷记本科目。

【例10-115】接例10-114，收到实际支付价款中包含的已到付息期但尚未领取的利息 1 500 元，存入银行。

  借：银行存款   1 500

   贷：短期投资   1 500

  （二）收到短期投资持有期间利息的核算

  收到短期投资持有期间的利息，按照实际收到的金额，借记"银行存款"科目，贷记"投资收益"科目。

  【例 10-116】接例 10-114，季末，收到本季应得债券利息 1 500 元，存入银行。

  借：银行存款   1 500

   贷：投资收益   1 500

  （三）出售或到期收回短期投资的核算

  出售短期投资或到期收回短期投资本息，按照实际收到的金额，借记"银行存款"科目，按照出售或收回短期投资的账面余额，贷记本科目，按照其差额，借记或贷记"投资收益"科目。涉及增值税业务的，相关账务处理参见"应交增值税"科目。

  【例 10-117】接例 10-114 和例 10-115，国债券到期，收回债券本金 900 000元，利息 2 100 元，共计 902 100 元，存入银行。

  借：银行存款   902 100

   贷：短期投资   900 000

     投资收益   2 100

二、长期股权投资的核算

  为核算事业单位按照规定取得的，持有时间超过 1 年（不含 1 年）的股权性质的投资，设置"长期股权投资"（1501）科目。本科目期末借方余额，反映事业单位持有的长期股权投资的价值。

  本科目应当按照被投资单位和长期股权投资取得方式等进行明细核算。长期股权投资采用权益法核算的，还应当按照"成本""损益调整""其他权益变动"设置明细科目，进行明细核算。

  长期股权投资的主要账务处理如下：

  （一）取得长期股权投资的核算

  长期股权投资在取得时，应当按照其实际成本作为初始投资成本。

  1.以现金取得的长期股权投资，按照确定的投资成本，借记本科目或本科目（成本），按照支付的价款中包含的已宣告但尚未发放的现金股利，借记"应收股利"科目，按照实际支付的全部价款，贷记"银行存款"等科目。

  【例 10-118】省医学院以现金购买 B 企业股票 900 股，每股市价 31 元，支付手续费 200 元，证券交易税 300 元，已宣告但尚未发放的现金股利 5 000 元，共计33 400 元，以银行存款支付。

  借：长期股权投资——B 企业   28 400

    应收股利   5 000

　　贷：银行存款　　　　　　　　　　　　　　　　　　　　　33 400

　　实际收到取得投资时所支付价款中包含的已宣告但尚未发放的现金股利时，借记"银行存款"科目，贷记"应收股利"科目。

　　【例10-119】接例10-118，省医学院收到B企业已宣告但尚未发放的现金股利5 000元，存入银行。

　　借：银行存款　　　　　　　　　　　　　　　　　　　　　5 000

　　　贷：应收股利　　　　　　　　　　　　　　　　　　　　5 000

　　2.以现金以外的其他资产置换取得的长期股权投资，参照"库存物品"科目中置换取得库存物品的相关规定进行账务处理。

　　【例10-120】省医学院以一批库存医用材料与C公司转换，取得C公司的股权500股，库存医用材料的成本是50 000元，运费1 000元以库存现金支付。

　　借：长期股权投资——C公司　　　　　　　　　　　　　　51 000

　　　贷：库存物品　　　　　　　　　　　　　　　　　　　50 000

　　　　库存现金　　　　　　　　　　　　　　　　　　　　1 000

　　3.以未入账的无形资产取得的长期股权投资，按照评估价值加相关税费作为投资成本，借记本科目，按照发生的相关税费，贷记"银行存款""其他应交税费"等科目，按其差额，贷记"其他收入"科目。

　　【例10-121】省医学院自主研发了一项皮肤病理疗法专利，申请专利的税费共计4 600元，以银行存款支付，专利权资产尚未入账。现以该专利与D中心转换股权2 000股，每股市值52元，共计104 000元。

　　借：长期股权投资——D中心　　　　　　　　　　　　　104 000

　　　贷：银行存款　　　　　　　　　　　　　　　　　　　4 600

　　　　其他收入　　　　　　　　　　　　　　　　　　　99 400

　　4.接受捐赠的长期股权投资，按照确定的投资成本，借记本科目或本科目（成本），按照发生的相关税费，贷记"银行存款"等科目，按照其差额，贷记"捐赠收入"科目。

　　【例10-122】省医学院接受校友捐赠的E机构的股权600股，每股市值60元，支付手续费500元、证券交易税360元，以银行存款支付。

　　借：长期股权投资——成本——E机构　　　　　　　　　　36 860

　　　贷：银行存款　　　　　　　　　　　　　　　　　　　860

　　　　捐赠收入　　　　　　　　　　　　　　　　　　　36 000

　　5.无偿调入的长期股权投资，按照确定的投资成本，借记本科目或本科目（成本），按照发生的相关税费，贷记"银行存款"等科目，按照其差额，贷记"无偿调拨净资产"科目。

　　【例10-123】省医学院接受无偿调入的F公司股权500股，每股66元，发生手续费420元，以银行存款支付。

　　借：长期股权投资——成本——F公司　　　　　　　　　　33 420

    贷：银行存款   420

        无偿调拨净资产   33 000

（二）长期股权投资持有期间的核算

长期股权投资持有期间，应当按照规定采用成本法或权益法进行核算。

1.采用成本法核算

（1）被投资单位宣告发放现金股利或利润时，按照应收的金额，借记"应收股利"科目，贷记"投资收益"科目。

【例10-124】接例10-120，省医学院对长期股权投资采用成本法核算，被投资的C公司宣告发放现金股利，经计算本单位所持股份本年度可获股利2 400元。

    借：应收股利——C公司   2 400

      贷：投资收益   2 400

（2）收到现金股利或利润时，按照实际收到的金额，借记"银行存款"等科目，贷记"应收股利"科目。

【例10-125】接例10-120和例10-124，收到C公司已宣告发放现金股利2 400元，存入银行。

    借：银行存款   2 400

      贷：应收股利——C公司   2 400

2.采用权益法核算

（1）被投资单位实现净利润的，按照应享有的份额，借记本科目（损益调整），贷记"投资收益"科目。被投资单位发生净亏损的，按照应分担的份额，借记"投资收益"科目，贷记本科目（损益调整），但以本科目的账面余额减记至零为限。发生亏损的被投资单位以后年度又实现净利润的，按照收益分享额弥补未确认的亏损分担额等后的金额，借记本科目（损益调整），贷记"投资收益"科目。

【例10-126】接例10-121，省医学院采用权益法核算，年末，被投资的D中心实现净利润，所持股份应享有6 100元收益。

    借：长期股权投资——损益调整   6 100

      贷：投资收益   6 100

【例10-127】接例10-122，省医学院采用权益法核算长期股权投资，年末，被投资的E机构发生亏损，净亏损本单位应分担5 500元。

    借：投资收益   5 500

      贷：长期股权投资——损益调整   5 500

【例10-128】接例10-122和例10-127，第二年，被投资的E机构又实现净利润，本单位所持股份本年度可获股利2 500元。

    借：长期股权投资——损益调整   2 500

      贷：投资收益   2 500

（2）被投资单位宣告分派现金股利或利润的，按照应享有的份额，借记"应收股利"科目，贷记本科目（损益调整）。

【例10-129】接例10-123，省医学院采用权益法核算长期股权投资，年末，被投资的F公司宣告分派现金股利，本单位应收股利7 000元。

借：应收股利——F公司　　　　　　　　　　　　　　　7 000

　　贷：长期股权投资——损益调整　　　　　　　　　　　　　　7 000

（3）被投资单位发生除净损益和利润分配以外的所有者权益变动的，按照应享有或应分担的份额，借记或贷记"权益法调整"科目，贷记或借记本科目（其他权益变动）。

【例10-130】接例10-123和例10-129，省医学院所投资的F公司又投资了N公司，采用权益法核算，N公司在期货交易中获利丰厚，引起了F公司的长期股权投资公允价值变动，省医学院应分担的获益份额为5 000元，予以调整。

借：长期股权投资——损益调整　　　　　　　　　　　　5 000

　　贷：权益法调整——其他权益变动　　　　　　　　　　　　　5 000

3.成本法与权益法的转换

（1）单位因处置部分长期股权投资等原因而对处置后的剩余股权投资由权益法改按成本法核算的，应当按照权益法下本科目账面余额作为成本法下本科目账面余额（成本）。其后，被投资单位宣告分派现金股利或利润时，属于单位已计入投资账面余额的部分，按照应分得的现金股利或利润份额，借记"应收股利"科目，贷记本科目。

【例10-131】接例10-121和例10-126，省医学院将所持有的D中心股权出售1 500股（共2 000股），每股售价60元，取得款项90 000元存入银行，相关税费500元以银行存款支付，差额89 500元待缴国库。剩余500股，账面余额20 100元（104 000+6 100-90 000）改按成本法核算，每股成本40.2元。

借：银行存款　　　　　　　　　　　　　　　　　　　90 000

　　贷：应缴财政款　　　　　　　　　　　　　　　　　　　89 500

　　　　银行存款　　　　　　　　　　　　　　　　　　　　　500

借：长期股权投资——D中心　　　　　　　　　　　　20 100

　　贷：长期股权投资——成本——D中心　　　　　　　　　　20 100

（2）单位因追加投资等原因对长期股权投资的核算从成本法改为权益法的，应当按照成本法下本科目账面余额与追加投资成本的合计金额，借记本科目（成本），按照成本法下本科目账面余额，贷记本科目，按照追加投资的成本，贷记"银行存款"等科目。

【例10-132】接例10-120，省医学院对其所持有的500股C公司股权实行成本法核算，账面余额51 000元。现又追加投资400股，每股售价150元，相关税费300元，共计60 300元，以银行存款支付。追加投资后，对长期股权投资的核算从成本法改为权益法。

借：长期股权投资——成本——C公司　　　　　　　　111 300

贷：银行存款	60 300
长期股权投资——C公司	51 000

（三）按照规定报经批准处置长期股权投资的核算

1.按照规定报经批准出售（转让）长期股权投资时，应当区分长期股权投资取得方式分别进行处理。

（1）处置以现金取得的长期股权投资，按照实际取得的价款，借记"银行存款"等科目，按照被处置长期股权投资的账面余额，贷记本科目，按照尚未领取的现金股利或利润，贷记"应收股利"科目，按照发生的相关税费等支出，贷记"银行存款"等科目，按照借贷方差额，借记或贷记"投资收益"科目。

【例10-133】接例10-118和例10-119，省医学院将以现金购买B企业股票900股出售，每股售价40元，取得价款36 000元存入银行；支付手续费200元和证券交易税500元，以银行存款支付；"长期股权投资——B企业"账面余额28 400元。

借：银行存款	36 000
贷：长期股权投资——B企业	28 400
银行存款	700
投资收益	6 900

（2）处置以现金以外的其他资产取得的长期股权投资，按照被处置长期股权投资的账面余额，借记"资产处置费用"科目，贷记本科目；同时，按照实际取得的价款，借记"银行存款"等科目，按照尚未领取的现金股利或利润，贷记"应收股利"科目，按照发生的相关税费等支出，贷记"银行存款"等科目，按照贷方差额，贷记"应缴财政款"科目。按照规定将处置时取得的投资收益纳入本单位预算管理的，应当按照所取得价款大于被处置长期股权投资账面余额、应收股利账面余额和相关税费支出合计的差额，贷记"投资收益"科目。

【例10-134】接例10-120，省医学院将以库存医用材料置换的C公司的500股股权出售，每股138元，取得价款69 000元存入银行，相关税费530元以银行存款支付，差额上缴财政。"长期股权投资——C公司"账户的账面余额51 000元。

借：资产处置费用	51 000
贷：长期股权投资——C公司	51 000
借：银行存款	69 000
贷：银行存款	530
应缴财政款	68 470

2.因被投资单位破产清算等原因，有确凿证据表明长期股权投资发生损失，按照规定报经批准后予以核销时，按照予以核销的长期股权投资的账面余额，借记"资产处置费用"科目，贷记本科目。

【例10-135】接例10-122，省医学院所接受校友捐赠的E机构股权，因E机构破产清算而发生长期股权投资损失，账面余额36 860元。

借：资产处置费用	36 860

贷：长期股权投资——E机构   36 860

3.报经批准置换转出长期股权投资时，参照"库存物品"科目中置换换入库存物品的规定进行账务处理。

【例10-136】经批准，省医学院将其所持有的A企业股份置换转出，换取一批医用材料，长期股权投资科目账面余额50 000元，材料运输费600元以库存现金支付，材料验收入库。

借：库存物品   50 600

 贷：长期股权投资——A企业   50 000

   库存现金   600

4.采用权益法核算的长期股权投资的处置，除进行上述账务处理外，还应结转原直接计入净资产的相关金额，借记或贷记"权益法调整"科目，贷记或借记"投资收益"科目。

【例10-137】接例10-123和例10-130，省医学院采用权益法核算长期股权投资，现处置其所持有的F公司股权，取得价款53 200元，相关税费500元以银行存款支付，长期股权投资的账面余额33 420元，直接计入净资产的相关金额5 000元。

借：银行存款   53 200

 贷：长期股权投资——F公司   33 420

   银行存款   500

   投资收益   19 280

借：权益法调整   5 000

 贷：投资收益   5 000

三、长期债券投资的核算

为核算事业单位按照规定取得的，持有时间超过1年（不含1年）的债券投资，设置"长期债券投资"（1502）科目。本科目期末借方余额，反映事业单位持有的长期债券投资的价值。本科目应当设置"成本"和"应计利息"明细科目，并按照债券投资的种类进行明细核算。

长期债券投资的主要账务处理如下：

1.长期债券投资在取得时，应当按照其实际成本作为投资成本。

（1）取得的长期债券投资，按照确定的投资成本，借记本科目（成本），按照支付的价款中包含的已到付息期但尚未领取的利息，借记"应收利息"科目，按照实际支付的金额，贷记"银行存款"等科目。

【例10-138】县教育局以结余资金购买3年期国债券，本金123 000元，已到付息期但尚未领取的利息2 500元，相关税费300元，共125 800元，以银行存款支付。

借：长期债券投资——成本——3年期国债券 123 300

 应收利息   2 500

 贷：银行存款   125 800

（2）实际收到取得债券时所支付价款中包含的已到付息期但尚未领取的利息时，借"银行存款"科目，贷记"应收利息"科目。

【例10-139】接例10-138，县教育局收到取得债券时所支付价款中包含的已到付息期但尚未领取的利息2 500元，存入银行。

借：银行存款 2 500
　　贷：应收利息 2 500

2.长期债券投资持有期间，按期以债券票面金额与票面利率计算确认利息收入时，如为到期一次还本付息的债券投资，借记本科目（应计利息），贷记"投资收益"科目；如为分期付息、到期一次还本的债券投资，借记"应收利息"科目，贷记"投资收益"科目。收到分期支付的利息时，按照实收的金额，借记"银行存款"等科目，贷记"应收利息"科目。

【例10-140】接例10-138，年末，县教育局计算确认所持有的3年期国债券本年利息收入5 000元（到期一次还本付息）。

借：长期债券投资——应计利息——3年期国债券 5 000
　　贷：投资收益 5 000

【例10-141】接例10-138，年末，县教育局计算确认所持有的3年期国债券本年利息收入5 000元，并于年底前收到利息存入银行（分期付息）。

借：应收利息 5 000
　　贷：投资收益 5 000
借：银行存款 5 000
　　贷：应收利息 5 000

3.到期收回长期债券投资，按照实际收到的金额，借记"银行存款"科目，按照长期债券投资的账面余额，贷记本科目，按照相关应收利息金额，贷记"应收利息"科目，按照其差额，贷记"投资收益"科目。

【例10-142】接例10-138和例10-140，县教育局所持有的3年期国债券到期，收到本息共计135 500元存入银行，应收利息账面余额10 000元，"长期债券投资——成本"科目账面余额123 300元（到期一次付息）。

借：银行存款 135 500
　　贷：应收利息 10 000
　　　　长期债券投资——成本——3年期国债券 123 300
　　　　投资收益 2 200

4.对外出售长期债券投资，按照实际收到的金额，借记"银行存款"科目，按照长期债券投资的账面余额，贷记本科目，按照已记入"应收利息"科目但尚未收取的金额，贷记"应收利息"科目，按照其差额，贷记或借记"投资收益"科目。涉及增值税业务的，相关账务处理参见"应交增值税"科目。

【例10-143】接例10-138至例10-140，县教育局对外出售其所持有的3年期国债券，取得价款131 000元存入银行。"应收利息"科目账面余额7 500元，"长期债券投资——成本"科目账面余额123 300元。

　　借：银行存款　　　　　　　　　　　　　　　　　　131 000

　　　贷：应收利息　　　　　　　　　　　　　　　　　　　7 500

　　　　　长期债券投资——成本——3年期国债券　　　　123 300

　　　　　投资收益　　　　　　　　　　　　　　　　　　　　200

第五节

固定资产的管理与核算

一、固定资产的管理与核算

　　为核算单位固定资产的原值，设置"固定资产"（1601）科目。本科目期末借方余额，反映单位固定资产的原值。

　　本科目应当按照固定资产类别和项目进行明细核算。固定资产一般分为6类：房屋及构筑物；专用设备；通用设备；文物和陈列品；图书、档案；家具、用具、装具及动植物。

　　（一）固定资产核算的基本要求

　　1.购入需要安装的固定资产，应当先通过"在建工程"科目核算，安装完毕交付使用时再转入本科目核算。

　　2.以借入、经营租赁租入方式取得的固定资产，不通过本科目核算，应当设置备查簿进行登记。

　　3.采用融资租入方式取得的固定资产，通过本科目核算，并在本科目下设置"融资租入固定资产"明细科目。

　　4.经批准在境外购买具有所有权的土地作为固定资产，通过本科目核算；单位应当在本科目下设置"境外土地"明细科目，进行相应明细核算。

　　（二）固定资产核算的主要账务处理

　　1.固定资产在取得时，应当按照成本进行初始计量

　　（1）购入固定资产的核算。

　　①购入不需安装的固定资产验收合格时，按照确定的固定资产成本，借记本科目，贷记"财政拨款收入""零余额账户用款额度""应付账款""银行存款"等科目。

　　【例10-144】市机床研究所购入1台试验用设备（不需安装），设备价款15 000元，增值税2 400元，运输费500元，保险费30元，共计17 930元，以财政直接支付方式付款。

　　借：固定资产　　　　　　　　　　　　　　　　　　17 930

　　　贷：财政拨款收入　　　　　　　　　　　　　　　　　17 930

②购入需要安装的固定资产，在安装完毕交付使用前通过"在建工程"科目核算，安装完毕交付使用时再转入本科目。

【例10-145】市机床研究所购入一台设备（需要安装），设备价款8 000元，增值税1 280元，运输费200元，保险费20元，共计9 500元，以零余额账户用款额度付款；发生安装费用1 600元，以零余额账户用款额度支付；安装完成验收后投入使用。

购入时，记：

借：在建工程	9 500
贷：零余额账户用款额度	9 500

支付安装费用时，记：

借：在建工程	1 600
贷：零余额账户用款额度	1 600

交付使用时，记：

借：固定资产	11 100
贷：在建工程	11 100

③购入固定资产扣留质量保证金的，应当在取得固定资产时，按照确定的固定资产成本，借记本科目［不需安装］或"在建工程"科目［需安装］，按照实际支付或应付的金额，贷记"财政拨款收入"、"零余额账户用款额度"、"应付账款"［不含质量保证金］、"银行存款"等科目，按照扣留的质量保证金数额，贷记"其他应付款"［扣留期在1年以内（含1年）］或"长期应付款"［扣留期超过1年］科目。

【例10-146】市机床研究所购入10台专用设备（不需安装），总价款136 000元，按照合同，单位扣留10%的设备质量保证金在设备购入满1年时再予支付，财政直接支付122 400元。

借：固定资产	136 000
贷：财政拨款收入	122 400
其他应付款	13 600

④质保期满支付质量保证金时，借记"其他应付款""长期应付款"科目，贷记"财政拨款收入""零余额账户用款额度""银行存款"等科目。

【例10-147】接例10-146，市机床研究所购入的专用设备质保期满，支付质量保证金13 600元，以财政直接支付方式支付。

借：其他应付款	13 600
贷：财政拨款收入	13 600

（2）自行建造固定资产的核算。

①自行建造的固定资产交付使用时，按照在建工程成本，借记本科目，贷记"在建工程"科目。

【例10-148】市机床研究所自行建造一座大楼，建造成本共计68 724 100元，完工后交付使用。

借：固定资产　　　　　　　　　　　　　　　　　　68 724 100

　　贷：在建工程　　　　　　　　　　　　　　　　　　　68 724 100

②已交付使用但尚未办理竣工决算手续的固定资产，按照估计价值入账，待办理竣工决算后再按照实际成本调整原来的暂估价值。

【例10-149】市机床研究所自行建造一座大楼，尚未办理竣工决算手续，按照估计价值68 720 000元入账。办理竣工决算后该大楼的实际成本为68 724 100元，再予以调整。

估价入账时，记：

借：固定资产　　　　　　　　　　　　　　　　　　68 720 000

　　贷：在建工程　　　　　　　　　　　　　　　　　　　68 720 000

调整时，记：

借：固定资产　　　　　　　　　　　　　　　　　　　　　4 100

　　贷：在建工程　　　　　　　　　　　　　　　　　　　　　4 100

（3）融资租赁取得固定资产的核算。

融资租赁取得的固定资产，其成本按照租赁协议或者合同确定的租赁价款、相关税费以及固定资产交付使用前所发生的可归属于该项资产的运输费、途中保险费、安装调试费等确定。

①融资租入的固定资产，按照确定的成本，借记本科目［不需安装］或"在建工程"科目［需安装］，按照租赁协议或者合同确定的租赁付款额，贷记"长期应付款"科目，按照支付的运输费、途中保险费、安装调试费等金额，贷记"财政拨款收入""零余额账户用款额度""银行存款"等科目。

【例10-150】市机床研究所融资租入5台设备（不需安装），合同规定的租赁价为80 000元，以银行存款支付相关税费5 016元、运输费2 000元，共计87 016元；设备款分4年偿还，每年20 000元。

借：固定资产　　　　　　　　　　　　　　　　　　　　87 016

　　贷：长期应付款　　　　　　　　　　　　　　　　　　　80 000

　　　　银行存款　　　　　　　　　　　　　　　　　　　　　7 016

②定期支付租金时，按照实际支付金额，借记"长期应付款"科目，贷记"财政拨款收入""零余额账户用款额度""银行存款"等科目。

【例10-151】接例10-150，年末，市机床研究所偿还当年的融资租入设备款20 000元，以银行存款支付。

借：长期应付款　　　　　　　　　　　　　　　　　　　20 000

　　贷：银行存款　　　　　　　　　　　　　　　　　　　　20 000

（4）跨年度分期付款购入固定资产的核算。

按照规定跨年度分期付款购入固定资产的账务处理，参照融资租入固定资产。

（5）接受捐赠固定资产的核算。

①接受捐赠的固定资产，按照确定的固定资产成本，借记本科目［不需安装］

或"在建工程"科目[需安装]，按照发生的相关税费、运输费等，贷记"零余额账户用款额度""银行存款"等科目，按照其差额，贷记"捐赠收入"科目。

【例10-152】市机床研究所接受捐赠20台电脑，有关凭据注明电脑价款为86 000元，发生运输费用500元，以库存现金支付。

借：固定资产 86 500

　　贷：捐赠收入 86 000

　　　　库存现金 500

②接受捐赠的固定资产按照名义金额入账的，按照名义金额，借记本科目，贷记"捐赠收入"科目；按照发生的相关税费、运输费等，借记"其他费用"科目，贷记"零余额账户用款额度""银行存款"等科目。

【例10-153】市机床研究所接受捐赠2台18世纪产的老式机床，没有相关凭据也无法估价，按照名义金额入账。发生运输费用500元，以库存现金支付。

借：固定资产 1

　　贷：捐赠收入 1

借：其他费用 500

　　贷：库存现金 500

（6）无偿调入固定资产的核算。

无偿调入的固定资产，按照确定的固定资产成本，借记本科目[不需安装]或"在建工程"科目[需安装]，按照发生的相关税费、运输费等，贷记"零余额账户用款额度""银行存款"等科目，按照其差额，贷记"无偿调拨净资产"科目。

【例10-154】市机床研究所无偿调入1辆运输车，依据原始价值和成新率等估计其完全重置成本为235 000元，运输车辆过户手续费350元，以库存现金支付。

借：固定资产 235 000

　　贷：库存现金 350

　　　　无偿调拨净资产 234 650

（7）置换取得固定资产的核算。

置换取得的固定资产，参照"库存物品"科目中置换取得库存物品的相关规定进行账务处理。固定资产取得时涉及增值税业务的，相关账务处理参见"应交增值税"科目。

2.与固定资产有关的后续支出

（1）符合固定资产确认条件的后续支出。

①通常情况下，将固定资产转入改建、扩建时，按照固定资产的账面价值，借记"在建工程"科目，按照固定资产已计提折旧，借记"固定资产累计折旧"科目，按照固定资产的账面余额，贷记本科目。

【例10-155】市机床研究所对行政大楼进行扩建。该楼的固定资产账面余额6 010 000元，已计提折旧1 650 751元，转入"在建工程"科目。

借：在建工程 4 359 249
　　固定资产累计折旧 1 650 751
　贷：固定资产 6 010 000

②为增加固定资产使用效能或延长其使用年限而发生的改建、扩建等后续支出，借记"在建工程"科目，贷记"财政拨款收入""零余额账户用款额度""银行存款"等科目。

【例10-156】接例10-154，市机床研究所的行政大楼扩建工程发生改扩建费用共计2 274 300元，以银行存款支付。

借：在建工程 2 274 300
　贷：银行存款 2 274 300

③固定资产改建、扩建等完成交付使用时，按照在建工程成本，借记本科目，贷记"在建工程"科目。

【例10-157】接例10-155和例10-156，市机床研究所的行政大楼扩建工程完工后，在建工程科目账面余额6 633 549元，验收后交付使用。

借：固定资产 6 633 549
　贷：在建工程 6 633 549

（2）不符合固定资产确认条件的后续支出。

为保证固定资产正常使用发生的日常维修等支出，借记"业务活动费用""单位管理费用"等科目，贷记"财政拨款收入""零余额账户用款额度""银行存款"等科目。

【例10-158】市机床研究所定期对所内设备进行日常维修，本月发生维修费用12 460元，以零余额账户用款额度支付。

借：业务活动费用 12 460
　贷：零余额账户用款额度 12 460

3.按照规定报经批准处置固定资产，应分别情况处理

（1）报经批准出售、转让固定资产，按照被出售、转让固定资产的账面价值，借记"资产处置费用"科目，按照固定资产已计提的折旧，借记"固定资产累计折旧"科目，按照固定资产账面余额，贷记本科目；同时，按照收到的价款，借记"银行存款"等科目，按照处置过程中发生的相关费用，贷记"银行存款"等科目，按照其差额，贷记"应缴财政款"科目。

【例10-159】市机床研究所对外转让1台不需用设备。固定资产账面余额156 000元，已计提折旧13 420元。收到价款82 000元存入银行，发生清理费用300元，以库存现金支付。

借：资产处置费用 142 580
　　固定资产累计折旧 13 420
　贷：固定资产 156 000
借：银行存款 82 000

贷：库存现金   300

　　应缴财政款   81 700

（2）报经批准对外捐赠固定资产，按照固定资产已计提的折旧，借记"固定资产累计折旧"科目，按照被处置固定资产账面余额，贷记本科目，按照捐赠过程中发生的归属于捐出方的相关费用，贷记"银行存款"等科目，按照其差额，借记"资产处置费用"科目。

【例10-160】接例10-144，报经批准，市机床研究所将其所购的1台试验用设备对外捐赠，固定资产账面余额17 930元，已计提折旧2 510元。发生清理费用200元，以库存现金支付。

借：资产处置费用   15 620

　　固定资产累计折旧   2 510

贷：固定资产   17 930

　　库存现金   200

（3）报经批准无偿调出固定资产，按照固定资产已计提的折旧，借记"固定资产累计折旧"科目，按照被处置固定资产账面余额，贷记本科目，按照其差额，借记"无偿调拨净资产"科目；同时，按照无偿调出过程中发生的归属于调出方的相关费用，借记"资产处置费用"科目，贷记"银行存款"等科目。

【例10-161】市机床研究所无偿调出设备2台，设备的账面余额15 000元，已计提折旧4 000元，发生清理费用210元，以库存现金支付。

借：无偿调拨净资产   11 000

　　固定资产累计折旧   4 000

贷：固定资产   15 000

借：资产处置费用   210

贷：库存现金   210

（4）报经批准置换换出固定资产，参照"库存物品"中置换换入库存物品的规定进行账务处理。固定资产处置时涉及增值税业务的，相关账务处理参见"应交增值税"科目。

4.固定资产清查盘点的核算

单位应当定期对固定资产进行清查盘点，每年至少盘点一次。对于发生的固定资产盘盈、盘亏或毁损、报废，应当先记入"待处理财产损溢"科目，按照规定报经批准后及时进行后续账务处理。

（1）盘盈固定资产的核算。盘盈的固定资产，其成本按照有关凭据注明的金额确定；没有相关凭据，但按照规定经过资产评估的，其成本按照评估价值确定；没有相关凭据，也未经过评估的，其成本按照重置成本确定。如无法采用上述方法确定盘盈固定资产成本的，按照名义金额（人民币1元）入账。

盘盈的固定资产，按照确定的入账成本，借记本科目，贷记"待处理财产损溢"科目。

【例10-162】市机床研究所定期盘点固定资产，盘盈甲设备1台，按类似设备的市场价格估值10 000元。

借：固定资产　　　　　　　　　　　　　　　　　　　　10 000

　　贷：待处理财产损溢　　　　　　　　　　　　　　　　　　　10 000

（2）盘亏、毁损或报废的固定资产，按照待处理固定资产的账面价值，借记"待处理财产损溢"科目，按照已计提折旧，借记"固定资产累计折旧"科目，按照固定资产的账面余额，贷记本科目。

【例10-163】市机床研究所定期盘点固定资产，盘亏乙器械2件，乙器械的账面余额6 000元，已计提折旧2 000元。

借：待处理财产损溢　　　　　　　　　　　　　　　　　　4 000

　　固定资产累计折旧　　　　　　　　　　　　　　　　　　2 000

　　贷：固定资产　　　　　　　　　　　　　　　　　　　　　6 000

二、固定资产累计折旧的核算

为核算单位计提的固定资产累计折旧，设置"固定资产累计折旧"（1602）科目。本科目期末贷方余额，反映单位计提的固定资产折旧累计数。

公共基础设施和保障性住房计提的累计折旧，应当分别通过"公共基础设施累计折旧（摊销）"科目和"保障性住房累计折旧"科目核算，不通过本科目核算。

本科目应当按照所对应固定资产的明细分类进行明细核算。单位计提融资租入固定资产折旧时，应当采用与自有固定资产相一致的折旧政策。能够合理确定租赁期届满时将会取得租入固定资产所有权的，应当在租入固定资产尚可使用年限内计提折旧；无法合理确定租赁期届满时能够取得租入固定资产所有权的，应当在租赁期与租入固定资产尚可使用年限两者中较短的期间内计提折旧。

固定资产累计折旧的主要账务处理如下：

（一）按月计提固定资产折旧的核算

按月计提固定资产折旧时，按照应计提折旧金额，借记"业务活动费用""单位管理费用""经营费用""加工物品""在建工程"等科目，贷记本科目。

【例10-164】月末，市机床研究所计提固定资产折旧，设备类折旧金额5 600元，建筑类折旧金额8 210元，共计13 810元。

借：业务活动费用　　　　　　　　　　　　　　　　　　13 810

　　贷：固定资产累计折旧——设备　　　　　　　　　　　　　5 600

　　　　　　　　　　　——建筑　　　　　　　　　　　　　8 210

（二）处置或处理固定资产时的核算

经批准处置或处理固定资产时，按照所处置或处理固定资产的账面价值，借记"资产处置费用""无偿调拨净资产""待处理财产损溢"等科目，按照已计提折旧，借记本科目，按照固定资产的账面余额，贷记"固定资产"科目。

【例10-165】市机床研究所报废设备1台，固定资产账面余额20 000元，已计提折旧15 000元。

借：待处理财产损溢　　　　　　　　　　　　　　　5 000
　　固定资产累计折旧　　　　　　　　　　　　　　15 000
　　贷：固定资产　　　　　　　　　　　　　　　　　　20 000

第六节

在建工程的管理与核算

一、工程物资的核算

为核算单位为在建工程准备的各种物资的成本，包括工程用材料、设备等，设置"工程物资"（1611）科目。本科目期末借方余额，反映单位为在建工程准备的各种物资的成本。本科目可按照"库存材料""库存设备"等工程物资类别进行明细核算。

工程物资的主要账务处理如下：

（一）购入工程物资的核算

购入为工程准备的物资，按照确定的物资成本，借记本科目，贷记"财政拨款收入""零余额账户用款额度""银行存款""应付账款"等科目。

【例10-166】生态环境部为扩建办公楼购入甲材料300箱，每箱1 650元，共计495 000元，以财政直接支付方式支付，物资已验收入库。

借：工程物资——甲材料　　　　　　　　　　　　495 000
　　贷：财政拨款收入　　　　　　　　　　　　　　　495 000

（二）领用工程物资的核算

领用工程物资，按照物资成本，借记"在建工程"科目，贷记本科目。工程完工后将领出的剩余物资退库时作相反的会计分录。

【例10-167】接例10-166，生态环境部建设部门为扩建办公楼领用甲材料280箱，每箱成本1 650元，共计462 000元，用于工程建设。

借：在建工程　　　　　　　　　　　　　　　　　462 000
　　贷：工程物资——甲材料　　　　　　　　　　　　462 000

（三）剩余工程物资转作存货的核算

工程完工后将剩余的工程物资转作本单位存货等的，按照物资成本，借记"库存物品"等科目，贷记本科目。

【例10-168】接例10-166和例10-167，生态环境部所扩建大楼完工，尚未领用的库存甲材料20箱，每箱成本1 650元，共计33 000元，转作本单位存货。

借：库存物品——甲材料　　　　　　　　　　　　33 000
　　贷：工程物资——甲材料　　　　　　　　　　　　33 000

涉及增值税业务的，相关账务处理参见"应交增值税"科目。

二、在建工程的管理与核算

（一）在建工程的科目设置情况

为核算单位在建的建设项目工程的实际成本，设置"在建工程"（1613）科目。本科目期末借方余额，反映单位尚未完工的建设项目工程发生的实际成本。单位在建的信息系统项目工程、公共基础设施项目工程、保障性住房项目工程的实际成本，也通过本科目核算。

本科目应当设置"建筑安装工程投资""设备投资""待摊投资""其他投资""待核销基建支出""基建转出投资"等明细科目，并按照具体项目进行明细核算。

1. "建筑安装工程投资"明细科目，核算单位发生的构成建设项目实际支出的建筑工程和安装工程的实际成本，不包括被安装设备本身的价值以及按照合同规定支付给施工单位的预付备料款和预付工程款。本明细科目应当设置"建筑工程"和"安装工程"两个明细科目进行明细核算。

2. "设备投资"明细科目，核算单位发生的构成建设项目实际支出的各种设备的实际成本。

3. "待摊投资"明细科目，核算单位发生的构成建设项目实际支出的、按照规定应当分摊计入有关工程成本和设备成本的各项间接费用和税费支出。本明细科目的具体核算内容包括以下方面：

（1）勘察费、设计费、研究试验费、可行性研究费及项目其他前期费用。

（2）土地征用及迁移补偿费、土地复垦及补偿费、森林植被恢复费及其他为取得土地使用权、租用权而发生的费用。

（3）土地使用税、耕地占用税、契税、车船税、印花税及按照规定缴纳的其他税费。

（4）项目建设管理费、代建管理费、临时设施费、监理费、招投标费、社会中介审计（审查）费及其他管理性质的费用。项目建设管理费是指项目建设单位从项目筹建之日起至办理竣工财务决算之日止发生的管理性质的支出，包括不在原单位发工资的工作人员的工资及相关费用、办公费、办公场地租用费、差旅交通费、劳动保护费、工具用具使用费、固定资产使用费、招募生产工人费、技术图书资料费（含软件）、业务招待费、施工现场津贴、竣工验收费等。

（5）项目建设期间发生的各类专门借款利息支出或融资费用。

（6）工程检测费、设备检验费、负荷联合试车费及其他检验检测类费用。

（7）固定资产损失、器材处理亏损、设备盘亏及毁损、单项工程或单位工程报废、毁损净损失及其他损失。

（8）系统集成等信息工程的费用支出。

（9）其他待摊性质支出。

本明细科目应当按照上述费用项目进行明细核算，其中有些费用（如项目建设管理费等），还应当按照更为具体的费用项目进行明细核算。

4. "其他投资"明细科目，核算单位发生的构成建设项目实际支出的房屋购置支出，基本畜禽、林木等购置、饲养、培育支出，办公生活用家具、器具购置支出，软件研发和不能计入设备投资的软件购置等支出。单位为进行可行性研究而购置的固定资产，以及取得土地使用权支付的土地出让金，也通过本明细科目核算。本明细科目应当设置"房屋购置""基本畜禽支出""林木支出""办公生活用家具、器具购置""可行性研究固定资产购置""无形资产"等明细科目。

5."待核销基建支出"明细科目，核算建设项目发生的江河清障、航道清淤、飞播造林、补助群众造林、水土保持、城市绿化、取消项目的可行性研究费以及项目整体报废等不能形成资产部分的基建投资支出。本明细科目应按照待核销基建支出的类别进行明细核算。

6."基建转出投资"明细科目，核算为建设项目配套而建成的、产权不归属本单位的专用设施的实际成本。本明细科目应按照转出投资的类别进行明细核算。

（二）在建工程的主要账务处理

1.建筑安装工程投资的核算

（1）改建、扩建的核算。

①将固定资产等资产转入改建、扩建等时，按照固定资产等资产的账面价值，借记本科目（建筑安装工程投资），按照已计提的折旧或摊销，借记"固定资产累计折旧"等科目，按照固定资产等资产的原值，贷记"固定资产"等科目。

【例10-169】市财政局改扩建办公楼，办公楼的固定资产账面余额35 624 700元，已计提折旧336 952元，现转入改扩建。

借：在建工程——建筑安装工程投资　　　　　　　　35 287 748

　　固定资产累计折旧　　　　　　　　　　　　　　336 952

　　贷：固定资产——办公楼　　　　　　　　　　　　35 624 700

②固定资产等资产改建、扩建过程中涉及替换（或拆除）原资产的某些组成部分的，按照被替换（或拆除）部分的账面价值，借记"待处理财产损溢"科目，贷记本科目（建筑安装工程投资）。

【例10-170】接例10-169，市财政局将改扩建办公楼的辅楼拆除，该部分的固定资产账面价值为8 492 000元，转入"待处理财产损溢"科目。

借：待处理财产损溢　　　　　　　　　　　　　　　8 492 000

　　贷：在建工程——建筑安装工程投资　　　　　　　8 492 000

（2）单位对于发包建筑安装工程，根据建筑安装工程价款结算账单与施工企业结算工程价款时，按照应承付的工程价款，借记本科目（建筑安装工程投资），按照预付工程款余额，贷记"预付账款"科目，按照其差额，贷记"财政拨款收入""零余额账户用款额度""银行存款""应付账款"等科目。

【例10-171】接例10-169和例10-170，市财政局将改扩建办公楼工程发包给A建筑公司，根据建筑安装工程价款结算账单与施工企业结算工程价款，应承付的工程总价款74 628 500元，已预付工程款25 000 000元，余款49 628 500元由财政直接支付方式支付。

借：在建工程——建筑安装工程投资　　　　　　　　74 628 500

　　贷：预付账款　　　　　　　　　　　　　　　　　　　　25 000 000

　　　　财政拨款收入　　　　　　　　　　　　　　　　　　49 628 500

（3）单位自行施工的小型建筑安装工程，按照发生的各项支出金额，借记本科目（建筑安装工程投资），贷记"工程物资""零余额账户用款额度""银行存款""应付职工薪酬"等科目。

【例10-172】接例10-166，生态环境部自行施工扩建办公楼，本月施工用电费用7 420元，以银行存款支付。

借：在建工程——建筑安装工程投资　　　　　　　　7 420

　　贷：银行存款　　　　　　　　　　　　　　　　　　　　　7 420

（4）工程竣工，办妥竣工验收交接手续交付使用时，按照建筑安装工程成本（含应分摊的待摊投资），借记"固定资产"等科目，贷记本科目（建筑安装工程投资）。

【例10-173】接例10-169、例10-170和例10-171，市财政局改扩建办公楼工程竣工，办妥竣工验收交接手续并交付使用，建筑安装工程成本101 424 248元（35 287 748-8 492 000+74 628 500）。

借：固定资产　　　　　　　　　　　　　　　　　101 424 248

　　贷：在建工程——建筑安装工程投资　　　　　　　　　101 424 248

2.设备投资的核算

（1）购入设备时，按照购入成本，借记本科目（设备投资），贷记"财政拨款收入""零余额账户用款额度""银行存款"等科目；采用预付款方式购入设备的，有关预付款的账务处理参照本科目有关"建筑安装工程投资"明细科目的规定。

【例10-174】市中心医院购入1台医疗设备（需要安装），设备总价款654 230元，预付款项100 000元，余款554 230元以财政直接支付方式付款。

借：在建工程——设备投资　　　　　　　　　　　　654 230

　　贷：预付账款　　　　　　　　　　　　　　　　　　　　100 000

　　　　财政拨款收入　　　　　　　　　　　　　　　　　　554 230

（2）设备安装完毕的核算。

①设备安装完毕，办妥竣工验收交接手续交付使用时，按照设备投资成本（含设备安装工程成本和分摊的待摊投资），借记"固定资产"等科目，贷记本科目（设备投资、建筑安装工程投资——安装工程）。

【例10-175】接例10-174，设备安装完毕，安装费用15 000元，"在建工程——设备投资"账面余额669 230元，验收后交付使用。

借：固定资产　　　　　　　　　　　　　　　　　　669 230

　　贷：在建工程——设备投资　　　　　　　　　　　　　　669 230

②将不需要安装的设备和达不到固定资产标准的工具、器具交付使用时，按照相关设备、工具、器具的实际成本，借记"固定资产""库存物品"科目，贷记本

科目（设备投资）。

【例10-176】市中心医院购入一批医用器具，价款125 000元，安装费用1 000元，实际成本共126 000元，验收合格后入库。

借：库存物品 126 000

 贷：在建工程——设备投资 126 000

3.待摊投资的核算

建设工程发生的构成建设项目实际支出的、按照规定应当分摊计入有关工程成本和设备成本的各项间接费用和税费支出，先在本明细科目中归集；建设工程办妥竣工验收手续交付使用时，按照合理的分配方法，摊入相关工程成本、在安装设备成本等。

（1）单位发生的构成待摊投资的各类费用，按照实际发生金额，借记本科目（待摊投资），贷记"财政拨款收入""零余额账户用款额度""银行存款""应付利息""长期借款""其他应交税费""固定资产累计折旧""无形资产累计摊销"等科目。

【例10-177】市中心医院建设1栋住院大楼、1栋门诊大楼，设计费1 500 000元，以银行存款支付。

借：在建工程——待摊投资 1 500 000

 贷：银行存款 1 500 000

（2）对于建设过程中试生产、设备调试等产生的收入，按照取得的收入金额，借记"银行存款"等科目，按照依据有关规定应当冲减建设工程成本的部分，贷记本科目（待摊投资），按照其差额贷记"应缴财政款"或"其他收入"科目。

【例10-178】接例10-177，市中心医院建设的2栋大楼试运营，取得收入312 600元，冲减建设工程成本，款项存入银行。

借：银行存款 312 600

 贷：在建工程——待摊投资 312 600

（3）由于自然灾害、管理不善等原因造成的单项工程或单位工程报废或毁损，扣除残料价值和过失人或保险公司等赔款后的净损失，报经批准后计入继续施工的工程成本的，按照工程成本扣除残料价值和过失人或保险公司等赔款后的净损失，借记本科目（待摊投资），按照残料变价收入、过失人或保险公司赔款等，借记"银行存款""其他应收款"等科目，按照报废或毁损的工程成本，贷记本科目（建筑安装工程投资）。

【例10-179】接例10-177和例10-178，市中心医院建设尚未交付使用的住院大楼和门诊大楼，因台风造成部分房间窗户玻璃毁损，估值159 500元，保险公司赔款110 000元，存入银行，净损失49 500元报经批准后计入继续施工的工程成本。

借：在建工程——待摊投资 49 500

  银行存款 110 000

 贷：在建工程——建筑安装工程投资 159 500

（4）工程交付使用时，按照合理的分配方法分配待摊投资，借记本科目（建筑安装工程投资、设备投资），贷记本科目（待摊投资）。

待摊投资的分配方法，可按照下列公式计算：

①按照实际分配率分配。适用于建设工期较短、整个项目的所有单项工程一次竣工的建设项目。

$$\frac{实际}{分配率}=\frac{待摊投资}{明细科目余额}\div\left(\frac{建筑工程明细}{科目余额}+\frac{安装工程明细}{科目余额}+\frac{设备投资明细}{科目余额}\right)\times100\%$$

②按照概算分配率分配。适用于建设工期长、单项工程分期分批建成投入使用的建设项目。

$$\frac{概算}{分配率}=\left(\frac{概算中各待摊投资}{项目的合计数}-\frac{其中可直接}{分配部分}\right)\div\left(\frac{概算中建筑工程、安装}{工程和设备投资合计}\right)\times100\%$$

$$③\quad\frac{某项固定资产}{应分配的待摊投资}=\frac{该项固定资产的建筑工程成本或该项固定}{资产（设备）的采购成本和安装成本合计}\times分配率$$

【例10-180】接例10-177、例10-178和例10-179，市中心医院建设住院大楼和门诊大楼完工交付使用，按照概算分配率分配分摊待摊投资，建筑工程、安装工程和设备投资的分摊比例为80%、10%和10%。

待摊投资账面余额=1 500 000-312 600+49 500=1 236 900（元）

建筑工程应分摊额=1 236 900×80%=989 520（元）

安装工程应分摊额=1 236 900×10%=123 690（元）

设备投资应分摊额=1 236 900×10%=123 690（元）

借：在建工程——建筑安装工程投资　　　　　　　　　　1 113 210

　　在建工程——设备投资　　　　　　　　　　　　　　　123 690

　　贷：在建工程——待摊投资　　　　　　　　　　　　　　　1 236 900

4.其他投资的核算

（1）单位为建设工程发生的房屋购置支出，基本畜禽、林木等的购置、饲养、培育支出，办公生活用家具、器具购置支出，软件研发和不能计入设备投资的软件购置等支出，按照实际发生金额，借记本科目（其他投资），贷记"财政拨款收入""零余额账户用款额度""银行存款"等科目。

【例10-181】市中心医院为建设住院大楼和门诊大楼，购入附着于建筑的办公用家具一批，实际成本391 500元，以银行存款支付。

借：在建工程——其他投资　　　　　　　　　　　　　　391 500

　　贷：银行存款　　　　　　　　　　　　　　　　　　　　391 500

（2）工程完成将形成的房屋、基本畜禽、林木等各种财产以及无形资产交付使用时，按照其实际成本，借记"固定资产""无形资产"等科目，贷记本科目（其他投资）。

【例10-182】接例10-181，工程完工转入固定资产。

借：固定资产　　　　　　　　　　　　　　　　　　　　391 500

　　贷：在建工程——其他投资　　　　　　　　　　　　　　391 500

5.待核销基建支出的核算

（1）建设项目发生的江河清障、航道清淤、飞播造林、补助群众造林、水土保持、城市绿化等不能形成资产的各类待核销基建支出，按照实际发生金额，借记本科目（待核销基建支出），贷记"财政拨款收入""零余额账户用款额度""银行存款"等科目。

【例10-183】市卫生学校为建设学生宿舍发生的江河清障费用216 000元待核销，以银行存款支付。

借：在建工程——待核销基建支出 216 000

　　贷：银行存款 216 000

（2）取消的建设项目发生的可行性研究费用，按照实际发生金额，借记本科目（待核销基建支出），贷记本科目（待摊投资）。

【例10-184】市卫生学校拟建设1栋实验楼，发生可行性研究费用50 000元，可行性论证否定了建设实验楼的建议，经领导研究决定取消该建设项目，可行性研究费用转入待核销基建支出。

借：在建工程——待核销基建支出 50 000

　　贷：在建工程——待摊投资 50 000

（3）由于自然灾害等原因发生的建设项目整体报废所形成的净损失，报经批准后转入待核销基建支出，按照项目整体报废所形成的净损失，借记本科目（待核销基建支出），按照报废工程回收的残料变价收入、保险公司赔款等，借记"银行存款""其他应收款"等科目，按照报废的工程成本，贷记本科目（建筑安装工程投资等）。

【例10-185】市文广局在建的行政楼因洪灾而全部报废，"在建工程——建筑安装工程投资"的账面余额4 652 500元，收到保险公司赔款3 000 000元存入银行，净损失1 652 500元转入待核销基建支出。

借：在建工程——待核销基建支出 1 652 500

　　银行存款 3 000 000

　　贷：在建工程——建筑安装工程投资 4 652 500

（4）建设项目竣工验收交付使用时，对发生的待核销基建支出进行冲销，借记"资产处置费用"科目，贷记本科目（待核销基建支出）。

【例10-186】接例10-183，市卫生学校所建学生宿舍竣工验收交付使用时，对所发生的江河清障费用216 000元予以冲销。

借：资产处置费用 216 000

　　贷：在建工程——待核销基建支出 216 000

6.基建转出投资的核算

为建设项目配套而建成的、产权不归属本单位的专用设施，在项目竣工验收交付使用时，按照转出的专用设施的成本，借记本科目（基建转出投资），贷记本科目（建筑安装工程投资）；同时，借记"无偿调拨净资产"科目，贷记本科目（基建转出投资）。

【例10-187】接例10-183和例10-186，市卫生学校为建设学生宿舍而配套建设的变电设施在建成后转给街道，变电设施的实际成本为83 600元。

借：在建工程——基建转出投资　　　　　　　　　　　　　83 600

　　贷：在建工程——建筑安装工程投资　　　　　　　　　　　　　83 600

同时，记：

借：无偿调拨净资产　　　　　　　　　　　　　　　　　　83 600

　　贷：在建工程——基建转出投资　　　　　　　　　　　　　　83 600

第七节

无形资产的管理与核算

一、无形资产的核算

为核算无形资产的原值，设置"无形资产"（1701）科目。本科目期末借方余额，反映单位无形资产的成本。非大批量购入、单价小于1 000元的无形资产，可以于购买的当期将其成本直接计入当期费用。本科目应当按照无形资产的类别、项目等进行明细核算。

无形资产的主要账务处理如下：

（一）取得无形资产的核算

无形资产在取得时，应当按照成本进行初始计量。

1.外购的无形资产，按照确定的成本，借记本科目，贷记"财政拨款收入""零余额账户用款额度""应付账款""银行存款"等科目。

【例10-188】理工大学购入一项商标权，总价款102 000元，以零余额账户用款额度支付。

借：无形资产　　　　　　　　　　　　　　　　　　　102 000

　　贷：零余额账户用款额度　　　　　　　　　　　　　　　　102 000

2.委托软件公司开发软件，视同外购无形资产进行处理。合同中约定预付开发费用的，按照预付金额，借记"预付账款"科目，贷记"财政拨款收入""零余额账户用款额度""银行存款"等科目。软件开发完成交付使用并支付剩余或全部软件开发费用时，按照软件开发费用总额，借记本科目，按照相关预付账款金额，贷记"预付账款"科目，按照支付的剩余金额，贷记"财政拨款收入""零余额账户用款额度""银行存款"等科目。

【例10-189】理工大学委托软件公司开发教学软件，现软件开发完成并交付使用。全部开发费用100 000元，合同中约定预付开发费用20 000元，余款80 000元以银行存款支付。

借：无形资产   100 000

 贷：预付账款   20 000

  银行存款   80 000

3.自行研发无形资产的核算。

（1）自行研究开发形成的无形资产，按照研究开发项目进入开发阶段后至达到预定用途前所发生的支出总额，借记本科目，贷记"研发支出——开发支出"科目。

【例10-190】理工大学自行研究开发一项专利技术，从研究开发项目进入开发阶段后至达到预定用途前所发生的支出总额为153 400元。

借：无形资产   153 400

 贷：研发支出——开发支出   153 400

（2）自行研究开发项目尚未进入开发阶段，或者确实无法区分研究阶段支出和开发阶段支出，但按照法律程序已申请取得无形资产的，按照依法取得时发生的注册费、聘请律师费等费用，借记本科目，贷记"财政拨款收入""零余额账户用款额度""银行存款"等科目；按照依法取得前所发生的研究开发支出，借记"业务活动费用"等科目，贷记"研发支出"科目。

【例10-191】理工大学一研究团队在进行材料抗冲击实验时开发出一新型合成材料并申请了专利，由于无法区分研究阶段支出和开发阶段支出，按照依法取得时发生的注册费、聘请律师费等费用16 000元记账，费用以零余额账户用款额度支付。

借：无形资产   16 000

 贷：零余额账户用款额度   16 000

4.接受捐赠的无形资产，按照确定的无形资产成本，借记本科目，按照发生的相关税费等，贷记"零余额账户用款额度""银行存款"等科目，按照其差额，贷记"捐赠收入"科目。接受捐赠的无形资产按照名义金额入账的，按照名义金额，借记本科目，贷记"捐赠收入"科目；同时，按照发生的相关税费等，借记"其他费用"科目，贷记"零余额账户用款额度""银行存款"等科目。

【例10-192】理工大学接受某NGO组织捐赠的一项专利技术，该技术没有相关凭据，比照类似专利技术的市场价格，确定其成本为80 000元，相关税费1 000元，以银行存款支付。

借：无形资产   80 000

 贷：银行存款   1 000

  捐赠收入   79 000

5.无偿调入的无形资产，按照确定的无形资产成本，借记本科目，按照发生的相关税费等，贷记"零余额账户用款额度""银行存款"等科目，按照其差额，贷记"无偿调拨净资产"科目。

【例10-193】理工大学无偿调入一项专利技术，该技术估价100 000元，相关税费2 000元，以银行存款支付。

借：无形资产　　　　　　　　　　　　　　　　　　　　　　100 000

　　贷：银行存款　　　　　　　　　　　　　　　　　　　　　　2 000

　　　　捐赠收入　　　　　　　　　　　　　　　　　　　　　98 000

6.置换取得的无形资产，参照"库存物品"科目中置换取得库存物品的相关规定进行账务处理。无形资产取得时涉及增值税业务的，相关账务处理参见"应交增值税"科目。

（二）与无形资产有关的后续支出

1.符合无形资产确认条件的后续支出。

（1）为增加无形资产的使用效能对其进行升级改造或扩展其功能时，如需暂停对无形资产进行摊销的，按照无形资产的账面价值，借记"在建工程"科目，按照无形资产已摊销金额，借记"无形资产累计摊销"科目，按照无形资产的账面余额，贷记本科目。

【例10-194】接例10-191，理工大学对自行研发的专利材料进行升级改造，需暂停对无形资产进行摊销，无形资产的账面余额16 000元，无形资产累计摊销1 125元。

借：在建工程　　　　　　　　　　　　　　　　　　　　　14 875

　　无形资产累计摊销　　　　　　　　　　　　　　　　　　1 125

　　贷：无形资产　　　　　　　　　　　　　　　　　　　　　16 000

（2）无形资产后续支出符合无形资产确认条件的，按照支出的金额，借记本科目［无需暂停摊销的］或"在建工程"科目［需暂停摊销的］，贷记"财政拨款收入""零余额账户用款额度""银行存款"等科目。

暂停摊销的无形资产升级改造或扩展功能等完成交付使用时，按照在建工程成本，借记本科目，贷记"在建工程"科目。

【例10-195】接例10-191和例10-194，理工大学对自行研发的专利材料进行升级改造，发生支出114 520元，以零余额账户用款额度支付，升级改造完成并交付使用。

借：在建工程　　　　　　　　　　　　　　　　　　　　114 520

　　贷：零余额账户用款额度　　　　　　　　　　　　　　114 520

借：无形资产　　　　　　　　　　　　　　　　　　　　129 395

　　贷：在建工程　　　　　　　　　　　　　　　　　　　129 395

2.不符合无形资产确认条件的后续支出。

为保证无形资产正常使用发生的日常维护等支出，借记"业务活动费用""单位管理费用"等科目，贷记"财政拨款收入""零余额账户用款额度""银行存款"等科目。

【例10-196】理工大学对教学软件进行日常维护，向软件公司支付费用800元，以库存现金支付。

借：业务活动费用 800
　　贷：库存现金 800

（三）处置无形资产的核算

按照规定报经批准处置无形资产，应当分别以下情况处理：

1.报经批准出售、转让无形资产，按照被出售、转让无形资产的账面价值，借记"资产处置费用"科目，按照无形资产已计提的摊销，借记"无形资产累计摊销"科目，按照无形资产账面余额，贷记本科目；同时，按照收到的价款，借记"银行存款"等科目，按照处置过程中发生的相关费用，贷记"银行存款"等科目，按照其差额，贷记"应缴财政款"[按照规定应上缴无形资产转让净收入的]或"其他收入"[按照规定将无形资产转让收入纳入本单位预算管理的]科目。

【例10-197】报经批准，理工大学出售1项专利技术，无形资产账面余额529 000元，无形资产累计摊销218 430元，取得转让收入1 000 000元存入银行，交纳相关税费9 600元，以银行存款支付，无形资产转让收入按照规定纳入本单位预算管理。

借：资产处置费用 310 570
　　无形资产累计摊销 218 430
　　贷：无形资产 529 000
借：银行存款 1 000 000
　　贷：银行存款 9 600
　　　　其他收入 990 400

2.报经批准对外捐赠无形资产，按照无形资产已计提的摊销，借记"无形资产累计摊销"科目，按照被处置无形资产账面余额，贷记本科目，按照捐赠过程中发生的归属于捐出方的相关费用，贷记"银行存款"等科目，按照其差额，借记"资产处置费用"科目。

【例10-198】报经批准，理工大学对外捐赠1项专利权，无形资产账面余额133 500元，无形资产累计摊销36 773元，过户等费用1 500元以银行存款支付。

借：资产处置费用 98 227
　　无形资产累计摊销 36 773
　　贷：无形资产 133 500
　　　　银行存款 1 500

3.报经批准无偿调出无形资产，按照无形资产已计提的摊销，借记"无形资产累计摊销"科目，按照被处置无形资产账面余额，贷记本科目，按照其差额，借记"无偿调拨净资产"科目；同时，按照无偿调出过程中发生的归属于调出方的相关费用，借记"资产处置费用"科目，贷记"银行存款"等科目。

【例10-199】报经批准，理工大学无偿调出1块土地的使用权，无形资产账面余额122 569 800元，土地一直没有投入使用因而也未计提无形资产累计摊销，调出时发生律师咨询费2 000元，以银行存款支付。

```
借：无偿调拨净资产                                    122 569 800
    贷：无形资产                                          122 569 800
借：资产处置费用                                          2 000
    贷：银行存款                                              2 000
```

4.报经批准置换换出无形资产，参照"库存物品"科目中置换换入库存物品的规定进行账务处理。

【例10-200】报经批准，理工大学用1项专利权置换实验用材料，材料的实际成本90 000元，换出专利权的无形资产账面余额114 100元，无形资产累计摊销47 260元，置换过程中发生相关支出1 700元，以银行存款支付，向对方支付差价6 000元，以银行存款支付，材料已验收入库。

```
借：库存物品                                            90 000
    无形资产累计摊销                                    47 260
    贷：无形资产                                          114 100
        银行存款                                              7 700
        其他收入                                            15 460
```

5.无形资产预期不能为单位带来服务潜力或经济利益，按照规定报经批准核销时，按照待核销无形资产的账面价值，借记"资产处置费用"科目，按照已计提摊销，借记"无形资产累计摊销"科目，按照无形资产的账面余额，贷记本科目。

无形资产处置时涉及增值税业务的，相关账务处理参见"应交增值税"科目。

【例10-201】报经批准，理工大学将1项不能为单位带来经济利益的专利权予以核销，专利权的无形资产的账面余额63 610元，无形资产累计摊销13 226元。

```
借：资产处置费用                                        50 384
    无形资产累计摊销                                    13 226
    贷：无形资产                                           63 610
```

（四）清查盘点无形资产的核算

单位应当定期对无形资产进行清查盘点，每年至少盘点一次。单位资产清查盘点过程中发现的无形资产盘盈、盘亏等，参照"固定资产"科目相关规定进行账务处理。

二、无形资产累计摊销的核算

为核算单位对使用年限有限的无形资产计提的累计摊销，设置"无形资产累计摊销"（1702）科目。本科目期末贷方余额，反映单位计提的无形资产摊销累计数。本科目应当按照所对应无形资产的明细分类进行明细核算。

无形资产累计摊销的主要账务处理如下：

（一）对无形资产进行摊销时的核算

按月对无形资产进行摊销时，按照应摊销金额，借记"业务活动费用""单位管理费用""加工物品""在建工程"等科目，贷记本科目。

【例10-202】月末，理工大学对无形资产进行摊销，专利权摊销额368元，商标权摊销额289元，土地使用权摊销额38 922元，共计39 579元，计入单位管理费用科目。

借：单位管理费用   39 579

    贷：无形资产累计摊销——专利权   368

                   ——商标权   289

                   ——土地使用权   38 922

（二）处置无形资产时的核算

经批准处置无形资产时，按照所处置无形资产的账面价值，借记"资产处置费用""无偿调拨净资产""待处理财产损溢"等科目，按照已计提摊销，借记本科目，按照无形资产的账面余额，贷记"无形资产"科目。

【例10-203】报经批准，理工大学核销1项商标权，无形资产累计摊销67 950元，无形资产账面余额88 700元。

借：资产处置费用   20 750

    无形资产累计摊销   67 950

    贷：无形资产   88 700

三、研发支出的核算

为核算单位自行研究开发项目研究阶段和开发阶段发生的各项支出，设置"研发支出"（1703）科目。本科目期末借方余额，反映单位预计能达到预定用途的研究开发项目在开发阶段发生的累计支出数。建设项目中的软件研发支出，应当通过"在建工程"科目核算，不通过本科目核算。本科目应当按照自行研究开发项目，分别"研究支出""开发支出"进行明细核算。

研发支出的主要账务处理如下：

（一）研究阶段支出的核算

1.自行研究开发项目研究阶段的支出，应当先在本科目归集。按照从事研究及其辅助活动人员计提的薪酬，研究活动领用的库存物品，发生的与研究活动相关的管理费、间接费和其他各项费用，借记本科目（研究支出），贷记"应付职工薪酬""库存物品""财政拨款收入""零余额账户用款额度""固定资产累计折旧""银行存款"等科目。

【例10-204】理工大学自行研究开发燃料油能源转换专利技术，在研究阶段发生支出6 785 436元，其中，研究及其辅助活动人员计提的薪酬3 568 900元，领用的库存物品2 337 965元，计提固定资产累计折旧66 233元，其他费812 338元，以零余额账户用款额度支付。

借：研发支出——研究支出   6 785 436

    贷：应付职工薪酬   3 568 900

       库存物品   2 337 965

       固定资产累计折旧   66 233

       零余额账户用款额度   812 338

2.期（月）末，应当将本科目归集的研究阶段的支出金额转入当期费用，借记"业务活动费用"等科目，贷记本科目（研究支出）。

【例10-205】接例10-204，理工大学将归集的研究阶段的支出6 785 436元转入当期费用。

借：业务活动费用 6 785 436

　　贷：研发支出——研究支出 6 785 436

（二）开发阶段支出的核算

1.自行研究开发项目开发阶段的支出，先通过本科目进行归集。按照从事开发及其辅助活动人员计提的薪酬，开发活动领用的库存物品，发生的与开发活动相关的管理费、间接费和其他各项费用，借记本科目（开发支出），贷记"应付职工薪酬""库存物品""财政拨款收入""零余额账户用款额度""固定资产累计折旧""银行存款"等科目。

【例10-206】理工大学自行研究开发1项专利权，项目开发阶段支付职工薪酬613 450元。

借：研发支出——开发支出 613 450

　　贷：应付职工薪酬 613 450

2.自行研究开发项目完成，达到预定用途形成无形资产的，按照本科目归集的开发阶段的支出金额，借记"无形资产"科目，贷记本科目（开发支出）。

【例10-207】接例10-206，理工大学自行研究开发的专利权项目完成，达到预定用途形成无形资产，开发支出金额共计213 468元。

借：无形资产 213 468

　　贷：研发支出——开发支出 213 468

3.单位应于每年年度终了评估研究开发项目是否能达到预定用途，如预计不能达到预定用途（如无法最终完成开发项目并形成无形资产的），应当将已发生的开发支出金额全部转入当期费用，借记"业务活动费用"等科目，贷记本科目（开发支出）。

【例10-208】年末，理工大学对各项研究开发项目进行评估，确定有1项技术无法达到预定用途，无法形成无形资产，开发支出金额334 690元全部转入当期费用。

借：业务活动费用 334 690

　　贷：研发支出——开发支出 334 690

4.自行研究开发项目时涉及增值税业务的，相关账务处理参见"应交增值税"科目。

第八节

经管资产的管理与核算

政府经管资产，是指由部门、单位和机构负责经营管理的公共物品，包括公共基础设施、政府储备物资、文物文化资产和保障性住房等。

一、公共基础设施的核算

为核算单位控制的公共基础设施的原值，设置"公共基础设施"（1801）科目。本科目期末借方余额，反映公共基础设施的原值。本科目应当按照公共基础设施的类别、项目等进行明细核算。单位应当根据行业主管部门对公共基础设施的分类规定，制定适合于本单位管理的公共基础设施目录、分类方法，作为进行公共基础设施核算的依据。

公共基础设施的主要账务处理如下：

（一）取得公共基础设施的核算

公共基础设施在取得时，应当按照其成本入账。

1.自行建造的公共基础设施完工交付使用时，按照在建工程的成本，借记本科目，贷记"在建工程"科目。已交付使用但尚未办理竣工决算手续的公共基础设施，按照估计价值入账，待办理竣工决算后再按照实际成本调整原来的暂估价值。

【例10-209】市交通局自行建造一座立交桥，工程成本 1 654 390 000 元，完工并交付使用。

借：公共基础设施　　　　　　　　　　　　　　1 654 390 000
　　贷：在建工程　　　　　　　　　　　　　　　　　　　1 654 390 000

2.接受其他单位无偿调入的公共基础设施，按照确定的成本，借记本科目，按照发生的归属于调入方的相关费用，贷记"财政拨款收入""零余额账户用款额度""银行存款"等科目，按照其差额，贷记"无偿调拨净资产"科目。无偿调入的公共基础设施成本无法可靠取得的，按照发生的相关税费、运输费等金额，借记"其他费用"科目，贷记"财政拨款收入""零余额账户用款额度""银行存款"等科目。

【例10-210】市交通局接管一段从省交通厅划拨下来的新建高速公路，公路建设成本 28 944 820 000 元，发生相关费用 11 600 元，以零余额账户用款额度支付。

借：公共基础设施　　　　　　　　　　　　　　28 944 820 000
　　贷：零余额账户用款额度　　　　　　　　　　　　　　　　11 600
　　　　无偿调拨净资产　　　　　　　　　　　　　　28 944 808 400

3.接受捐赠的公共基础设施，按照确定的成本，借记本科目，按照发生的相关费用，贷记"财政拨款收入""零余额账户用款额度""银行存款"等科目，按照其差额，贷记"捐赠收入"科目。接受捐赠的公共基础设施成本无法可靠取得的，按照发生的相关税费等金额，借记"其他费用"科目，贷记"财政拨款收入""零余额账户用款额度""银行存款"等科目。

【例10-211】市交通局接受民营企业L公司捐赠的码头，相关资料显示码头的建设成本为9 758 226 000元，发生相关费用150 000元，以财政直接支付方式支付。

借：公共基础设施   9 758 226 000

   贷：财政拨款收入   150 000

     捐赠收入   9 758 076 000

4.外购的公共基础设施，按照确定的成本，借记本科目，贷记"财政拨款收入""零余额账户用款额度""银行存款"等科目。

【例10-212】市体育局购入民营企业M公司所建的一体育场，用于市民的全民健身活动。体育场的建设成本557 420 000元，以财政直接支付方式支付。

借：公共基础设施   557 420 000

   贷：财政拨款收入   557 420 000

5.对于成本无法可靠取得的公共基础设施，单位应当设置备查簿进行登记，待成本能够可靠确定后按照规定及时入账。

（二）与公共基础设施有关的后续支出的核算

1.将公共基础设施转入改建、扩建时，按照公共基础设施的账面价值，借记"在建工程"科目，按照公共基础设施已计提折旧，借记"公共基础设施累计折旧（摊销）"科目，按照公共基础设施的账面余额，贷记本科目。

【例10-213】接例10-211，市交通局对民营企业L公司捐赠的码头进行扩建，公共基础设施的账面余额9 758 226 000元，已计提折旧55 630元，转入"在建工程"科目。

借：在建工程   9 758 170 370

   公共基础设施累计折旧   55 630

   贷：公共基础设施   9 758 226 000

2.为增加公共基础设施使用效能或延长其使用年限而发生的改建、扩建等后续支出，借记"在建工程"科目，贷记"财政拨款收入""零余额账户用款额度""银行存款"等科目。公共基础设施改建、扩建完成，竣工验收交付使用时，按照在建工程成本，借记本科目，贷记"在建工程"科目。

【例10-214】例10-211和例10-213，市交通局扩建码头，发生建设费用3 654 973 000元，以财政直接支付方式付款。项目完工并交付使用。

借：在建工程   3 654 973 000

   贷：财政拨款收入   3 654 973 000

9 758 170 370+ 3 654 973 000=13 413 143 370（元）

借：公共基础设施   13 413 143 370

   贷：在建工程   13 413 143 370

3.为保证公共基础设施正常使用发生的日常维修等支出,借记"业务活动费用""单位管理费用"等科目,贷记"财政拨款收入""零余额账户用款额度""银行存款"等科目。

【例10-215】市交通局对码头进行日常维护,发生维护费用31 000元,以零余额账户用款额度支付。

借:业务活动费用   31 000

 贷:零余额账户用款额度   31 000

(三)处置公共基础设施的核算

按照规定报经批准处置公共基础设施,分别以下情况处理:

1.报经批准对外捐赠公共基础设施,按照公共基础设施已计提的折旧或摊销,借记"公共基础设施累计折旧(摊销)"科目,按照被处置公共基础设施账面余额,贷记本科目,按照捐赠过程中发生的归属于捐出方的相关费用,贷记"银行存款"等科目,按照其差额,借记"资产处置费用"科目。

【例10-216】市体育局处置一网球场,该设施账面余额88 460元,已计提折旧63 771元,发生处置费用3 000元,以银行存款支付。

借:资产处置费用   27 689

  公共基础设施累计折旧   63 771

 贷:公共基础设施   88 460

  银行存款   3 000

2.报经批准无偿调出公共基础设施,按照公共基础设施已计提的折旧或摊销,借记"公共基础设施累计折旧(摊销)"科目,按照被处置公共基础设施账面余额,贷记本科目,按照其差额,借记"无偿调拨净资产"科目;同时,按照无偿调出过程中发生的归属于调出方的相关费用,借记"资产处置费用"科目,贷记"银行存款"等科目。

【例10-217】报经批准,市交通局无偿调出一座桥梁,桥梁的账面余额6 694 300元,已计提折旧2 645 200元,发生相关费用1 500元,以银行存款支付。

借:无偿调拨净资产   4 049 100

  公共基础设施累计折旧   2 645 200

 贷:公共基础设施   6 694 300

借:资产处置费用   1 500

 贷:银行存款   1 500

(四)公共基础设施清查盘点的核算

单位应当定期对公共基础设施进行清查盘点。对于发生的公共基础设施盘盈、盘亏、毁损或报废,应当先记入"待处理财产损溢"科目,按照规定报经批准后及时进行后续账务处理。

1.盘盈的公共基础设施,其成本按照有关凭据注明的金额确定;没有相关凭据,但按照规定经过资产评估的,其成本按照评估价值确定;没有相关凭据,也未经过评估的，其成本按照重置成本确定。盘盈的公共基础设施成本无法可靠取得的，单位应当设置备查簿进行登记，待成本确定后按照规定及时入账。盘盈的公共基础设施，按照确定的入账成本，借记本科目，贷记"待处理财产损溢"科目。

【例10-218】市体育局对公共基础设施进行清查盘点，盘盈一小型篮球场地，经资产评估确定其成本为38 000元。

借：公共基础设施　　　　　　　　　　　　　　　　　　　　38 000

　　贷：待处理财产损溢　　　　　　　　　　　　　　　　　　　38 000

2.盘亏、毁损或报废的公共基础设施，按照待处置公共基础设施的账面价值，借记"待处理财产损溢"科目，按照已计提折旧或摊销，借记"公共基础设施累计折旧（摊销）"科目，按照公共基础设施的账面余额，贷记本科目。

【例10-219】市体育局所经管的一足球场毁损严重，经批准予以报废。设施的账面余额364 500元，已计提折旧339 200元。

借：待处理财产损溢　　　　　　　　　　　　　　　　　　　25 300

　　公共基础设施累计折旧　　　　　　　　　　　　　　　　339 200

　　贷：公共基础设施　　　　　　　　　　　　　　　　　　　364 500

二、公共基础设施累计折旧（摊销）的核算

为核算单位计提的公共基础设施累计折旧和摊销，设置"公共基础设施累计折旧（摊销）"（1802）科目。本科目期末贷方余额，反映单位提取的公共基础设施折旧和摊销的累计数。本科目应当按照所对应公共基础设施的明细分类进行明细核算。

公共基础设施累计折旧（摊销）的主要账务处理如下：

（一）计提公共基础设施累计折旧的核算

按月计提公共基础设施折旧时，按照应计提的折旧额，借记"业务活动费用"科目，贷记本科目。

【例10-220】接例10-214，月末，市交通局计提码头的本月累计折旧，折旧额为55 888 097元。

借：业务活动费用　　　　　　　　　　　　　　　　　　　55 888 097

　　贷：公共基础设施累计折旧——码头　　　　　　　　　　55 888 097

（二）摊销土地使用权时的核算

按月对确认为公共基础设施的单独计价入账的土地使用权进行摊销时，按照应计提的摊销额，借记"业务活动费用"科目，贷记本科目。

【例10-221】市体育局对体育场的土地使用权进行单独计价入账，月末，土地使用权摊销额为354 910元。

借：业务活动费用　　　　　　　　　　　　　　　　　　　354 910

　　贷：公共基础设施累计摊销——土地使用权　　　　　　　354 910

（三）处置公共基础设施时的核算

处置公共基础设施时，按照所处置公共基础设施的账面价值，借记"资产处置费用""无偿调拨净资产""待处理财产损溢"等科目，按照已提取的折旧和摊销，借记本科目，按照公共基础设施账面余额，贷记"公共基础设施"科目。

【例10-222】接例10-218，市体育局对盘盈的小型篮球场进行处置，篮球场的账面余额38 000元，已计提折旧3 200元。

借：待处理财产损溢　　　　　　　　　　　　　　　　　34 800
　　公共基础设施累计折旧　　　　　　　　　　　　　　　3 200
　　贷：公共基础设施　　　　　　　　　　　　　　　　　　38 000

三、政府储备物资的核算

为核算单位控制的政府储备物资的成本，设置"政府储备物资"（1811）科目。本科目期末借方余额，反映政府储备物资的成本。对政府储备物资不负有行政管理职责但接受委托具体负责执行其存储保管等工作的单位，其受托代储的政府储备物资应当通过"受托代理资产"科目核算，不通过本科目核算。本科目应当按照政府储备物资的种类、品种、存放地点等进行明细核算。单位根据需要，可在本科目下设置"在库""发出"等明细科目进行明细核算。

政府储备物资的主要账务处理如下：

（一）取得政府储备物资时的核算

政府储备物资在取得时，应当按照其成本入账。

1.购入的政府储备物资验收入库，按照确定的成本，借记本科目，贷记"财政拨款收入""零余额账户用款额度""银行存款"等科目。

【例10-223】省卫生防疫中心为应付突发性公共卫生事件购入一批医疗物资，物资价款155 429 600元，增值税24 868 736元，运输装卸费38 400元，保险费2 000元，检测费17 000元，共计180 355 736元，以财政直接支付方式付款，物资已验收入库。

借：政府储备物资　　　　　　　　　　　　　　　180 355 736
　　贷：财政拨款收入　　　　　　　　　　　　　　　180 355 736

2.涉及委托加工政府储备物资业务的，相关账务处理参照"加工物品"科目。

3.接受捐赠的政府储备物资验收入库，按照确定的成本，借记本科目，按照单位承担的相关税费、运输费等，贷记"零余额账户用款额度""银行存款"等科目，按照其差额，贷记"捐赠收入"科目。

【例10-224】省卫生防疫中心接受一民营企业家捐赠的应急卫生物资，相关凭据显示该批物资的成本为3 000 000元，相关税费和运输费用共计24 000元，以零余额账户用款额度支付，物资已验收入库。

借：政府储备物资　　　　　　　　　　　　　　　　3 000 000
　　贷：零余额账户用款额度　　　　　　　　　　　　　　24 000
　　　　捐赠收入　　　　　　　　　　　　　　　　　　2 976 000

4.接受无偿调入的政府储备物资验收入库，按照确定的成本，借记本科目，按照单位承担的相关税费、运输费等，贷记"零余额账户用款额度""银行存款"等科目，按照其差额，贷记"无偿调拨净资产"科目。

【例10-225】省卫生防疫中心接受一批无偿调入物资，物资成本34 527 300元，相关税费和运输费等共计11 500元，以零余额账户用款额度支付。

借：政府储备物资　　　　　　　　　　　　　　34 527 300

　　贷：零余额账户用款额度　　　　　　　　　　　　　　11 500

　　　　无偿调拨净资产　　　　　　　　　　　　　　34 515 800

（二）发出政府储备物资时的核算

1.因动用而发出无需收回的政府储备物资的，按照发出物资的账面余额，借记"业务活动费用"科目，贷记本科目。

【例10-226】省卫生防疫中心发出一批医疗物资用于H1N1流感防治，物资成本400 000元。

借：业务活动费用　　　　　　　　　　　　　　400 000

　　贷：政府储备物资　　　　　　　　　　　　　　400 000

2.因动用而发出需要收回或者预期可能收回的政府储备物资的，在发出物资时，按照发出物资的账面余额，借记本科目（发出），贷记本科目（在库）；按照规定的质量验收标准收回物资时，按照收回物资原账面余额，借记本科目（在库），按照未收回物资的原账面余额，借记"业务活动费用"科目，按照物资发出时登记在本科目所属"发出"明细科目中的余额，贷记本科目（发出）。

【例10-227】省卫生防疫中心发出一批医疗设备用于H1N1流感诊断，按规定用后收回。发出设备100台，每台9 965元，共计996 500元。按照规定的质量验收标准收回96台，账面余额合计956 640元；未收回的4台设备的账面余额合计39 860元。

发出时，记：

借：政府储备物资——发出　　　　　　　　　　996 500

　　贷：政府储备物资——在库　　　　　　　　　　996 500

收回时，记：

借：政府储备物资——在库　　　　　　　　　　956 640

　　业务活动费用　　　　　　　　　　　　　　39 860

　　贷：政府储备物资——发出　　　　　　　　　　996 500

3.因行政管理主体变动等原因而将政府储备物资调拨给其他主体的，按照无偿调出政府储备物资的账面余额，借记"无偿调拨净资产"科目，贷记本科目。

【例10-228】因行政机构改革发生管理主体变动，省卫生防疫中心将部分储备物资无偿调拨给民政厅，该批物资的账面余额7 500 000元。

借：无偿调拨净资产　　　　　　　　　　　　　7 500 000

　　贷：政府储备物资　　　　　　　　　　　　　　7 500 000

4.对外销售政府储备物资并将销售收入纳入单位预算统一管理的，发出物资时，按照发出物资的账面余额，借记"业务活动费用"科目，贷记本科目；实现销售收入时，按照确认的收入金额，借记"银行存款""应收账款"等科目，贷记"事业收入"等科目。

【例10-229】省卫生防疫中心对外销售一批政府储备物资并纳入单位预算统一管理。发出物资的账面余额1 360 000元，取得销售收入1 500 000元，款项已存入银行。

发出时，记：

借：业务活动费用　　　　　　　　　　　　　　　1 360 000
　　贷：政府储备物资　　　　　　　　　　　　　　　　　　1 360 000

实现收入时，记：

借：银行存款　　　　　　　　　　　　　　　　　1 500 000
　　贷：事业收入　　　　　　　　　　　　　　　　　　　　1 500 000

5.对外销售政府储备物资并按照规定将销售净收入上缴财政的，发出物资时，按照发出物资的账面余额，借记"资产处置费用"科目，贷记本科目；取得销售价款时，按照实际收到的款项金额，借记"银行存款"等科目，按照发生的相关税费，贷记"银行存款"等科目，按照销售价款与所承担的相关税费的差额，贷记"应缴财政款"科目。

【例10-230】省卫生防疫中心对外销售一批政府储备物资并按照规定将销售净收入上缴财政，发出物资的账面余额2 520 000元，取得销售价款2 600 000元存入银行，以银行存款支付相关费用3 000元。

发出时，记：

借：资产处置费用　　　　　　　　　　　　　　　2 520 000
　　贷：政府储备物资　　　　　　　　　　　　　　　　　　2 520 000

实现收入时，记：

借：银行存款　　　　　　　　　　　　　　　　　2 600 000
　　贷：银行存款　　　　　　　　　　　　　　　　　　　　　 3 000
　　　　应缴财政款　　　　　　　　　　　　　　　　　　　 2 597 000

（三）清查盘点政府储备物资的核算

单位应当定期对政府储备物资进行清查盘点，每年至少盘点一次。对于发生的政府储备物资盘盈、盘亏或者报废、毁损，应当先记入"待处理财产损溢"科目，按照规定报经批准后及时进行后续账务处理。

1.盘盈的政府储备物资，按照确定的入账成本，借记本科目，贷记"待处理财产损溢"科目。

【例10-231】省卫生防疫中心盘盈5箱政府储备医疗材料，每箱估价21 200元，共计106 000元。

借：政府储备物资　　　　　　　　　　　　　　　　106 000
　　贷：待处理财产损溢　　　　　　　　　　　　　　　　　　106 000

2.盘亏或者毁损、报废的政府储备物资，按照待处理政府储备物资的账面余额，借记"待处理财产损溢"科目，贷记本科目。

【例10-232】接例10-227，省卫生防疫中心盘亏1台用于H1N1流感诊断的医疗设备，设备的账面余额9 965元。

借：待处理财产损溢 9 965

　　贷：政府储备物资 9 965

四、文物文化资产的核算

为核算单位为满足社会公共需求而控制的文物文化资产的成本，设置"文物文化资产"（1821）科目。本科目期末借方余额，反映文物文化资产的成本。单位为满足自身开展业务活动或其他活动需要而控制的文物和陈列品，应当通过"固定资产"科目核算，不通过本科目核算。本科目应当按照文物文化资产的类别、项目等进行明细核算。

文物文化资产的主要账务处理如下：

（一）取得文物文化资产时的核算

文物文化资产在取得时，应当按照其成本入账。

1.外购的文物文化资产，其成本包括购买价款、相关税费以及可归属于该项资产达到预定用途前所发生的其他支出（如运输费、安装费、装卸费等）。外购的文物文化资产，按照确定的成本，借记本科目，贷记"财政拨款收入""零余额账户用款额度""银行存款"等科目。

【例10-233】市自然博物馆购入一块古化石，购买价款21 000元，相关税费500元，以零余额账户用款额度支付。

借：文物文化资产 21 500

　　贷：零余额账户用款额度 21 500

2.接受其他单位无偿调入的文物文化资产，其成本按照该项资产在调出方的账面价值加上归属于调入方的相关费用确定。调入的文物文化资产，按照确定的成本，借记本科目，按照发生的归属于调入方的相关费用，贷记"零余额账户用款额度""银行存款"等科目，按照其差额，贷记"无偿调拨净资产"科目。无偿调入的文物文化资产成本无法可靠取得的，按照发生的归属于调入方的相关费用，借记"其他费用"科目，贷记"零余额账户用款额度""银行存款"等科目。

【例10-234】市自然博物馆接受省博物馆无偿调入的一古生物标本，该标本的调出方账面价值为4 100元，发生运输费用2 000元，以银行存款支付。

借：文物文化资产 4 100

　　贷：银行存款 2 000

　　　　无偿调拨净资产 2 100

3.接受捐赠的文物文化资产，其成本按照有关凭据注明的金额加上相关费用确定；没有相关凭据可供取得，但按照规定经过资产评估的，其成本按照评估价值加上相关费用确定；没有相关凭据可供取得也未经评估的，其成本比照同类或类似资产的市场价格加上相关费用确定。接受捐赠的文物文化资产，按照确定的成本，借记本科目，按照发生的相关税费、运输费等金额，贷记"零余额账户用款额度"

"银行存款"等科目,按照其差额,贷记"捐赠收入"科目。接受捐赠的文物文化资产成本无法可靠取得的,按照发生的相关税费、运输费等金额,借记"其他费用"科目,贷记"零余额账户用款额度""银行存款"等科目。

【例10-235】市自然博物馆接受一民营企业家捐赠的出土明代陶罐,经资产评估该陶罐价值50 000元,资产评估费1 000元以零余额账户用款额度支付。

借:文物文化资产 50 000
　　贷:零余额账户用款额度 1 000
　　　　捐赠收入 49 000

4.对于成本无法可靠取得的文物文化资产,单位应当设置备查簿进行登记,待成本能够可靠确定后按照规定及时入账。与文物文化资产有关的后续支出,参照"公共基础设施"科目相关规定进行处理。

(二)处置文物文化资产时的核算

按照规定报经批准处置文物文化资产,应当分别以下情况处理:

1.报经批准对外捐赠文物文化资产,按照被处置文物文化资产账面余额和捐赠过程中发生的归属于捐出方的相关费用合计数,借记"资产处置费用"科目,按照被处置文物文化资产账面余额,贷记本科目,按照捐赠过程中发生的归属于捐出方的相关费用,贷记"银行存款"等科目。

【例10-236】经批准,市自然博物馆向新成立的A县博物馆捐赠一古生物标本,标本的账面余额13 000元,由本单位承担的运输费500元以库存现金支付。

借:资产处置费用 13 500
　　贷:文物文化资产 13 000
　　　　库存现金 500

2.报经批准无偿调出文物文化资产,按照被处置文物文化资产账面余额,借记"无偿调拨净资产"科目,贷记本科目;同时,按照无偿调出过程中发生的归属于调出方的相关费用,借记"资产处置费用"科目,贷记"银行存款"等科目。

【例10-237】经批准,市自然博物馆向L市博物馆无偿调出一块陨石,账面余额65 400元,发生相关费用100元,以库存现金支付。

借:无偿调拨净资产 65 400
　　贷:文物文化资产 65 400
借:资产处置费用 100
　　贷:库存现金 100

(三)文物文化资产盘点的核算

单位应当定期对文物文化资产进行清查盘点,每年至少盘点一次。对于发生的文物文化资产盘盈、盘亏、毁损或报废等,参照"公共基础设施"科目相关规定进行账务处理。

五、保障性住房的核算

为核算单位为满足社会公共需求而控制的保障性住房的原值，设置"保障性住房"（1831）科目。本科目期末借方余额，反映保障性住房的原值。本科目应当按照保障性住房的类别、项目等进行明细核算。

保障性住房的主要账务处理如下：

（一）取得保障性住房时的核算

保障性住房在取得时，应当按其成本入账。

1.外购的保障性住房，其成本包括购买价款、相关税费以及可归属于该项资产达到预定用途前所发生的其他支出。外购的保障性住房，按照确定的成本，借记本科目，贷记"财政拨款收入""零余额账户用款额度""银行存款"等科目。

【例10-238】市住房保障中心购入10套商品房用于出租给低收入家庭，房屋价款11 225 000元，相关税费11 200元，以财政直接支付方式付款。

借：保障性住房　　　　　　　　　　　　　　　　11 236 200

　　贷：财政拨款收入　　　　　　　　　　　　　　　　11 236 200

2.自行建造的保障性住房交付使用时，按照在建工程成本，借记本科目，贷记"在建工程"科目。已交付使用但尚未办理竣工决算手续的保障性住房，按照估计价值入账，待办理竣工决算后再按照实际成本调整原来的暂估价值。

【例10-239】市住房保障中心自行建造2栋保障性住房，在建工程成本57 421 900元，工程完工，验收合格后交付使用。

借：保障性住房　　　　　　　　　　　　　　　　57 421 900

　　贷：在建工程　　　　　　　　　　　　　　　　57 421 900

3.接受其他单位无偿调入的保障性住房，其成本按照该项资产在调出方的账面价值加上归属于调入方的相关费用确定。无偿调入的保障性住房，按照确定的成本，借记本科目，按照发生的归属于调入方的相关费用，贷记"零余额账户用款额度""银行存款"等科目，按照其差额，贷记"无偿调拨净资产"科目。

【例10-240】市住房保障中心接受5套从科技局无偿调入的房屋，房屋在调出方的账面价值为614 800元，过户费等相关费用500元以库存现金支付。

借：保障性住房　　　　　　　　　　　　　　　　614 800

　　贷：库存现金　　　　　　　　　　　　　　　　　　500

　　　　无偿调拨净资产　　　　　　　　　　　　　　614 300

4.接受捐赠、融资租赁取得的保障性住房，参照"固定资产"科目相关规定进行处理。

（二）与保障性住房有关的后续支出的核算

与保障性住房有关的后续支出，参照"固定资产"科目相关规定进行处理。

（三）出租保障性住房并将出租收入上缴同级财政的核算

按照规定出租保障性住房并将出租收入上缴同级财政，按照收取的租金金额，借记"银行存款"等科目，贷记"应缴财政款"科目。

【例10-241】市住房保障中心收到保障性住房住户缴来的房租收入6 000元存入银行。

借：银行存款 6 000

  贷：应缴财政款 6 000

（四）处置保障性住房的核算

1.报经批准无偿调出保障性住房，按照保障性住房已计提的折旧，借记"保障性住房累计折旧"科目，按照被处置保障性住房账面余额，贷记本科目，按照其差额，借记"无偿调拨净资产"科目；同时，按照无偿调出过程中发生的归属于调出方的相关费用，借记"资产处置费用"科目，贷记"银行存款"等科目。

【例10-242】报经批准，市住房保障中心无偿调出3套保障性住房，住房的账面余额1 400 000元，已计提折旧361 200元，发生相关费用3 000元，以银行存款支付。

借：无偿调拨净资产 1 038 800

    保障性住房累计折旧 361 200

  贷：保障性住房 1 400 000

借：资产处置费用 3 000

  贷：银行存款 3 000

2.报经批准出售保障性住房，按照被出售保障性住房的账面价值，借记"资产处置费用"科目，按照保障性住房已计提的折旧，借记"保障性住房累计折旧"科目，按照保障性住房账面余额，贷记本科目；同时，按照收到的价款，借记"银行存款"等科目，按照出售过程中发生的相关费用，贷记"银行存款"等科目，按照其差额，贷记"应缴财政款"科目。

【例10-243】报经批准，市住房保障中心向符合条件的承租家庭出售保障性住房1套，保障性住房的账面余额294 300元，已计提折旧55 730元，收到价款400 000元，并存入银行。

借：资产处置费用 238 570

    保障性住房累计折旧 55 730

  贷：保障性住房 294 300

借：银行存款 400 000

  贷：应缴财政款 400 000

（五）清查盘点保障性住房的核算

单位应当定期对保障性住房进行清查盘点。对于发生的保障性住房盘盈、盘亏、毁损或报废等，参照"固定资产"科目相关规定进行账务处理。

六、保障性住房累计折旧的核算

为核算单位计提的保障性住房的累计折旧，设置"保障性住房累计折旧"（1832）科目。本科目期末贷方余额，反映单位计提的保障性住房折旧累计数。

本科目应当按照所对应保障性住房的类别进行明细核算。单位应当参照《政府会计准则第3号——固定资产》及其应用指南的相关规定，按月对其控制的保障性住房计提折旧。

保障性住房累计折旧的主要账务处理如下：

（一）计提保障性住房折旧的核算

按月计提保障性住房折旧时，按照应计提的折旧额，借记"业务活动费用"科目，贷记本科目。

【例10-244】月末，市住房保障中心计提本月的保障性住房的折旧额125 120元。

借：业务活动费用　　　　　　　　　　　　　　　125 120

　　贷：保障性住房累计折旧　　　　　　　　　　　　　125 120

（二）处置保障性住房时的核算

报经批准处置保障性住房时，按照所处置保障性住房的账面价值，借记"资产处置费用""无偿调拨净资产""待处理财产损溢"等科目，按照已计提折旧，借记本科目，按照保障性住房的账面余额，贷记"保障性住房"科目。

【例10-245】报经批准，市住房保障中心报废1栋保障性住宅楼，用于原地重建新的保障性住房。该栋楼的账面余额1 169 200元，已计提折旧743 150元。

借：待处理财产损溢　　　　　　　　　　　　　　426 050

　　保障性住房累计折旧　　　　　　　　　　　　　743 150

　　贷：保障性住房　　　　　　　　　　　　　　　　1 169 200

第九节

其他资产的管理与核算

一、待摊费用的核算

为核算单位已经支付，但应当由本期和以后各期分别负担的分摊期在1年以内（含1年）的各项费用，如预付航空保险费、预付租金等，设置"待摊费用"（1401）科目。本科目期末借方余额，反映单位各种已支付但尚未摊销的分摊期在1年以内（含1年）的费用。摊销期限在1年以上的租入固定资产改良支出和其他费用，应当通过"长期待摊费用"科目核算，不通过本科目核算。待摊费用应当在其受益期限内分期平均摊销，如预付航空保险费应在保险期的有效期内、预付租金应在租赁期内分期平均摊销，计入当期费用。本科目应当按照待摊费用种类进行明细核算。

待摊费用的主要账务处理如下：

（一）发生待摊费用时的核算

发生待摊费用时，按照实际预付的金额，借记本科目，贷记"财政拨款收入""零余额账户用款额度""银行存款"等科目。

【例10-246】市中心小学支付本年取暖费54 860元，以零余额账户用款额度支付。

借：待摊费用　　　　　　　　　　　　　　　　　54 860

　　贷：零余额账户用款额度　　　　　　　　　　　　54 860

（二）摊销待摊费用的核算

按照受益期限分期平均摊销时，按照摊销金额，借记"业务活动费用""单位管理费用""经营费用"等科目，贷记本科目。

【例 10-247】接例 10-246，市中心小学所支付的本年取暖费 54 860 元分 5 个月摊销，每月摊销额 10 972 元，月末予以摊销。

借：业务活动费用   10 972

 贷：待摊费用   10 972

（三）冲转待摊费用的核算

如果某项待摊费用已经不能使单位受益，应当将其摊余金额一次全部转入当期费用。按照摊销金额，借记"业务活动费用""单位管理费用""经营费用"等科目，贷记本科目。

【例 10-248】接例 10-246 和例 10-247，为改善空气质量市里统一实行了煤改气工程，市中心小学取暖与原来所交纳的取暖费无关，尚有 21 944 元摊余金额一次全部转入当期费用。

借：业务活动费用   21 944

 贷：待摊费用   21 944

二、受托代理资产的核算

为核算单位接受委托方委托管理的各项资产，包括受托指定转赠的物资、受托存储保管的物资等的成本，设置"受托代理资产"（1891）科目。本科目期末借方余额，反映单位受托代理实物资产的成本。本科目单位管理的罚没物资也应当通过本科目核算。单位收到的受托代理资产为现金和银行存款的，不通过本科目核算，应当通过"库存现金""银行存款"科目进行核算。本科目应当按照资产的种类和委托人进行明细核算；属于转赠资产的，还应当按照受赠人进行明细核算。

受托代理资产的主要账务处理如下：

（一）受托转赠物资的核算

1.接受委托人委托需要转赠给受赠人的物资，其成本按照有关凭据注明的金额确定。接受委托转赠的物资验收入库，按照确定的成本，借记本科目，贷记"受托代理负债"科目。受托协议约定由受托方承担相关税费、运输费等的，还应当按照实际支付的相关税费、运输费等金额，借记"其他费用"科目，贷记"银行存款"等科目。

【例 10-249】区民政局接受民营企业家委托向低收入家庭转赠资助物资一批，有关凭据注明显示该批物资的价款为 300 000 元，发生运输费 2 200 元，以银行存款支付。

借：受托代理资产   300 000

 贷：受托代理负债   300 000

借：其他费用   2 200

 贷：银行存款   2 200

2.将受托转赠物资交付受赠人时，按照转赠物资的成本，借记"受托代理负债"科目，贷记本科目。

【例10-250】区民政局将价值126 000元的受托转赠物资交付给第一批家庭。

借：受托代理负债　　　　　　　　　　　　　　　　　126 000

　　贷：受托代理资产　　　　　　　　　　　　　　　　　　126 000

3.转赠物资的委托人取消了对捐赠物资的转赠要求，且不再收回捐赠物资的，应当将转赠物资转为单位的存货、固定资产等。按照转赠物资的成本，借记"受托代理负债"科目，贷记本科目；同时，借记"库存物品""固定资产"等科目，贷记"其他收入"科目。

【例10-251】接例10-249和例10-250，在区民政局转赠了共计260 000元的受托物资后，委托人取消了对剩余的40 000元捐赠物资的转赠要求且不再收回。

借：受托代理负债　　　　　　　　　　　　　　　　　40 000

　　贷：受托代理资产　　　　　　　　　　　　　　　　　　40 000

借：库存物品　　　　　　　　　　　　　　　　　　　40 000

　　贷：其他收入　　　　　　　　　　　　　　　　　　　　40 000

（二）受托存储保管物资的核算

1.接受委托人委托存储保管的物资，其成本按照有关凭据注明的金额确定。接受委托储存的物资验收入库，按照确定的成本，借记本科目，贷记"受托代理负债"科目。发生由受托单位承担的与受托存储保管的物资相关的运输费、保管费等费用时，按照实际发生的费用金额，借记"其他费用"等科目，贷记"银行存款"等科目。

【例10-252】区民政局接受某NGO委托存储保管的救灾物资，有关凭据注明该批物资的金额为253 000元，租赁仓库的费用1 000元以银行存款支付。

借：受托代理资产　　　　　　　　　　　　　　　　　253 000

　　贷：受托代理负债　　　　　　　　　　　　　　　　　　253 000

借：其他费用　　　　　　　　　　　　　　　　　　　1 000

　　贷：银行存款　　　　　　　　　　　　　　　　　　　　1 000

2.根据委托人要求交付或发出受托存储保管的物资时，按照发出物资的成本，借记"受托代理负债"科目，贷记本科目。

【例10-253】接例10-252，根据委托人的要求，区民政局将受托存储保管的物资全部发放给灾民。

借：受托代理负债　　　　　　　　　　　　　　　　　253 000

　　贷：受托代理资产　　　　　　　　　　　　　　　　　　253 000

（三）罚没物资的核算

1.取得罚没物资时，其成本按照有关凭据注明的金额确定。罚没物资验收（入库），按照确定的成本，借记本科目，贷记"受托代理负债"科目。罚没物资成本无法可靠确定的，单位应当设置备查簿进行登记。

【例10-254】区行政执法大队取缔一非法经营窝点，取得罚没物资一批，有关凭据注明该批物资的金额为71 600元。

借：受托代理资产   71 600

  贷：受托代理负债   71 600

2.按照规定处置或移交罚没物资时，按照罚没物资的成本，借记"受托代理负债"科目，贷记本科目。处置时取得款项的，按照实际取得的款项金额，借记"银行存款"等科目，贷记"应缴财政款"等科目。

【例10-255】接10-254，区行政执法大队按照规定处置罚没物资，取得价款65 000元存入银行。

借：受托代理负债   71 600

  贷：受托代理资产   71 600

借：银行存款   65 000

  贷：应缴财政款   65 000

单位受托代理的其他实物资产，参照本科目有关受托转赠物资、受托存储保管物资的规定进行账务处理。

三、长期待摊费用的核算

为核算单位已经支出，但应由本期和以后各期负担的分摊期限在1年以上（不含1年）的各项费用，如以经营租赁方式租入的固定资产发生的改良支出等，设置"长期待摊费用"（1901）科目。本科目期末借方余额，反映单位尚未摊销完毕的长期待摊费用。本科目应当按照费用项目进行明细核算。

长期待摊费用的主要账务处理如下：

（一）发生长期待摊费用时的核算

发生长期待摊费用时，按照支出金额，借记本科目，贷记"财政拨款收入""零余额账户用款额度""银行存款"等科目。

【例10-256】市中心小学以经营租赁方式租入一台大型教学设备，一次性支付租金21 600元，以银行存款支付。摊销期18个月，每月1 200元。

借：长期待摊费用   21 600

  贷：银行存款   21 600

（二）摊销长期待摊费用时的核算

按照受益期间摊销长期待摊费用时，按照摊销金额，借记"业务活动费用""单位管理费用""经营费用"等科目，贷记本科目。

【例10-257】接例10-256，月末，市中心小学摊销本月的大型教学设备租金1 200元。

借：业务活动费用   1 200

  贷：长期待摊费用   1 200

（三）冲转长期待摊费用的核算

如果某项长期待摊费用已经不能使单位受益，应当将其摊余金额一次全部转入当期费用。按照摊销金额，借记"业务活动费用""单位管理费用""经营费用"等科目，贷记本科目。

【例10-258】接例10-256和例10-257，市中心小学收到1台无偿调入的、功能更加强大的教学设备替代原有的经营租入设备，原租入设备租金摊余金额4 800元一次全部转入当期费用。

借：业务活动费用　　　　　　　　　　　　　　　　　　　　　　　4 800
　　贷：长期待摊费用　　　　　　　　　　　　　　　　　　　　　　4 800

四、待处理财产损溢的核算

为核算单位在资产清查过程中查明的各种资产盘盈、盘亏和报废、毁损的价值，设置"待处理财产损溢"（1902）科目。本科目期末如为借方余额，反映尚未处理完毕的各种资产的净损失；期末如为贷方余额，反映尚未处理完毕的各种资产的净溢余。年末，经批准处理后，本科目一般应无余额。

本科目应当按照待处理的资产项目进行明细核算；对于在资产处理过程中取得收入或发生相关费用的项目，还应当设置"待处理财产价值""处理净收入"明细科目，进行明细核算。单位资产清查中查明的资产盘盈、盘亏、报废和毁损，一般应当先记入本科目，按照规定报经批准后及时进行账务处理。年末结账前一般应处理完毕。

待处理财产损溢的主要账务处理如下：

（一）账款核对时发现的库存现金短缺或溢余的核算

1.每日账款核对中发现库存现金短缺或溢余，属于现金短缺，按照实际短缺的金额，借记本科目，贷记"库存现金"科目；属于现金溢余，按照实际溢余的金额，借记"库存现金"科目，贷记本科目。

【例10-259】市职业技术学院在每日账款核对中发现现金溢余600元，转入待处理财产损溢。

借：库存现金　　　　　　　　　　　　　　　　　　　　　　　　　　600
　　贷：待处理财产损溢　　　　　　　　　　　　　　　　　　　　　　600

2.如为现金短缺，属于应由责任人赔偿或向有关人员追回的，借记"其他应收款"科目，贷记本科目；属于无法查明原因的，报经批准核销时，借记"资产处置费用"科目，贷记本科目。

【例10-260】市金融专科学校在每日账款核对中发现现金短缺1 000元，因无法查明原因，报经批准核销。

借：待处理财产损溢　　　　　　　　　　　　　　　　　　　　　　1 000
　　贷：库存现金　　　　　　　　　　　　　　　　　　　　　　　1 000
借：资产处置费用　　　　　　　　　　　　　　　　　　　　　　　1 000
　　贷：待处理财产损溢　　　　　　　　　　　　　　　　　　　　1 000

3.如为现金溢余，属于应支付给有关人员或单位的，借记本科目，贷记"其他应付款"科目；属于无法查明原因的，报经批准后，借记本科目，贷记"其他收入"科目。

【例10-261】接例10-259，报经批准后，市职业技术学院将无法查明原因的现金溢余1 000转入其他收入科目。

借：待处理财产损溢 1 000
　贷：其他收入 1 000

（二）资产清查过程中各种资产盘盈、盘亏或报废、毁损的核算

资产清查过程中发现的存货、固定资产、无形资产、公共基础设施、政府储备物资、文物文化资产、保障性住房等各种资产盘盈、盘亏或报废、毁损，分别具体情况处理：

1.盘盈的核算

（1）转入待处理资产时，按照确定的成本，借记"库存物品""固定资产""无形资产""公共基础设施""政府储备物资""文物文化资产""保障性住房"等科目，贷记本科目。

【例10-262】市职业技术学院盘盈3箱教学材料，每箱的市场价格1 200元，共计3 600元。

借：库存物品 3 600
　贷：待处理财产损溢 3 600

（2）按照规定报经批准后处理时，对于盘盈的流动资产，借记本科目，贷记"单位管理费用"［事业单位］或"业务活动费用"［行政单位］科目。对于盘盈的非流动资产，如属于本年度取得的，按照当年新取得相关资产进行账务处理；如属于以前年度取得的，按照前期差错处理，借记本科目，贷记"以前年度盈余调整"科目。

【例10-263】接例10-262，按照规定报经批准后，市职业技术学院处理盘盈的教学材料，冲销业务活动费用。

借：待处理财产损溢 3 600
　贷：单位管理费用 3 600

2.盘亏或者毁损、报废的各类资产

（1）转入待处理资产时，借记本科目（待处理财产价值）［盘亏、毁损、报废固定资产、无形资产、公共基础设施、保障性住房的，还应借记"固定资产累计折旧""无形资产累计摊销""公共基础设施累计折旧（摊销）""保障性住房累计折旧"科目］，贷记"库存物品""固定资产""无形资产""公共基础设施""政府储备物资""文物文化资产""保障性住房""在建工程"等科目。涉及增值税业务的，相关账务处理参见"应交增值税"科目。报经批准处理时，借记"资产处置费用"科目，贷记本科目（待处理财产价值）。

【例10-264】市金融专科学校盘亏一台教学设备，设备的账面余额19 500元，已计提折旧11 760元。报经批准后，予以核销。

转入待处理资产时，记：

借：待处理财产损溢——待处理财产价值	7 740
固定资产累计折旧	11 760
贷：固定资产	19 500

核销时，记：

| 借：资产处置费用 | 7 740 |
| 　贷：待处理财产损溢——待处理财产价值 | 7 740 |

（2）处理毁损、报废实物资产过程中取得的残值或残值变价收入、保险理赔和过失人赔偿等，借记"库存现金""银行存款""库存物品""其他应收款"等科目，贷记本科目（处理净收入）；处理毁损、报废实物资产过程中发生的相关费用，借记本科目（处理净收入），贷记"库存现金""银行存款"等科目。处理收支结清，如果处理收入大于相关费用的，按照处理收入减去相关费用后的净收入，借记本科目（处理净收入），贷记"应缴财政款"等科目；如果处理收入小于相关费用的，按照相关费用减去处理收入后的净支出，借记"资产处置费用"科目，贷记本科目（处理净收入）。

【例10-265】市粮食储运中心在财产清查中发现一批大米发生变质，予以处理。大米的账面余额224 800元，取得变价收入105 000元存入银行，发生清理费用2 400元，以银行存款支付。

转入待处理，记：

| 借：待处理财产损溢——待处理财产价值 | 224 800 |
| 　贷：政府储备物资 | 224 800 |

收到变价收入，记：

| 借：银行存款 | 105 000 |
| 　贷：待处理财产损溢——处理净收入 | 105 000 |

发生清理费用，记：

| 借：待处理财产损溢——处理净收入 | 2 400 |
| 　贷：银行存款 | 2 400 |

处理收支结清，记：

| 借：待处理财产损溢——处理净收入 | 102 600 |
| 　贷：应缴财政款 | 102 600 |

《 关键概念 》

财政应返还额度　公共基础设施　保障性住房

复习思考题

1. 行政事业单位在核算银行存款时应注意哪些问题？
2. 简述事业单位坏账准备的管理要求。
3. 简述固定资产核算的基本要求。

行政事业单位财务会计负债的管理与核算

第一节

行政事业单位的负债及其分类

一、行政事业单位负债的确认条件和计量

行政事业单位的负债，是指行政事业单位过去的经济业务或者事项形成的，预期会导致经济资源流出政府会计主体的现时义务。现时义务则是指政府会计主体在现行条件下已承担的义务。未来发生的经济业务或者事项形成的义务不属于现时义务，不应当确认为负债。

（一）行政事业单位负债的确认条件

行政事业单位的负债义务，在同时满足以下条件时，方可确认为负债：（1）履行该义务很可能导致含有服务潜力或者经济利益的经济资源流出政府会计主体；（2）该义务的金额能够可靠地计量。

符合负债定义和负债确认条件的项目，应当列入资产负债表。

（二）行政事业单位负债的计量

负债的计量属性主要包括历史成本、现值和公允价值。在历史成本计量下，负债按照因承担现时义务而实际收到的款项或者资产的金额，或者承担现时义务的合同金额，或者按照为偿还负债预期需要支付的现金计量。在现值计量下，负债按照预计期限内需要偿还的未来净现金流出量的折现金额计量。在公允价值计量下，负债按照市场参与者在计量日发生的有序交易中转移负债所需支付的价格计量。

行政事业单位在对负债进行计量时，一般应当采用历史成本。采用现值、公允价值计量的，应当保证所确定的负债金额能够持续、可靠计量。

二、行政事业单位负债的分类与会计科目设置情况

行政事业单位的负债按照流动性，分为流动负债和非流动负债。流动负债，是指预计在1年内（含1年）偿还的负债，包括应付及预收款项、应付职工薪酬、应缴款项等。非流动负债，是指流动负债以外的负债，包括长期应付款、应付政府债券和政府依法担保形成的债务等。会计科目设置情况参见表11-1。

表11-1　　　　　　　　行政事业单位负债的分类与会计科目设置

负债分类	会计科目设置
流动负债	短期借款、应交增值税、其他应交税费、应缴财政款、应付职工薪酬、应付票据、应付账款、应付政府补贴款、应付利息、预收账款、其他应付款、预提费用
非流动负债	长期借款、长期应付款、预计负债、受托代理负债

第二节

行政事业单位流动负债的核算

一、短期借款的核算

为核算事业单位经批准向银行或其他金融机构等借入的期限在1年内（含1年）的各种借款，设置"短期借款"（2001）科目。本科目期末贷方余额，反映事业单位尚未偿还的短期借款本金。本科目应当按照债权人和借款种类进行明细核算。

短期借款的主要账务处理如下：

（一）借入短期借款的核算

借入各种短期借款时，按照实际借入的金额，借记"银行存款"科目，贷记本科目。

【例11-1】市晚报社向银行借入短期借款2 000 000元用于购买新闻纸，款项已存入银行。

借：银行存款　　　　　　　　　　　　　　　　　2 000 000

　　贷：短期借款　　　　　　　　　　　　　　　　　　2 000 000

（二）应付票据转为短期借款的核算

银行承兑汇票到期，本单位无力支付票款的，按照应付票据的账面余额，借记"应付票据"科目，贷记本科目。

【例11-2】市晚报社向纸业公司开出的一张面额为150 000元银行承兑汇票到期，因报社经营困难无力支付票款，改为短期借款。

借：应付票据　　　　　　　　　　　　　　　　150 000
　　贷：短期借款　　　　　　　　　　　　　　　　　150 000

（三）归还短期借款的核算

归还短期借款时，借记本科目，贷记"银行存款"科目。

【例11-3】接例11-2，市晚报社向纸业公司归还短期借款150 000元，以银行存款支付。

借：短期借款　　　　　　　　　　　　　　　　150 000
　　贷：银行存款　　　　　　　　　　　　　　　　　150 000

二、应交增值税的核算

（一）应交增值税的科目设置

为核算单位按照税法规定计算应交纳的增值税，设置"应交增值税"（2101）科目。本科目期末贷方余额，反映单位应交未交的增值税；期末如为借方余额，反映单位尚未抵扣或多交的增值税。

1.增值税一般纳税人单位

属于增值税一般纳税人的单位，应当在本科目下设置"应交税金""未交税金""预交税金""待抵扣进项税额""待认证进项税额""待转销项税额""简易计税""转让金融商品应交增值税""代扣代交增值税"等明细科目。

（1）"应交税金"明细账内应当设置"进项税额""已交税金""转出未交增值税""减免税款""销项税额""进项税额转出""转出多交增值税"等专栏。其中：①"进项税额"专栏，记录单位购进货物、加工修理修配劳务、服务、无形资产或不动产而支付或负担的，准予从当期销项税额中抵扣的增值税税额；②"已交税金"专栏，记录单位当月已交纳的应交增值税税额；③"转出未交增值税"和"转出多交增值税"专栏，分别记录一般纳税人月度终了转出当月应交未交或多交的增值税税额；④"减免税款"专栏，记录单位按照现行增值税制度规定准予减免的增值税税额；⑤"销项税额"专栏，记录单位销售货物、加工修理修配劳务、服务、无形资产或不动产应收取的增值税税额；⑥"进项税额转出"专栏，记录单位购进货物、加工修理修配劳务、服务、无形资产或不动产等发生非正常损失以及其他原因而不应从销项税额中抵扣、按照规定转出的进项税额。

（2）"未交税金"明细科目，核算单位月度终了从"应交税金"或"预交税金"明细科目转入当月应交未交、多交或预缴的增值税税额，以及当月交纳以前期间未交的增值税税额。

（3）"预交税金"明细科目，核算单位转让不动产、提供不动产经营租赁服务等，以及其他按照现行增值税制度规定应预缴的增值税税额。

（4）"待抵扣进项税额"明细科目，核算单位已取得增值税扣税凭证并经税务机关认证，按照现行增值税制度规定准予以后期间从销项税额中抵扣的进项税额。

（5）"待认证进项税额"明细科目，核算单位由于未经税务机关认证而不得从当期销项税额中抵扣的进项税额，包括：一般纳税人已取得增值税扣税凭证并按规定准予从销项税额中抵扣，但尚未经税务机关认证的进项税额；一般纳税人已申请稽核但尚未取得稽核相符结果的海关缴款书进项税额。

（6）"待转销项税额"明细科目，核算单位销售货物、加工修理修配劳务、服务、无形资产或不动产，已确认相关收入（或利得）但尚未发生增值税纳税义务而需于以后期间确认为销项税额的增值税税额。

（7）"简易计税"明细科目，核算单位采用简易计税方法发生的增值税计提、扣减、预缴、缴纳等业务。

（8）"转让金融商品应交增值税"明细科目，核算单位转让金融商品发生的增值税税额。

（9）"代扣代交增值税"明细科目，核算单位购进在境内未设经营机构的境外单位或个人在境内的应税行为代扣代缴的增值税。

2.增值税小规模纳税人单位

属于增值税小规模纳税人的单位只需在本科目下设置"转让金融商品应交增值税""代扣代交增值税"明细科目。

（二）应交增值税的主要账务处理

1.单位[①]取得资产或接受劳务等业务

（1）采购等业务进项税额允许抵扣。单位购买用于增值税应税项目的资产或服务等时，按照应计入相关成本费用或资产的金额，借记"业务活动费用""在途物品""库存物品""工程物资""在建工程""固定资产""无形资产"等科目，按照当月已认证的可抵扣增值税税额，借记本科目（应交税金——进项税额），按照当月未认证的可抵扣增值税税额，借记本科目（待认证进项税额），按照应付或实际支付的金额，贷记"应付账款""应付票据""银行存款""零余额账户用款额度"等科目。发生退货的，如原增值税专用发票已作认证，应根据税务机关开具的红字增值税专用发票作相反的会计分录；如原增值税专用发票未作认证，应将发票退回并作相反的会计分录。小规模纳税人购买资产或服务等时不能抵扣增值税，发生的增值税计入资产成本或相关成本费用。

【例11-4】省物理研究所为增值税一般纳税人单位，购入一批材料用于加工产品销售（该产品为增值税应税项目），材料价款256 000元，当月已认证的可抵扣增值税税额40 960元，共计296 960元，以银行存款支付，材料已验收入库。

借：库存物品 256 000

应交增值税——应交税金——进项税额 40 960

贷：银行存款 296 960

（2）采购等业务进项税额不得抵扣。单位购进资产或服务等，用于简易计税方法计税项目、免征增值税项目、集体福利或个人消费等，其进项税额按照现行增值税制度规定不得从销项税额中抵扣的，取得增值税专用发票时，应按照增值税发票

---

① 如不特别说明，本部分内容中的"单位"均指增值税一般纳税人。

注明的金额，借记相关成本费用或资产科目，按照待认证的增值税进项税额，借记本科目（待认证进项税额），按照实际支付或应付的金额，贷记"银行存款""应付账款""零余额账户用款额度"等科目。经税务机关认证为不可抵扣进项税时，借记本科目（应交税金——进项税额）科目，贷记本科目（待认证进项税额），同时，将进项税额转出，借记相关成本费用科目，贷记本科目（应交税金——进项税额转出）。

【例11-5】省物理研究所购入一台设备用于职工福利，设备价款 22 400 元，增值税 3 584 元，运输费 500 元，共计 26 484 元，以零余额账户用款额度支付。

借：固定资产　　　　　　　　　　　　　　　　　22 900

　　应交增值税——待认证进项税额　　　　　　　　3 584

　　贷：零余额账户用款额度　　　　　　　　　　　　　　26 484

【例11-6】接例11-5，经税务机关认证，省物理研究所购入的职工福利用设备所承担的增值税为不可抵扣进项税，进行账务调整。

借：应交增值税——应交税金——进项税额　　　　　3 584

　　贷：应交增值税——待认证进项税额　　　　　　　　　3 584

借：固定资产　　　　　　　　　　　　　　　　　　3 584

　　贷：应交增值税——应交税金——进项税额转出　　　　3 584

（3）购进不动产或不动产在建工程按照规定进项税额分年抵扣。单位取得应税项目为不动产或者不动产在建工程，其进项税额按照现行增值税制度规定自取得之日起分 2 年从销项税额中抵扣的，应当按照取得成本，借记"固定资产""在建工程"等科目，按照当期可抵扣的增值税税额，借记本科目（应交税金——进项税额），按照以后期间可抵扣的增值税税额，借记本科目（待抵扣进项税额），按照应付或实际支付的金额，贷记"应付账款""应付票据""银行存款""零余额账户用款额度"等科目。尚未抵扣的进项税额待以后期间允许抵扣时，按照允许抵扣的金额，借记本科目（应交税金——进项税额），贷记本科目（待抵扣进项税额）。

【例11-7】省物理研究所自行建设一座实验大楼，建设过程中购买工程物资并投入工程 1 663 500 元，应交增值税税额 266 160 元，共计 1 929 660 元，以零余额账户用款额度支付。按照现行增值税制度规定自取得之日起分 2 年从销项税额中抵扣，本月可抵扣的增值税税额为 11 090 元，以后期间可抵扣额为 255 070 元。

借：在建工程　　　　　　　　　　　　　　　　1 663 500

　　应交增值税——应交税金——进项税额　　　　　　11 090

　　　　　　　——应交税金——待抵扣进项税额　　　255 070

　　贷：零余额账户用款额度　　　　　　　　　　　　1 929 660

（4）进项税额抵扣情况发生改变。单位因发生非正常损失或改变用途等，原已计入进项税额、待抵扣进项税额或待认证进项税额，但按照现行增值税制度规定不得从销项税额中抵扣的，借记"待处理财产损溢""固定资产""无形资产"等科目，贷记本科目（应交税金——进项税额转出）、本科目（待抵扣进项税额）或本科目（待认证进项税额）；原不得抵扣且未抵扣进项税额的固定资产、无形资产等，因改变用途等用于允许抵扣进项税额的应税项目的，应按照允许抵扣的进项税额，借记本科目（应交税金——进项税额），贷记"固定资产""无形资产"等科目。固定资产、无形资产等经上述调整后，应按照调整后的账面价值在剩余尚可使用年限内计提折旧或摊销。单位购进时已全额计入进项税额的货物或服务等转用于不动产在建工程的，对于结转以后期间的进项税额，应借记本科目（待抵扣进项税额），贷记本科目（应交税金——进项税额转出）。

【例11-8】接例11-4，省物理研究所购入的材料因保管不善而发生毁损，该批材料全部转入待处理财产损溢。材料成本256 000元，应交增值税（进项税额）40 960元。

借：待处理财产损溢 296 960
　　贷：库存物品 256 000
　　　　应交增值税——应交税金——进项税额转出 40 960

【例11-9】接例11-5和例11-6，省物理研究所购入的用于职工福利的设备改变用途，改为用于增值税应税产品的加工生产，原不可抵扣的进项税3 584元改为可抵扣。

借：应交增值税——应交税金——进项税额 3 584
　　贷：固定资产 3 584

（5）购买方作为扣缴义务人。按照现行增值税制度规定，境外单位或个人在境内发生应税行为，在境内未设有经营机构的，以购买方为增值税扣缴义务人。境内一般纳税人购进服务或资产时，按照应计入相关成本费用或资产的金额，借记"业务活动费用""在途物品""库存物品""工程物资""在建工程""固定资产""无形资产"等科目，按照可抵扣的增值税税额，借记本科目（应交税金——进项税额）[小规模纳税人应借记相关成本费用或资产科目]，按照应付或实际支付的金额，贷记"银行存款""应付账款"等科目，按照应代扣代缴的增值税税额，贷记本科目（代扣代交增值税）。实际缴纳代扣代缴增值税时，按照代扣代缴的增值税税额，借记本科目（代扣代交增值税），贷记"银行存款""零余额账户用款额度"等科目。

【例11-10】省物理研究所购入一境外公司生产的设备用于生产产品，该境外公司在境内未设有经营机构，研究所为增值税扣缴义务人。设备的完税价格55 000元以银行存款支付，代扣增值税8 800元（可抵扣）。

借：固定资产 55 000
　　应交增值税——应交税金——进项税额 8 800
　　贷：银行存款 55 000
　　　　应交增值税——代扣代交增值税 8 800

【例11-11】接例11-10，省物理研究所代扣代缴的增值税税款8 800元缴入国库。

借：应交增值税——代扣代交增值税 8 800

　　　　贷：银行存款　　　　　　　　　　　　　　　　　　　　　　　　　　8 800

2.单位销售资产或提供服务等业务

（1）销售资产或提供服务业务。

①单位销售货物或提供服务，应当按照应收或已收的金额，借记"应收账款"
"应收票据""银行存款"等科目，按照确认的收入金额，贷记"经营收入""事业
收入"等科目，按照现行增值税制度规定计算的销项税额（或采用简易计税方法计
算的应纳增值税税额），贷记本科目（应交税金——销项税额）或本科目（简易计
税）[小规模纳税人应贷记本科目]。发生销售退回的，应根据按照规定开具的红字
增值税专用发票作相反的会计分录。

【例11-12】省物理研究所对外销售产品，价款40 000元，增值税6 400元，共
计46 400元，存入银行。

　　借：银行存款　　　　　　　　　　　　　　　　　　　　　　　　　46 400

　　　　贷：事业收入　　　　　　　　　　　　　　　　　　　　　　　　40 000

　　　　　　应交增值税——应交税金——销项税额　　　　　　　　　　　　6 400

②按照政府会计制度及相关政府会计准则确认收入的时点早于按照增值税制度
确认增值税纳税义务发生时点的，应将相关销项税额计入本科目（待转销项税
额），待实际发生纳税义务时再转入本科目（应交税金——销项税额）或本科目
（简易计税）。按照增值税制度确认增值税纳税义务发生时点早于按照本制度及相关
政府会计准则确认收入的时点的，应按照应纳增值税税额，借记"应收账款"科
目，贷记本科目（应交税金——销项税额）或本科目（简易计税）。

【例11-13】省物理研究所对外提供有偿服务，月初收到本月服务款50 000元，
应交增值税8 000元，共计58 000元，存入银行；月末确认本月的纳税义务并予以
转账。

　　月初，记：

　　借：银行存款　　　　　　　　　　　　　　　　　　　　　　　　　58 000

　　　　贷：事业收入　　　　　　　　　　　　　　　　　　　　　　　　50 000

　　　　　　应交增值税——待转销项税额　　　　　　　　　　　　　　　　8 000

　　月末，记：

　　借：应交增值税——待转销项税额　　　　　　　　　　　　　　　　　8 000

　　　　贷：应交增值税——应交税金——销项税额　　　　　　　　　　　　8 000

（2）金融商品转让按照规定以盈亏相抵后的余额作为销售额。金融商品实际转
让月末，如产生转让收益，则按照应纳税额，借记"投资收益"科目，贷记本科目
（转让金融商品应交增值税）；如产生转让损失，则按照可结转下月抵扣税额，借记
本科目（转让金融商品应交增值税），贷记"投资收益"科目。交纳增值税时，应
借记本科目（转让金融商品应交增值税），贷记"银行存款"等科目。年末，本科
目（转让金融商品应交增值税）如有借方余额，则借记"投资收益"科目，贷记本
科目（转让金融商品应交增值税）。

【例11-14】某小规模纳税人企业转让金融产品，产生转让收益11 200元，月末确认计税。

11 200×3%=336（元）

借：投资收益 336

　　贷：应交增值税——转让金融商品应交增值税 336

3.月末转出多交增值税和未交增值税

月度终了，单位应当将当月应交未交或多交的增值税自"应交税金"明细科目转入"未交税金"明细科目。对于当月应交未交的增值税，借记本科目（应交税金——转出未交增值税），贷记本科目（未交税金）；对于当月多交的增值税，借记本科目（未交税金），贷记本科目（应交税金——转出多交增值税）。

【例11-15】月末，省物理研究所将当月应交未交的增值税3 700元转入"未交税金"明细科目。

借：应交增值税——应交税金——转出未交增值税 3 700

　　贷：应交增值税——未交税金 3 700

4.缴纳增值税

（1）缴纳当月应交增值税。单位缴纳当月应交的增值税，借记本科目（应交税金——已交税金）[小规模纳税人借记本科目]，贷记"银行存款"等科目。

【例11-16】省物理研究所缴纳本月应交增值税14 900元，以银行存款支付。

借：应交增值税——应交税金——已交税金 14 900

　　贷：银行存款 14 900

（2）缴纳以前期间未交增值税。单位缴纳以前期间未交的增值税，借记本科目（未交税金）[小规模纳税人借记本科目]，贷记"银行存款"等科目。

【例11-17】接例11-15，次月，省物理研究所缴纳应交未交的增值税3 700元，以银行存款支付。

借：应交增值税——未交税金 3 700

　　贷：银行存款 3 700

（3）预交增值税。单位预交增值税时，借记本科目（预交税金），贷记"银行存款"等科目。月末，单位应将"预交税金"明细科目余额转入"未交税金"明细科目，借记本科目（未交税金），贷记本科目（预交税金）。

【例11-18】省物理研究所预交增值税10 000元，以银行存款支付。

借：应交增值税——预交税金 10 000

　　贷：银行存款 10 000

（4）减免增值税。对于当期直接减免的增值税，借记本科目（应交税金——减免税款），贷记"业务活动费用""经营费用"等科目。按照现行增值税制度规定，单位初次购买增值税税控系统专用设备支付的费用以及缴纳的技术维护费允许在增值税应纳税额中全额抵减的，按照规定抵减的增值税应纳税额，借记本科目（应交税金——减免税款）[小规模纳税人借记本科目]，贷记"业务活动费用""经营费用"等科目。

【例11-19】省物理研究所初次购买增值税税控系统专用设备，支付的费用31 000元，按照规定该项费用允许在增值税应纳税额中全额抵减，予以调整。

借：应交增值税——应交税金——减免税款　　　　　　　　　31 000

　　贷：业务活动费用　　　　　　　　　　　　　　　　　　　　　　31 000

三、其他应交税费的核算

为核算单位按照税法等规定计算应交纳的除增值税以外的各种税费，包括城市维护建设税、教育费附加、地方教育费附加、车船税、房产税、城镇土地使用税和企业所得税等，设置"其他应交税费"（2102）。单位代扣代缴的个人所得税，也通过本科目核算。单位应交纳的印花税不需要预提应交税费，直接通过"业务活动费用""单位管理费用""经营费用"等科目核算，不通过本科目核算。本科目期末贷方余额，反映单位应交未交的除增值税以外的税费金额；期末如为借方余额，反映单位多交纳的除增值税以外的税费金额。本科目应当按照应交纳的税费种类进行明细核算。

其他应交税费的主要账务处理如下：

（一）计算税费的核算

发生城市维护建设税、教育费附加、地方教育费附加、车船税、房产税、城镇土地使用税等纳税义务的，按照税法规定计算的应缴税费金额，借记"业务活动费用""单位管理费用""经营费用"等科目，贷记本科目（应交城市维护建设税、应交教育费附加、应交地方教育费附加、应交车船税、应交房产税、应交城镇土地使用税等）。

【例11-20】接例11-16，省物理研究所本月应交增值税14 900元，月末依据本月应交增值税计算城市维护建设税（7%）、教育费附加（3%）、地方教育费附加（1%）。

借：业务活动费用　　　　　　　　　　　　　　　　　　　　　　1 639

　　贷：其他应交税费——应交城市维护建设税　　　　　　　　　　　1 043

　　　　　　　　　　——应交教育费附加　　　　　　　　　　　　　　447

　　　　　　　　　　——应交地方教育费附加　　　　　　　　　　　　149

（二）代扣代缴职工个人所得税的核算

1.按照税法规定计算应代扣代缴职工（含长期聘用人员）的个人所得税，借记"应付职工薪酬"科目，贷记本科目（应交个人所得税）。

【例11-21】省物理研究所计算本月应代扣代缴职工个人所得税76 945元。

借：应付职工薪酬　　　　　　　　　　　　　　　　　　　　　76 945

　　贷：其他应交税费——应交个人所得税　　　　　　　　　　　　76 945

2.按照税法规定计算应代扣代缴支付给职工（含长期聘用人员）以外人员劳务费的个人所得税，借记"业务活动费用""单位管理费用"等科目，贷记本科目（应交个人所得税）。

【例11-22】省物理研究所计算本月应代扣代缴支付外聘人员劳务费的个人所得税9 670元。

借：业务活动费用　　　　　　　　　　　　　　　　　　　　　　9 670

    贷：其他应交税费——应交个人所得税   9 670

（三）发生企业所得税纳税义务的核算

发生企业所得税纳税义务的，按照税法规定计算的应交所得税额，借记"所得税费用"科目，贷记本科目（单位应交所得税）。

【例11-23】省物理研究所计算本年应交企业所得税165 773元。

    借：所得税费用   165 773

      贷：其他应交税费——单位应交所得税   165 773

（四）单位实际交纳各种税费的核算

单位实际交纳上述各种税费时，借记本科目（应交城市维护建设税、应交教育费附加、应交地方教育费附加、应交车船税、应交房产税、应交城镇土地使用税、应交个人所得税、单位应交所得税等），贷记"财政拨款收入""零余额账户用款额度""银行存款"等科目。

【例11-24】接例11-20至例11-23，省物理研究所缴纳城市维护建设税1 043元、教育费附加447元、地方教育费附加149元、个人所得税86 615、单位应交所得税165 773元，以银行存款支付。

    借：其他应交税费——应交城市维护建设税   1 043

             ——应交教育费附加   447

             ——应交地方教育费附加   149

             ——应交个人所得税   86 615

             ——单位应交所得税   165 773

      贷：银行存款   254 027

四、应缴财政款的核算

为本科目核算单位取得或应收的按照规定应当上缴财政的款项，包括应缴国库的款项和应缴财政专户的款项，设置"应缴财政款"（2103）。单位按照国家税法等有关规定应当缴纳的各种税费，通过"应交增值税""其他应交税费"科目核算，不通过本科目核算。本科目期末贷方余额，反映单位应当上缴财政但尚未缴纳的款项。年终清缴后，本科目一般应无余额。本科目应当按照应缴财政款项的类别进行明细核算。

应缴财政款的主要账务处理如下：

（一）取得应缴财政款项的核算

单位取得或应收按照规定应缴财政的款项时，借记"银行存款""应收账款"等科目，贷记本科目。

【例11-25】县工商局收到违章经营罚款1 000元并存入银行，按规定该款项应缴财政。

    借：银行存款   1 000

      贷：应缴财政款   1 000

（二）处置资产净收入应上缴财政的核算

单位处置资产取得的应上缴财政的处置净收入的账务处理，参见"待处理财产损溢"等科目。

（三）上缴应缴财政款项的核算

单位上缴应缴财政的款项时，按照实际上缴的金额，借记本科目，贷记"银行存款"科目。

【例11-26】接例11-25，县工商局将应缴财政款1 000元上缴财政。

借：应缴财政款　　　　　　　　　　　　　　　　　　　　　　1 000

　　贷：银行存款　　　　　　　　　　　　　　　　　　　　　　　1 000

五、应付职工薪酬的核算

为核算单位按照有关规定应付给职工（含长期聘用人员）及为职工支付的各种薪酬，包括基本工资、国家统一规定的津贴补贴、规范津贴补贴（绩效工资）、改革性补贴、社会保险费（如职工基本养老保险费、职业年金、基本医疗保险费等）、住房公积金等，设置"应付职工薪酬"（2201）科目。本科目期末贷方余额，反映单位应付未付的职工薪酬。

本科目应当根据国家有关规定按照"基本工资（含离退休费）""国家统一规定的津贴补贴""规范津贴补贴（绩效工资）""改革性补贴""社会保险费""住房公积金""其他个人收入"等进行明细核算。其中，"社会保险费""住房公积金"明细科目核算内容包括单位从职工工资中代扣代缴的社会保险费、住房公积金，以及单位为职工计算缴纳的社会保险费、住房公积金。

应付职工薪酬的主要账务处理如下：

（一）计算确认当期应付职工薪酬的核算

计算确认当期应付职工薪酬（含单位为职工计算缴纳的社会保险费、住房公积金）时，要分别情况处理：

1.计提从事专业及其辅助活动人员的职工薪酬，借记"业务活动费用""单位管理费用"科目，贷记本科目。

【例11-27】省物理研究所计提从事专业及其辅助活动人员的职工薪酬1 365 756元。其中，专业人员的基本工资（含离退休费）325 776元、国家统一规定的津贴补贴144 900元、规范津贴补贴（绩效工资）563 600元、部门津贴52 300元，共计1 086 576元；辅助活动人员基本工资（含离退休费）185 480元、国家统一规定的津贴补贴56 700元、规范津贴补贴（绩效工资）29 000元、部门津贴8 000元，共计279 180元。

借：业务活动费用　　　　　　　　　　　　　　　　　　　　1 086 576

　　单位管理费用　　　　　　　　　　　　　　　　　　　　　279 180

　　贷：应付职工薪酬——基本工资（含离退休费）　　　　　　　511 256

　　　　　　　　　　——国家统一规定的津贴补贴　　　　　　　201 600

　　　　　　　　　　——规范津贴补贴（绩效工资）　　　　　　592 600

　　　　　　　　　　——其他个人收入　　　　　　　　　　　　 60 300

2.计提应由在建工程、加工物品、自行研发无形资产负担的职工薪酬，借记

"在建工程""加工物品""研发支出"等科目,贷记本科目。

【例11-28】省物理研究所自行研发一项专利技术,计提应由研发支出负担的本月职工薪酬107 859元。其中,基本工资(含离退休费)43 659元、国家统一规定的津贴补贴11 200元、规范津贴补贴(绩效工资)48 000元、部门津贴5 000元。

借:研发支出   107 859

  贷:应付职工薪酬——基本工资(含离退休费)   43 659

      ——国家统一规定的津贴补贴   11 200

      ——规范津贴补贴(绩效工资)   48 000

      ——其他个人收入   5 000

3.计提从事专业及其辅助活动之外的经营活动人员的职工薪酬,借记"经营费用"科目,贷记本科目。

【例11-29】省物理研究所下设一非独立核算职业介绍中心,现计提该中心经营活动人员的职工薪酬39 760元。其中,基本工资34 760元、规范津贴补贴(绩效工资)5 000元。

借:经营费用   39 760

  贷:应付职工薪酬——基本工资   34 760

      ——规范津贴补贴(绩效工资)   5 000

4.因解除与职工的劳动关系而给予的补偿,借记"单位管理费用"等科目,贷记本科目。

【例11-30】省物理研究所与一名员工解除劳动关系,向对方补偿50 000元。

借:单位管理费用   50 000

  贷:应付职工薪酬——其他个人收入   50 000

(二)向职工支付薪酬的核算

向职工支付工资、津贴补贴等薪酬时,按照实际支付的金额,借记本科目,贷记"财政拨款收入""零余额账户用款额度""银行存款"等科目。

【例11-31】接例11-27至例11-30,并续例11-32至例11-34,省物理研究所向职工发放本月薪酬1 242 527元,其中,基本工资(含离退休费)268 827元(扣除代扣个人所得税、垫付水电费等款项后)、国家统一规定的津贴补贴212 800元、规范津贴补贴(绩效工资)645 600元和其他个人收入115 300元,以零余额账户用款额度支付。

借:应付职工薪酬——基本工资(含离退休费)   268 827

      ——国家统一规定的津贴补贴   212 800

      ——规范津贴补贴(绩效工资)   645 600

      ——其他个人收入   115 300

  贷:零余额账户用款额度   1 242 527

(三)代扣款项的核算

1.按照税法规定代扣职工个人所得税时,借记本科目(基本工资),贷记"其他应交税费——应交个人所得税"科目。

【例11-32】接例11-31，省物理研究所按照税法规定代扣职工个人所得税211 325元。

借：应付职工薪酬——基本工资　　　　　　　　　　　　211 325
　　贷：其他应交税费——应交个人所得税　　　　　　　　　　　　211 325

2. 从应付职工薪酬中代扣为职工垫付的水电费、房租等费用时，按照实际扣除的金额，借记本科目（基本工资），贷记"其他应收款"科目。

【例11-33】接例11-31，省物理研究所从应付职工薪酬中代扣为职工垫付的水电费3 000元。

借：应付职工薪酬——基本工资　　　　　　　　　　　　3 000
　　贷：其他应收款　　　　　　　　　　　　　　　　　　　　3 000

3. 从应付职工薪酬中代扣社会保险费和住房公积金，按照代扣的金额，借记本科目（基本工资），贷记本科目（社会保险费、住房公积金）。

【例11-34】接例11-31，省物理研究所从应付职工薪酬中代扣社会保险费55 870元和住房公积金50 653元。

借：应付职工薪酬——基本工资　　　　　　　　　　　　106 523
　　贷：应付职工薪酬——社会保险费　　　　　　　　　　　　55 870
　　　　　　　　　　——住房公积金　　　　　　　　　　　　50 653

（四）缴纳职工社会保险费和住房公积金的核算

按照国家有关规定缴纳职工社会保险费和住房公积金时，按照实际支付的金额，借记本科目（社会保险费、住房公积金），贷记"财政拨款收入""零余额账户用款额度""银行存款"等科目。

【例11-35】接例11-34，省物理研究所按照国家有关规定缴纳职工社会保险费和住房公积金，从应付职工薪酬中代扣部分和单位为职工缴纳部分各占50%，以财政直接支付方式支付。

借：应付职工薪酬——社会保险费　　　　　　　　　　　　111 740
　　　　　　　　——住房公积金　　　　　　　　　　　　101 306
　　贷：财政拨款收入　　　　　　　　　　　　　　　　　　　213 046

（五）从应付职工薪酬中支付其他款项的核算

从应付职工薪酬中支付的其他款项，借记本科目，贷记"零余额账户用款额度""银行存款"等科目。

【例11-36】省物理研究所预付本年度工会付费10 000元，等以后月份从应付职工薪酬中扣除，以零余额账户用款额度支付。

借：应付职工薪酬——基本工资　　　　　　　　　　　　10 000
　　贷：零余额账户用款额度　　　　　　　　　　　　　　　10 000

六、应付票据的核算

为核算事业单位因购买材料、物资等而开出、承兑的商业汇票，包括银行承兑汇票和商业承兑汇票,设置"应付票据"(2301)科目。本科目期末贷方余额,反映事业单位开出、承兑的尚未到期的应付票据金额。

单位应当设置"应付票据备查簿",详细登记每一应付票据的种类、号数、出票日期、到期日、票面金额、交易合同号、收款人姓名或单位名称,以及付款日期和金额等。应付票据到期结清票款后,应当在备查簿内逐笔注销。本科目应当按照债权人进行明细核算。

应付票据的主要账务处理如下:

(一)开出、承兑商业汇票的核算

开出、承兑商业汇票时,借记"库存物品""固定资产"等科目,贷记本科目。涉及增值税业务的,相关账务处理参见"应交增值税"科目。以商业汇票抵付应付账款时,借记"应付账款"科目,贷记本科目。

【例11-37】省物理研究所开出一张期限90天、金额为54 000元的银行承兑汇票,用于购买实验用材料,材料已验收入库。

借:库存物品 54 000

　　贷:应付票据 54 000

(二)支付银行承兑汇票的手续费的核算

支付银行承兑汇票的手续费时,借记"业务活动费用""经营费用"等科目,贷记"银行存款""零余额账户用款额度"等科目。

【例11-38】接例11-37,省物理研究所支付银行承兑汇票的手续费540元,以银行存款支付。

借:业务活动费用 540

　　贷:银行存款 540

(三)商业汇票到期的核算

商业汇票到期时,应当分别以下情况处理:

1.收到银行支付到期票据的付款通知时,借记本科目,贷记"银行存款"科目。

【例11-39】接例11-37和例11-38,省物理研究所收到银行支付到期票据的付款通知,以银行存款54 000元支付到期的银行承兑汇票。

借:应付票据 54 000

　　贷:银行存款 54 000

2.银行承兑汇票到期,单位无力支付票款的,按照应付票据账面余额,借记本科目,贷记"短期借款"科目。

【例11-40】接例11-37和例11-38,省物理研究所开出的银行承兑汇票到期,因资金周围困难转为短期借款。

借:应付票据 54 000

　　贷:短期借款 54 000

3.商业承兑汇票到期,单位无力支付票款的,按照应付票据账面余额,借记本科目，贷记"应付账款"科目。

【例11-41】省物理研究所开出的金额为34 000元的商业承兑汇票到期，单位近期无力支付票款，转为应付账款。

借：应付票据　　　　　　　　　　　　　　　　　　　34 000
　　贷：应付账款　　　　　　　　　　　　　　　　　　　34 000

七、应付账款的核算

为核算单位因购买物资、接受服务、开展工程建设等而应付的偿还期限在1年以内（含1年）的款项，设置"应付账款"（2302）科目。本科目期末贷方余额，反映单位尚未支付的应付账款金额。

核销的应付账款应在备查簿中保留登记。本科目应当按照债权人进行明细核算。对于建设项目，还应设置"应付器材款""应付工程款"等明细科目，并按照具体项目进行明细核算。

应付账款的主要账务处理如下：

（一）发生应付未付账款时的核算

收到所购材料、物资、设备或服务以及确认完成工程进度但尚未付款时，根据发票及账单等有关凭证，按照应付未付款项的金额，借记"库存物品""固定资产""在建工程"等科目，贷记本科目。涉及增值税业务的，相关账务处理参见"应交增值税"科目。

【例11-42】省物理研究所向A公司购买一台实验用设备，价款和相关税费共41 650元，账款暂欠。

借：固定资产　　　　　　　　　　　　　　　　　　　41 650
　　贷：应付账款——A公司　　　　　　　　　　　　　　41 650

（二）偿付应付账款时的核算

偿付应付账款时，按照实际支付的金额，借记本科目，贷记"财政拨款收入""零余额账户用款额度""银行存款"等科目。

【例11-43】接例11-42，省物理研究所偿付A公司的设备款41 650元，以零余额账户用款额度支付。

借：应付账款——A公司　　　　　　　　　　　　　　41 650
　　贷：零余额账户用款额度　　　　　　　　　　　　　　41 650

（三）开出商业汇票抵付应付账款时的核算

开出、承兑商业汇票抵付应付账款时，借记本科目，贷记"应付票据"科目。

【例11-44】接例11-42，省物理研究所开出银行承兑汇票抵付A公司的设备款41 650元，期限3个月，无息。

借：应付账款——A公司　　　　　　　　　　　　　　41 650
　　贷：应付票据　　　　　　　　　　　　　　　　　　　41 650

（四）无法偿付或债权人豁免偿还的应付账款的核算

无法偿付或债权人豁免偿还的应付账款，应当按照规定报经批准后进行账务处理。经批准核销时，借记本科目，贷记"其他收入"科目。

【例11-45】接例11-42，A公司豁免省物理研究所的应付账款，经批准核销。

借：应付账款——A公司   41 650
    贷：其他收入   41 650

八、应付政府补贴款的核算

为核算负责发放政府补贴的行政单位按照规定应当支付给政府补贴接受者的各种政府补贴款，设置"应付政府补贴款"（2303）科目。本科目期末贷方余额，反映行政单位应付未付的政府补贴金额。

本科目应当按照应支付的政府补贴种类进行明细核算。单位还应当根据需要按照补贴接受者进行明细核算，或者建立备查簿对补贴接受者予以登记。

应付政府补贴款的主要账务处理如下：

（一）发生应付政府补贴时的核算

发生应付政府补贴时，按照依规定计算确定的应付政府补贴金额，借记"业务活动费用"科目，贷记本科目。

【例11-46】市住房保障中心按照规定计算确定本月贫困家庭住房补贴款602 862元。

借：业务活动费用   602 862
    贷：应付政府补贴款   602 862

（二）支付应付政府补贴款时的核算

支付应付政府补贴款时，按照支付金额，借记本科目，贷记"零余额账户用款额度""银行存款"等科目。

【例11-47】接例11-46，市住房保障中心支付本月贫困家庭住房补贴款602 862元。

借：应付政府补贴款   602 862
    贷：零余额账户用款额度   602 862

九、应付利息的核算

为核算事业单位按照合同约定应支付的借款利息，包括短期借款、分期付息到期还本的长期借款等应支付的利息，设置"应付利息"（2304）科目。本科目期末贷方余额，反映事业单位应付未付的利息金额。本科目应当按照债权人等进行明细核算。

应付利息的主要账务处理如下：

（一）专门借款的应付利息核算

为建造固定资产、公共基础设施等借入的专门借款的利息，属于建设期间发生的，按期计提利息费用时，按照计算确定的金额，借记"在建工程"科目，贷记本科目；不属于建设期间发生的，按期计提利息费用时，按照计算确定的金额，借记"其他费用"科目，贷记本科目。

【例11-48】省物理研究所为建造实验大楼向银行贷入一笔款项，本月应付利息21 050元，大楼正在建设中。

借：在建工程　　　　　　　　　　　　　　　　　　　　21 050
　　贷：应付利息　　　　　　　　　　　　　　　　　　　　　　21 050

（二）其他借款的应付利息核算

对于其他借款，按期计提利息费用时，按照计算确定的金额，借记"其他费用"科目，贷记本科目。

【例11-49】为周转需要，省物理研究所向银行借入短期借款1 000 000元，期限为6个月，年利率6%，现计提本月利息费用5 000元。

借：其他费用　　　　　　　　　　　　　　　　　　　　5 000
　　贷：应付利息　　　　　　　　　　　　　　　　　　　　　　5 000

（三）实际支付应付利息时的核算

实际支付应付利息时，按照支付的金额，借记本科目，贷记"银行存款"等科目。

【例11-50】接例11-49，省物理研究所的短期借款到期，本金1 000 000元，已计提利息25 000元，本月应付利息5 000元，共计1 030 000元，以银行存款支付。

借：短期借款　　　　　　　　　　　　　　　　　　1 000 000
　　应付利息　　　　　　　　　　　　　　　　　　　　25 000
　　其他费用　　　　　　　　　　　　　　　　　　　　 5 000
　　贷：银行存款　　　　　　　　　　　　　　　　　　　1 030 000

十、预收账款的核算

为核算事业单位预先收取但尚未结算的款项，设置"预收账款"（2305）科目。本科目期末贷方余额，反映事业单位预收但尚未结算的款项金额。

核销的预收账款应在备查簿中保留登记。本科目应当按照债权人进行明细核算。

预收账款的主要账务处理如下：

（一）预收款项时的核算

从付款方预收款项时，按照实际预收的金额，借记"银行存款"等科目，贷记本科目。

【例11-51】省物理研究所为B企业研制特殊材料，预收订货款50 000元，存入银行。

借：银行存款　　　　　　　　　　　　　　　　　　　　50 000
　　贷：预收账款——B企业　　　　　　　　　　　　　　　　50 000

（二）确认收入时的核算

确认有关收入时，按照预收账款账面余额，借记本科目，按照应确认的收入金额，贷记"事业收入""经营收入"等科目，按照付款方补付或退回付款方的金额，借记或贷记"银行存款"等科目。涉及增值税业务的，相关账务处理参见"应交增值税"科目。

【例11-52】接例11-51，省物理研究所向B企业交货，材料总价款238 600元，增值税38 176元。预收款50 000元，余款226 776元存入银行。

借：银行存款   226 776

  预收账款——B企业   50 000

 贷：事业收入   238 600

   应交增值税——应交税金——销项税额   38 176

（三）批准核销时的核算

无法偿付或债权人豁免偿还的预收账款，应当按照规定报经批准后进行账务处理。经批准核销时，借记本科目，贷记"其他收入"科目。

【例11-53】接例11-51，因B企业产业转型，原预订的特殊材料不再需要，解除订货并放弃预付款项追索。经批准，省物理研究所核销预收B企业的账款。

借：预收账款——B企业   50 000

 贷：其他收入   50 000

十一、其他应付款的核算

为核算单位除应交增值税、其他应交税费、应缴财政款、应付职工薪酬、应付票据、应付账款、应付政府补贴款、应付利息、预收账款以外，其他各项偿还期限在1年内（含1年）的应付及暂收款项，如收取的押金、存入保证金、已经报销但尚未偿还银行的本单位公务卡欠款等，设置"其他应付款"（2307）科目。本科目期末贷方余额，反映单位尚未支付的其他应付款金额。同级政府财政部门预拨的下期预算款和没有纳入预算的暂付款项，以及采用实拨资金方式通过本单位转拨给下属单位的财政拨款，也通过本科目核算。

核销的其他应付款应在备查簿中保留登记。本科目应当按照其他应付款的类别以及债权人等进行明细核算。

其他应付款的主要账务处理如下：

（一）发生其他应付及暂收款项的核算

发生其他应付及暂收款项时，借记"银行存款"等科目，贷记本科目。支付（或退回）其他应付及暂收款项时，借记本科目，贷记"银行存款"等科目。将暂收款项转为收入时，借记本科目，贷记"事业收入"等科目。

【例11-54】省物理研究所收取临时工王艳的押金1 000元。

借：库存现金   1 000

 贷：其他应付款   1 000

（二）收到同级政府财政部门预拨款项的核算

1.收到同级政府财政部门预拨的下期预算款和没有纳入预算的暂付款项，按照实际收到的金额，借记"银行存款"等科目，贷记本科目；待到下一预算期或批准纳入预算时，借记本科目，贷记"财政拨款收入"科目。

【例11-55】县农业局收到同级政府财政部门预拨下月经费100 000元。

借：银行存款　　　　　　　　　　　　　　　　　100 000

　　贷：其他应付款　　　　　　　　　　　　　　　　　100 000

2.采用实拨资金方式通过本单位转拨给下属单位的财政拨款，按照实际收到的金额，借记"银行存款"科目，贷记本科目；向下属单位转拨财政拨款时，按照转拨的金额，借记本科目，贷记"银行存款"科目。

【例11-56】某县采用实拨资金方式，县农业局收到应转拨给下属单位的财政拨款80 000元，并转拨。

收到时，记：

借：银行存款　　　　　　　　　　　　　　　　　80 000

　　贷：其他应付款　　　　　　　　　　　　　　　　　80 000

转拨时，记：

借：其他应付款　　　　　　　　　　　　　　　　　80 000

　　贷：银行存款　　　　　　　　　　　　　　　　　80 000

（三）公务卡持卡人报销的核算

本单位公务卡持卡人报销时，按照审核报销的金额，借记"业务活动费用""单位管理费用"等科目，贷记本科目；偿还公务卡欠款时，借记本科目，贷记"零余额账户用款额度"等科目。

【例11-57】县农业局公务卡持卡人报销差旅费6 792元，并于月底偿还公务卡欠款。

借：业务活动费用　　　　　　　　　　　　　　　6 792

　　贷：其他应付款——××　　　　　　　　　　　　　6 792

借：其他应付款——××　　　　　　　　　　　　6 792

　　贷：银行存款　　　　　　　　　　　　　　　　　6 792

（四）涉及质保金的核算

涉及质保金形成其他应付款的，相关账务处理参见"固定资产"科目。

【例11-58】县农业局购入一台设备，总价款24 700元，按照协议有5%的质保金，余款23 465元以银行存款支付。

借：固定资产　　　　　　　　　　　　　　　　　24 700

　　贷：银行存款　　　　　　　　　　　　　　　　　23 465

　　　　其他应付款　　　　　　　　　　　　　　　　　1 235

（五）核销其他应收款的核算

无法偿付或债权人豁免偿还的其他应付款项，应当按照规定报经批准后进行账务处理。经批准核销时，借记本科目，贷记"其他收入"科目。

【例11-59】接例11-58，县农业局所购设备的质保金1 235元被债权人豁免，经批准予以核销。

借：其他应付款　　　　　　　　　　　　　　　　　1 235

贷：其他收入   1 235

十二、预提费用的核算

为核算单位预先提取的已经发生但尚未支付的费用，如预提租金费用等，设置"预提费用"（2401）科目。本科目期末贷方余额，反映单位已预提但尚未支付的各项费用。事业单位按规定从科研项目收入中提取的项目间接费用或管理费，也通过本科目核算。事业单位计提的借款利息费用，通过"应付利息""长期借款"科目核算，不通过本科目核算。

本科目应当按照预提费用的种类进行明细核算。对于提取的项目间接费用或管理费，应当在本科目下设置"项目间接费用或管理费"明细科目，并按项目进行明细核算。

预提费用的主要账务处理如下：

（一）项目间接费用或管理费的核算

1.按规定从科研项目收入中提取项目间接费用或管理费时，按照提取的金额，借记"单位管理费用"科目，贷记本科目（项目间接费用或管理费）。

【例11-60】省物理研究所按规定从科研项目收入中提取项目间接费用167 000元。

借：单位管理费用   167 000

  贷：预提费用——项目间接费用   167 000

2.实际使用计提的项目间接费用或管理费时，按照实际支付的金额，借记本科目（项目间接费用或管理费），贷记"银行存款""库存现金"等科目。

【例11-61】接例11-60，省物理研究所用项目间接费用100 000元安排职工科研奖励。

借：预提费用——项目间接费用   100 000

  贷：应付职工薪酬——规范津贴补贴（绩效工资） 100 000

（二）其他预提费用

1.按期预提租金等费用时，按照预提的金额，借记"业务活动费用""单位管理费用""经营费用"等科目，贷记本科目。

【例11-62】省物理研究所租用一大型场地用于材料的冲击实验，租金120 000元/年，计提本月租金10 000元。

借：业务活动费用   10 000

  贷：预提费用   10 000

2.实际支付款项时，按照支付金额，借记本科目，贷记"零余额账户用款额度""银行存款"等科目。

【例11-63】接例11-62，年末，省物理研究所支付材料冲击实验用场地的租金120 000元，以银行存款支付。

借：预提费用   120 000

  贷：银行存款   120 000

第三节

行政事业单位非流动负债的核算

一、长期借款的核算

为核算事业单位经批准向银行或其他金融机构等借入的期限超过1年（不含1年）的各种借款本息，设置"长期借款"（2501）科目。本科目期末贷方余额，反映事业单位尚未偿还的长期借款本息金额。

本科目应当设置"本金"和"应计利息"明细科目，并按照贷款单位和贷款种类进行明细核算。对于建设项目借款，还应按照具体项目进行明细核算。

长期借款的主要账务处理如下：

（一）借入长期借款的核算

借入各项长期借款时，按照实际借入的金额，借记"银行存款"科目，贷记本科目（本金）。

【例11-64】省物理研究所为购入大型设备（需安装）而向银行借入长期借款5 000 000元，期限18个月，年利率6%，一次性还本付息，款已到账。

借：银行存款 5 000 000

　贷：长期借款——本金 5 000 000

（二）计提基建借款利息的核算

为建造固定资产、公共基础设施等应支付的专门借款利息，按期计提利息时，分别以下情况处理：

1.属于工程项目建设期间发生的利息，计入工程成本，按照计算确定的应支付的利息金额，借记"在建工程"科目，贷记"应付利息"科目。

【例11-65】接例11-64，省物理研究所购买大型设备尚未安装完成，计提本月长期借款利息25 000元。

借：在建工程 25 000

　贷：应付利息 25 000

2.属于工程项目完工交付使用后发生的利息，计入当期费用，按照计算确定的应支付的利息金额，借记"其他费用"科目，贷记"应付利息"科目。

【例11-66】接例11-64和例11-65，省物理研究所购买的大型设备安装完成并投入使用，计提本月长期借款利息25 000元。

借：其他费用 25 000

　贷：应付利息 25 000

（三）计提其他长期借款利息的核算

按期计提其他长期借款的利息时，按照计算确定的应支付的利息金额，借记

"其他费用"科目，贷记"应付利息"科目［分期付息、到期还本借款的利息］或本科目（应计利息）［到期一次还本付息借款的利息］。

【例11-67】省物理研究所借入1年期长期借款800 000元用于实验项目资金周转，年利率6%，到期一次还本付息。现计提本月利息4 000元。

借：其他费用   4 000
　　贷：长期借款——应计利息   4 000

（四）归还长期借款本息的核算

到期归还长期借款本金、利息时，借记本科目（本金、应计利息），贷记"银行存款"科目。

【例11-68】接例11-64至例11-66，长期借款到期，省物理研究所偿还长期借款本金5 000 000元，应付利息450 000元，共计5 450 000元，以银行存款支付。

借：长期借款——本金   5 000 000
　　　　　　——应计利息   450 000
　　贷：银行存款   5 450 000

二、长期应付款的核算

为核算单位发生的偿还期限超过1年（不含1年）的应付款项，如以融资租赁方式取得固定资产应付的租赁费等，设置"长期应付款"（2502）科目。本科目期末贷方余额，反映单位尚未支付的长期应付款金额。本科目应当按照长期应付款的类别以及债权人进行明细核算。

长期应付款的主要账务处理如下：

（一）发生长期应付款时的核算

发生长期应付款时，借记"固定资产""在建工程"等科目，贷记本科目。

【例11-69】省物理研究所向L公司融资租入一台设备，价款及相关税费180 000元，首付20 000元以银行存款支付，余款160 000元分8个季度还清，每季末偿付20 000元。

借：固定资产   180 000
　贷：银行存款   20 000
　　　长期应付款——L公司   160 000

（二）支付长期应付款的核算

支付长期应付款时，按照实际支付的金额，借记本科目，贷记"财政拨款收入""零余额账户用款额度""银行存款"等科目。涉及增值税业务的，相关账务处理参见"应交增值税"科目。

【例11-70】接例11-69，季末，省物理研究所向L公司支付融资租赁设备款20 000元。

借：长期应付款——L公司   20 000
　　贷：银行存款   20 000

（三）核销长期应付款时的核算

无法偿付或债权人豁免偿还的长期应付款，应当按照规定报经批准后进行账务处理。经批准核销时，借记本科目，贷记"其他收入"科目。核销的长期应付款应在备查簿中保留登记。

【例11-71】接例11-69和例11-70，省物理研究所已支付L公司融资租入设备款160 000元，尚有20 000元没有付清。L公司提出豁免省物理研究所的偿还义务，经批准予以核销。

借：长期应付款——L公司　　　　　　　　　　　　　　　　　20 000
　贷：其他收入　　　　　　　　　　　　　　　　　　　　　　　　　20 000

（四）涉及质保金形成长期应付款的核算

涉及质保金形成长期应付款的，相关账务处理参见"固定资产"科目。

三、预计负债的核算

为核算单位对因或有事项所产生的现时义务而确认的负债，如对未决诉讼等确认的负债，设置"预计负债"（2601）科目。本科目期末贷方余额，反映单位已确认但尚未支付的预计负债金额。本科目应当按照预计负债的项目进行明细核算。

预计负债的主要账务处理如下：

（一）确认预计负债时的核算

确认预计负债时，按照预计的金额，借记"业务活动费用""经营费用""其他费用"等科目，贷记本科目。

【例11-72】省物理研究所与A公司之间因材料供应问题有一项未决诉讼，预计省物理研究所需向A公司支付100 000元赔偿款，确认预计负债100 000元。

借：业务活动费用　　　　　　　　　　　　　　　　　　　　100 000
　贷：预计负债　　　　　　　　　　　　　　　　　　　　　　　　100 000

（二）实际偿付预计负债时的核算

实际偿付预计负债时，按照偿付的金额，借记本科目，贷记"银行存款""零余额账户用款额度"等科目。

【例11-73】接例11-72，省物理研究所向A公司支付100 000元赔偿款，以银行存款支付。

借：预计负债　　　　　　　　　　　　　　　　　　　　　　100 000
　贷：银行存款　　　　　　　　　　　　　　　　　　　　　　　　100 000

（三）调整预计负债账面余额的核算

根据确凿证据需要对已确认的预计负债账面余额进行调整的，按照调整增加的金额，借记有关科目，贷记本科目；按照调整减少的金额，借记本科目，贷记有关科目。

【例11-74】接例11-72，依据法院判决，省物理研究所应向A公司支付120 000元的赔偿款，比原预计负债多20 000元，予以调整。

　　借：业务活动费用　　　　　　　　　　　　　　　　　　　　20 000
　　　贷：预计负债　　　　　　　　　　　　　　　　　　　　　　　　20 000

四、受托代理负债的核算

　　为核算单位接受委托取得受托代理资产时形成的负债，设置"受托代理负债"（2901）科目。本科目期末贷方余额，反映单位尚未交付或发出受托代理资产形成的受托代理负债金额。

　　本科目的账务处理参见"受托代理资产""库存现金""银行存款"等科目。

关键概念

　　行政事业单位的负债　　应缴财政款　　应付职工薪酬　　应付政府补贴款

复习思考题

1. 简述行政事业单位负债的确认条件。
2. 简述行政事业单位负债的计量。
3. 增值税一般纳税人单位应当在应交增值税科目下进行哪些明细设置？

行政事业单位财务会计净资产的核算

　　净资产，是指行政事业单位资产扣除负债后的净额。净资产金额取决于资产和负债的计量。净资产项目应当列入资产负债表。

　　行政事业单位净资产类的会计科目分为基金类和损益分配类。基金类的会计科目有累计盈余、专用基金和权益法调整；损益分配类的会计科目有本期盈余、本年盈余分配、无偿调拨净资产和以前年度盈余调整。

第一节

行政事业单位基金类净资产的核算

一、累计盈余的核算

　　为核算单位历年实现的盈余扣除盈余分配后滚存的金额，以及因无偿调入调出资产产生的净资产变动额，设置"累计盈余"（3001）科目。本科目年末余额，反映单位未分配盈余（或未弥补亏损）以及无偿调拨净资产变动的累计数。按照规定上缴、缴回、单位间调剂结转结余资金产生的净资产变动额，以及对以前年度盈余的调整金额，也通过本科目核算。

　　累计盈余的主要账务处理如下：

　　（一）年末结转

　　1.年末，将"本年盈余分配"科目的余额转入累计盈余，借记或贷记"本年盈余分配"科目，贷记或借记本科目。

　　【例12-1】年末，省物理研究所将"本年盈余分配"科目的贷方余额614 000

元转入累计盈余。

    借：本年盈余分配   614 000
      贷：累计盈余   614 000

2.年末，将"无偿调拨净资产"科目的余额转入累计盈余，借记或贷记"无偿调拨净资产"科目，贷记或借记本科目。

【例12-2】年末，省物理研究所将"无偿调拨净资产"科目的贷方余额 69 500 元转入累计盈余。

    借：无偿调拨净资产   69 500
      贷：累计盈余   69 500

（二）上缴结转结余的核算

1.按照规定上缴财政拨款结转结余、缴回非财政拨款结转资金、向其他单位调出财政拨款结转资金时，按照实际上缴、缴回、调出金额，借记本科目，贷记"财政应返还额度""零余额账户用款额度""银行存款"等科目。

【例12-3】按照规定，省物理研究所上缴财政拨款结转结余 59 300 元，以零余额账户用款额度支付。

    借：累计盈余   59 300
      贷：零余额账户用款额度   59 300

2.按照规定从其他单位调入财政拨款结转资金时，按照实际调入金额，借记"零余额账户用款额度""银行存款"等科目，贷记本科目。

【例12-4】按照规定，省物理研究所从市物理研究所调入财政拨款结转资金 23 000 元，存入银行。

    借：银行存款   23 000
      贷：累计盈余   23 000

（三）调整以前年度盈余的核算

将"以前年度盈余调整"科目的余额转入本科目，借记或贷记"以前年度盈余调整"科目，贷记或借记本科目。

【例12-5】按照规定，省物理研究所将"以前年度盈余调整"科目的贷方余额 5 000 元转入累计盈余。

    借：以前年度盈余调整   5 000
      贷：累计盈余   5 000

（四）使用专用基金的核算

按照规定使用专用基金购置固定资产、无形资产的，按照固定资产、无形资产成本金额，借记"固定资产""无形资产"科目，贷记"银行存款"等科目；同时，按照专用基金使用金额，借记"专用基金"科目，贷记本科目。

【例12-6】按照规定，省物理研究所使用专用基金（固定资产修购基金）购置专用设备2台，价款及相关税费 22 000 元，以银行存款支付。

    借：固定资产   22 000

　　贷：银行存款　　　　　　　　　　　　　　　　　　　　　22 000
　　借：专用基金——固定资产修购基金　　　　　22 000
　　　　贷：累计盈余　　　　　　　　　　　　　　　　　　　 22 000

二、专用基金的核算

　　为核算事业单位按照规定提取或设置的具有专门用途的净资产，主要包括职工福利基金、科技成果转换基金等，设置"专用基金"（3101）科目。本科目期末贷方余额，反映事业单位累计提取或设置的尚未使用的专用基金。本科目应当按照专用基金的类别进行明细核算。

　　专用基金的主要账务处理如下：

　　（一）提取、设置专用基金的核算

　　1.年末，根据有关规定从本年度非财政拨款结余或经营结余中提取专用基金的，按照预算会计下计算的提取金额，借记"本年盈余分配"科目，贷记本科目。

　　【例12-7】年末，省物理研究所按照规定从本年度非财政拨款结余中提取专用基金（修购基金）795 200元。

　　借：本年盈余分配　　　　　　　　　　　　　795 200
　　　　贷：专用基金——修购基金　　　　　　　　　　　　795 200

　　2.根据有关规定从收入中提取专用基金并计入费用的，一般按照预算会计下基于预算收入计算提取的金额，借记"业务活动费用"等科目，贷记本科目。国家另有规定的，从其规定。

　　【例12-8】省物理研究所按规定从收入中提取专用基金（修购基金）153 500元。

　　借：业务活动费用　　　　　　　　　　　　　153 500
　　　　贷：专用基金——修购基金　　　　　　　　　　　　153 500

　　3.根据有关规定设置的其他专用基金，按照实际收到的基金金额，借记"银行存款"等科目，贷记本科目。

　　【例12-9】省物理研究所按规定设置专用基金（机构改革基金），收到主管部门拨付的专项资金20 000 000元，存入银行。

　　借：银行存款　　　　　　　　　　　　　　　20 000 000
　　　　贷：专用基金——机构改革基金　　　　　　　　　 20 000 000

　　（二）使用专用基金的核算

　　1.按照规定使用提取的专用基金时，借记本科目，贷记"银行存款"等科目。

　　【例12-10】接例12-9，省物理研究所进行机构改革，按照规定使用专用基金（机构改革基金）5 000 000元，支付职工离职补偿。

　　借：专用基金——机构改革基金　　　　　　　5 000 000
　　　　贷：银行存款　　　　　　　　　　　　　　　　　　5 000 000

2.使用提取的专用基金购置固定资产、无形资产的，按照固定资产、无形资产成本金额，借记"固定资产""无形资产"科目，贷记"银行存款"等科目；同时，按照专用基金使用金额，借记本科目，贷记"累计盈余"科目。

【例12-11】省物理研究所使用提取的专用基金（修购基金）购买一项专利权，价款及相关税费27 000元，以银行存款支付。

借：无形资产	27 000
贷：银行存款	27 000
借：专用基金——修购基金	27 000
贷：累计盈余	27 000

三、权益法调整的核算

为核算事业单位持有的长期股权投资采用权益法核算时，按照被投资单位除净损益和利润分配以外的所有者权益变动份额调整长期股权投资账面余额而计入净资产的金额，设置"权益法调整"（3201）科目。本科目期末余额，反映事业单位在被投资单位除净损益和利润分配以外的所有者权益变动中累积享有（或分担）的份额。本科目应当按照被投资单位进行明细核算。

权益法调整的主要账务处理如下：

（一）年末调整

年末，按照被投资单位除净损益和利润分配以外的所有者权益变动应享有（或应分担）的份额，借记或贷记"长期股权投资——其他权益变动"科目，贷记或借记本科目。

【例12-12】省物理研究所持有的长期股权投资采用权益法核算。年末，购买的K公司股票价格下跌，净损失38 213元，予以调整。

借：权益法调整	38 213
贷：长期股权投资——其他权益变动	38 213

（二）其他因素引起净资产变动

采用权益法核算的长期股权投资，因被投资单位除净损益和利润分配以外的所有者权益变动而将应享有（或应分担）的份额计入单位净资产的，处置该项投资时，按照原计入净资产的相应部分金额，借记或贷记本科目，贷记或借记"投资收益"科目。

【例12-13】省物理研究所投资的H公司又投资了M公司，M公司在期货交易中失利，引起H公司的长期股权投资公允价值变动，省物理研究所应分担的损失为625 000元，予以调整。

借：投资收益	625 000
贷：权益法调整	625 000

第二节

行政事业单位损益分配类净资产的核算

一、本期盈余的核算

为核算单位本期各项收入、费用相抵后的余额，设置"本期盈余"（3301）科目。本科目期末如为贷方余额，反映单位自年初至当期期末累计实现的盈余；如为借方余额，反映单位自年初至当期期末累计发生的亏损。年末结账后，本科目应无余额。

本期盈余的主要账务处理如下：

（一）将各类收支科目的本期发生额转入本期盈余

1.期末，将各类收入科目的本期发生额转入本期盈余，借记"财政拨款收入""事业收入""上级补助收入""附属单位上缴收入""经营收入""非同级财政拨款收入""投资收益""捐赠收入""利息收入""租金收入""其他收入"科目，贷记本科目。

【例12-14】年末，省物理研究所将财政拨款收入63 920 000元、事业收入35 662 000元、上级补助收入100 000元、附属单位上缴收入200 000元、经营收入306 000元、非同级财政拨款收入44 553 000元、投资收益90 000元、捐赠收入300 000元、利息收入5 000元、租金收入70 000元、其他收入1 000元转入"本期盈余"科目。

借：财政拨款收入	63 920 000
事业收入	35 662 000
上级补助收入	100 000
附属单位上缴收入	200 000
经营收入	306 000
非同级财政拨款收入	44 553 000
投资收益	90 000
捐赠收入	300 000
利息收入	5 000
租金收入	70 000
其他收入	1 000
贷：本期盈余	145 207 000

2.将各类费用科目本期发生额转入本期盈余，借记本科目，贷记"业务活动费用""单位管理费用""经营费用""所得税费用""资产处置费用""上缴上级费用""对附属单位补助费用""其他费用"科目。

【例12-15】年末，省物理研究所将业务活动费用126 575 000元、单位管理费用9 056 000元、经营费用372 000元、资产处置费用6 000元、上缴上级费用6 000 000元、对附属单位补助费用2 400 000元、所得税费用30 000元、其他费用500元转入"本期盈余"科目。

借：本期盈余	144 439 500
贷：业务活动费用	126 575 000
单位管理费用	9 056 000
经营费用	372 000
资产处置费用	6 000
上缴上级费用	6 000 000
对附属单位补助费用	2 400 000
所得税费用	30 000
其他费用	500

（二）将本期盈余科目余额转入本年盈余分配

年末，完成上述结转后，将本科目余额转入"本年盈余分配"科目，借记或贷记本科目，贷记或借记"本年盈余分配"科目。

【例12-16】接例12-14和例12-15，年末，省物理研究所将"本期盈余"科目的贷方余额767 500元转入"本年盈余分配"科目。

借：本期盈余	767 500
贷：本年盈余分配	767 500

二、本年盈余分配的核算

为核算单位本年度盈余分配的情况和结果，设置"本年盈余分配"（3302）科目。年末结账后，本科目应无余额。

本年盈余分配的主要账务处理如下：

1.年末，将"本期盈余"科目余额转入本科目，借记或贷记"本期盈余"科目，贷记或借记本科目。

【例12-17】同例12-16，年末，省物理研究所将本期盈余科目贷方余额767 500元转入"本年盈余分配"科目。

借：本期盈余	767 500
贷：本年盈余分配	767 500

2.年末，根据有关规定从本年度非财政拨款结余或经营结余中提取专用基金的，按照预算会计下计算的提取金额，借记本科目，贷记"专用基金"科目。

【例12-18】省物理研究所按规定从经营结余中提取职工福利基金20 000元。

借：本年盈余分配	20 000
贷：专用基金——职工福利基金	20 000

3.年末，按照规定完成上述两项处理后，将本科目余额转入累计盈余，借记或贷记本科目，贷记或借记"累计盈余"科目。

【例12-19】年末，省物理研究所将"本年盈余分配"科目的贷方余额 747 500元转入"累计盈余"科目。

　　借：本年盈余分配　　　　　　　　　　　　　　　　　　747 500

　　　　贷：累计盈余　　　　　　　　　　　　　　　　　　　　747 500

三、无偿调拨净资产的核算

　　为核算单位无偿调入或调出非现金资产所引起的净资产变动金额，设置"无偿调拨净资产"（3401）科目。年末结账后，本科目应无余额。

　　无偿调拨净资产的主要账务处理如下：

　　（一）无偿调入资产的核算

　　按照规定取得无偿调入的存货、长期股权投资、固定资产、无形资产、公共基础设施、政府储备物资、文物文化资产、保障性住房等，按照确定的成本，借记"库存物品""长期股权投资""固定资产""无形资产""公共基础设施""政府储备物资""文物文化资产""保障性住房"等科目，按照调入过程中发生的归属于调入方的相关费用，贷记"零余额账户用款额度""银行存款"等科目，按照其差额，贷记本科目。

　　【例12-20】省物理研究所无偿调入一项专利技术，对方提供的凭证显示该项专利的成本为90 000元，以库存现金支付相关费用600元。

　　借：无形资产　　　　　　　　　　　　　　　　　　　　90 000

　　　　贷：库存现金　　　　　　　　　　　　　　　　　　　　　600

　　　　　　无偿调拨净资产　　　　　　　　　　　　　　　　　89 400

　　（二）无偿调出资产的核算

　　按照规定经批准无偿调出存货、长期股权投资、固定资产、无形资产、公共基础设施、政府储备物资、文物文化资产、保障性住房等，按照调出资产的账面余额或账面价值，借记本科目，按照固定资产累计折旧、无形资产累计摊销、公共基础设施累计折旧或摊销、保障性住房累计折旧的金额，借记"固定资产累计折旧""无形资产累计摊销""公共基础设施累计折旧（摊销）""保障性住房累计折旧"科目，按照调出资产的账面余额，贷记"库存物品""长期股权投资""固定资产""无形资产""公共基础设施""政府储备物资""文物文化资产""保障性住房"等科目；同时，按照调出过程中发生的归属于调出方的相关费用，借记"资产处置费用"科目，贷记"零余额账户用款额度""银行存款"等科目。

　　【例12-21】省物理研究所无偿调出一台设备，设备的账面余额 26 550元，已计提折旧 6 650元。调出过程中发生归属于调出方的运输费200元，以库存现金支付。

　　借：无偿调拨净资产　　　　　　　　　　　　　　　　　19 900

　　　　固定资产累计折旧　　　　　　　　　　　　　　　　　6 650

　　　　贷：固定资产　　　　　　　　　　　　　　　　　　　26 550

　　借：资产处置费用　　　　　　　　　　　　　　　　　　　　200

　　　　贷：库存现金　　　　　　　　　　　　　　　　　　　　　　　　　　200

　　（三）年末结转的核算

　　年末，将本科目余额转入累计盈余，借记或贷记本科目，贷记或借记"累计盈余"科目。

　　【例12-22】接例12-20和例12-21，年末，省物理研究所将"无偿调拨净资产"科目的贷方余额69 500元转入"累计盈余"科目。

　　　　借：无偿调拨净资产　　　　　　　　　　　　　　　　　　　　　69 500

　　　　　　贷：累计盈余　　　　　　　　　　　　　　　　　　　　　　　　69 500

四、以前年度盈余调整的核算

　　为核算单位本年度发生的调整以前年度盈余的事项，包括本年度发生的重要前期差错更正涉及调整以前年度盈余的事项，设置"以前年度盈余调整"（3501）科目。本科目结转后应无余额。

　　以前年度盈余调整的主要账务处理如下：

　　（一）调整以前年度收入的核算

　　调整增加以前年度收入时，按照调整增加的金额，借记有关科目，贷记本科目。调整减少的，作相反会计分录。

　　【例12-23】因质量问题，省物理研究所退回一批材料，为上一年度以国库直接支付方式购买，材料款40 000元按原渠道退回国库，并调整以前年度盈余。

　　　　借：财政应返还额度——财政直接支付　　　　　　　　　　　　　40 000

　　　　　　贷：以前年度盈余调整　　　　　　　　　　　　　　　　　　　40 000

　　（二）调整以前年度费用的核算

　　调整增加以前年度费用时，按照调整增加的金额，借记本科目，贷记有关科目。调整减少的，作相反会计分录。

　　【例12-24】因计算错误，省物理研究所上一年度向S公司的派遣劳务费少支付了50 000元，以零余额账户用款额度补付并调整以前年度盈余。

　　　　借：以前年度盈余调整　　　　　　　　　　　　　　　　　　　　50 000

　　　　　　贷：零余额账户用款额度　　　　　　　　　　　　　　　　　　50 000

　　（三）盘盈的各种非流动资产的核算

　　盘盈的各种非流动资产，报经批准后处理时，借记"待处理财产损溢"科目，贷记本科目。

　　【例12-25】省物理研究所盘盈1块陨石标本，估价15 000元，报经批准后入账并调整以前年度盈余。

　　　　借：待处理财产损溢　　　　　　　　　　　　　　　　　　　　　15 000

　　　　　　贷：以前年度盈余调整　　　　　　　　　　　　　　　　　　　15 000

　　（四）转入累计盈余的核算

　　经上述调整后，应将本科目的余额转入累计盈余，借记或贷记"累计盈余"科目，贷记或借记本科目。

【例12-26】接例12-23至例12-25，并同例12-5，按照规定，省物理研究所将"以前年度盈余调整"科目的贷方余额5 000元转入"累计盈余"科目。

借：以前年度盈余调整　　　　　　　　　　　　　　　　　　5 000

　贷：累计盈余　　　　　　　　　　　　　　　　　　　　　　　　5 000

关键概念

净资产　累计盈余　专用基金

复习思考题

1.简述本期盈余的核算。

2.简述累计盈余的核算。

第十三章 行政事业单位财务会计收入和费用的核算

第一节

行政事业单位收入的核算

收入是指报告期内导致行政事业单位净资产增加的、含有服务潜力或者经济利益的经济资源的流入。收入的确认应当同时满足以下条件：（1）与收入相关的含有服务潜力或者经济利益的经济资源很可能流入政府会计主体；（2）含有服务潜力或者经济利益的经济资源流入会导致政府会计主体资产增加或者负债减少；（3）流入金额能够可靠地计量。

符合收入定义和收入确认条件的项目，应当列入收入费用表。行政事业单位的收入有财政拨款收入、事业收入、上级补助收入、附属单位上缴收入、经营收入、非同级财政拨款收入、投资收益、捐赠收入、利息收入、租金收入和其他收入。

一、财政拨款收入的核算

为核算单位从同级政府财政部门取得的各类财政拨款，设置"财政拨款收入"（4001）科目。期末结转后，本科目应无余额。同级政府财政部门预拨的下期预算款和没有纳入预算的暂付款项，以及采用实拨资金方式通过本单位转拨给下属单位的财政拨款，通过"其他应付款"科目核算，不通过本科目核算。本科目可按照一般公共预算财政拨款、政府性基金预算财政拨款等拨款种类进行明细核算。

财政拨款收入的主要账务处理如下：

（一）财政直接支付下的核算

1.财政直接支付方式下，根据收到的"财政直接支付入账通知书"及相关原始凭证，按照通知书中的直接支付入账金额，借记"库存物品""固定资产""业务活动费用""单位管理费用""应付职工薪酬"等科目，贷记本科目。涉及增值税业务的，相关账务处理参见"应交增值税"科目。

【例13-1】省物理研究所购买一批实验材料，价款及相关费用60 000元，以财政直接支付方式付款。

借：库存物品　　　　　　　　　　　　　　　　　60 000

　　贷：财政拨款收入　　　　　　　　　　　　　　　　60 000

2.年末，根据本年度财政直接支付预算指标数与当年财政直接支付实际支付数的差额，借记"财政应返还额度——财政直接支付"科目，贷记本科目。

【例13-2】年末，省物理研究所的财政直接支付预算结余200 000元，转入财政应返还额度科目。

借：财政应返还额度——财政直接支付　　　　　　200 000

　　贷：财政拨款收入　　　　　　　　　　　　　　　200 000

（二）财政授权支付方式下的核算

1.财政授权支付方式下，根据收到的"财政授权支付额度到账通知书"，按照通知书中的授权支付额度，借记"零余额账户用款额度"科目，贷记本科目。

【例13-3】省物理研究所收到"财政授权支付额度到账通知书"，通知书所列的授权支付额度为1 000 000元。

借：零余额账户用款额度　　　　　　　　　　　1 000 000

　　贷：财政拨款收入　　　　　　　　　　　　　　1 000 000

2.年末，本年度财政授权支付预算指标数大于零余额账户用款额度下达数的，根据未下达的用款额度，借记"财政应返还额度——财政授权支付"科目，贷记本科目。

【例13-4】年末，省物理研究所的财政授权支付预算结余150 000元，转入财政应返还额度科目。

借：财政应返还额度——财政授权支付　　　　　　150 000

　　贷：财政拨款收入　　　　　　　　　　　　　　　150 000

（三）其他方式下的核算

其他方式下收到财政拨款收入时，按照实际收到的金额，借记"银行存款"等科目，贷记本科目。

【例13-5】某县实行实拨资金方式，县农机站收到财政拨款收入50 000元存入银行。

借：银行存款　　　　　　　　　　　　　　　　　50 000

　　贷：财政拨款收入　　　　　　　　　　　　　　　50 000

（四）差错更正或购货退回

因差错更正或购货退回等发生国库直接支付款项退回的，属于以前年度支付的款项，按照退回金额，借记"财政应返还额度——财政直接支付"科目，贷记"以前年度盈余调整""库存物品"等科目；属于本年度支付的款项，按照退回金额，借记本科目，贷记"业务活动费用""库存物品"等科目。

【例13-6】因差错，省物理研究所上月以财政直接支付方式支付的电费多了30 000元，现按原渠道退回。

借：财政拨款收入   30 000

    贷：业务活动费用   30 000

（五）期末结转

期末，将本科目本期发生额转入本期盈余，借记本科目，贷记"本期盈余"科目。

【例13-7】参见例12-14，年末，省物理研究所将财政拨款收入63 920 000元转入"本期盈余"科目。

借：财政拨款收入   63 920 000

    贷：本期盈余   63 920 000

二、事业收入的核算

为核算事业单位开展专业业务活动及其辅助活动实现的收入，不包括从同级政府财政部门取得的各类财政拨款，设置"事业收入"（4101）科目。期末结转后，本科目应无余额。对于因开展科研及其辅助活动从非同级政府财政部门取得的经费拨款，应当在本科目下单设"非同级财政拨款"明细科目进行核算。本科目应当按照事业收入的类别、来源等进行明细核算。

事业收入的主要账务处理如下：

（一）采用财政专户返还方式管理的事业收入

1.实现应上缴财政专户的事业收入时，按照实际收到或应收的金额，借记"银行存款""应收账款"等科目，贷记"应缴财政款"科目。

【例13-8】省物理研究所收到研究生缴纳的学费收入132 000元，存入银行，按照规定，该项收入应上缴财政专户管理。

借：银行存款   132 000

    贷：应缴财政款   132 000

2.向财政专户上缴款项时，按照实际上缴的款项金额，借记"应缴财政款"科目，贷记"银行存款"等科目。

【例13-9】接例13-8，省物理研究所向财政专户上缴款项132 000元。

借：应缴财政款   132 000

    贷：银行存款   132 000

3.收到从财政专户返还的事业收入时，按照实际收到的返还金额，借记"银行存款"等科目，贷记本科目。

【例13-10】接例13-8和例13-9，省物理研究所收到从财政专户返还的事业收入132 000元，存入银行。

借：银行存款　　　　　　　　　　　　　　　　　　　　132 000

　　贷：事业收入　　　　　　　　　　　　　　　　　　　　132 000

（二）采用预收款方式确认的事业收入

1.实际收到预收款项时，按照收到的款项金额，借记"银行存款"等科目，贷记"预收账款"科目。

【例13-11】省物理研究所预收A公司的订货款100 000元，存入银行。

借：银行存款　　　　　　　　　　　　　　　　　　　　100 000

　　贷：预收账款——A公司　　　　　　　　　　　　　　100 000

2.以合同完成进度确认事业收入时，按照基于合同完成进度计算的金额，借记"预收账款"科目，贷记本科目。

【例13-12】接例13-11，依据合同完成进度，省物理研究所确认本月的事业收入75 000元。

借：预收账款——A公司　　　　　　　　　　　　　　　75 000

　　贷：事业收入　　　　　　　　　　　　　　　　　　　　75 000

（三）采用应收款方式确认的事业收入

1.根据合同完成进度计算本期应收的款项，借记"应收账款"科目，贷记本科目。

【例13-13】省物理研究所与B企业签订合同为B企业加工特殊材料，合同总金额500 000元。依据合同完成进度，确认本期应收款项110 000元。

借：应收账款——B企业　　　　　　　　　　　　　　　110 000

　　贷：事业收入　　　　　　　　　　　　　　　　　　　94 828

　　　　应交增值税——应交税金——销项税额　　　　　　15 172

2.实际收到款项时，借记"银行存款"等科目，贷记"应收账款"科目。

【例13-14】接例13-13，省物理研究所收到B企业支付的款项110 000元，存入银行。

借：银行存款　　　　　　　　　　　　　　　　　　　　110 000

　　贷：应收账款——B企业　　　　　　　　　　　　　　110 000

（四）采用其他方式确认的事业收入

其他方式下确认的事业收入，按照实际收到的金额，借记"银行存款""库存现金"等科目，贷记本科目。

【例13-15】省物理研究所出售一批产品，价款42 000元，增值税6 720元，共计48 720元，款项存入银行。

借：银行存款　　　　　　　　　　　　　　　　　　　　48 720

　　贷：事业收入　　　　　　　　　　　　　　　　　　　42 000

　　　　应交增值税——应交税金——销项税额　　　　　　6 720

上述（二）至（四）中涉及增值税业务的，相关账务处理参见"应交增值税"科目。

（五）期末结转

期末，将本科目本期发生额转入本期盈余，借记本科目，贷记"本期盈余"科目。

【例13-16】参见例12-14，年末，省物理研究所将事业收入35 662 000元转入"本期盈余"科目。

借：事业收入　　　　　　　　　　　　　　　　　　35 662 000

　　贷：本期盈余　　　　　　　　　　　　　　　　　　35 662 000

三、上级补助收入的核算

为核算事业单位从主管部门和上级单位取得的非财政拨款收入，设置"上级补助收入"（4201）科目。期末结转后，本科目应无余额。本科目应当按照发放补助单位、补助项目等进行明细核算。

上级补助收入的主要账务处理如下：

（一）取得收入的核算

1.确认上级补助收入时，按照应收或实际收到的金额，借记"其他应收款""银行存款"等科目，贷记本科目。

【例13-17】依据部门预算，省物理研究所确认上半年应获得上级补助收入50 000元。

借：其他应收款　　　　　　　　　　　　　　　　　　50 000

　　贷：上级补助收入　　　　　　　　　　　　　　　　　50 000

2.实际收到应收的上级补助款时，按照实际收到的金额，借记"银行存款"等科目，贷记"其他应收款"科目。

【例13-18】接例13-17，省物理研究所实际收到上级拨入的补助收入50 000元，并存入银行。

借：银行存款　　　　　　　　　　　　　　　　　　50 000

　　贷：其他应收款　　　　　　　　　　　　　　　　　50 000

（二）期末结转

期末，将本科目本期发生额转入本期盈余，借记本科目，贷记"本期盈余"科目。

【例13-19】参见例12-14，年末，省物理研究所将上级补助收入100 000元转入"本期盈余"科目。

借：上级补助收入　　　　　　　　　　　　　　　　100 000

　　贷：本期盈余　　　　　　　　　　　　　　　　　　100 000

四、附属单位上缴收入的核算

为核算事业单位取得的附属独立核算单位按照有关规定上缴的收入，设置"附属单位上缴收入"（4301）科目。期末结转后，本科目应无余额。本科目应当按照附属单位、缴款项目等进行明细核算。

附属单位上缴收入的主要账务处理如下：

（一）取得收入的核算

1.确认附属单位上缴收入时，按照应收或收到的金额，借记"其他应收款""银行存款"等科目，贷记本科目。

【例13-20】依据部门预算，省物理研究所确认附属加工厂上半年应上缴收入100 000元。

借：其他应收款 100 000

　贷：附属单位上缴收入 100 000

2.实际收到应收附属单位上缴款时，按照实际收到的金额，借记"银行存款"等科目，贷记"其他应收款"科目。

【例13-21】接例13-20，省物理研究所收到附属加工厂上缴的100 000元，并存入银行。

借：银行存款 100 000

　贷：其他应收款 100 000

（二）期末结转

期末，将本科目本期发生额转入本期盈余，借记本科目，贷记"本期盈余"科目。

【例13-22】参见例12-14，年末，省物理研究所将附属单位上缴收入200 000元转入"本期盈余"科目。

借：附属单位上缴收入 200 000

　贷：本期盈余 200 000

五、经营收入的核算

为核算事业单位在专业业务活动及其辅助活动之外开展非独立核算经营活动取得的收入，设置"经营收入"（4401）科目。期末结转后，本科目应无余额。

经营收入应当在提供服务或发出存货，同时收讫价款或者取得索取价款的凭据时，按照实际收到或应收的金额予以确认。本科目应当按照经营活动类别、项目和收入来源等进行明细核算。

经营收入的主要账务处理如下：

（一）实现经营收入的核算

实现经营收入时，按照确定的收入金额，借记"银行存款""应收账款""应收票据"等科目，贷记本科目。涉及增值税业务的，相关账务处理参见"应交增值税"科目。

【例13-23】省物理研究所为M中心提供投资政策咨询服务，取得经营收入80 000元，增值税4 800元，共计84 800元，存入银行。

借：银行存款 84 800

　贷：经营收入 80 000

　　应交增值税——应交税金——销项税额 4 800

（二）期末结转

期末，将本科目本期发生额转入本期盈余，借记本科目，贷记"本期盈余"科目。

【例13-24】参见例12-14，年末，省物理研究所将经营收入306 000元转入"本期盈余"科目。

借：经营收入   306 000

  贷：本期盈余   306 000

六、非同级财政拨款收入的核算

为核算单位从非同级政府财政部门取得的经费拨款，包括从同级政府其他部门取得的横向转拨财政款、从上级或下级政府财政部门取得的经费拨款等，设置"非同级财政拨款收入"（4601）科目。期末结转后，本科目应无余额。事业单位因开展科研及其辅助活动从非同级政府财政部门取得的经费拨款，应当通过"事业收入——非同级财政拨款"科目核算，不通过本科目核算。本科目应当按照本级横向转拨财政款和非本级财政拨款进行明细核算，并按照收入来源进行明细核算。

非同级财政拨款收入的主要账务处理如下：

（一）确认非同级财政拨款收入时的核算

确认非同级财政拨款收入时，按照应收或实际收到的金额，借记"其他应收款""银行存款"等科目，贷记本科目。

【例13-25】省物理研究所收到自然基金委拨来的自然科学基金课题费6 000 000元，款项存入银行。

借：银行存款   6 000 000

  贷：非同级财政拨款收入   6 000 000

（二）期末结转

期末，将本科目本期发生额转入本期盈余，借记本科目，贷记"本期盈余"科目。

【例13-26】参见例12-14，年末，省物理研究所将非同级财政拨款收入44 553 000元转入"本期盈余"科目。

借：非同级财政拨款收入   44 553 000

  贷：本期盈余   44 553 000

七、投资收益的核算

为核算事业单位股权投资和债券投资所实现的收益或发生的损失，设置"投资收益"（4602）。期末结转后，本科目应无余额。本科目应当按照投资的种类等进行明细核算。

投资收益的主要账务处理如下：

（一）收到短期投资持有期间利息的核算

收到短期投资持有期间的利息，按照实际收到的金额，借记"银行存款"科目，贷记"投资收益"科目。

【例13-27】月末，省物理研究所收到半年期国库券的本月利息1 000元，存入银行。

借：银行存款　　　　　　　　　　　　　　　　　　　　1 000

　　贷：投资收益　　　　　　　　　　　　　　　　　　　　　　1 000

（二）出售或到期收回短期债券本息的核算

出售或到期收回短期债券本息，按照实际收到的金额，借记"银行存款"科目，按照出售或收回短期投资的成本，贷记"短期投资"科目，按照其差额，贷记或借记本科目。涉及增值税业务的，相关账务处理参见"应交增值税"科目。

【例13-28】接例13-27，半年期国库券到期，省物理研究所收到资金1 001 000元，已知短期投资的成本为1 000 000元。

借：银行存款　　　　　　　　　　　　　　　　　　　1 001 000

　　贷：短期投资　　　　　　　　　　　　　　　　　　　1 000 000

　　　　投资收益　　　　　　　　　　　　　　　　　　　　　　1 000

（三）按期确认分期付息、一次还本的长期债券投资利息收入的核算

持有的分期付息、一次还本的长期债券投资，按期确认利息收入时，按照计算确定的应收未收利息，借记"应收利息"科目，贷记本科目；持有的到期一次还本付息的债券投资，按期确认利息收入时，按照计算确定的应收未收利息，借记"长期债券投资——应计利息"科目，贷记本科目。

【例13-29】省物理研究所确认其持有的到期一次还本付息的2年期债券投资本月利息收入600元。

借：长期债券投资——应计利息　　　　　　　　　　　　　600

　　贷：投资收益　　　　　　　　　　　　　　　　　　　　　　600

（四）出售或到期收回长期债券投资核算

出售长期债券投资或到期收回长期债券投资本息，按照实际收到的金额，借记"银行存款"等科目，按照债券初始投资成本和已计未收利息金额，贷记"长期债券投资——成本、应计利息"科目［到期一次还本付息债券］或"长期债券投资""应收利息"科目［分期付息债券］，按照其差额，贷记或借记本科目。涉及增值税业务的，相关账务处理参见"应交增值税"科目。

【例13-30】接例13-29，省物理研究所到期收回长期债券投资本息共计194 400元，其中，初始投资成本180 000元，已计未收利息14 400元，款项存入银行。

借：银行存款　　　　　　　　　　　　　　　　　　　194 4000

　　贷：长期债券投资——成本　　　　　　　　　　　　　180 000

　　　　　　　　　　　——应计利息　　　　　　　　　　　14 400

（五）长期股权投资持有期间收益的核算

1.采用成本法核算的长期股权投资持有期间，被投资单位宣告分派现金股利或利润时，按照宣告分派的现金股利或利润中属于单位应享有的份额，借记"应收股利"科目，贷记本科目。

【例13-31】省物理研究所对长期股权投资实行成本法核算，年末被投资单位L公司宣告分派现金股利，本单位应享有的份额为15 000元。

借：应收股利　　　　　　　　　　　　　　　　　　15 000

　　贷：投资收益　　　　　　　　　　　　　　　　　　　　15 000

2.采用权益法核算的长期股权投资持有期间，按照应享有或应分担的被投资单位实现的净损益的份额，借记或贷记"长期股权投资——损益调整"科目，贷记或借记本科目；被投资单位发生净亏损，但以后年度又实现净利润的，单位在其收益分享额弥补未确认的亏损分担额等后，恢复确认投资收益，借记"长期股权投资——损益调整"科目，贷记本科目。

【例13-32】市文化宫对长期股权投资采用权益法核算，年末，确认本单位应享有依据的被投资单位净收益为29 000元。

借：长期股权投资——损益调整　　　　　　　　　　29 000

　　贷：投资收益　　　　　　　　　　　　　　　　　　　　29 000

（六）处置长期股权投资的核算

按照规定处置长期股权投资时有关投资收益的账务处理，参见"长期股权投资"科目。

（七）期末结转

期末，将本科目本期发生额转入本期盈余，借记或贷记本科目，贷记或借记"本期盈余"科目。

【例13-33】参见例12-14，年末，省物理研究所将投资收益90 000元转入"本期盈余"科目。

借：投资收益　　　　　　　　　　　　　　　　　　90 000

　　贷：本期盈余　　　　　　　　　　　　　　　　　　　　90 000

八、捐赠收入的核算

为核算单位接受其他单位或者个人捐赠取得的收入，设置"捐赠收入"（4603）科目。期末结转后，本科目应无余额。本科目应当按照捐赠资产的用途和捐赠单位等进行明细核算。

捐赠收入的主要账务处理如下：

（一）接受捐赠的核算

1.接受捐赠的货币资金，按照实际收到的金额，借记"银行存款""库存现金"等科目，贷记本科目。

【例13-34】省物理研究所接受一民营企业捐赠50 000元，存入银行。

借：银行存款　　　　　　　　　　　　　　　　　　50 000

　　贷：捐赠收入　　　　　　　　　　　　　　　　　　　　50 000

2.接受捐赠的存货、固定资产等非现金资产，按照确定的成本，借记"库存物品""固定资产"等科目，按照发生的相关税费、运输费等，贷记"银行存款"等科目，按照其差额，贷记本科目。

【例13-35】省物理研究所接受国外研究机构捐赠的实验设备1台，估值180 000元，发生运输费用9 000元，以银行存款支付。

借：固定资产　　　　　　　　　　　　　　　　　　　180 000

　　贷：银行存款　　　　　　　　　　　　　　　　　　　　9 000

　　　　捐赠收入　　　　　　　　　　　　　　　　　　　171 000

3.接受捐赠的资产按照名义金额入账的，按照名义金额，借记"库存物品""固定资产"等科目，贷记本科目；同时，按照发生的相关税费、运输费等，借记"其他费用"科目，贷记"银行存款"等科目。

【例13-36】省物理研究所接受国外研究机构捐赠的1块火星岩石标本，因无法估值，以名义金额入账，发生相关税费6 000元，以银行存款支付。

借：文化文物资产　　　　　　　　　　　　　　　　　　　　　　1

　　贷：捐赠收入　　　　　　　　　　　　　　　　　　　　　　　1

借：其他费用　　　　　　　　　　　　　　　　　　　6 000

　　贷：银行存款　　　　　　　　　　　　　　　　　　　　6 000

（二）期末结转

期末，将本科目本期发生额转入本期盈余，借记本科目，贷记"本期盈余"科目。

【例13-37】参见例12-14，年末，省物理研究所将捐赠收入300 000元转入"本期盈余"科目。

借：捐赠收入　　　　　　　　　　　　　　　　　　　300 000

　　贷：本期盈余　　　　　　　　　　　　　　　　　　　300 000

九、利息收入的核算

为核算单位取得的银行存款利息收入，设置"利息收入"（4604）科目。期末结转后，本科目应无余额。

利息收入的主要账务处理如下：

1.取得银行存款利息时，按照实际收到的金额，借记"银行存款"科目，贷记本科目。

【例13-38】省物理研究所取得银行存款利息1 447元。

借：银行存款　　　　　　　　　　　　　　　　　　　　1 447

　　贷：利息收入　　　　　　　　　　　　　　　　　　　　1 447

2.期末，将本科目本期发生额转入本期盈余，借记本科目，贷记"本期盈余"科目。

【例13-39】参见例12-14，年末，省物理研究所将利息收入5 000元转入"本期盈余"科目。

借：利息收入　　　　　　　　　　　　　　　　　　　　5 000

　　贷：本期盈余　　　　　　　　　　　　　　　　　　　　5 000

十、租金收入的核算

为核算单位经批准利用国有资产出租取得并按照规定纳入本单位预算管理的租金收入，设置"租金收入"（4605）科目。期末结转后，本科目应无余额。本科目应当按照出租国有资产类别和收入来源等进行明细核算。

租金收入的主要账务处理如下：

（一）取得租金收入的核算

国有资产出租收入，应当在租赁期内各个期间按照直线法予以确认。

1.采用预收租金方式的，预收租金时，按照收到的金额，借记"银行存款"等科目，贷记"预收账款"科目；分期确认租金收入时，按照各期租金金额，借记"预收账款"科目，贷记本科目。

【例13-40】省物理研究所出租临街房屋，预收1年房租60 000元，存入银行。

预收租金时，记：

借：银行存款　　　　　　　　　　　　　　　　　　　　60 000

　　贷：预收账款　　　　　　　　　　　　　　　　　　　　60 000

每月确认收入时，记：

借：预收账款　　　　　　　　　　　　　　　　　　　　5 000

　　贷：租金收入　　　　　　　　　　　　　　　　　　　　5 000

2.采用后付租金方式的，每期确认租金收入时，按照各期租金金额，借记"应收账款"科目，贷记本科目；收到租金时，按照实际收到的金额，借记"银行存款"等科目，贷记"应收账款"科目。

【例13-41】文化宫采用后付租金方式出租剧场，每月租金3 000元，年终一次结清。

每月确认收入时，记：

借：应收账款　　　　　　　　　　　　　　　　　　　　3 000

　　贷：租金收入　　　　　　　　　　　　　　　　　　　　3 000

年终收到租金时，记：

借：银行存款　　　　　　　　　　　　　　　　　　　　36 000

　　贷：应收账款　　　　　　　　　　　　　　　　　　　　36 000

3.采用分期收取租金方式的，每期收取租金时，按照租金金额，借记"银行存款"等科目，贷记本科目。

【例13-42】市经贸学校采用分期收取租金方式出租临街房屋，每月租金4 000元，存入银行。

借：银行存款　　　　　　　　　　　　　　　　　　　　4 000

　　贷：租金收入　　　　　　　　　　　　　　　　　　　　4 000

涉及增值税业务的，相关账务处理参见"应交增值税"科目。

（二）期末结转

期末，将本科目本期发生额转入本期盈余，借记本科目，贷记"本期盈余"科目。

【例13-43】参见例12-14，年末，省物理研究所将租金收入70 000元转入"本期盈余"科目。

借：租金收入　　　　　　　　　　　　　　　　　　　70 000

　　贷：本期盈余　　　　　　　　　　　　　　　　　　　　　70 000

十一、其他收入的核算

为核算单位取得的除财政拨款收入、事业收入、上级补助收入、附属单位上缴收入、经营收入、非同级财政拨款收入、投资收益、捐赠收入、利息收入、租金收入以外的各项收入，包括现金盘盈收入、按照规定纳入单位预算管理的科技成果转化收入、行政单位收回已核销的其他应收款、无法偿付的应付及预收款项、置换换出资产评估增值等，设置"其他收入"（4609）科目。期末结转后，本科目应无余额。本科目应当按照其他收入的类别、来源等进行明细核算。

其他收入的主要账务处理如下：

（一）取得收入的核算

1.现金盘盈收入。每日现金账款核对中发现的现金溢余，属于无法查明原因的部分，报经批准后，借记"待处理财产损溢"科目，贷记本科目。

【例13-44】省物理研究所盘盈现金500元，无法查明原因，报经批准后转入"待处理财产损溢"科目。

借：待处理财产损溢　　　　　　　　　　　　　　　　　500

　　贷：其他收入　　　　　　　　　　　　　　　　　　　　500

2.科技成果转化收入。单位科技成果转化所取得的收入，按照规定留归本单位的，按照所取得收入扣除相关费用之后的净收益，借记"银行存款"等科目，贷记本科目。

【例13-45】理工大学科技成果转化取得收入200 000元，按照规定收入留归本单位，款项存入银行。

借：银行存款　　　　　　　　　　　　　　　　　　200 000

　　贷：其他收入　　　　　　　　　　　　　　　　　　　200 000

3.收回已核销的其他应收款。行政单位已核销的其他应收款在以后期间收回的，按照实际收回的金额，借记"银行存款"等科目，贷记本科目。

【例13-46】县农业局收回一笔上年已核销的其他应收款50 000元，存入银行。

借：银行存款　　　　　　　　　　　　　　　　　　50 000

　　贷：其他收入　　　　　　　　　　　　　　　　　　　50 000

4.无法偿付的应付及预收款项。无法偿付或债权人豁免偿还的应付账款、预收账款、其他应付款及长期应付款，借记"应付账款""预收账款""其他应付款""长期应付款"等科目，贷记本科目。

【例13-47】理工大学为B企业研制新产品，预收账款100 000元，因B企业破产无法履行合同，款项转为其他收入。

借：预收账款　　　　　　　　　　　　　　　　　　100 000

　　贷：其他收入　　　　　　　　　　　　　　　　　　　100 000

5.置换换出资产评估增值。

（1）资产置换过程中，换出资产评估增值的，按照评估价值高于资产账面价值或账面余额的金额，借记有关科目，贷记本科目。具体账务处理参见"库存物品"等科目。

【例13-48】理工大学以1台设备换入1批实验材料。换出设备评估价40 000元，固定资产账面余额60 000元，已计提折旧32 825元。

借：库存物品	40 000	
固定资产累计折旧	32 825	
贷：固定资产		60 000
其他收入		12 825

（2）以未入账的无形资产取得的长期股权投资，按照评估价值加相关税费作为投资成本，借记"长期股权投资"科目，按照发生的相关税费，贷记"银行存款""其他应交税费"等科目，按其差额，贷记本科目。

【例13-49】理工大学以未入账的无形资产置换长期股权投资，无形资产评估价100 000元，相关税费1 000元，以银行存款支付。

借：长期股权投资	101 000	
贷：银行存款		1 000
其他收入		100 000

6.确认上述收入以外的其他收入时，按照应收或实际收到的金额，借记"其他应收款""银行存款""库存现金"等科目，贷记本科目。

【例13-50】理工大学材料学院出售废品，取得现金收入100元。

借：库存现金	100	
贷：其他收入		100

涉及增值税业务的，相关账务处理参见"应交增值税"科目。

（二）期末结转

期末，将本科目本期发生额转入本期盈余，借记本科目，贷记"本期盈余"科目。

【例13-51】参见例12-14，年末，省物理研究所将其他收入1 000元转入"本期盈余"科目。

借：其他收入	1 000	
贷：本期盈余		1 000

第二节

行政事业单位费用的核算

一、业务活动费用的核算

为核算单位为实现其职能目标，依法履职或开展专业业务活动及其辅助活动所发生的各项费用，设置"业务活动费用"（5001）科目。期末结转后，本科目应无余额。

本科目应当按照项目、服务或者业务类别、支付对象等进行明细核算。为了满足成本核算需要，本科目下还可按照"工资福利费用""商品和服务费用""对个人和家庭的补助费用""对企业补助费用""固定资产折旧费""无形资产摊销费""公共基础设施折旧（摊销）费""保障性住房折旧费""计提专用基金"等成本项目设置明细科目，归集能够直接计入业务活动或采用一定方法计算后计入业务活动的费用。

业务活动费用的主要账务处理如下：

1. 为履职或开展业务活动人员计提的薪酬，按照计算确定的金额，借记本科目，贷记"应付职工薪酬"科目。

【例13-52】月末，省物理研究所计提本月应付职工薪酬，共计589 420元。

借：业务活动费用　　　　　　　　　　　　589 420

　　贷：应付职工薪酬　　　　　　　　　　　　　589 420

2. 为履职或开展业务活动发生的外部人员劳务费，按照计算确定的金额，借记本科目，按照代扣代缴个人所得税的金额，贷记"其他应交税费——应交个人所得税"科目，按照扣税后应付或实际支付的金额，贷记"其他应付款""财政拨款收入""零余额账户用款额度""银行存款"等科目。

【例13-53】省物理研究所以银行存款支付本月应付外部人员劳务费，共217 300元。

借：业务活动费用　　　　　　　　　　　　217 300

　　贷：银行存款　　　　　　　　　　　　　　217 300

3. 为履职或开展业务活动领用库存物品，以及动用发出相关政府储备物资，按照领用库存物品或发出相关政府储备物资的账面余额，借记本科目，贷记"库存物品""政府储备物资"科目。

【例13-54】省物理研究所材料二所领用实验材料，按照先进先出法确定该批材料的成本为163 460元。

借：业务活动费用　　　　　　　　　　　　163 460

　　贷：库存物品　　　　　　　　　　　　　　163 460

4. 为履职或开展业务活动所使用的固定资产、无形资产以及为所控制的公共基础设施和保障性住房计提的折旧、摊销，按照计提金额，借记本科目，贷记"固定资产累计折旧""无形资产累计摊销""公共基础设施累计折旧（摊销）""保障性住房累计折旧"科目。

【例13-55】省物理研究所计提本月固定资产累计折旧，业务活动所使用的固定资产折旧额为22 670元。

借：业务活动费用　　　　　　　　　　　　22 670

　　贷：固定资产累计折旧　　　　　　　　　　　22 670

5.为履职或开展业务活动发生的城市维护建设税、教育费附加、地方教育费附加、车船税、房产税、城镇土地使用税等，按照计算确定应交纳的金额，借记本科目，贷记"其他应交税费"等科目。

【例13-56】省物理研究所计提本月应交房产税23 900元。

借：业务活动费用 23 900

　　贷：其他应交税费——房产税 23 900

6.为履职或开展业务活动发生其他各项费用时，按照费用确认金额，借记本科目，贷记"财政拨款收入""零余额账户用款额度""银行存款""应付账款""其他应付款""其他应收款"等科目。

【例13-57】省物理研究所支付本月电费307 000元，以零余额账户用款额度支付。

借：业务活动费用 307 000

　　贷：零余额账户用款额度 307 000

7.按照规定从收入中提取专用基金并计入费用的，一般按照预算会计下基于预算收入计算提取的金额，借记本科目，贷记"专用基金"科目。国家另有规定的，从其规定。

【例13-58】省物理研究所从本月事业收入中计提专用基金（修购基金）9 500元。

借：业务活动费用 9 500

　　贷：专用基金——修购基金 9 500

8.发生当年购货退回等业务，对于已计入本年业务活动费用的，按照收回或应收的金额，借记"财政拨款收入""零余额账户用款额度""银行存款""其他应收款"等科目，贷记本科目。

【例13-59】省物理研究所退回上月购买的材料一批，价款20 000元，款项退回到零余额账户。

借：零余额账户用款额度 20 000

　　贷：业务活动费用 20 000

9.期末，将本科目本期发生额转入本期盈余，借记"本期盈余"科目，贷记本科目。

【例13-60】参见例12-15，年末，省物理研究所将业务活动费用126 575 000元转入"本期盈余"科目。

借：本期盈余 126 575 000

　　贷：业务活动费用 126 575 000

二、单位管理费用的核算

为核算事业单位本级行政及后勤管理部门开展管理活动发生的各项费用，包括单位行政及后勤管理部门发生的人员经费、公用经费、资产折旧（摊销）等费用，以及由单位统一负担的离退休人员经费、工会经费、诉讼费、中介费等，设置"单位管理费用"（5101）科目。期末结转后，本科目应无余额。

本科目应当按照项目、费用类别、支付对象等进行明细核算。为了满足成本核算需要，本科目下还可按照"工资福利费用""商品和服务费用""对个人和家庭的补助费用""固定资产折旧费""无形资产摊销费"等成本项目设置明细科目，归集能够直接计入单位管理活动或采用一定方法计算后计入单位管理活动的费用。

单位管理费用的主要账务处理如下：

1.为管理活动人员计提的薪酬，按照计算确定的金额，借记本科目，贷记"应付职工薪酬"科目。

【例13-61】省物理研究所计提本月管理人员薪酬，共计103 000元。

借：单位管理费用   103 000

 贷：应付职工薪酬   103 000

2.为开展管理活动发生的外部人员劳务费，按照计算确定的费用金额，借记本科目，按照代扣代缴个人所得税的金额，贷记"其他应交税费——应交个人所得税"科目，按照扣税后应付或实际支付的金额，贷记"其他应付款""财政拨款收入""零余额账户用款额度""银行存款"等科目。

【例13-62】省物理研究所支付管理活动发生的外部人员劳务费55 000元，以银行存款支付。

借：单位管理费用   55 000

 贷：银行存款   55 000

3.开展管理活动内部领用库存物品，按照领用物品实际成本，借记本科目，贷记"库存物品"科目。

【例13-63】省物理研究所党委办公室领用办公材料，物品实际成本1 400元。

借：单位管理费用   1 400

 贷：库存物品   1 400

4.为管理活动所使用固定资产、无形资产计提的折旧、摊销，按照应计提折旧、摊销额，借记本科目，贷记"固定资产累计折旧""无形资产累计摊销"科目。

【例13-64】省物理研究所计提机关所使用固定资产折旧2 650元。

借：单位管理费用   2 650

 贷：固定资产累计折旧   2 650

5.为开展管理活动发生城市维护建设税、教育费附加、地方教育费附加、车船税、房产税、城镇土地使用税等，按照计算确定应交纳的金额，借记本科目，贷记"其他应交税费"等科目。

【例13-65】省物理研究所计算确定管理用房的本月应交房产税500元。

借：单位管理费用   500

贷：其他应交税费——房产税   500

6.为开展管理活动发生的其他各项费用，按照费用确认金额，借记本科目，贷记"财政拨款收入""零余额账户用款额度""银行存款""其他应付款""其他应收款"等科目。

【例13-66】省物理研究所支付本月管理部门文件印刷费3 000元，以零余额账户用款额度支付。

借：单位管理费用   3 000

 贷：零余额账户用款额度   3 000

7.发生当年购货退回等业务，对于已计入本年单位管理费用的，按照收回或应收的金额，借记"财政拨款收入""零余额账户用款额度""银行存款""其他应收款"等科目，贷记本科目。

【例13-67】省物理研究所退回已计入本年单位管理费用的劳务费用10 000元，存入银行。

借：银行存款   10 000

 贷：单位管理费用   10 000

8.期末，将本科目本期发生额转入本期盈余，借记"本期盈余"科目，贷记本科目。

【例13-68】参见例12-15，年末，省物理研究所将单位管理费用9 056 000元转入"本期盈余"科目。

借：本期盈余   9 056 000

 贷：单位管理费用   9 056 000

三、经营费用的核算

为核算事业单位在专业业务活动及其辅助活动之外开展非独立核算经营活动发生的各项费用，设置"经营费用"（5201）科目。期末结转后，本科目应无余额。

本科目应当按照经营活动类别、项目、支付对象等进行明细核算。为了满足成本核算需要，本科目下还可按照"工资福利费用""商品和服务费用""对个人和家庭的补助费用""固定资产折旧费""无形资产摊销费"等成本项目设置明细科目，归集能够直接计入单位经营活动或采用一定方法计算后计入单位经营活动的费用。

经营费用的主要账务处理如下：

1.为经营活动人员计提的薪酬，按照计算确定的金额，借记本科目，贷记"应付职工薪酬"科目。

【例13-69】省物理研究所计提本月的经营活动人员薪酬，共计120 560元。

借：经营费用   120 560

 贷：应付职工薪酬   120 560

2.开展经营活动领用或发出库存物品，按照物品实际成本，借记本科目，贷记"库存物品"科目。

【例13-70】省物理研究所为开展经营活动领用材料一批，材料成本30 000元。

借：经营费用 30 000

　　贷：库存物品 30 000

3.为经营活动所使用固定资产、无形资产计提的折旧、摊销，按照应计提折旧、摊销额，借记本科目，贷记"固定资产累计折旧""无形资产累计摊销"科目。

【例13-71】省物理研究所计提本月为经营活动所使用固定资产累计折旧1 100元。

借：经营费用 1 100

　　贷：固定资产累计折旧 1 100

4.发生与经营活动相关的其他各项费用时，按照费用确认金额，借记本科目，贷记"银行存款""其他应付款""其他应收款"等科目。涉及增值税业务的，相关账务处理参见"应交增值税"科目。

【例13-72】省物理研究所支付为开展经营活动而发生的电费13 000元，以银行存款支付。

借：经营费用 13 000

　　贷：银行存款 13 000

5.发生当年购货退回等业务，对于已计入本年经营费用的，按照收回或应收的金额，借记"银行存款""其他应收款"等科目，贷记本科目。

【例13-73】接例13-72，经核查发现，省物理研究所的实际应付电费为10 000元，多缴的3 000元转入"其他应收款"科目用于抵扣以后月份的电费。

借：其他应收款 3 000

　　贷：经营费用 3 000

6.期末，将本科目本期发生额转入本期盈余，借记"本期盈余"科目，贷记本科目。

【例13-74】参见例12-15，年末，省物理研究所将经营费用372 000元转入"本期盈余"科目。

借：本期盈余 372 000

　　贷：经营费用 372 000

四、资产处置费用的核算

为核算单位经批准处置资产时发生的费用，包括转销的被处置资产价值，以及在处置过程中发生的相关费用或者处置收入小于相关费用形成的净支出。资产处置的形式按照规定包括无偿调拨、出售、出让、转让、置换、对外捐赠、报废、毁损以及货币性资产损失核销等，设置"资产处置费用"（5301）科目。期末结转后，本科目应无余额。

单位在资产清查中查明的资产盘亏、毁损以及资产报废等，应当先通过"待处理财产损溢"科目进行核算，再将处理资产价值和处理净支出计入本科目。短期投资、长期股权投资、长期债券投资的处置,按照相关资产科目的规定进行账务处理。本科目应当按照处置资产的类别、资产处置的形式等进行明细核算。

资产处置费用的主要账务处理如下:

(一)不通过"待处理财产损溢"科目核算的资产处置

1.按照规定报经批准处置资产时,按照处置资产的账面价值,借记本科目〔处置固定资产、无形资产、公共基础设施、保障性住房的,还应借记"固定资产累计折旧""无形资产累计摊销""公共基础设施累计折旧(摊销)""保障性住房累计折旧"科目〕,按照处置资产的账面余额,贷记"库存物品""固定资产""无形资产""公共基础设施""政府储备物资""文物文化资产""保障性住房""其他应收款""在建工程"等科目。

【例13-75】理工大学不通过"待处理财产损溢"科目核算资产处置,按照规定报经批准处置一项专利权,无形资产账面余额51 000元,累计摊销33 000元。

借:资产处置费用   18 000

   无形资产累计摊销   33 000

  贷:无形资产   51 000

2.处置资产过程中仅发生相关费用的,按照实际发生金额,借记本科目,贷记"银行存款""库存现金"等科目。

【例13-76】理工大学处置1台超过使用年限的设备,该设备已提足折旧、在账务上核销。发生处置费用500元,以库存现金支付。

借:资产处置费用   500

  贷:库存现金   500

3.处置资产过程中取得收入的,按照取得的价款,借记"库存现金""银行存款"等科目,按照处置资产过程中发生的相关费用,贷记"银行存款""库存现金"等科目,按照其差额,借记本科目或贷记"应缴财政款"等科目。涉及增值税业务的,相关账务处理参见"应交增值税"科目。

【例13-77】接例13-76,理工大学处置超过使用年限的设备,取得废品收入200元。

借:库存现金   200

  贷:资产处置费用   200

(二)通过"待处理财产损溢"科目核算的资产处置

1.单位账款核对中发现的现金短缺,属于无法查明原因的,报经批准核销时,借记本科目,贷记"待处理财产损溢"科目。

【例13-78】省物理研究所通过"待处理财产损溢"科目核算资产处置,在单位账款核对中发现现金短缺300元,无法查明原因报经批准核销。

借:资产处置费用   300

  贷:待处理财产损溢   300

2.单位资产清查过程中盘亏或者毁损、报废的存货、固定资产、无形资产、公共基础设施、政府储备物资、文物文化资产、保障性住房等，报经批准处理时，按照处理资产价值，借记本科目，贷记"待处理财产损溢——待处理财产价值"科目。处理收支结清时，处理过程中所取得收入小于所发生相关费用的，按照相关费用减去处理收入后的净支出，借记本科目，贷记"待处理财产损溢——处理净收入"科目。

【例13-79】省物理研究所报废一批因洪灾而毁损的材料，报经批准处理。材料成本8 000元，取得变价收入3 000元，存入银行。

转入待处理财产损溢，记：

借：待处理财产损溢——待处理财产价值 8 000
　　贷：库存物品 8 000

取得变价收入，记：

借：银行存款 3 000
　　贷：待处理财产损溢——处理净收入 3 000

批准核销，记：

借：资产处置费用 8 000
　　贷：待处理财产损溢——待处理财产价值 8 000
借：资产处置费用 5 000
　　贷：待处理财产损溢——处理净收入 5 000

（三）期末结转

期末，将本科目本期发生额转入本期盈余，借记"本期盈余"科目，贷记本科目。

【例13-80】参见例12-15，年末，省物理研究所将资产处置费用6 000元转入"本期盈余"科目。

借：本期盈余 6 000
　　贷：资产处置费用 6 000

五、上缴上级费用的核算

为核算事业单位按照财政部门和主管部门的规定上缴上级单位款项发生的费用，设置"上缴上级费用"（5401）科目。期末结转后，本科目应无余额。本科目应当按照收缴款项单位、缴款项目等进行明细核算。

上缴上级费用的主要账务处理如下：

1.单位发生上缴上级支出的，按照实际上缴的金额或者按照规定计算出应当上缴上级单位的金额，借记本科目，贷记"银行存款""其他应付款"等科目。

【例13-81】依据部门预算，省物理研究所上缴上级3 000 000元，以银行存款支付。

借：上缴上级支出 3 000 000

　　　　贷：银行存款　　　　　　　　　　　　　　　　　　　　　　　3 000 000

　　2.期末，将本科目本期发生额转入本期盈余，借记"本期盈余"科目，贷记本科目。

　　【例13-82】参见例12-15，年末，省物理研究所将上缴上级费用6 000 000元转入"本期盈余"科目。

　　　　借：本期盈余　　　　　　　　　　　　　　　　　　　6 000 000
　　　　　　贷：上缴上级费用　　　　　　　　　　　　　　　　　　6 000 000

六、对附属单位补助费用的核算

　　为核算事业单位用财政拨款收入之外的收入对附属单位补助发生的费用，设置"对附属单位补助费用"（5501）科目。期末结转后，本科目应无余额。本科目应当按照接受补助单位、补助项目等进行明细核算。

　　对附属单位补助费用的主要账务处理如下：

　　1.单位发生对附属单位补助支出的，按照实际补助的金额或者按照规定计算出应当对附属单位补助的金额，借记本科目，贷记"银行存款""其他应付款"等科目。

　　【例13-83】省物理研究所对附属中学补助支出500 000元，以银行存款支付。

　　　　借：对附属单位补助费用　　　　　　　　　　　　　500 000
　　　　　　贷：银行存款　　　　　　　　　　　　　　　　　　　500 000

　　2.期末，将本科目本期发生额转入本期盈余，借记"本期盈余"科目，贷记本科目。

　　【例13-84】参见例12-15，年末，省物理研究所将对附属单位补助费用2 400 000元转入"本期盈余"科目。

　　　　借：本期盈余　　　　　　　　　　　　　　　　　　2 400 000
　　　　　　贷：对附属单位补助费用　　　　　　　　　　　　　　2 400 000

七、所得税费用的核算

　　为核算有企业所得税缴纳义务的事业单位按规定缴纳企业所得税所形成的费用，设置"所得税费用"（5801）科目。年末结转后，本科目应无余额。

　　所得税费用的主要账务处理如下：

　　1.发生企业所得税纳税义务的，按照税法规定计算的应交税金数额，借记本科目，贷记"其他应交税费——单位应交所得税"科目。

　　【例13-85】季末，省物理研究所计算预缴经营活动结余应缴纳企业所得税10 000元。

　　　　借：所得税费用　　　　　　　　　　　　　　　　　10 000
　　　　　　贷：其他应交税费——单位应交所得税　　　　　　　　10 000

　　2.实际缴纳时，按照缴纳金额，借记"其他应交税费——单位应交所得税"科目，贷记"银行存款"科目。

【例13-86】接例13-85，省物理研究所上缴应缴纳企业所得税10 000元，以银行存款支付。

借：其他应交税费——单位应交所得税　　　　　　　　10 000

　　贷：银行存款　　　　　　　　　　　　　　　　　　　　　10 000

3.年末，将本科目本年发生额转入本期盈余，借记"本期盈余"科目，贷记本科目。

【例13-87】参见例12-15，年末，省物理研究所将所得税费用30 000元转入"本期盈余"科目。

借：本期盈余　　　　　　　　　　　　　　　　　　　30 000

　　贷：所得税费用　　　　　　　　　　　　　　　　　　　　30 000

八、其他费用的核算

为核算单位发生的除业务活动费用、单位管理费用、经营费用、资产处置费用、上缴上级费用、对附属单位补助费用、所得税费用以外的各项费用，包括利息费用、坏账损失、罚没支出、现金资产捐赠支出以及相关税费、运输费等，设置"其他费用"（5901）科目。期末结转后，本科目应无余额。

本科目应当按照其他费用的类别等进行明细核算。单位发生的利息费用较多的，可以单独设置"利息费用"（5701）科目。

其他费用的主要账务处理如下：

（一）利息费用

按期计算确认借款利息费用时，按照计算确定的金额，借记"在建工程"科目或本科目，贷记"应付利息""长期借款——应计利息"科目。

【例13-88】理工大学计算确认本月的教学大楼在建工程的借款利息费用13 260元，借款期限3年，分期付息。

借：其他费用　　　　　　　　　　　　　　　　　　　13 260

　　贷：应付利息　　　　　　　　　　　　　　　　　　　　　13 260

（二）坏账损失

年末，事业单位按照规定对收回后不需上缴财政的应收账款和其他应收款计提坏账准备时，按照计提金额，借记本科目，贷记"坏账准备"科目；冲减多提的坏账准备时，按照冲减金额，借记"坏账准备"科目，贷记本科目。

【例13-89】年末，理工大学按照规定对收回后不需上缴财政的应收账款计提坏账准备32 500元。

借：其他费用　　　　　　　　　　　　　　　　　　　32 500

　　贷：坏账准备　　　　　　　　　　　　　　　　　　　　　32 500

（三）罚没支出

单位发生罚没支出的，按照实际缴纳或应当缴纳的金额，借记本科目，贷记"银行存款""库存现金""其他应付款"等科目。

【例13-90】理工大学支付车辆交通罚款2 000元，以银行存款支付。

借：其他费用　　　　　　　　　　　　　　　　　　　2 000
　贷：银行存款　　　　　　　　　　　　　　　　　　　　　2 000

（四）现金资产捐赠

单位对外捐赠现金资产的，按照实际捐赠的金额，借记本科目，贷记"银行存款""库存现金"等科目。

【例13-91】理工大学向非洲希望学校捐赠现金1 000 000元，以银行存款支付。

借：其他费用　　　　　　　　　　　　　　　　　1 000 000
　贷：银行存款　　　　　　　　　　　　　　　　　　　1 000 000

（五）其他相关费用

1.单位接受捐赠（或无偿调入）以名义金额计量的存货、固定资产、无形资产，以及成本无法可靠取得的公共基础设施、文物文化资产等发生的相关税费、运输费等，按照实际支付的金额，借记本科目，贷记"财政拨款收入""零余额账户用款额度""银行存款""库存现金"等科目。

【例13-92】省物理研究所接受捐赠1箱特殊材料，无法可靠取得成本资料，以名义金额计量。发生运输费200元，以库存现金支付。

借：其他费用　　　　　　　　　　　　　　　　　　200
　贷：库存现金　　　　　　　　　　　　　　　　　　　200

2.单位发生的与受托代理资产相关的税费、运输费、保管费等，按照实际支付或应付的金额，借记本科目，贷记"零余额账户用款额度""银行存款""库存现金""其他应付款"等科目。

【例13-93】省物理研究所收到1批受托代理材料，发生运输费300元，以库存现金支付。

借：其他费用　　　　　　　　　　　　　　　　　　300
　贷：库存现金　　　　　　　　　　　　　　　　　　　300

（六）期末结转

期末，将本科目本期发生额转入本期盈余，借记"本期盈余"科目，贷记本科目。

【例13-94】参见例12-15，年末，省物理研究所将其他费用500元转入"本期盈余"科目。

借：本期盈余　　　　　　　　　　　　　　　　　　500
　贷：其他费用　　　　　　　　　　　　　　　　　　　500

《 关键概念 》

收入　财政拨款收入　事业收入　经营收入　费用　业务活动费用

复习思考题

1. 简述行政事业单位收入的确认条件。
2. 简述行政事业单位费用的确认条件。

第十四章 行政事业单位预算会计的核算

我国《政府会计准则——基本准则》规定，政府会计由预算会计和财务会计构成。预算会计，是指以收付实现制为基础对政府会计主体预算执行过程中发生的全部收入和全部支出进行会计核算，主要反映和监督预算收支执行情况的会计。其会计要素包括预算收入、预算支出与预算结余。

第一节

行政事业单位预算收入的核算

预算收入，是指行政事业单位在预算年度内依法取得的并纳入预算管理的现金流入。预算收入一般在实际收到时予以确认，以实际收到的金额计量。依据来源不同，行政事业单位的预算收入分为财政拨款预算收入、事业预算收入、上级补助预算收入、附属单位上缴预算收入、经营预算收入、债务预算收入、非同级财政拨款预算收入、投资预算收益和其他预算收入等。

一、财政拨款预算收入的核算

为核算单位从同级政府财政部门取得的各类财政拨款，设置"财政拨款预算收入"（6001）科目。年末结转后，本科目应无余额。

本科目应当设置"基本支出"和"项目支出"两个明细科目，并按照《政府收支分类科目》中"支出功能分类科目"的项级科目进行明细核算；同时，在"基本支出"明细科目下按照"人员经费"和"日常公用经费"进行明细核算，在"项目支出"明细科目下按照具体项目进行明细核算。有一般公共预算财政拨款、政府性基金预算财政拨款等两种或两种以上财政拨款的单位，还应当按照财政拨款的种类进行明细核算。

财政拨款预算收入的主要账务处理如下：

（一）财政直接支付方式下

1.财政直接支付方式下，单位根据收到的"财政直接支付入账通知书"及相关原始凭证，按照通知书中的直接支付金额，借记"行政支出""事业支出"等科目，贷记本科目。

【例14-1】市审计局用"审计督察专项经费"购买3台电脑，价款及相关税费13 100元，以财政直接支付方式付款。依据收到的"财政直接支付入账通知书"和相关原始凭证记账。

借：行政支出　　　　　　　　　　　　　　　　　　　　　13 100

　　贷：财政拨款预算收入——项目支出　　　　　　　　　　　　　13 100

2.年末，根据本年度财政直接支付预算指标数与当年财政直接支付实际支出数的差额，借记"资金结存——财政应返还额度"科目，贷记本科目。

【例14-2】年末，市审计局的年度财政直接支付预算指标数与当年财政直接支付实际支出数的差额为200 000元，其中，期末支出150 000元、项目支出50 000元，转为财政应返还额度。

借：资金结存——财政应返还额度　　　　　　　　　　　200 000

　　贷：财政拨款预算收入　　　　　　　　　　　　　　　　　200 000

（二）财政授权支付方式下

1.财政授权支付方式下，单位根据收到的"财政授权支付额度到账通知书"，按照通知书中的授权支付额度，借记"资金结存——零余额账户用款额度"科目，贷记本科目。

【例14-3】市审计局收到"财政授权支付额度到账通知书"，通知书中的授权支付额度为250 000元。

借：资金结存——零余额账户用款额度　　　　　　　　　250 000

　　贷：财政拨款预算收入　　　　　　　　　　　　　　　　　250 000

2.年末，单位本年度财政授权支付预算指标数大于零余额账户用款额度下达数的，按照两者差额，借记"资金结存——财政应返还额度"科目，贷记本科目。

【例14-4】年末，市审计局的年度财政授权支付预算指标数大于零余额账户用款额度下达数300 000元，转为财政应返还额度。

借：资金结存——财政应返还额度　　　　　　　　　　　300 000

　　贷：财政拨款预算收入　　　　　　　　　　　　　　　　　300 000

（三）其他方式下

1.其他方式下，单位按照本期预算收到财政拨款预算收入时，按照实际收到的金额，借记"资金结存——货币资金"科目，贷记本科目。

【例14-5】某县实行实拨资金制度，县审计局收到财政拨款预算收入160 000

元，存入银行。

  借：资金结存——货币资金   160 000

   贷：财政拨款预算收入   160 000

  2.单位收到下期预算的财政预拨款，应当在下个预算期，按照预收的金额，借记"资金结存——货币资金"科目，贷记本科目。

  【例14-6】县审计局收到下个预算季度的财政预拨款120 000元。

  在下个预算期，记：

  借：资金结存——货币资金   120 000

   贷：财政拨款预算收入   120 000

  （四）国库直接支付款项退回

  因差错更正、购货退回等发生国库直接支付款项退回的，属于本年度支付的款项，按照退回金额，借记本科目，贷记"行政支出""事业支出"等科目。

  【例14-7】接例14-1，因质量问题，市审计局退回所购电脑，款项退回国库。

  借：财政拨款预算收入——项目支出   13 100

   贷：行政支出   13 100

  （五）年末结转

  年末，将本科目本年发生额转入财政拨款结转，借记本科目，贷记"财政拨款结转——本年收支结转"科目。

  【例14-8】年末，市审计局将"财政拨款预算收入"本年发生额14 300 000元转入财政拨款结转。

  借：财政拨款预算收入   14 300 000

   贷：财政拨款结转——本年收支结转   14 300 000

  二、事业预算收入的核算

  为核算事业单位开展专业业务活动及其辅助活动取得的现金流入，设置"事业预算收入"（6101）科目。年末结转后，本科目应无余额。事业单位因开展科研及其辅助活动从非同级政府财政部门取得的经费拨款，也通过本科目核算。

  本科目应当按照事业预算收入类别、项目、来源、《政府收支分类科目》中"支出功能分类科目"项级科目等进行明细核算。对于因开展科研及其辅助活动从非同级政府财政部门取得的经费拨款，应当在本科目下单设"非同级财政拨款"明细科目进行明细核算；事业预算收入中如有专项资金收入，还应按照具体项目进行明细核算。

  事业预算收入的主要账务处理如下：

  1.采用财政专户返还方式管理的事业预算收入，收到从财政专户返还的事业预算收入时，按照实际收到的返还金额，借记"资金结存——货币资金"科目，贷记本科目。

  【例14-9】理工大学收取的学费收入采用财政专户返还方式管理。现收到从财政专户返还收入3 000 000元。

借：资金结存——货币资金　　　　　　　　　　　　　　　3 000 000
　　贷：事业预算收入　　　　　　　　　　　　　　　　　　　　　3 000 000

2.收到其他事业预算收入时，按照实际收到的款项金额，借记"资金结存——货币资金"科目，贷记本科目。

【例14-10】理工大学收到合作单位交来的实验室共建费用120 000元，存入银行。

借：资金结存——货币资金　　　　　　　　　　　　　　　120 000
　　贷：事业预算收入　　　　　　　　　　　　　　　　　　　　　120 000

3.年末，将本科目本年发生额中的专项资金收入转入非财政拨款结转，借记本科目下各专项资金收入明细科目，贷记"非财政拨款结转——本年收支结转"科目；将本科目本年发生额中的非专项资金收入转入其他结余，借记本科目下各非专项资金收入明细科目，贷记"其他结余"科目。

【例14-11】年末，理工大学将"事业预算收入——专项资金收入"本年发生额5 612 000元转入非财政拨款结转；将"事业预算收入——非专项资金收入"本年发生额40 800 000元转入其他结余。

借：事业预算收入——专项资金收入　　　　　　　　　5 612 000
　　贷：非财政拨款结转——本年收支结转　　　　　　　　　　5 612 000
借：事业预算收入——非专项资金收入　　　　　　　40 800 000
　　贷：其他结余　　　　　　　　　　　　　　　　　　　　40 800 000

三、上级补助预算收入的核算

为核算事业单位从主管部门和上级单位取得的非财政补助现金流入，设置"上级补助预算收入"（6201）科目。年末结转后，本科目应无余额。

本科目应当按照发放补助单位、补助项目、《政府收支分类科目》中"支出功能分类科目"的项级科目等进行明细核算。上级补助预算收入中如有专项资金收入，还应按照具体项目进行明细核算。

上级补助预算收入的主要账务处理如下：

1.收到上级补助预算收入时，按照实际收到的金额，借记"资金结存——货币资金"科目，贷记本科目。

【例14-12】理工大学收到上级主管部门的补助预算收入5 000 000元，存入银行。

借：资金结存——货币资金　　　　　　　　　　　　　　5 000 000
　　贷：上级补助预算收入　　　　　　　　　　　　　　　　　5 000 000

2.年末，将本科目本年发生额中的专项资金收入转入非财政拨款结转，借记本科目下各专项资金收入明细科目，贷记"非财政拨款结转——本年收支结转"科目；将本科目本年发生额中的非专项资金收入转入其他结余，借记本科目下各非专项资金收入明细科目，贷记"其他结余"科目。

【例14-13】年末，理工大学将"上级补助预算收入——专项资金收入"

10 000 000元转入非财政拨款结转；将"上级补助预算收入——非专项资金收入"20 000 000元转入其他结余。

借：上级补助预算收入——专项资金收入   10 000 000

  贷：非财政拨款结转——本年收支结转   10 000 000

借：上级补助预算收入——非专项资金收入   20 000 000

  贷：其他结余   20 000 000

四、附属单位上缴预算收入的核算

为核算事业单位取得附属独立核算单位根据有关规定上缴的现金流入，设置"附属单位上缴预算收入"（6301）科目。年末结转后，本科目应无余额。

本科目应当按照附属单位、缴款项目、《政府收支分类科目》中"支出功能分类科目"的项级科目等进行明细核算。附属单位上缴预算收入中如有专项资金收入，还应按照具体项目进行明细核算。

附属单位上缴预算收入的主要账务处理如下：

1.收到附属单位缴来款项时，按照实际收到的金额，借记"资金结存——货币资金"科目，贷记本科目。

【例14-14】理工大学收到附属出版社缴来款项1 000 000元，存入银行。

借：资金结存——货币资金   1 000 000

  贷：附属单位上缴预算收入   1 000 000

2.年末，将本科目本年发生额中的专项资金收入转入非财政拨款结转，借记本科目下各专项资金收入明细科目，贷记"非财政拨款结转——本年收支结转"科目；将本科目本年发生额中的非专项资金收入转入其他结余，借记本科目下各非专项资金收入明细科目，贷记"其他结余"科目。

【例14-15】年末，理工大学将"附属单位上缴预算收入——专项资金收入"2 000 000元转入非财政拨款结转；将"附属单位上缴预算收入——非专项资金收入"1 000 000元转入其他结余。

借：附属单位上缴预算收入——专项资金收入   2 000 000

  贷：非财政拨款结转——本年收支结转   2 000 000

借：附属单位上缴预算收入——非专项资金收入   1 000 000

  贷：其他结余   1 000 000

五、经营预算收入的核算

为核算事业单位在专业业务活动及其辅助活动之外开展非独立核算经营活动取得的现金流入，设置"经营预算收入"（6401）科目。年末结转后，本科目应无余额。

本科目应当按照经营活动类别、项目、《政府收支分类科目》中"支出功能分类科目"的项级科目等进行明细核算。

经营预算收入的主要账务处理如下：

1.收到经营预算收入时，按照实际收到的金额，借记"资金结存——货币资

金"科目，贷记本科目。

【例14-16】理工大学非独立核算招待所收到住宿收入11 200元，存入银行。

借：资金结存——货币资金　　　　　　　　　　　　　　11 200

　　贷：经营预算收入　　　　　　　　　　　　　　　　　　11 200

2.年末，将本科目本年发生额转入经营结余，借记本科目，贷记"经营结余"科目。

【例14-17】年末，理工大学将经营预算收入本年发生额603 000元转入经营结余。

借：经营预算收入　　　　　　　　　　　　　　　　　603 000

　　贷：经营结余　　　　　　　　　　　　　　　　　　　603 000

六、债务预算收入的核算

为核算事业单位按照规定从银行和其他金融机构等借入的、纳入部门预算管理的、不以财政资金作为偿还来源的债务本金，设置"债务预算收入"（6501）科目。年末结转后，本科目应无余额。

本科目应当按照贷款单位、贷款种类、《政府收支分类科目》中"支出功能分类科目"的项级科目等进行明细核算。债务预算收入中如有专项资金收入，还应按照具体项目进行明细核算。

债务预算收入的主要账务处理如下：

1.借入各项短期或长期借款时，按照实际借入的金额，借记"资金结存——货币资金"科目，贷记本科目。

【例14-18】理工大学借入3年期银行贷款5 000 000元，用于建设教学大楼。

借：资金结存——货币资金　　　　　　　　　　　　5 000 000

　　贷：债务预算收入　　　　　　　　　　　　　　　　5 000 000

2.年末，将本科目本年发生额中的专项资金收入转入非财政拨款结转，借记本科目下各专项资金收入明细科目，贷记"非财政拨款结转——本年收支结转"科目；将本科目本年发生额中的非专项资金收入转入其他结余，借记本科目下各非专项资金收入明细科目，贷记"其他结余"科目。

【例14-19】年末，理工大学将"债务预算收入——专项资金收入"18 000 000元转入非财政拨款结转；将"债务预算收入——非专项资金收入"9 000 000元转入其他结余。

借：债务预算收入——专项资金收入　　　　　　18 000 000

　　贷：非财政拨款结转——本年收支结转　　　　　　18 000 000

借：债务预算收入——非专项资金收入　　　　　9 000 000

　　贷：其他结余　　　　　　　　　　　　　　　　　9 000 000

七、非同级财政拨款预算收入的核算

为核算单位从非同级政府财政部门取得的财政拨款，包括本级横向转拨财政款和非本级财政拨款，设置"非同级财政拨款预算收入"（6601）科目。年末结转

后，本科目应无余额。对于因开展科研及其辅助活动从非同级政府财政部门取得的经费拨款，应当通过"事业预算收入——非同级财政拨款"科目进行核算，不通过本科目核算。

本科目应当按照非同级财政拨款预算收入的类别、来源、《政府收支分类科目》中"支出功能分类科目"的项级科目等进行明细核算。非同级财政拨款预算收入中如有专项资金收入，还应按照具体项目进行明细核算。

非同级财政拨款预算收入的主要账务处理如下：

1.取得非同级财政拨款预算收入时，按照实际收到的金额，借记"资金结存——货币资金"科目，贷记本科目。

【例14-20】理工大学为省属高校，现收到中央财政拨入的省部共建资金5 000 000元。

借：资金结存——货币资金　　　　　　　　　　　　　　　5 000 000
　　贷：非同级财政拨款预算收入　　　　　　　　　　　　　　　　5 000 000

2.年末，将本科目本年发生额中的专项资金收入转入非财政拨款结转，借记本科目下各专项资金收入明细科目，贷记"非财政拨款结转——本年收支结转"科目；将本科目本年发生额中的非专项资金收入转入其他结余，借记本科目下各非专项资金收入明细科目，贷记"其他结余"科目。

【例14-21】年末，理工大学将"非同级财政拨款预算收入——专项资金收入"10 000 000元转入非财政拨款结转；将"非同级财政拨款预算收入——非专项资金收入"2 000 000元转入其他结余。

借：非同级财政拨款预算收入——专项资金收入　　　10 000 000
　　贷：非财政拨款结转——本年收支结转　　　　　　　　　　10 000 000
借：非同级财政拨款预算收入——非专项资金收入　　2 000 000
　　贷：其他结余　　　　　　　　　　　　　　　　　　　　　2 000 000

八、投资预算收益的核算

为核算事业单位取得的按照规定纳入部门预算管理的属于投资收益性质的现金流入，包括股权投资收益、出售或收回债券投资所取得的收益和债券投资利息收入，设置"投资预算收益"（6602）科目。年末结转后，本科目应无余额。

本科目应当按照《政府收支分类科目》中"支出功能分类科目"的项级科目等进行明细核算。投资预算收益的主要账务处理如下：

（一）出售或到期收回投资的核算

1.出售或到期收回本年度取得的短期、长期债券，按照实际取得的价款或实际收到的本息金额，借记"资金结存——货币资金"科目，按照取得债券时"投资支出"科目的发生额，贷记"投资支出"科目，按照其差额，贷记或借记本科目。

【例14-22】理工大学将本年购入的3年期债券在二级市场上出售，取得价款605 000元。债券的成本为600 000元。

借：资金结存——货币资金　　　　　　　　　　　　　　　605 000

	贷：投资支出	600 000
	投资预算收益	5 000

2.出售或到期收回以前年度取得的短期、长期债券，按照实际取得的价款或实际收到的本息金额，借记"资金结存——货币资金"科目，按照取得债券时"投资支出"科目的发生额，贷记"其他结余"科目，按照其差额，贷记或借记本科目。

【例14-23】省物理研究所收回以前年度取得的长期债券，本息金额共计321 000元，取得债券时，"投资支出"科目的发生额300 000元。

借：资金结存——货币资金 321 000

 贷：其他结余 300 000

  投资预算收益 21 000

3.出售、转让以货币资金取得的长期股权投资的，其账务处理参照出售或到期收回债券投资。

（二）收到利息的核算

1.持有的短期投资以及分期付息、一次还本的长期债券投资收到利息时，按照实际收到的金额，借记"资金结存——货币资金"科目，贷记本科目。

【例14-24】理工大学收到分期付息、一次还本的5年期债券投资利息2 000元。

借：资金结存——货币资金 2 000

 贷：投资预算收益 2 000

2.持有长期股权投资取得被投资单位分派的现金股利或利润时，按照实际收到的金额，借记"资金结存——货币资金"科目，贷记本科目。

【例14-25】省物理研究所持有的长期股权投资取得现金股利30 000元。

借：资金结存——货币资金 30 000

 贷：投资预算收益 30 000

3.出售、转让以非货币性资产取得的长期股权投资时，按照实际取得的价款扣减支付的相关费用和应缴财政款后的余额（按照规定纳入单位预算管理的），借记"资金结存——货币资金"科目，贷记本科目。

【例14-26】理工大学转让以非货币性资产取得的长期股权投资，取得价款725 000元，支付相关费用500元，应缴财政款650 000元，余额74 500元为投资预算收益。

借：资金结存——货币资金 74 500

 贷：投资预算收益 74 500

（三）期末结转

年末，将本科目本年发生额转入其他结余，借记或贷记本科目，贷记或借记"其他结余"科目。

【例14-27】年末，理工大学将投资预算收益科目本年发生额151 050元转入其他结余。

借：投资预算收益 151 050

贷：其他结余   151 050

九、其他预算收入的核算

为核算单位除财政拨款预算收入、事业预算收入、上级补助预算收入、附属单位上缴预算收入、经营预算收入、债务预算收入、非同级财政拨款预算收入、投资预算收益之外的纳入部门预算管理的现金流入，包括捐赠预算收入、利息预算收入、租金预算收入、现金盘盈收入等，设置"其他预算收入"（6609）科目。年末结转后，本科目应无余额。

单位发生的捐赠预算收入、利息预算收入、租金预算收入金额较大或业务较多的，可单独设置"捐赠预算收入"（6603）、"利息预算收入"（6604）、"租金预算收入"（6605）等科目。

本科目应当按照其他收入类别、《政府收支分类科目》中"支出功能分类科目"的项级科目等进行明细核算。其他预算收入中如有专项资金收入，还应按照具体项目进行明细核算。

其他预算收入的主要账务处理如下：

1.接受捐赠现金资产、收到银行存款利息、收到资产承租人支付的租金时，按照实际收到的金额，借记"资金结存——货币资金"科目，贷记本科目。

【例14-28】理工大学收到校友捐赠现金200 000元。

借：资金结存——货币资金   200 000
　　贷：其他预算收入   200 000

2.每日现金账款核对中如发现现金溢余，按照溢余的现金金额，借记"资金结存——货币资金"科目，贷记本科目。经核实，属于应支付给有关个人和单位的部分，按照实际支付的金额，借记本科目，贷记"资金结存——货币资金"科目。

【例14-29】理工大学在每日现金账款核对中发现现金溢余200元。

借：资金结存——货币资金   200
　　贷：其他预算收入   200

3.收到其他预算收入时，按照收到的金额，借记"资金结存——货币资金"科目，贷记本科目。

【例14-30】理工大学收到银行存款利息收入350元。

借：资金结存——货币资金   350
　　贷：其他预算收入   350

4.年末，将本科目本年发生额中的专项资金收入转入非财政拨款结转，借记本科目下各专项资金收入明细科目，贷记"非财政拨款结转——本年收支结转"科目；将本科目本年发生额中的非专项资金收入转入其他结余，借记本科目下各非专项资金收入明细科目，贷记"其他结余"科目。

【例14-31】年末，理工大学将"其他预算收入——专项资金收入"350 000元转入非财政拨款结转；将"其他预算收入——非专项资金收入"3 000元转入其他结余。

借：其他预算收入——专项资金收入   350 000

　　　　贷：非财政拨款结转——本年收支结转　　　　　　　　　　350 000
　　　　借：其他预算收入——非专项资金收入　　　　　　　　　　3 000
　　　　　　贷：其他结余　　　　　　　　　　　　　　　　　　　3 000

第二节

行政事业单位预算支出的核算

　　预算支出，是指政府会计主体在预算年度内依法发生并纳入预算管理的现金流出。预算支出一般在实际支付时予以确认，以实际支付的金额计量。行政事业单位的预算支出包括行政支出、事业支出、经营支出、上缴上级支出、对附属单位补助支出、投资支出、债务还本支出和其他支出等。

一、行政支出的核算

　　为核算行政单位履行其职责实际发生的各项现金流出，设置"行政支出"（7101）科目。年末结转后，本科目应无余额。

　　本科目应当分别按照"财政拨款支出"、"非财政专项资金支出"和"其他资金支出"，"基本支出"和"项目支出"等进行明细核算，并按照《政府收支分类科目》中"支出功能分类科目"的项级科目进行明细核算；"基本支出"和"项目支出"明细科目下应当按照《政府收支分类科目》中"部门预算支出经济分类科目"的款级科目进行明细核算，同时在"项目支出"明细科目下按照具体项目进行明细核算。有一般公共预算财政拨款、政府性基金预算财政拨款等两种或两种以上财政拨款的行政单位，还应当在"财政拨款支出"明细科目下按照财政拨款的种类进行明细核算。对于预付款项，可通过在本科目下设置"待处理"明细科目进行核算，待确认具体支出项目后再转入本科目下相关明细科目。年末结账前，应将本科目"待处理"明细科目余额全部转入本科目下相关明细科目。

　　行政支出的主要账务处理如下：

　　（一）支付单位职工薪酬的核算

　　1.向单位职工个人支付薪酬时，按照实际支付的金额，借记本科目，贷记"财政拨款预算收入""资金结存"科目。

　　【例14-32】市审计局向单位职工个人支付薪酬314 620元，由财政直接支付方式支付。

　　　　借：行政支出　　　　　　　　　　　　　　　　　　　　　314 620
　　　　　　贷：财政拨款预算收入　　　　　　　　　　　　　　　　314 620

　　2.按照规定代扣代缴个人所得税以及代扣代缴或为职工缴纳职工社会保险费、住房公积金等时，按照实际缴纳的金额，借记本科目，贷记"财政拨款预算收入""资金结存"科目。

　　【例14-33】接例14-32，市审计局按照规定为职工缴纳职工社会保险费15 000

元，由财政直接支付方式支付。

借：行政支出   15 000

  贷：财政拨款预算收入   15 000

（二）支付外部人员劳务费的核算

1.按照实际支付给外部人员个人的金额，借记本科目，贷记"财政拨款预算收入""资金结存"科目。

【例14-34】市审计局支付外部人员劳务费44 860元，以银行存款支付。

借：行政支出   44 860

  贷：资金结存   44 860

2.按照规定代扣代缴个人所得税时，按照实际缴纳的金额，借记本科目，贷记"财政拨款预算收入""资金结存"科目。

【例14-35】市审计局按照规定代扣代缴外部人员个人所得税600元，以银行存款付款。

借：行政支出   500

  贷：资金结存   500

（三）购买存货、固定资产、无形资产等的核算

1.为购买存货、固定资产、无形资产等以及在建工程支付相关款项时，按照实际支付的金额，借记本科目，贷记"财政拨款预算收入""资金结存"科目。

【例14-36】市审计局购买电脑5台，总价款和相关税费31 000元，由财政直接支付方式支付。

借：行政支出   31 000

  贷：财政拨款预算收入   31 000

2.发生预付账款时，按照实际支付的金额，借记本科目，贷记"财政拨款预算收入""资金结存"科目。

【例14-37】市审计局委托软件公司开发审计专用软件，预付款项50 000元，以银行存款支付。

借：行政支出   50 000

  贷：资金结存   50 000

3.对于暂付款项，在支付款项时可不作预算会计处理，待结算或报销时，按照结算或报销的金额，借记本科目，贷记"资金结存"科目。

【例14-38】市审计局工作人员王勇出差，预借差旅费20 000元，出差回来报销18 400元，余款1 600元交回。

借：行政支出   18 400

  贷：资金结存   18 400

4.发生其他各项支出时，按照实际支付的金额，借记本科目，贷记"财政拨款预算收入""资金结存"科目。

【例14-39】市审计局以银行存款支付本月电费8 000元。

　　借：行政支出　　　　　　　　　　　　　　　　　　　　8 000
　　　贷：资金结存　　　　　　　　　　　　　　　　　　　　　　8 000

　　5.因购货退回等发生款项退回，或者发生差错更正的，属于当年支出收回的，按照收回或更正金额，借记"财政拨款预算收入""资金结存"科目，贷记本科目。

　　【例14-40】接例14-36，市审计局退回所购电脑，所付款项31 000元也退回国库。

　　借：财政拨款预算收入　　　　　　　　　　　　　　　　31 000
　　　贷：行政支出　　　　　　　　　　　　　　　　　　　　　31 000

　　（四）期末结转

　　年末，将本科目本年发生额中的财政拨款支出转入财政拨款结转，借记"财政拨款结转——本年收支结转"科目，贷记本科目下各财政拨款支出明细科目；将本科目本年发生额中的非财政专项资金支出转入非财政拨款结转，借记"非财政拨款结转——本年收支结转"科目，贷记本科目下各非财政专项资金支出明细科目；将本科目本年发生额中的其他资金支出（非财政非专项资金支出）转入其他结余，借记"其他结余"科目，贷记本科目下其他资金支出明细科目。

　　【例14-41】年末，市审计局将行政支出科目下财政拨款支出36 500 000元转入财政拨款结转，非财政专项资金支出942 000元转入非财政拨款结转。

　　借：财政拨款结转——本年收支结转　　　　　　　36 500 000
　　　贷：行政支出——财政拨款支出　　　　　　　　　　36 500 000
　　借：非财政拨款结转——本年收支结转　　　　　　　942 000
　　　贷：行政支出——非财政专项资金支出　　　　　　　　942 000

　　二、事业支出的核算

　　为核算事业单位开展专业业务活动及其辅助活动实际发生的各项现金流出，设置"事业支出"（7201）科目。年末结转后，本科目应无余额。

　　单位发生教育、科研、医疗、行政管理、后勤保障等活动的，可在本科目下设置相应的明细科目进行核算，或单设"教育支出"（7201）、"科研支出"（7202）、"医疗支出"（7203）、"行政管理支出"（7204）、"后勤保障支出"（7205）等一级会计科目进行核算。

　　本科目应当分别按照"财政拨款支出"、"非财政专项资金支出"和"其他资金支出"，"基本支出"和"项目支出"等进行明细核算，并按照《政府收支分类科目》中"支出功能分类科目"的项级科目进行明细核算；"基本支出"和"项目支出"明细科目下应当按照《政府收支分类科目》中"部门预算支出经济分类科目"的款级科目进行明细核算，同时在"项目支出"明细科目下按照具体项目进行明细核算。

　　有一般公共预算财政拨款、政府性基金预算财政拨款等两种或两种以上财政拨款的事业单位，还应当在"财政拨款支出"明细科目下按照财政拨款的种类进行明细核算。

对于预付款项，可通过在本科目下设置"待处理"明细科目进行明细核算，待确认具体支出项目后再转入本科目下相关明细科目。年末结账前，应将本科目"待处理"明细科目余额全部转入本科目下相关明细科目。

事业支出的主要账务处理如下：

（一）支付单位职工（经营部门职工除外）薪酬的核算

1.向单位职工个人支付薪酬时，按照实际支付的数额，借记本科目，贷记"财政拨款预算收入""资金结存"科目。

【例14-42】理工大学向单位职工个人支付薪酬2 465 000元，由财政直接支付方式支付。

借：事业支出　　　　　　　　　　　　　　　　　　　2 465 000

　　贷：财政拨款预算收入　　　　　　　　　　　　　　　2 465 000

2.按照规定代扣代缴个人所得税以及代扣代缴或为职工缴纳职工社会保险费、住房公积金等时，按照实际缴纳的金额，借记本科目，贷记"财政拨款预算收入""资金结存"科目。

【例14-43】按照规定，理工大学缴纳代扣代缴个人所得税160 300元，由财政直接支付方式支付。

借：事业支出　　　　　　　　　　　　　　　　　　　　160 300

　　贷：财政拨款预算收入　　　　　　　　　　　　　　　　160 300

（二）支付外部人员劳务费的核算

1.按照实际支付给专业业务活动及其辅助活动外部人员个人的金额，借记本科目，贷记"财政拨款预算收入""资金结存"科目。

【例14-44】理工大学支付外部人员劳务费167 300元，以银行存款支付。

借：事业支出　　　　　　　　　　　　　　　　　　　　167 300

　　贷：资金结存　　　　　　　　　　　　　　　　　　　167 300

2.按照规定代扣代缴个人所得税时，按照实际缴纳的金额，借记本科目，贷记"财政拨款预算收入""资金结存"科目。

【例14-45】按照规定，理工大学代扣代缴外部人员个人所得税100 500元，以银行存款支付。

借：事业支出　　　　　　　　　　　　　　　　　　　　100 500

　　贷：资金结存　　　　　　　　　　　　　　　　　　　100 500

（三）购买存货、固定资产、无形资产等的核算

开展专业业务活动及其辅助活动过程中为购买存货、固定资产、无形资产等以及在建工程支付相关款项时，按照实际支付的金额，借记本科目，贷记"财政拨款预算收入""资金结存"科目。

【例14-46】理工大学购买办公用品一批，价款及相关税费共计65 000元，由财政直接支付方式支付。

借：事业支出　　　　　　　　　　　　　　　　　　　　　65 000

　　贷：财政拨款预算收入　　　　　　　　　　　　　　　65 000
　　（四）发生预付账款的核算

　　1.开展专业业务活动及其辅助活动过程中发生预付账款时，按照实际支付的金额，借记本科目，贷记"财政拨款预算收入""资金结存"科目。

　　【例14-47】理工大学向M公司订购教学设备一批，预付款200 000元由财政直接支付方式支付。

　　借：事业支出　　　　　　　　　　　　　　　　　200 000
　　　贷：财政拨款预算收入　　　　　　　　　　　　　　　200 000

　　2.对于暂付款项，在支付款项时可不作预算会计处理，待结算或报销时，按照结算或报销的金额，借记本科目，贷记"资金结存"科目。

　　【例14-48】理工大学高分子材料实验室向财务预借100 000元用于实验室改造，改造完成后报销121 600元，差额以库存现金补足。

　　借：事业支出　　　　　　　　　　　　　　　　　121 600
　　　贷：资金结存　　　　　　　　　　　　　　　　　121 600

　　（五）缴纳税费的核算

　　开展专业业务活动及其辅助活动过程中缴纳的相关税费以及发生的其他各项支出，按照实际支付的金额，借记本科目，贷记"财政拨款预算收入""资金结存"科目。

　　【例14-49】理工大学缴纳房产税1 000元，以银行存款支付。

　　借：事业支出　　　　　　　　　　　　　　　　　　1 000
　　　贷：资金结存　　　　　　　　　　　　　　　　　　1 000

　　（六）款项退回的核算

　　开展专业业务活动及其辅助活动过程中因购货退回等发生款项退回，或者发生差错更正的，属于当年支出收回的，按照收回或更正金额，借记"财政拨款预算收入""资金结存"科目，贷记本科目。

　　【例14-50】接例14-48，理工大学高分子材料实验室改造工程完工，因质量问题，对方退回10 000元。

　　借：资金结存　　　　　　　　　　　　　　　　　　10 000
　　　贷：事业支出　　　　　　　　　　　　　　　　　　10 000

　　（七）期末结转

　　年末，将本科目本年发生额中的财政拨款支出转入财政拨款结转，借记"财政拨款结转——本年收支结转"科目，贷记本科目下各财政拨款支出明细科目；将本科目本年发生额中的非财政专项资金支出转入非财政拨款结转，借记"非财政拨款结转——本年收支结转"科目，贷记本科目下各非财政专项资金支出明细科目；将本科目本年发生额中的其他资金支出（非财政非专项资金支出）转入其他结余，借记"其他结余"科目，贷记本科目下其他资金支出明细科目。

　　【例14-51】年末，理工大学将事业支出本年发生额中的财政拨款支出

30 322 400元转入财政拨款结转；将非财政专项资金支出80 856 000元转入非财政拨款结转。

借：财政拨款结转——本年收支结转　　　　　　　30 322 400

　　贷：事业支出——财政拨款支出　　　　　　　　　　　　30 322 400

借：非财政拨款结转——本年收支结转　　　　　　80 856 000

　　贷：事业支出——非财政专项资金支出　　　　　　　　　80 856 000

三、经营支出的核算

为核算事业单位在专业业务活动及其辅助活动之外开展非独立核算经营活动实际发生的各项现金流出，设置"经营支出"（7301）科目。年末结转后，本科目应无余额。

本科目应当按照经营活动类别、项目、《政府收支分类科目》中"支出功能分类科目"的项级科目和"部门预算支出经济分类科目"的款级科目等进行明细核算。对于预付款项，可通过在本科目下设置"待处理"明细科目进行明细核算，待确认具体支出项目后再转入本科目下相关明细科目。年末结账前，应将本科目"待处理"明细科目余额全部转入本科目下相关明细科目。

经营支出的主要账务处理如下：

（一）支付经营部门职工薪酬的核算

1.向职工个人支付薪酬时，按照实际的金额，借记本科目，贷记"资金结存"科目。

【例14-52】理工大学附属非独立核算招待所向职工个人支付薪酬65 000元，以银行存款支付。

借：经营支出　　　　　　　　　　　　　　　　　65 000

　　贷：资金结存　　　　　　　　　　　　　　　　　　　　65 000

2.按照规定代扣代缴个人所得税以及代扣代缴或为职工缴纳社会保险费、住房公积金时，按照实际缴纳的金额，借记本科目，贷记"资金结存"科目。

【例14-53】理工大学按照规定代扣代缴招待所职工个人所得税3 000元，以银行存款支付。

借：经营支出　　　　　　　　　　　　　　　　　3 000

　　贷：资金结存　　　　　　　　　　　　　　　　　　　　3 000

（二）为经营活动支付外部人员劳务费的核算

1.按照实际支付给外部人员个人的金额，借记本科目，贷记"资金结存"科目。

【例14-54】理工大学支付给经营活动的外部人员劳务费81 200元，以银行存款支付。

借：经营支出　　　　　　　　　　　　　　　　　81 200

　　贷：资金结存　　　　　　　　　　　　　　　　　　　　81 200

2.按照规定代扣代缴个人所得税时，按照实际缴纳的金额，借记本科目，贷记

"资金结存"科目。

【例14-55】理工大学按照规定代扣代缴外部人员个人所得税300元，以银行存款支付。

借：经营支出　　　　　　　　　　　　　　　　　　　　　　300
　贷：资金结存　　　　　　　　　　　　　　　　　　　　　　300

（三）购买存货、固定资产、无形资产等的核算

开展经营活动过程中为购买存货、固定资产、无形资产等以及在建工程支付相关款项时，按照实际支付的金额，借记本科目，贷记"资金结存"科目。

【例14-56】理工大学招待所购买3台空调机，共计11 000元，以银行存款支付。

借：经营支出　　　　　　　　　　　　　　　　　　　　　11 000
　贷：资金结存　　　　　　　　　　　　　　　　　　　　　11 000

（四）发生预付账款的核算

1.开展经营活动过程中发生预付账款时，按照实际支付的金额，借记本科目，贷记"资金结存"科目。

【例14-57】理工大学招待所扩建，预付给工程队款项50 000元，以银行存款支付。

借：经营支出　　　　　　　　　　　　　　　　　　　　　50 000
　贷：资金结存　　　　　　　　　　　　　　　　　　　　　50 000

2.对于暂付款项，在支付款项时可不作预算会计处理，待结算或报销时，按照结算或报销的金额，借记本科目，贷记"资金结存"科目。

【例14-58】理工大学招待所临时工王国涛因家庭突发事故生活困难，预支下月薪酬4 000元，待次月末扣回。

借：经营支出　　　　　　　　　　　　　　　　　　　　　4 000
　贷：资金结存　　　　　　　　　　　　　　　　　　　　　4 000

（五）因开展经营活动缴纳的相关税费的核算

因开展经营活动缴纳的相关税费以及发生的其他各项支出，按照实际支付的金额，借记本科目，贷记"资金结存"科目。

【例14-59】理工大学招待所缴纳增值税26 300元，以银行存款支付。

借：经营支出　　　　　　　　　　　　　　　　　　　　　26 300
　贷：资金结存　　　　　　　　　　　　　　　　　　　　　26 300

（六）发生款项退回的核算

开展经营活动中因购货退回等发生款项退回，或者发生差错更正的，属于当年支出收回的，按照收回或更正金额，借记"资金结存"科目，贷记本科目。

【例14-60】接例14-56，理工大学招待所购买的3台空调机，因质量问题有2台退货，所退价款6 400元。

借：资金结存　　　　　　　　　　　　　　　　　　　　　6 400

贷：经营支出   6 400

（七）期末结转

年末，将本科目本年发生额转入经营结余，借记"经营结余"科目，贷记本科目。

【例14-61】年末，理工大学经营支出本年发生额551 500元转入经营结余。

借：经营结余   551 500

 贷：经营支出   551 500

四、上缴上级支出的核算

为核算事业单位按照财政部门和主管部门的规定上缴上级单位款项发生的现金流出，设置"上缴上级支出"（7401）科目。年末结转后，本科目应无余额。

本科目应当按照收缴款项单位、缴款项目、《政府收支分类科目》中"支出功能分类科目"的项级科目和"部门预算支出经济分类科目"的款级科目等进行明细核算。

上缴上级支出的主要账务处理如下：

1.按照规定将款项上缴上级单位的，按照实际上缴的金额，借记本科目，贷记"资金结存"科目。

【例14-62】理工大学按照规定上缴上级单位，款项500 000元以银行存款支付。

借：上缴上级支出   500 000

 贷：资金结存   500 000

2.年末，将本科目本年发生额转入其他结余，借记"其他结余"科目，贷记本科目。

【例14-63】年末，理工大学将上缴上级支出科目本年发生额500 000元转入其他结余。

借：其他结余   500 000

 贷：上缴上级支出   500 000

五、对附属单位补助支出的核算

为核算事业单位用财政拨款预算收入之外的收入对附属单位补助发生的现金流出，设置"对附属单位补助支出"（7501）科目。年末结转后，本科目应无余额。

本科目应当按照接受补助单位、补助项目、《政府收支分类科目》中"支出功能分类科目"的项级科目和"部门预算支出经济分类科目"的款级科目等进行明细核算。

对附属单位补助支出的主要账务处理如下：

1.发生对附属单位补助支出的，按照实际补助的金额，借记本科目，贷记"资金结存"科目。

【例14-64】理工大学向附属小学拨付补助款500 000元，以银行存款支付。

借：对附属单位补助支出 500 000

　　贷：资金结存 500 000

2.年末，将本科目本年发生额转入其他结余，借记"其他结余"科目，贷记本科目。

【例14-65】年末，理工大学将对附属单位补助支出科目本年发生额3 000 000元转入其他结余。

借：其他结余 3 000 000

　　贷：对附属单位补助支出 3 000 000

六、投资支出的核算

为核算事业单位以货币资金对外投资发生的现金流出，设置"投资支出"（7601）科目。年末结转后，本科目应无余额。

本科目应当按照投资类型、投资对象、《政府收支分类科目》中"支出功能分类科目"的项级科目和"部门预算支出经济分类科目"的款级科目等进行明细核算。

投资支出的主要账务处理如下：

（一）以货币资金对外投资的核算

以货币资金对外投资时，按照投资金额和所支付的相关税费金额的合计数，借记本科目，贷记"资金结存"科目。

【例14-66】理工大学以货币资金对外投资，取得C公司股票，价款和相关税费共计2 600 000元。

借：投资支出 2 600 000

　　贷：资金结存 2 600 000

（二）收回以货币资金取得对外投资的核算

1.出售、对外转让或到期收回本年度以货币资金取得的对外投资的，如果按规定将投资收益纳入单位预算，按照实际收到的金额，借记"资金结存"科目，按照取得投资时"投资支出"科目的发生额，贷记本科目，按照其差额，贷记或借记"投资预算收益"科目；如果按规定将投资收益上缴财政的，按照取得投资时"投资支出"科目的发生额，借记"资金结存"科目，贷记本科目。

【例14-67】接例14-66，因资金紧张，理工大学对外转让本年度以货币资金取得的C公司股票，收到资金2 654 000元，投资成本2 600 000元，按规定将投资收益纳入单位预算。

借：资金结存 2 654 000

　　贷：投资支出 2 600 000

　　　　投资预算收益 54 000

2.出售、对外转让或到期收回以前年度以货币资金取得的对外投资的，如果按规定将投资收益纳入单位预算，按照实际收到的金额，借记"资金结存"科目，按照取得投资时"投资支出"科目的发生额，贷记"其他结余"科目，按照其差额，贷记或借记"投资预算收益"科目；如果按规定将投资收益上缴财政的，按照取得投资时"投资支出"科目的发生额，借记"资金结存"科目，贷记"其他结余"科目。

【例14-68】理工大学到期收回以前年度以货币资金取得的对外投资，取得资金524 300元，投资成本500 000元，按规定投资收益上缴财政。

借：资金结存   500 000

  贷：其他结余   500 000

（三）期末结转

年末，将本科目本年发生额转入其他结余，借记"其他结余"科目，贷记本科目。

【例14-69】年末，理工大学将投资支出科目本年发生额2 600 000元转入其他结余。

借：其他结余   2 600 000

  贷：投资支出   2 600 000

七、债务还本支出的核算

为核算事业单位偿还自身承担的纳入预算管理的从金融机构举借的债务本金的现金流出，设置"债务还本支出"（7701）科目。年末结转后，本科目应无余额。

本科目应当按照贷款单位、贷款种类、《政府收支分类科目》中"支出功能分类科目"的项级科目和"部门预算支出经济分类科目"的款级科目等进行明细核算。

债务还本支出的主要账务处理如下：

1.偿还各项短期或长期借款时，按照偿还的借款本金，借记本科目，贷记"资金结存"科目。

【例14-70】理工大学偿还短期借款1 000 000元，利息10 000元，共计1 010 000元，以银行存款支付。

借：债务还本支出   1 000 000

  贷：资金结存   1 000 000

2.年末，将本科目本年发生额转入其他结余，借记"其他结余"科目，贷记本科目。

【例14-71】年末，理工大学将债务还本支出的本年发生额35 410 000元转入其他结余。

借：其他结余   35 410 000

  贷：债务还本支出   35 410 000

八、其他支出的核算

为核算单位除行政支出、事业支出、经营支出、上缴上级支出、对附属单位补助支出、投资支出、债务还本支出以外的各项现金流出，包括利息支出、对外捐赠现金支出、现金盘亏损失、接受捐赠（调入）和对外捐赠（调出）非现金资产发生的税费支出、资产置换过程中发生的相关税费支出、罚没支出等，设置"其他支出"（7901）科目。年末结转后，本科目应无余额。

本科目应当按照其他支出的类别，"财政拨款支出"、"非财政专项资金支出"和"其他资金支出"，《政府收支分类科目》中"支出功能分类科目"的项级科目和"部门预算支出经济分类科目"的款级科目等进行明细核算。其他支出中如有专项资金支出，还应按照具体项目进行明细核算。

有一般公共预算财政拨款、政府性基金预算财政拨款等两种或两种以上财政拨款的事业单位，还应当在"财政拨款支出"明细科目下按照财政拨款的种类进行明细核算。单位发生利息支出、捐赠支出等其他支出金额较大或业务较多的，可单独设置"利息支出"（7902）、"捐赠支出"（7903）等科目。

其他支出的主要账务处理如下：

（一）利息支出的核算

支付银行借款利息时，按照实际支付金额，借记本科目，贷记"资金结存"科目。

【例14-72】理工大学支付长期借款利息12 000元。

借：其他支出　　　　　　　　　　　　　　　　　　　　　　　12 000

　　贷：资金结存　　　　　　　　　　　　　　　　　　　　　　　12 000

（二）对外捐赠现金资产的核算

对外捐赠现金资产时，按照捐赠金额，借记本科目，贷记"资金结存——货币资金"科目。

【例14-73】理工大学对外捐赠现金资产，向农民工子弟学校捐赠现金20 000元。

借：其他支出　　　　　　　　　　　　　　　　　　　　　　　20 000

　　贷：资金结存——货币资金　　　　　　　　　　　　　　　　　20 000

（三）现金盘亏损失的核算

每日现金账款核对中如发现现金短缺，按照短缺的现金金额，借记本科目，贷记"资金结存——货币资金"科目。经核实，属于应当由有关人员赔偿的，按照收到的赔偿金额，借记"资金结存——货币资金"科目，贷记本科目。

【例14-74】理工大学在每日现金账款核对中发现现金短缺500元。

借：其他支出　　　　　　　　　　　　　　　　　　　　　　　　500

　　贷：资金结存——货币资金　　　　　　　　　　　　　　　　　　500

（四）接受捐赠和对外捐赠非现金资产发生的税费支出的核算

接受捐赠（无偿调入）非现金资产发生的归属于捐入方（调入方）的相关税费、运输费等，以及对外捐赠（无偿调出）非现金资产发生的归属于捐出方（调出方）的相关税费、运输费等，按照实际支付金额，借记本科目，贷记"资金结存"科目。

【例14-75】理工大学接受捐赠教学设备2台，发生的税费支出1 000元，以银行存款支付。

借：其他支出   1 000

  贷：资金结存   1 000

（五）资产置换过程中发生的相关税费支出的核算

资产置换过程中发生的相关税费，按照实际支付金额，借记本科目，贷记"资金结存"科目。

【例14-76】理工大学以2项专利技术转换L公司的股权，发生相关税费支出1 700元，以银行存款支付。

借：其他支出   1 700

  贷：资金结存   1 700

（六）其他支出的核算

发生罚没等其他支出时，按照实际支出金额，借记本科目，贷记"资金结存"科目。

【例14-77】理工大学支付车辆违章罚款2 400元，以银行存款支付。

借：其他支出   2 400

  贷：资金结存   2 400

（七）期末结转

年末，将本科目本年发生额中的财政拨款支出转入财政拨款结转，借记"财政拨款结转——本年收支结转"科目，贷记本科目下各财政拨款支出明细科目；将本科目本年发生额中的非财政专项资金支出转入非财政拨款结转，借记"非财政拨款结转——本年收支结转"科目，贷记本科目下各非财政专项资金支出明细科目；将本科目本年发生额中的其他资金支出（非财政非专项资金支出）转入其他结余，借记"其他结余"科目，贷记本科目下各其他资金支出明细科目。

【例14-78】年末，理工大学将"其他支出——财政拨款支出"129 520元转入财政拨款结转；将"其他支出——非财政专项资金支出"35 000元转入非财政拨款结转；将"其他支出——非财政非专项资金支出"2 000元转入其他结余。

借：财政拨款结转——本年收支结转   129 520

  贷：其他支出——财政拨款支出   129 520

借：非财政拨款结转——本年收支结转   35 000

  贷：其他支出——非财政专项资金支出   35 000

借：其他结余   2 000

  贷：其他支出——非财政非专项资金支出   2 000

第三节

行政事业单位预算结余的核算

预算结余，是指行政事业单位预算年度内预算收入扣除预算支出后的资金余额，以及历年滚存的资金余额。预算结余包括结余资金和结转资金。结余资金，是指年度预算执行终了，预算收入实际完成数扣除预算支出和结转资金后剩余的资金。结转资金，是指预算安排项目的支出年终尚未执行完毕或者因故未执行且下年需要按原用途继续使用的资金。

符合预算收入、预算支出和预算结余定义及确认条件的项目应当列入政府决算报表。行政事业单位的预算结余包括资金结存、财政拨款结转、财政拨款结余、非财政拨款结转、非财政拨款结余、专用结余、经营结余、其他结余和非财政拨款结余分配等。

一、资金结存的核算

为核算单位纳入部门预算管理的资金的流入、流出、调整和滚存等情况，设置"资金结存"（8001）科目。本科目年末借方余额，反映单位预算资金的累计滚存情况。

（一）资金结存的明细科目设置

1."零余额账户用款额度"：本明细科目核算实行国库集中支付的单位根据财政部门批复的用款计划收到和支用的零余额账户用款额度。年末结账后，本明细科目应无余额。

2."货币资金"：本明细科目核算单位以库存现金、银行存款、其他货币资金形态存在的资金。本明细科目年末借方余额，反映单位尚未使用的货币资金。

3."财政应返还额度"：本明细科目核算实行国库集中支付的单位可以使用的以前年度财政直接支付资金额度和财政应返还的财政授权支付资金额度。本明细科目下可设置"财政直接支付""财政授权支付"两个明细科目进行明细核算。本明细科目年末借方余额，反映单位应收财政返还的资金额度。

（二）资金结存的主要账务处理

1.取得预算资金的核算。

（1）财政授权支付方式下，单位根据代理银行转来的财政授权支付额度到账通知书，按照通知书中的授权支付额度，借记本科目（零余额账户用款额度），贷记"财政拨款预算收入"科目。

【例14-79】市审计局收到代理银行转来的财政授权支付额度到账通知书，通知书中的授权支付额度为200 000元。

借：资金结存——零余额账户用款额度　　　　　　　　　　200 000
　　贷：财政拨款预算收入　　　　　　　　　　　　　　　　　　　200 000

（2）以国库集中支付以外的其他支付方式取得预算收入时，按照实际收到的金额，借记本科目（货币资金），贷记"财政拨款预算收入""事业预算收入""经营预算收入"等科目。

【例14-80】县农科所以实拨资金的方式取得预算收入60 000元。

借：资金结存——货币资金　　　　　　　　　　　　　　　60 000
　　贷：财政拨款预算收入　　　　　　　　　　　　　　　　　　　60 000

2.各种支出的核算。

（1）财政授权支付方式下，发生相关支出时，按照实际支付的金额，借记"行政支出""事业支出"等科目，贷记本科目（零余额账户用款额度）。

【例14-81】市审计局购买一批办公用品直接投入使用，价款31 000元，以零余额账户用款额度支付。

借：行政支出 31 000

　　贷：资金结存——零余额账户用款额度 31 000

（2）从零余额账户提取现金时，借记本科目（货币资金），贷记本科目（零余额账户用款额度）。退回现金时，作相反会计分录。

【例14-82】市审计局从零余额账户提取现金50 000元。

借：资金结存——货币资金 50 000

　　贷：资金结存——零余额账户用款额度 50 000

（3）使用以前年度财政直接支付额度发生支出时，按照实际支付金额，借记"行政支出""事业支出"等科目，贷记本科目（财政应返还额度）。

【例14-83】市审计局用以前年度财政直接支付额度购买电脑2台，价款8 000元。

借：行政支出 8 000

　　贷：资金结存——财政应返还额度 8 000

（4）国库集中支付以外的其他支付方式下，发生相关支出时，按照实际支付的金额，借记"事业支出""经营支出"等科目，贷记本科目（货币资金）。

【例14-84】理工大学附属非独立核算招待所购买被服60 500元，以银行存款支付。

借：经营支出 60 500

　　贷：资金结存——货币资金 60 500

3.按规定上缴或注销财政拨款结转结余资金的核算。

（1）按照规定上缴财政拨款结转结余资金或注销财政拨款结转结余资金额度的，按照实际上缴资金数额或注销的资金额度数额，借记"财政拨款结转——归集上缴"或"财政拨款结余——归集上缴"科目，贷记本科目（财政应返还额度、零余额账户用款额度、货币资金）。

【例14-85】理工大学按照规定上缴财政拨款结转结余资金100 000元，以财政应返还额度冲抵。

借：财政拨款结转——归集上缴 100 000

　　贷：资金结存——财政应返还额度 100 000

（2）按规定向原资金拨入单位缴回非财政拨款结转资金的，按照实际缴回资金数额，借记"非财政拨款结转——缴回资金"科目，贷记本科目（货币资金）。

【例14-86】理工大学按规定向上级部门缴回非财政拨款结转50 000元，以银行存款支付。

  借：非财政拨款结转——缴回资金   50 000

    贷：资金结存——货币资金   50 000

  （3）收到从其他单位调入的财政拨款结转资金的，按照实际调入资金数额，借记本科目（财政应返还额度、零余额账户用款额度、货币资金），贷记"财政拨款结转——归集调入"科目。

  【例14-87】市审计局从县审计局调入财政拨款结转资金50 000元，增加授权支付额度。

  借：资金结存——零余额账户用款额度   50 000

    贷：财政拨款结转——归集调入   50 000

  4.按照规定使用专用基金时，按照实际支付金额，借记"专用结余"科目[从非财政拨款结余中提取的专用基金]或"事业支出"等科目[从预算收入中计提的专用基金]，贷记本科目（货币资金）。

  【例14-88】理工大学按照规定使用专用结余（从非财政拨款结余中提取的专用基金）购买空调2台，用于改善教师休息室环境。空调价款共计16 400元，以银行存款支付。

  借：专用结余——从非财政拨款结余中提取的专用基金 16 400

    贷：资金结存——货币资金   16 400

  5.购货退回、发生差错更正等的核算。

  （1）因购货退回、发生差错更正等退回国库直接支付、授权支付款项，或者收回货币资金的，属于本年度支付的，借记"财政拨款预算收入"科目或本科目（零余额账户用款额度、货币资金），贷记相关支出科目。

  【例14-89】接例14-84，因质量问题，理工大学附属非独立核算招待所退回当年购买被服60 500元，款项存入银行。

  借：资金结存——货币资金   60 500

    贷：经营支出   60 500

  （2）属于以前年度支付的，借记本科目（财政应返还额度、零余额账户用款额度、货币资金），贷记"财政拨款结转""财政拨款结余""非财政拨款结转""非财政拨款结余"科目。

  【例14-90】接例14-84，因质量问题，理工大学附属非独立核算招待所退回上一年度购买被服60 500元，款项存入银行。

  借：资金结存——货币资金   60 500

    贷：非财政拨款结余   60 500

  6.有企业所得税缴纳义务的事业单位缴纳所得税时，按照实际缴纳金额，借记"非财政拨款结余——累计结余"科目，贷记本科目（货币资金）。

  【例14-91】理工大学附属非独立核算招待所缴纳企业所得税26 830元，以银行存款支付。

借：非财政拨款结余——累计结余　　　　　　　　　　　26 830

　　贷：资金结存——货币资金　　　　　　　　　　　　　　26 830

7.年末，根据本年度财政直接支付预算指标数与当年财政直接支付实际支出数的差额，借记本科目（财政应返还额度），贷记"财政拨款预算收入"科目。

【例14-92】年末，理工大学本年度财政直接支付预算指标数与当年财政直接支付实际支出数的差额300 000元，转入财政应返还额度科目。

借：资金结存——财政应返还额度　　　　　　　　　　　300 000

　　贷：财政拨款预算收入　　　　　　　　　　　　　　　　300 000

8.年末，单位依据代理银行提供的对账单作注销额度的相关账务处理，借记本科目（财政应返还额度），贷记本科目（零余额账户用款额度）；本年度财政授权支付预算指标数大于零余额账户用款额度下达数的，根据未下达的用款额度，借记本科目（财政应返还额度），贷记"财政拨款预算收入"科目。

【例14-93】年末，理工大学依据代理银行提供的对账单注销零余额账户用款额度215 400元。

借：资金结存——财政应返还额度　　　　　　　　　　　215 400

　　贷：资金结存——零余额账户用款额度　　　　　　　　　215 400

9.下年初，单位依据代理银行提供的额度恢复到账通知书作恢复额度的相关账务处理，借记本科目（零余额账户用款额度），贷记本科目（财政应返还额度）。单位收到财政部门批复的上年末未下达零余额账户用款额度的，借记本科目（零余额账户用款额度），贷记本科目（财政应返还额度）。

【例14-94】接例14-93，下年初，理工大学依据代理银行提供的额度215 400元恢复到账通知书作恢复额度的相关账务处理。

借：资金结存——零余额账户用款额度　　　　　　　　　215 400

　　贷：资金结存——财政应返还额度　　　　　　　　　　　215 400

二、财政拨款结转的核算

为核算单位取得的同级财政拨款结转资金的调整、结转和滚存情况，设置"财政拨款结转"（8101）科目。本科目年末贷方余额，反映单位滚存的财政拨款结转资金数额。

（一）财政拨款结转的明细科目设置

1.与会计差错更正、以前年度支出收回相关的明细科目

"年初余额调整"：本明细科目核算因发生会计差错更正、以前年度支出收回等原因，需要调整财政拨款结转的金额。年末结账后，本明细科目应无余额。

2.与财政拨款调拨业务相关的明细科目

（1）"归集调入"：本明细科目核算按照规定从其他单位调入财政拨款结转资金时，实际调增的额度数额或调入的资金数额。年末结账后，本明细科目应无余额。

（2）"归集调出"：本明细科目核算按照规定向其他单位调出财政拨款结转

资金时，实际调减的额度数额或调出的资金数额。年末结账后，本明细科目应无余额。

（3）"归集上缴"：本明细科目核算按照规定上缴财政拨款结转资金时，实际核销的额度数额或上缴的资金数额。年末结账后，本明细科目应无余额。

（4）"单位内部调剂"：本明细科目核算经财政部门批准对财政拨款结余资金改变用途，调整用于本单位其他未完成项目等的调整金额。年末结账后，本明细科目应无余额。

3.与年末财政拨款结转业务相关的明细科目

（1）"本年收支结转"：本明细科目核算单位本年度财政拨款收支相抵后的余额。年末结账后，本明细科目应无余额。

（2）"累计结转"：本明细科目核算单位滚存的财政拨款结转资金。本明细科目年末贷方余额，反映单位财政拨款滚存的结转资金数额。

本科目还应当设置"基本支出结转""项目支出结转"两个明细科目，并在"基本支出结转"明细科目下按照"人员经费""日常公用经费"进行明细核算，在"项目支出结转"明细科目下按照具体项目进行明细核算；同时，本科目还应按照《政府收支分类科目》中"支出功能分类科目"的相关科目进行明细核算。

有一般公共预算财政拨款、政府性基金预算财政拨款等两种或两种以上财政拨款的，还应当在本科目下按照财政拨款的种类进行明细核算。

（二）财政拨款结转的主要账务处理

1.与会计差错更正、以前年度支出收回相关的账务处理

（1）因发生会计差错更正退回以前年度国库直接支付、授权支付款项或财政性货币资金，或者因发生会计差错更正增加以前年度国库直接支付、授权支付支出或财政性货币资金支出，属于以前年度财政拨款结转资金的，借记或贷记"资金结存——财政应返还额度""资金结存——零余额账户用款额度""资金结存——货币资金"科目，贷记或借记本科目（年初余额调整）。

【例14-95】因计算错误，理工大学上一年度以财政直接支付方式购买的材料多付款项35 000元，现予以退回。

借：资金结存——财政应返还额度　　　　　　　　　　35 000

　　贷：财政拨款结转——年初余额调整　　　　　　　　　　35 000

（2）因购货退回、预付款项收回等发生以前年度支出又收回国库直接支付、授权支付款项或收回财政性货币资金，属于以前年度财政拨款结转资金的，借记"资金结存——财政应返还额度""资金结存——零余额账户用款额度""资金结存——货币资金"科目，贷记本科目（年初余额调整）。

【例14-96】因质量问题，理工大学上一年度购买的设备退货，货款44 300元退回国库直接支付。

借：资金结存——财政应返还额度　　　　　　　　　　44 300

贷：财政拨款结转——年初余额调整　　　　　　　　　　　　44 300

2.与财政拨款结转结余资金调整业务相关的账务处理

（1）按照规定从其他单位调入财政拨款结转资金的，按照实际调增的额度数额或调入的资金数额，借记"资金结存——财政应返还额度""资金结存——零余额账户用款额度""资金结存——货币资金"科目，贷记本科目（归集调入）。

【例14-97】理工大学按照规定从附属中学调入财政拨款结转资金80 000元，并调增财政应返还额度。

借：资金结存——财政应返还额度　　　　　　　　　　　　80 000

　　贷：财政拨款结转——归集调入　　　　　　　　　　　　　80 000

（2）按照规定向其他单位调出财政拨款结转资金的，按照实际调减的额度数额或调出的资金数额，借记本科目（归集调出），贷记"资金结存——财政应返还额度""资金结存——零余额账户用款额度""资金结存——货币资金"科目。

【例14-98】理工大学按照规定向省教育部调出财政拨款结转资金510 000元，并调减财政应返还额度。

借：财政拨款结转——归集调出　　　　　　　　　　　　　510 000

　　贷：资金结存——财政应返还额度　　　　　　　　　　　　510 000

（3）按照规定上缴财政拨款结转资金或注销财政拨款结转资金额度的，按照实际上缴资金数额或注销的资金额度数额，借记本科目（归集上缴），贷记"资金结存——财政应返还额度""资金结存——零余额账户用款额度""资金结存——货币资金"科目。

【例14-99】按照规定，理工大学注销财政拨款结转资金额度150 000元。

借：财政拨款结转——归集上缴　　　　　　　　　　　　　150 000

　　贷：资金结存——财政应返还额度　　　　　　　　　　　　150 000

（4）经财政部门批准对财政拨款结余资金改变用途，调整用于本单位基本支出或其他未完成项目支出的，按照批准调剂的金额，借记"财政拨款结余——单位内部调剂"科目，贷记本科目（单位内部调剂）。

【例14-100】经财政部门批准，理工大学对财政拨款结余资金400 000元改变用途，调整用于单位基本支出。

借：财政拨款结余——单位内部调剂　　　　　　　　　　　400 000

　　贷：财政拨款结转——单位内部调剂　　　　　　　　　　　400 000

3.与年末财政拨款结转和结余业务相关的账务处理

（1）年末，将财政拨款预算收入本年发生额转入本科目，借记"财政拨款预算收入"科目，贷记本科目（本年收支结转）；将各项支出中财政拨款支出本年发生额转入本科目，借记本科目（本年收支结转），贷记各项支出（财政拨款支出）科目。

【例14-101】年末，理工大学将财政拨款预算收入本年发生额 35 000 000 元转入财政拨款结转科目。

借：财政拨款预算收入　　　　　　　　　　　　　　　35 000 000

　　贷：财政拨款结转——本年收支结转　　　　　　　　　　　　　35 000 000

【例14-102】接例14-51和例14-78，年末，理工大学将事业支出本年发生额中的财政拨款支出 30 322 400 元、其他支出本年发生额中的财政拨款支出 129 520元转入财政拨款结转。

借：财政拨款结转——本年收支结转　　　　　　　　　30 451 920

　　贷：事业支出——财政拨款支出　　　　　　　　　　　　　　30 322 400

　　　　其他支出——财政拨款支出　　　　　　　　　　　　　　　129 520

（2）年末冲销有关明细科目余额。将本科目（本年收支结转、年初余额调整、归集调入、归集调出、归集上缴、单位内部调剂）余额转入本科目（累计结转）。结转后，本科目除"累计结转"明细科目外，其他明细科目应无余额。

【例14-103】接例14-95至例14-102，年末，理工大学"财政拨款结转"科目中本年收支结转贷方余额 4 548 080 元、年初余额调整贷方余额 79 300 元、归集调入贷方余额 80 000 元、归集调出借方余额 510 000 元、归集上缴借方余额 150 000 元、单位内部调剂贷方余额 400 000 元转入"财政拨款结转——累计结转"科目。

借：财政拨款结转——本年收支结转　　　　　　　　　4 548 080

　　财政拨款结转——年初余额调整　　　　　　　　　　　79 300

　　财政拨款结转——归集调入　　　　　　　　　　　　　80 000

　　财政拨款结转——单位内部调剂　　　　　　　　　　　400 000

　　贷：财政拨款结转——归集调出　　　　　　　　　　　　　　　510 000

　　　　财政拨款结转——归集上缴　　　　　　　　　　　　　　　150 000

　　　　财政拨款结转——累计结转　　　　　　　　　　　　　　4 447 380

（3）年末完成上述结转后，应当对财政拨款结转各明细项目执行情况进行分析，按照有关规定将符合财政拨款结余性质的项目余额转入财政拨款结余，借记本科目（累计结转），贷记"财政拨款结余——结转转入"科目。

【例14-104】接例14-103，年末，理工大学将符合财政拨款结余性质的项目余额 4 447 380 元转入财政拨款结余。

借：财政拨款结转——累计结转　　　　　　　　　　　4 447 380

　　贷：财政拨款结余——结转转入　　　　　　　　　　　　　　4 447 380

三、财政拨款结余的核算

为核算单位取得的同级财政拨款项目支出结余资金的调整、结转和滚存情况，设置"财政拨款结余"（8102）科目。本科目年末贷方余额，反映单位滚存的财政拨款结余资金数额。

（一）财政拨款结余的明细科目设置

1.与会计差错更正、以前年度支出收回相关的明细科目

"年初余额调整"：本明细科目核算因发生会计差错更正、以前年度支出收回等原因，需要调整财政拨款结余的金额。年末结账后，本明细科目应无余额。

2.与财政拨款结余资金调整业务相关的明细科目

（1）"归集上缴"：本明细科目核算按照规定上缴财政拨款结余资金时，实际核销的额度数额或上缴的资金数额。年末结账后，本明细科目应无余额。

（2）"单位内部调剂"：本明细科目核算经财政部门批准对财政拨款结余资金改变用途，调整用于本单位其他未完成项目等的调整金额。年末结账后，本明细科目应无余额。

3.与年末财政拨款结余业务相关的明细科目

（1）"结转转入"：本明细科目核算单位按照规定转入财政拨款结余的财政拨款结转资金。年末结账后，本明细科目应无余额。

（2）"累计结余"：本明细科目核算单位滚存的财政拨款结余资金。本明细科目年末贷方余额，反映单位财政拨款滚存的结余资金数额。

本科目还应当按照具体项目、《政府收支分类科目》中"支出功能分类科目"的相关科目等进行明细核算。

有一般公共预算财政拨款、政府性基金预算财政拨款等两种或两种以上财政拨款的，还应当在本科目下按照财政拨款的种类进行明细核算。

（二）财政拨款结余的主要账务处理

1.与会计差错更正、以前年度支出收回相关的账务处理

（1）因发生会计差错更正退回以前年度国库直接支付、授权支付款项或财政性货币资金，或者因发生会计差错更正增加以前年度国库直接支付、授权支付支出或财政性货币资金支出，属于以前年度财政拨款结余资金的，借记或贷记"资金结存——财政应返还额度""资金结存——零余额账户用款额度""资金结存——货币资金"科目，贷记或借记本科目（年初余额调整）。

【例14-105】因发生会计差错，理工大学以前年度应支付的劳务公司保洁费少付了50 000元，予以更正，以零余额账户用款额度支付。

借：财政拨款结余——年初余额调整　　　　　　　　　　50 000
　　贷：资金结存——零余额账户用款额度　　　　　　　　　　50 000

（2）因购货退回、预付款项收回等发生以前年度支出又收回国库直接支付、授权支付款项或收回财政性货币资金，属于以前年度财政拨款结余资金的，借记"资金结存——财政应返还额度""资金结存——零余额账户用款额度""资金结存——货币资金"科目，贷记本科目（年初余额调整）。

【例14-106】理工大学上一年度支付给T公司的预订设备款30 000元，因对方技术原因无法履行合同而退回，款项退回至零余额账户。

借：资金结存——零余额账户用款额度　　　　　　　　　　30 000

　　贷：财政拨款结余——年初余额调整　　　　　　　　　　30 000

　　2.与财政拨款结余资金调整业务相关的账务处理

　　(1)经财政部门批准对财政拨款结余资金改变用途，调整用于本单位基本支出或其他未完成项目支出的，按照批准调剂的金额，借记本科目(单位内部调剂)，贷记"财政拨款结转——单位内部调剂"科目。

　　【例14-107】同例14-100，经财政部门批准，理工大学对财政拨款结余资金400 000元改变用途，调整用于单位基本支出。

　　借：财政拨款结余——单位内部调剂　　　　　　　　　　400 000

　　　　贷：财政拨款结转——单位内部调剂　　　　　　　　　　400 000

　　(2)按照规定上缴财政拨款结余资金或注销财政拨款结余资金额度的，按照实际上缴资金数额或注销的资金额度数额，借记本科目(归集上缴)，贷记"资金结存——财政应返还额度""资金结存——零余额账户用款额度""资金结存——货币资金"科目。

　　【例14-108】按照规定，理工大学上缴财政拨款结余资金100 000元，冲减财政应返还额度。

　　借：财政拨款结余——归集上缴　　　　　　　　　　　　100 000

　　　　贷：资金结存——零余额账户用款额度　　　　　　　　　100 000

　　3.与年末财政拨款结转和结余业务相关的账务处理

　　(1)年末，对财政拨款结转各明细项目执行情况进行分析，按照有关规定将符合财政拨款结余性质的项目余额转入财政拨款结余，借记"财政拨款结转——累计结转"科目，贷记本科目(结转转入)。

　　【例14-109】同例14-104，年末，理工大学将符合财政拨款结余性质的项目余额4 447 380元转入财政拨款结余。

　　借：财政拨款结转——累计结转　　　　　　　　　　　4 447 380

　　　　贷：财政拨款结余——结转转入　　　　　　　　　　　4 447 380

　　(2)年末冲销有关明细科目余额。将本科目(年初余额调整、归集上缴、单位内部调剂、结转转入)余额转入本科目(累计结余)。结转后，本科目除"累计结余"明细科目外，其他明细科目应无余额。

　　【例14-110】接例14-105至14-109，年末，理工大学将"财政拨款结余"科目的年初余额调整借方20 000元、归集上缴借方余额100 000元、单位内部调剂借方余额400 000元、结转转入贷方余额4 447 380元转入"财政拨款结余——累计结余"明细科目。

　　借：财政拨款结余——结转转入　　　　　　　　　　　4 447 380

　　　贷：财政拨款结余——年初余额调整　　　　　　　　　　20 000

　　　　财政拨款结余——归集上缴　　　　　　　　　　　　100 000

　　　　财政拨款结余——单位内部调剂　　　　　　　　　　400 000

　　　　财政拨款结余——累计结余　　　　　　　　　　　3 927 380

四、非财政拨款结转的核算

为核算单位除财政拨款收支、经营收支以外各非同级财政拨款专项资金的调整、结转和滚存情况，设置"非财政拨款结转"（8201）科目。本科目年末贷方余额，反映单位滚存的非同级财政拨款专项结转资金数额。

（一）非财政拨款结转的明细科目设置

1."年初余额调整"：本明细科目核算因发生会计差错更正、以前年度支出收回等原因，需要调整非财政拨款结转的资金。年末结账后，本明细科目应无余额。

2."缴回资金"：本明细科目核算按照规定缴回非财政拨款结转资金时，实际缴回的资金数额。年末结账后，本明细科目应无余额。

3."项目间接费用或管理费"：本明细科目核算单位取得的科研项目预算收入中，按照规定计提项目间接费用或管理费的数额。年末结账后，本明细科目应无余额。

4."本年收支结转"：本明细科目核算单位本年度非同级财政拨款专项收支相抵后的余额。年末结账后，本明细科目应无余额。

5."累计结转"：本明细科目核算单位滚存的非同级财政拨款专项结转资金。本明细科目年末贷方余额，反映单位非同级财政拨款滚存的专项结转资金数额。

本科目还应当按照具体项目、《政府收支分类科目》中"支出功能分类科目"的相关科目等进行明细核算。

（二）非财政拨款结转的主要账务处理

1.按照规定从科研项目预算收入中提取项目管理费或间接费时，按照提取金额，借记本科目（项目间接费用或管理费），贷记"非财政拨款结余——项目间接费用或管理费"科目。

【例14-111】理工大学从科研项目预算收入中提取项目管理费2 600 000元。

借：非财政拨款结转——项目间接费用或管理费　　　　2 600 000

　　贷：非财政拨款结余——项目间接费用或管理费　　　　　　　2 600 000

2.差错更正或支出收回。

（1）因会计差错更正收到或支出非同级财政拨款货币资金，属于非财政拨款结转资金的，按照收到或支出的金额，借记或贷记"资金结存——货币资金"科目，贷记或借记本科目（年初余额调整）。

【例14-112】理工大学非独立核算招待所收回上年度多支付的洗卫用品材料费20 000元，存入银行。

借：资金结存——货币资金　　　　　　　　　　　　20 000

　　贷：非财政拨款结转——年初余额调整　　　　　　　　　　20 000

（2）因收回以前年度支出等收到非同级财政拨款货币资金，属于非财政拨款结转资金的，按照收到的金额，借记"资金结存——货币资金"科目，贷记本科目（年初余额调整）。

【例14-113】经核查，理工大学以前年度用中央财政拨款购买的设备存在质量问题，经协调，对方退回 50 000 元作为补偿。

  借：资金结存——货币资金   50 000

   贷：非财政拨款结转——年初余额调整   50 000

  3.按照规定缴回非财政拨款结转资金的，按照实际缴回资金数额，借记本科目（缴回资金），贷记"资金结存——货币资金"科目。

  【例14-114】按照规定，理工大学缴回非财政拨款结转资金 500 000 元。

  借：非财政拨款结转——缴回资金   500 000

   贷：资金结存——货币资金   500 000

  4.年末，将事业预算收入、上级补助预算收入、附属单位上缴预算收入、非同级财政拨款预算收入、债务预算收入、其他预算收入本年发生额中的专项资金收入转入本科目，借记"事业预算收入""上级补助预算收入""附属单位上缴预算收入""非同级财政拨款预算收入""债务预算收入""其他预算收入"科目下各专项资金收入明细科目，贷记本科目（本年收支结转）；借记本科目（本年收支结转），贷记"行政支出""事业支出""其他支出"科目下各非财政拨款专项资金支出明细科目。

  【例14-115】年末，理工大学将"事业预算收入——专项资金收入" 70 000 000 元、"上级补助预算收入——专项资金收入"500 000 元、"附属单位上缴预算收入——专项资金收入"200 000 元、"非同级财政拨款预算收入——专项资金收入"6 000 000 元、"债务预算收入——专项资金收入"1 000 000 元、"其他预算收入——专项资金收入"7 000 元转入"非财政拨款结转——本年收支结转"科目。

  借：事业预算收入——专项资金收入   70 000 000

   上级补助预算收入——专项资金收入   500 000

   附属单位上缴预算收入——专项资金收入   200 000

   非同级财政拨款预算收入——专项资金收入 6 000 000

   债务预算收入——专项资金收入   1 000 000

   其他预算收入——专项资金收入   7 000

   贷：非财政拨款结转——本年收支结转   77 707 000

  【例14-116】参见例14-51和例14-78，年末，理工大学将"事业支出——非财政专项资金支出"80 856 000 元、"其他支出——非财政专项资金支出"35 000 元转入"非财政拨款结转——本年收支结转"科目。

  借：非财政拨款结转——本年收支结转   80 891 000

   贷：事业支出——非财政专项资金支出   80 856 000

    其他支出——非财政专项资金支出   35 000

  5.年末冲销有关明细科目余额。将本科目（年初余额调整、项目间接费用或管理费、缴回资金、本年收支结转）余额转入本科目（累计结转）。结转后，本科目除"累计结转"明细科目外，其他明细科目应无余额。

【例 14-117】接例 14-111 至例 14-116，年末，理工大学将"非财政拨款结转"科目的年初余额调整贷方余额 70 000 元、项目间接费用或管理费借方余额 2 600 000 元、缴回资金借方余额 500 000 元、本年收支结转借方余额 3 184 000 元转入"非财政拨款结转——累计结转"明细科目。

借：非财政拨款结转——年初余额调整　　　　　　　　　　　70 000
　　非财政拨款结转——累计结转　　　　　　　　　　　　 6 214 000
　　贷：非财政拨款结转——缴回资金　　　　　　　　　　　　　500 000
　　　　非财政拨款结转——项目间接费用或管理费　　　　　 2 600 000
　　　　非财政拨款结转——本年收支结转　　　　　　　　　 3 184 000

6.年末完成上述结转后，应当对非财政拨款专项结转资金各项目情况进行分析，将留归本单位使用的非财政拨款专项（项目已完成）剩余资金转入非财政拨款结余，借记本科目（累计结转），贷记"非财政拨款结余——结转转入"科目。

【例 14-118】年末，理工大学对非财政拨款专项结转资金各项目情况进行分析，将留归本单位使用的非财政拨款专项（项目已完成）剩余资金 6 214 000 元转入非财政拨款结余。

借：非财政拨款结转——累计结转　　　　　　　　　　　 6 214 000
　　贷：非财政拨款结余——结转转入　　　　　　　　　　　 6 214 000

五、非财政拨款结余的核算

为核算单位历年滚存的非限定用途的非同级财政拨款结余资金，主要为非财政拨款结余扣除结余分配后滚存的金额，设置"非财政拨款结余"（8202）科目。本科目年末贷方余额，反映单位非同级财政拨款结余资金的累计滚存数额。

（一）非财政拨款结余的明细科目设置

1."年初余额调整"：本明细科目核算因发生会计差错更正、以前年度支出收回等原因，需要调整非财政拨款结余的资金。年末结账后，本明细科目应无余额。

2."项目间接费用或管理费"：本明细科目核算单位取得的科研项目预算收入中，按照规定计提的项目间接费用或管理费数额。年末结账后，本明细科目应无余额。

3."结转转入"：本明细科目核算按照规定留归单位使用，由单位统筹调配，纳入单位非财政拨款结余的非同级财政拨款专项剩余资金。年末结账后，本明细科目应无余额。

4."累计结余"：本明细科目核算单位历年滚存的非同级财政拨款、非专项结余资金。本明细科目年末贷方余额，反映单位非同级财政拨款滚存的非专项结余资金数额。

本科目还应当按照《政府收支分类科目》中"支出功能分类科目"的相关科目进行明细核算。

（二）非财政拨款结余的主要账务处理

1.按照规定从科研项目预算收入中提取项目间接费用或管理费时，借记"非财政拨款结转——项目间接费用或管理费"科目，贷记本科目（项目间接费用或管理费）。

【例14-119】同例14-111，理工大学从科研项目预算收入中提取项目管理费2 600 000元。

借：非财政拨款结转——项目间接费用或管理费　　　　　2 600 000
　　贷：非财政拨款结余——项目间接费用或管理费　　　　　　　2 600 000

2.有企业所得税缴纳义务的事业单位实际缴纳企业所得税时，按照缴纳金额，借记本科目（累计结余），贷记"资金结存——货币资金"科目。

【例14-120】同例14-91，理工大学附属非独立核算招待所缴纳企业所得税26 830元，以银行存款支付。

借：非财政拨款结余——累计结余　　　　　　　　　　26 830
　　贷：资金结存——货币资金　　　　　　　　　　　　　　　26 830

3.差错更正和退回。

（1）因会计差错更正收到或支出非同级财政拨款货币资金，属于非财政拨款结余资金的，按照收到或支出的金额，借记或贷记"资金结存——货币资金"科目，贷记或借记本科目（年初余额调整）。

【例14-121】因会计差错，理工大学补付上一年度采购材料款60 000元，该批材料用单位自筹资金购买。

借：非财政拨款结余——年初余额调整　　　　　　　　60 000
　　贷：资金结存——货币资金　　　　　　　　　　　　　　　60 000

（2）因收回以前年度支出等收到非同级财政拨款货币资金，属于非财政拨款结余资金的，按照收到的金额，借记"资金结存——货币资金"科目，贷记本科目（年初余额调整）。

【例14-122】理工大学（省属）收回以前年度与J企业的合作资金200 000元，该资金当初以中央财政拨款支付。

借：资金结存——货币资金　　　　　　　　　　　　　200 000
　　贷：非财政拨款结余——年初余额调整　　　　　　　　　　200 000

4.年末，将留归本单位使用的非财政拨款专项（项目已完成）剩余资金转入本科目，借记"非财政拨款结转——累计结转"科目，贷记本科目（结转转入）。

【例14-123】同例14-118，年末，理工大学对非财政拨款专项结转资金各项目情况进行分析，将留归本单位使用的非财政拨款专项（项目已完成）剩余资金6 214 000元转入非财政拨款结余。

借：非财政拨款结余——结转转入　　　　　　　　　　6 214 000
　　贷：非财政拨款结转——累计结转　　　　　　　　　　　　6 214 000

5.年末冲销有关明细科目余额。将本科目（年初余额调整、项目间接费用或管理费、结转转入）余额结转入本科目（累计结余）。结转后，本科目除"累计结余"明细科目外，其他明细科目应无余额。

【例14-124】接例14-91、例14-119至例14-123，年末，理工大学将"非财政拨款结余"科目的年初余额调整贷方余额140 000元、项目间接费用或管理费贷方余额2 600 000元、结转转入借方余额6 214 000元转入"非财政拨款结余——累计结余"明细科目。

借：非财政拨款结余——年初余额调整　　　　　　140 000
　　　　　　　　——项目间接费用或管理费　　2 600 000
　　　　　　　　——累计结余　　　　　　　　3 474 000
　　贷：非财政拨款结余——结转转入　　　　　　　　　　6 214 000

6.年末处理。

（1）事业单位将"非财政拨款结余分配"科目余额转入非财政拨款结余。"非财政拨款结余分配"科目为借方余额的，借记本科目（累计结余），贷记"非财政拨款结余分配"科目；"非财政拨款结余分配"科目为贷方余额的，借记"非财政拨款结余分配"科目，贷记本科目（累计结余）。

【例14-125】年末，理工大学将"非财政拨款结余分配"科目贷方余额725 000元转入非财政拨款结余。

借：非财政拨款结余分配　　　　　　　　　　　725 000
　　贷：非财政拨款结余——累计结余　　　　　　　　　725 000

（2）年末，行政单位将"其他结余"科目余额转入非财政拨款结余。"其他结余"科目为借方余额的，借记本科目（累计结余），贷记"其他结余"科目；"其他结余"科目为贷方余额的，借记"其他结余"科目，贷记本科目（累计结余）。

【例14-126】年末，市审计局将"其他结余"科目借方余额22 500元转入非财政拨款结余。

借：非财政拨款结余——累计结余　　　　　　　22 500
　　贷：其他结余　　　　　　　　　　　　　　　　　　22 500

六、专用结余的核算

为核算事业单位按照规定从非财政拨款结余中提取的具有专门用途的资金的变动和滚存情况，设置"专用结余"（8301）科目。本科目年末贷方余额，反映事业单位从非同级财政拨款结余中提取的专用基金的累计滚存数额。本科目应当按照专用结余的类别进行明细核算。

专用结余的主要账务处理如下：

1.根据有关规定从本年度非财政拨款结余或经营结余中提取基金的，按照提取金额，借记"非财政拨款结余分配"科目，贷记本科目。

【例14-127】根据有关规定，理工大学从本年度经营结余中提取职工福利基金150 000元。

借：非财政拨款结余分配　　　　　　　　　　　150 000
　　贷：专用结余　　　　　　　　　　　　　　　　　　150 000

2.根据规定使用从非财政拨款结余或经营结余中提取的专用基金时，按照使用金额，借记本科目，贷记"资金结存——货币资金"科目。

【例14-128】根据有关规定，理工大学使用从本年度经营结余中提取的职工福利基金30 000元，以银行存款支付。

借：专用结余　　　　　　　　　　　　　　　　　　　30 000
　　贷：资金结存——货币资金　　　　　　　　　　　　　　　30 000

七、经营结余的核算

为核算事业单位本年度经营活动收支相抵后的余额弥补以前年度经营亏损后的余额，设置"经营结余"（8401）科目。年末结账后，本科目一般无余额；如为借方余额，反映事业单位累计发生的经营亏损。本科目可以按照经营活动类别进行明细核算。

经营结余的主要账务处理如下：

1.年末，将经营预算收入本年发生额转入本科目，借记"经营预算收入"科目，贷记本科目；将经营支出本年发生额转入本科目，借记本科目，贷记"经营支出"科目。

【例14-129】年末，理工大学将经营预算收入本年发生额4 967 000元转入"经营结余"科目。

借：经营预算收入　　　　　　　　　　　　　　　　4 967 000
　　贷：经营结余　　　　　　　　　　　　　　　　　　　4 967 000

【例14-130】年末，理工大学将经营支出本年发生额3 855 000元转入"经营结余"科目。

借：经营结余　　　　　　　　　　　　　　　　　　3 855 000
　　贷：经营支出　　　　　　　　　　　　　　　　　　　3 855 000

2.年末，完成上述结转后，如本科目为贷方余额，将本科目贷方余额转入"非财政拨款结余分配"科目，借记本科目，贷记"非财政拨款结余分配"科目；如本科目为借方余额，为经营亏损，不予结转。

【例14-131】接例14-129和例14-130，理工大学将经营结余贷方余额1 112 000元转入"非财政拨款结余分配"科目。

借：经营结余　　　　　　　　　　　　　　　　　　1 112 000
　　贷：非财政拨款结余分配　　　　　　　　　　　　　　　1 112 000

八、其他结余的核算

为核算单位本年度除财政拨款收支、非同级财政专项资金收支和经营收支以外各项收支相抵后的余额，设置"其他结余"（8501）科目。年末结账后，本科目应无余额。

其他结余的主要账务处理如下：

1.年末，将事业预算收入、上级补助预算收入、附属单位上缴预算收入、非同级财政拨款预算收入、债务预算收入、其他预算收入本年发生额中的非专项资金收入以及投资预算收益本年发生额转入本科目，借记"事业预算收入""上级补助预算收入""附属单位上缴预算收入""非同级财政拨款预算收入""债务预算收入""其他预算收入"科目下各非专项资金收入明细科目和"投资预算收益"科目,贷记本科目("投资预算收益"科目本年发生额为借方净额时,借记本科目,贷记"投资预算收益"科目)。

【例 14-132】年末,理工大学将"事业预算收入——非专项资金收入"24 685 000 元、"上级补助预算收入——非专项资金收入"200 000 元、"附属单位上缴预算收入——非专项资金收入"100 000 元、"非同级财政拨款预算收入——非专项资金收入"3 000 000 元、"债务预算收入——非专项资金收入"1 000 000 元、"其他预算收入——非专项资金收入"120 000 元和"投资预算收益"84 000 元转入"其他结余"科目。

  借:事业预算收入——非专项资金收入   24 685 000
    上级补助预算收入——非专项资金收入   200 000
    附属单位上缴预算收入——非专项资金收入   100 000
    非同级财政拨款预算收入——非专项资金收入   3 000 000
    债务预算收入——非专项资金收入   1 000 000
    其他预算收入——非专项资金收入   120 000
    投资预算收益   84 000
    贷:其他结余   29 189 000

2.年末,将行政支出、事业支出、其他支出本年发生额中的非同级财政、非专项资金支出,以及上缴上级支出、对附属单位补助支出、投资支出、债务还本支出本年发生额转入本科目,借记本科目,贷记"行政支出""事业支出""其他支出"科目下各非同级财政、非专项资金支出明细科目和"上缴上级支出""对附属单位补助支出""投资支出""债务还本支出"科目。

【例 14-133】年末,理工大学将"事业支出——非同级财政"8 547 000 元、"事业支出——非专项资金支出"14 354 000 元、"其他支出——非同级财政"120 000 元、"其他支出——非专项资金支出"105 000 元、"上缴上级支出"200 000 元、"对附属单位补助支出"300 000 元、"投资支出"800 000 元、"债务还本支出"5 000 000 元转入"其他结余"科目。

  借:其他结余   29 426 000
    贷:事业支出——非同级财政   8 547 000
     事业支出——非专项资金支出   14 354 000
     其他支出——非同级财政   120 000
     其他支出——非专项资金支出   105 000
     上缴上级支出   200 000
     对附属单位补助支出   300 000
     投资支出   800 000
     债务还本支出   5 000 000

3.年末，完成上述结转后，行政单位将本科目余额转入"非财政拨款结余——累计结余"科目；事业单位将本科目余额转入"非财政拨款结余分配"科目。当本科目为贷方余额时，借记本科目，贷记"非财政拨款结余——累计结余"或"非财政拨款结余分配"科目；当本科目为借方余额时，借记"非财政拨款结余——累计结余"或"非财政拨款结余分配"科目，贷记本科目。

【例14-134】接例14-132、例14-133，年末，理工大学将"其他结余"科目借方余额237 000元转入"非财政拨款结余分配"科目。

借：非财政拨款结余分配   237 000

  贷：其他结余   237 000

九、非财政拨款结余分配的核算

为核算事业单位本年度非财政拨款结余分配的情况和结果，设置"非财政拨款结余分配"（8701）科目。年末结账后，本科目应无余额。

非财政拨款结余分配的主要账务处理如下：

1.年末，将"其他结余"科目余额转入本科目，当"其他结余"科目为贷方余额时，借记"其他结余"科目，贷记本科目；当"其他结余"科目为借方余额时，借记本科目，贷记"其他结余"科目。年末，将"经营结余"科目贷方余额转入本科目，借记"经营结余"科目，贷记本科目。

【例14-135】同例14-134，年末，理工大学将"其他结余"科目借方余额237 000元转入"非财政拨款结余分配"科目。

借：非财政拨款结余分配   237 000

  贷：其他结余   237 000

【例14-136】同例14-131，年末，理工大学将经营结余贷方余额1 112 000元转入"非财政拨款结余分配"科目。

借：经营结余   1 112 000

  贷：非财政拨款结余分配   1 112 000

2.根据有关规定提取专用基金的，按照提取的金额，借记本科目，贷记"专用结余"科目。

【例14-137】同例14-127，年末，根据有关规定，理工大学从本年度经营结余中提取职工福利基金150 000元。

借：非财政拨款结余分配   150 000

  贷：专用结余   150 000

3.年末，按照规定完成上述处理后，将本科目余额转入非财政拨款结余。当本科目为借方余额时，借记"非财政拨款结余——累计结余"科目，贷记本科目；当本科目为贷方余额时，借记本科目，贷记"非财政拨款结余——累计结余"科目。

【例14-138】同例14-125，年末，理工大学将"非财政拨款结余分配"科目贷方余额725 000元转入非财政拨款结余。

借：非财政拨款结余分配　　　　　　　　　　　　　　　725 000
　　贷：非财政拨款结余——累计结余　　　　　　　　　　　　725 000

关键概念

预算会计　预算收入　预算支出　预算结余

复习思考题

1.行政事业单位预算会计的要素包括哪些？

2.预算收入何时予以确认？以什么金额计量？

3.预算支出何时予以确认？以什么金额计量？

4.预算结余包括哪些内容？其内涵分别是什么？

第十五章 行政事业单位财务报表编审

第一节

行政事业单位财务报表的分类与编制要求

一、行政事业单位财务报表的分类

财务报表是对行政事业单位财务状况、运行情况和现金流量等信息的结构性表述。财务报表包括会计报表和附注。会计报表至少应当包括资产负债表、收入费用表和现金流量表，单位应当根据相关规定编制合并财务报表。资产负债表是反映政府会计主体在某一特定日期的财务状况的报表。收入费用表是反映政府会计主体在一定会计期间运行情况的报表。现金流量表是反映政府会计主体在一定会计期间现金及现金等价物流入和流出情况的报表。附注是对在资产负债表、收入费用表、现金流量表等报表中列示项目所做的进一步说明，以及对未能在这些报表中列示项目的说明。参见表15-1。

表 15-1 　　　　　　　　　　行政事业单位财务报表的种类

编号	报表名称	编制期
财务报表		
会政财01表	资产负债表	月度、年度
会政财02表	收入费用表	月度、年度
会政财03表	净资产变动表	年度
会政财04表	现金流量表	年度
	附注	年度

续表

编号	报表名称	编制期
预算会计报表		
会政预01表	预算收入支出表	年度
会政预02表	预算结转结余变动表	年度
会政预03表	财政拨款预算收入支出表	年度

政府决算报告的编制主要以收付实现制为基础，以预算会计核算生成的数据为准。政府财务报告的编制主要以权责发生制为基础，以财务会计核算生成的数据为准。

二、行政事业单位编制报表应当遵守的规定

1.财务报表的编制主要以权责发生制为基础，以单位财务会计核算生成的数据为准；预算会计报表的编制主要以收付实现制为基础，以单位预算会计核算生成的数据为准。

2.财务报表由会计报表及其附注构成。会计报表一般包括资产负债表、收入费用表和净资产变动表。单位可根据实际情况自行选择编制现金流量表。

3.预算会计报表至少包括预算收入支出表、预算结转结余变动表和财政拨款预算收入支出表。

4.单位应当至少按照年度编制财务报表和预算会计报表。

5.单位应当根据本制度规定编制真实、完整的财务报表和预算会计报表，不得违反本制度规定随意改变财务报表和预算会计报表的编制基础、编制依据、编制原则和方法，不得随意改变本制度规定的财务报表和预算会计报表有关数据的会计口径。

6.财务报表和预算会计报表应当根据登记完整、核对无误的账簿记录和其他有关资料编制，做到数字真实、计算准确、内容完整、编报及时。

7.财务报表和预算会计报表应当由单位负责人和主管会计工作的负责人、会计机构负责人（会计主管人员）签名并盖章。

三、单位应当重视并不断推进会计信息化的应用

行政事业单位应开展会计信息化工作，应当符合财政部制定的相关会计信息化工作规范和标准，确保利用现代信息技术手段开展会计核算及生成的会计信息符合政府会计准则和会计制度的规定。

第二节

行政事业单位财务报表的编审

一、资产负债表的编审

资产负债表是反映政府会计主体在某一特定日期的财务状况的报表。格式参见

表15-2。

表15-2　　　　　　　　　　　**资产负债表**

会政财01表

编制单位：　　　　　　　　　____年____月____日　　　　　　　　　单位：元

资产	期末余额	年初余额	负债和净资产	期末余额	年初余额
流动资产：			流动负债：		
货币资金			短期借款		
短期投资			应交增值税		
财政应返还额度			其他应交税费		
应收票据			应缴财政款		
应收账款净额			应付职工薪酬		
预付账款			应付票据		
应收股利			应付账款		
应收利息			应付政府补贴款		
其他应收款净额			应付利息		
存货			预收账款		
待摊费用			其他应付款		
一年内到期的非流动资产			预提费用		
其他流动资产			一年内到期的非流动负债		
流动资产合计			其他流动负债		
非流动资产：			流动负债合计		
长期股权投资			非流动负债：		
长期债券投资			长期借款		
固定资产原值			长期应付款		
减：固定资产累计折旧			预计负债		
固定资产净值			其他非流动负债		
工程物资			非流动负债合计		
在建工程			受托代理负债		
无形资产原值			负债合计		
减：无形资产累计摊销					
尤形资产净值					
研发支出					
公共基础设施原值					
减：公共基础设施累计折旧（摊销）					
公共基础设施净值					
政府储备物资					
文物文化资产					
保障性住房原值					
减：保障性住房累计折旧			净资产：		
保障性住房净值			累计盈余		
长期待摊费用			专用基金		
待处理财产损溢			权益法调整		
其他非流动资产			无偿调拨净资产*		——
非流动资产合计			本期盈余*		——
受托代理资产			净资产合计		
资产总计			负债和净资产总计		

注："*"标识项目为月报项目，年报中不需列示。

资产负债表编制说明如下：

（一）本表反映单位在某一特定日期全部资产、负债和净资产的情况

（二）本表"年初余额"栏内各项数字，应当根据上年年末资产负债表"期末余额"栏内数字填列

如果本年度资产负债表规定的项目的名称和内容同上年度不一致，应当对上年年末资产负债表项目的名称和数字按照本年度的规定进行调整，将调整后数字填入本表"年初余额"栏内。

如果本年度单位发生了因前期差错更正、会计政策变更等调整以前年度盈余的事项，还应当对"年初余额"栏中的有关项目金额进行相应调整。

（三）本表中"资产总计"项目期末（年初）余额应当与"负债和净资产总计"项目期末（年初）余额相等

（四）本表"期末余额"栏各项目的内容和填列方法

1.资产类项目

（1）"货币资金"项目，反映单位期末库存现金、银行存款、零余额账户用款额度、其他货币资金的合计数。本项目应当根据"库存现金""银行存款""零余额账户用款额度""其他货币资金"科目的期末余额的合计数填列；若单位存在通过"库存现金""银行存款"科目核算的受托代理资产还应当按照前述合计数扣减"库存现金""银行存款"科目下"受托代理资产"明细科目的期末余额后的金额填列。

（2）"短期投资"项目，反映事业单位期末持有的短期投资账面余额。本项目应当根据"短期投资"科目的期末余额填列。

（3）"财政应返还额度"项目，反映单位期末财政应返还额度的金额。本项目应当根据"财政应返还额度"科目的期末余额填列。

（4）"应收票据"项目，反映事业单位期末持有的应收票据的票面金额。本项目应当根据"应收票据"科目的期末余额填列。

（5）"应收账款净额"项目，反映单位期末尚未收回的应收账款减去已计提的坏账准备后的净额。本项目应当根据"应收账款"科目的期末余额，减去"坏账准备"科目中对应收账款计提的坏账准备的期末余额后的金额填列。

（6）"预付账款"项目，反映单位期末预付给商品或者劳务供应单位的款项。本项目应当根据"预付账款"科目的期末余额填列。

（7）"应收股利"项目，反映事业单位期末因股权投资而应收取的现金股利或应当分得的利润。本项目应当根据"应收股利"科目的期末余额填列。

（8）"应收利息"项目，反映事业单位期末因债券投资等而应收取的利息。事业单位购入的到期一次还本付息的长期债券投资持有期间应收的利息，不包括在本项目内。本项目应当根据"应收利息"科目的期末余额填列。

（9）"其他应收款净额"项目，反映单位期末尚未收回的其他应收款减去已计提的坏账准备后的净额。本项目应当根据"其他应收款"科目的期末余额减去"坏账准备"科目中对其他应收款计提的坏账准备的期末余额后的金额填列。

（10）"存货"项目，反映单位期末存储的存货的实际成本。本项目应当根据"在途物品""库存物品""加工物品"科目的期末余额的合计数填列。

（11）"待摊费用"项目，反映单位期末已经支出，但应当由本期和以后各期负担的分摊期在1年以内（含1年）的各项费用。本项目应当根据"待摊费用"科目的期末余额填列。

（12）"一年内到期的非流动资产"项目，反映单位期末非流动资产项目中将在1年内（含1年）到期的金额，如事业单位将在1年内（含1年）到期的长期债券投资金额。本项目应当根据"长期债券投资"等科目的明细科目的期末余额分析填列。

（13）"其他流动资产"项目，反映单位期末除本表中上述各项之外的其他流动资产的合计金额。本项目应当根据有关科目期末余额的合计数填列。

（14）"流动资产合计"项目，反映单位期末流动资产的合计数。本项目应当根据本表中"货币资金""短期投资""财政应返还额度""应收票据""应收账款净额""预付账款""应收股利""应收利息""其他应收款净额""存货""待摊费用""一年内到期的非流动资产""其他流动资产"项目金额的合计数填列。

（15）"长期股权投资"项目，反映事业单位期末持有的长期股权投资的账面余额。本项目应当根据"长期股权投资"科目的期末余额填列。

（16）"长期债券投资"项目，反映事业单位期末持有的长期债券投资的账面余额。本项目应当根据"长期债券投资"科目的期末余额减去其中将于1年内（含1年）到期的长期债券投资余额后的金额填列。

（17）"固定资产原值"项目，反映单位期末固定资产的原值。本项目应当根据"固定资产"科目的期末余额填列。

"固定资产累计折旧"项目，反映单位期末固定资产已计提的累计折旧金额。本项目应当根据"固定资产累计折旧"科目的期末余额填列。

"固定资产净值"项目，反映单位期末固定资产的账面价值。本项目应当根据"固定资产"科目期末余额减去"固定资产累计折旧"科目期末余额后的金额填列。

（18）"工程物资"项目，反映单位期末为在建工程准备的各种物资的实际成本。本项目应当根据"工程物资"科目的期末余额填列。

（19）"在建工程"项目，反映单位期末所有的建设项目工程的实际成本。本项目应当根据"在建工程"科目的期末余额填列。

（20）"无形资产原值"项目，反映单位期末无形资产的原值。本项目应当根据"无形资产"科目的期末余额填列。

"无形资产累计摊销"项目，反映单位期末无形资产已计提的累计摊销金额。本项目应当根据"无形资产累计摊销"科目的期末余额填列。

"无形资产净值"项目，反映单位期末无形资产的账面价值。本项目应当根据"无形资产"科目期末余额减去"无形资产累计摊销"科目期末余额后的金额填列。

（21）"研发支出"项目，反映单位期末正在进行的无形资产开发项目开发阶段发生的累计支出数。本项目应当根据"研发支出"科目的期末余额填列。

（22）"公共基础设施原值"项目，反映单位期末控制的公共基础设施的原值。本项目应当根据"公共基础设施"科目的期末余额填列。

"公共基础设施累计折旧（摊销）"项目，反映单位期末控制的公共基础设施已计提的累计折旧和累计摊销金额。本项目应当根据"公共基础设施累计折旧（摊销）"科目的期末余额填列。

"公共基础设施净值"项目，反映单位期末控制的公共基础设施的账面价值。本项目应当根据"公共基础设施"科目期末余额减去"公共基础设施累计折旧（摊销）"科目期末余额后的金额填列。

（23）"政府储备物资"项目，反映单位期末控制的政府储备物资的实际成本。本项目应当根据"政府储备物资"科目的期末余额填列。

（24）"文物文化资产"项目，反映单位期末控制的文物文化资产的成本。本项目应当根据"文物文化资产"科目的期末余额填列。

（25）"保障性住房原值"项目，反映单位期末控制的保障性住房的原值。本项目应当根据"保障性住房"科目的期末余额填列。

"保障性住房累计折旧"项目，反映单位期末控制的保障性住房已计提的累计折旧金额。本项目应当根据"保障性住房累计折旧"科目的期末余额填列。

"保障性住房净值"项目，反映单位期末控制的保障性住房的账面价值。本项目应当根据"保障性住房"科目期末余额减去"保障性住房累计折旧"科目期末余额后的金额填列。

（26）"长期待摊费用"项目，反映单位期末已经支出，但应由本期和以后各期负担的分摊期限在1年以上（不含1年）的各项费用。本项目应当根据"长期待摊费用"科目的期末余额填列。

（27）"待处理财产损溢"项目，反映单位期末尚未处理完毕的各种资产的净损失或净溢余。本项目应当根据"待处理财产损溢"科目的期末借方余额填列；如"待处理财产损溢"科目期末为贷方余额，以"-"号填列。

（28）"其他非流动资产"项目，反映单位期末除本表中上述各项之外的其他非流动资产的合计数。本项目应当根据有关科目的期末余额合计数填列。

（29）"非流动资产合计"项目，反映单位期末非流动资产的合计数。本项目应当根据本表中"长期股权投资""长期债券投资""固定资产净值""工程物资""在建工程""无形资产净值""研发支出""公共基础设施净值""政府储备物资""文物文化资产""保障性住房净值""长期待摊费用""待处理财产损溢""其他非流动资产"项目金额的合计数填列。

（30）"受托代理资产"项目，反映单位期末受托代理资产的价值。本项目应当根据"受托代理资产"科目的期末余额与"库存现金""银行存款"科目下"受托代理资产"明细科目的期末余额的合计数填列。

（31）"资产总计"项目，反映单位期末资产的合计数。本项目应当根据本表中

第十五章/行政事业单位财务报表编审　*321*

"流动资产合计""非流动资产合计""受托代理资产"项目金额的合计数填列。

2.负债类项目

（32）"短期借款"项目，反映事业单位期末短期借款的余额。本项目应当根据"短期借款"科目的期末余额填列。

（33）"应交增值税"项目，反映单位期末应缴未缴的增值税税额。本项目应当根据"应交增值税"科目的期末余额填列；如"应交增值税"科目期末为借方余额，以"−"号填列。

（34）"其他应交税费"项目，反映单位期末应缴未缴的除增值税以外的税费金额。本项目应当根据"其他应交税费"科目的期末余额填列；如"其他应交税费"科目期末为借方余额，以"−"号填列。

（35）"应缴财政款"项目，反映单位期末应当上缴财政但尚未缴纳的款项。本项目应当根据"应缴财政款"科目的期末余额填列。

（36）"应付职工薪酬"项目，反映单位期末按有关规定应付给职工及为职工支付的各种薪酬。本项目应当根据"应付职工薪酬"科目的期末余额填列。

（37）"应付票据"项目，反映事业单位期末应付票据的金额。本项目应当根据"应付票据"科目的期末余额填列。

（38）"应付账款"项目，反映单位期末应当支付但尚未支付的偿还期限在1年以内（含1年）的应付账款的金额。本项目应当根据"应付账款"科目的期末余额填列。

（39）"应付政府补贴款"项目，反映负责发放政府补贴的行政单位期末按照规定应当支付给政府补贴接受者的各种政府补贴款余额。本项目应当根据"应付政府补贴款"科目的期末余额填列。

（40）"应付利息"项目，反映事业单位期末按照合同约定应支付的借款利息。事业单位到期一次还本付息的长期借款利息不包括在本项目内。本项目应当根据"应付利息"科目的期末余额填列。

（41）"预收账款"项目，反映事业单位期末预先收取但尚未确认收入和实际结算的款项余额。本项目应当根据"预收账款"科目的期末余额填列。

（42）"其他应付款"项目，反映单位期末其他各项偿还期限在1年内（含1年）的应付及暂收款项余额。本项目应当根据"其他应付款"科目的期末余额填列。

（43）"预提费用"项目，反映单位期末已预先提取的已经发生但尚未支付的各项费用。本项目应当根据"预提费用"科目的期末余额填列。

（44）"一年内到期的非流动负债"项目，反映单位期末将于1年内（含1年）偿还的非流动负债的余额。本项目应当根据"长期应付款""长期借款"等科目的明细科目的期末余额分析填列。

（45）"其他流动负债"项目，反映单位期末除本表中上述各项之外的其他流动负债的合计数。本项目应当根据有关科目的期末余额的合计数填列。

（46）"流动负债合计"项目，反映单位期末流动负债合计数。本项目应当根据本表"短期借款""应交增值税""其他应交税费""应缴财政款""应付职工薪酬""应付票据""应付账款""应付政府补贴款""应付利息""预收账款""其他应付款""预提费用""一年内到期的非流动负债""其他流动负债"项目金额的合计数填列。

（47）"长期借款"项目，反映事业单位期末长期借款的余额。本项目应当根据"长期借款"科目的期末余额减去其中将于1年内（含1年）到期的长期借款余额后的金额填列。

（48）"长期应付款"项目，反映单位期末长期应付款的余额。本项目应当根据"长期应付款"科目的期末余额减去其中将于1年内（含1年）到期的长期应付款余额后的金额填列。

（49）"预计负债"项目，反映单位期末已确认但尚未偿付的预计负债的余额。本项目应当根据"预计负债"科目的期末余额填列。

（50）"其他非流动负债"项目，反映单位期末除本表中上述各项之外的其他非流动负债的合计数。本项目应当根据有关科目的期末余额合计数填列。

（51）"非流动负债合计"项目，反映单位期末非流动负债合计数。本项目应当根据本表中"长期借款""长期应付款""预计负债""其他非流动负债"项目金额的合计数填列。

（52）"受托代理负债"项目，反映单位期末受托代理负债的金额。本项目应当根据"受托代理负债"科目的期末余额填列。

（53）"负债合计"项目，反映单位期末负债的合计数。本项目应当根据本表中"流动负债合计""非流动负债合计""受托代理负债"项目金额的合计数填列。

3.净资产类项目

（54）"累计盈余"项目，反映单位期末未分配盈余（或未弥补亏损）以及无偿调拨净资产变动的累计数。本项目应当根据"累计盈余"科目的期末余额填列。

（55）"专用基金"项目，反映事业单位期末累计提取或设置但尚未使用的专用基金余额。本项目应当根据"专用基金"科目的期末余额填列。

（56）"权益法调整"项目，反映事业单位期末在被投资单位除净损益和利润分配以外的所有者权益变动中累积享有的份额。本项目应当根据"权益法调整"科目的期末余额填列。如"权益法调整"科目期末为借方余额，以"-"号填列。

（57）"无偿调拨净资产"项目，反映单位本年度截至报告期期末无偿调入的非现金资产价值扣减无偿调出的非现金资产价值后的净值。本项目仅在月度报表中列示，年度报表中不列示。月度报表中本项目应当根据"无偿调拨净资产"科目的期末余额填列；"无偿调拨净资产"科目期末为借方余额时，以"-"号填列。

（58）"本期盈余"项目，反映单位本年度截至报告期期末实现的累计盈余或亏损。本项目仅在月度报表中列示，年度报表中不列示。月度报表中本项目应当根据"本期盈余"科目的期末余额填列；"本期盈余"科目期末为借方余额时，以"-"

号填列。

（59）"净资产合计"项目，反映单位期末净资产合计数。本项目应当根据本表中"累计盈余"、"专用基金"、"权益法调整"、"无偿调拨净资产"[月度报表]、"本期盈余"[月度报表]项目金额的合计数填列。

（60）"负债和净资产总计"项目，应当按照本表中"负债合计""净资产合计"项目金额的合计数填列。

二、收入费用表的编审

收入费用表是反映政府会计主体在一定会计期间运行情况的报表。格式参见表15-3。

表15-3

收入费用表

会政财02表

编制单位：　　　　　　　　　　　　____年____月　　　　　　　　　　　　单位：元

项　目	本月数	本年累计数
一、本期收入		
（一）财政拨款收入		
其中：政府性基金收入		
（二）事业收入		
（三）上级补助收入		
（四）附属单位上缴收入		
（五）经营收入		
（六）非同级财政拨款收入		
（七）投资收益		
（八）捐赠收入		
（九）利息收入		
（十）租金收入		
（十一）其他收入		
二、本期费用		
（一）业务活动费用		
（二）单位管理费用		
（三）经营费用		
（四）资产处置费用		
（五）上缴上级费用		
（六）对附属单位补助费用		
（七）所得税费用		
（八）其他费用		
三、本期盈余		

收入费用表编制说明如下：

（一）本表反映单位在某一会计期间内发生的收入、费用及当期盈余情况

（二）本表"本月数"栏反映各项目的本月实际发生数。编制年度收入费用表时，应当将本栏改为"本年数"，反映本年度各项目的实际发生数

本表"本年累计数"栏反映各项目自年初至报告期期末的累计实际发生数。编制年度收入费用表时，应当将本栏改为"上年数"，反映上年度各项目的实际发生数，"上年数"栏应当根据上年年度收入费用表中"本年数"栏内所列数字填列。

如果本年度收入费用表规定的项目的名称和内容同上年度不一致，应当对上年度收入费用表项目的名称和数字按照本年度的规定进行调整，将调整后的金额填入本年度收入费用表的"上年数"栏内。

如果本年度单位发生了因前期差错更正、会计政策变更等调整以前年度盈余的事项，还应当对年度收入费用表中"上年数"栏中的有关项目金额进行相应调整。

（三）本表"本月数"栏各项目的内容和填列方法

1.本期收入

（1）"本期收入"项目，反映单位本期收入总额。本项目应当根据本表中"财政拨款收入""事业收入""上级补助收入""附属单位上缴收入""经营收入""非同级财政拨款收入""投资收益""捐赠收入""利息收入""租金收入""其他收入"项目金额的合计数填列。

（2）"财政拨款收入"项目，反映单位本期从同级政府财政部门取得的各类财政拨款。本项目应当根据"财政拨款收入"科目的本期发生额填列。

"政府性基金收入"项目，反映单位本期取得的财政拨款收入中属于政府性基金预算拨款的金额。本项目应当根据"财政拨款收入"相关明细科目的本期发生额填列。

（3）"事业收入"项目，反映事业单位本期开展专业业务活动及其辅助活动实现的收入。本项目应当根据"事业收入"科目的本期发生额填列。

（4）"上级补助收入"项目，反映事业单位本期从主管部门和上级单位收到或应收的非财政拨款收入。本项目应当根据"上级补助收入"科目的本期发生额填列。

（5）"附属单位上缴收入"项目，反映事业单位本期收到或应收的独立核算的附属单位按照有关规定上缴的收入。本项目应当根据"附属单位上缴收入"科目的本期发生额填列。

（6）"经营收入"项目，反映事业单位本期在专业业务活动及其辅助活动之外开展非独立核算经营活动实现的收入。本项目应当根据"经营收入"科目的本期发生额填列。

（7）"非同级财政拨款收入"项目，反映单位本期从非同级政府财政部门取得的财政拨款，不包括事业单位因开展科研及其辅助活动从非同级财政部门取得的经费拨款。本项目应当根据"非同级财政拨款收入"科目的本期发生额填列。

（8）"投资收益"项目，反映事业单位本期股权投资和债券投资所实现的收益或发生的损失。本项目应当根据"投资收益"科目的本期发生额填列；如为投资净损失，以"－"号填列。

（9）"捐赠收入"项目，反映单位本期接受捐赠取得的收入。本项目应当根据"捐赠收入"科目的本期发生额填列。

（10）"利息收入"项目，反映单位本期取得的银行存款利息收入。本项目应当根据"利息收入"科目的本期发生额填列。

（11）"租金收入"项目，反映单位本期经批准利用国有资产出租取得并按规定纳入本单位预算管理的租金收入。本项目应当根据"租金收入"科目的本期发生额填列。

（12）"其他收入"项目，反映单位本期取得的除以上收入项目外的其他收入的总额。本项目应当根据"其他收入"科目的本期发生额填列。

2.本期费用

（13）"本期费用"项目，反映单位本期费用总额。本项目应当根据本表中"业务活动费用""单位管理费用""经营费用""资产处置费用""上缴上级费用""对附属单位补助费用""所得税费用""其他费用"项目金额的合计数填列。

（14）"业务活动费用"项目，反映单位本期为实现其职能目标，依法履职或开展专业业务活动及其辅助活动所发生的各项费用。本项目应当根据"业务活动费用"科目本期发生额填列。

（15）"单位管理费用"项目，反映事业单位本期本级行政及后勤管理部门开展管理活动发生的各项费用，以及由单位统一负担的离退休人员经费、工会经费、诉讼费、中介费等。本项目应当根据"单位管理费用"科目的本期发生额填列。

（16）"经营费用"项目，反映事业单位本期在专业业务活动及其辅助活动之外开展非独立核算经营活动发生的各项费用。本项目应当根据"经营费用"科目的本期发生额填列。

（17）"资产处置费用"项目，反映单位本期经批准处置资产时转销的资产价值以及在处置过程中发生的相关费用或者处置收入小于处置费用形成的净支出。本项目应当根据"资产处置费用"科目的本期发生额填列。

（18）"上缴上级费用"项目，反映事业单位按照规定上缴上级单位款项发生的费用。本项目应当根据"上缴上级费用"科目的本期发生额填列。

（19）"对附属单位补助费用"项目，反映事业单位用财政拨款收入之外的收入对附属单位补助发生的费用。本项目应当根据"对附属单位补助费用"科目的本期发生额填列。

（20）"所得税费用"项目，反映有企业所得税缴纳义务的事业单位本期计算应交纳的企业所得税。本项目应当根据"所得税费用"科目的本期发生额填列。

（21）"其他费用"项目，反映单位本期发生的除以上费用项目外的其他费用的总额。本项目应当根据"其他费用"科目的本期发生额填列。

3.本期盈余

（22）"本期盈余"项目，反映单位本期收入扣除本期费用后的净额。本项目应当根据本表中"本期收入"项目金额减去"本期费用"项目金额后的金额填列；如为负数，以"−"号填列。

三、净资产变动表的编审

净资产变动表是反映单位净资产变动数额及其因素的报表。格式参见表15-4。

表15-4 净资产变动表

会政财03表

编制单位：_____ ____年 单位：元

项 目	本年数				上年数			
	累计盈余	专用基金	权益法调整	净资产合计	累计盈余	专用基金	权益法调整	净资产合计
一、上年年末余额								
二、以前年度盈余调整（减少以"−"号填列）	—	—			—	—		
三、本年年初余额								
四、本年变动金额（减少以"−"号填列）								
（一）本年盈余	—	—			—	—		
（二）无偿调拨净资产								
（三）归集调整预算结转结余	—	—			—	—		
（四）提取或设置专用基金		—				—		
其中：从预算收入中提取	—				—			
从预算结余中提取					—			
设置的专用基金	—				—			
（五）使用专用基金								
（六）权益法调整	—	—			—	—		
五、本年年末余额								

注："—"标识单元格不需填列。

净资产变动表编制说明如下：

（一）本表反映单位在某一会计年度内净资产项目的变动情况

（二）本表"本年数"栏反映本年度各项目的实际变动数。本表"上年数"栏反映上年度各项目的实际变动数，应当根据上年度净资产变动表中"本年数"栏内所列数字填列

如果上年度净资产变动表规定的项目的名称和内容与本年度不一致，应对上年度净资产变动表项目的名称和数字按照本年度的规定进行调整，将调整后金额填入本年度净资产变动表"上年数"栏内。

（三）本表"本年数"栏各项目的内容和填列方法

1."上年年末余额"行，反映单位净资产各项目上年年末的余额。本行各项目应当根据"累计盈余""专用基金""权益法调整"科目上年年末余额填列。

2."以前年度盈余调整"行，反映单位本年度调整以前年度盈余的事项对累计盈余进行调整的金额。本行"累计盈余"项目应当根据本年度"以前年度盈余调整"科目转入"累计盈余"科目的金额填列；如调整减少累计盈余，以"-"号填列。

3."本年年初余额"行，反映经过以前年度盈余调整后，单位净资产各项目的本年年初余额。本行"累计盈余""专用基金""权益法调整"项目应当根据其各自在"上年年末余额"和"以前年度盈余调整"行对应项目金额的合计数填列。

4."本年变动金额"行，反映单位净资产各项目本年变动总金额。本行"累计盈余""专用基金""权益法调整"项目应当根据其各自在"本年盈余""无偿调拨净资产""归集调整预算结转结余""提取或设置专用基金""使用专用基金""权益法调整"行对应项目金额的合计数填列。

5."本年盈余"行，反映单位本年发生的收入、费用对净资产的影响。本行"累计盈余"项目应当根据年末由"本期盈余"科目转入"本年盈余分配"科目的金额填列；如转入时借记"本年盈余分配"科目，则以"-"号填列。

6."无偿调拨净资产"行，反映单位本年无偿调入、调出非现金资产事项对净资产的影响。本行"累计盈余"项目应当根据年末由"无偿调拨净资产"科目转入"累计盈余"科目的金额填列；如转入时借记"累计盈余"科目，则以"-"号填列。

7."归集调整预算结转结余"行，反映单位本年财政拨款结转结余资金归集调入、归集上缴或调出，以及非财政拨款结转资金缴回对净资产的影响。本行"累计盈余"项目应当根据"累计盈余"科目明细账记录分析填列；如归集调整减少预算结转结余，则以"-"号填列。

8."提取或设置专用基金"行，反映单位本年提取或设置专用基金对净资产的影响。本行"累计盈余"项目应当根据"从预算结余中提取"行"累计盈余"项目的金额填列。本行"专用基金"项目应当根据"从预算收入中提取""从预算结余中提取""设置的专用基金"行"专用基金"项目金额的合计数

填列。

"从预算收入中提取"行，反映单位本年从预算收入中提取专用基金对净资产的影响。本行"专用基金"项目应当通过对"专用基金"科目明细账记录的分析，根据本年按有关规定从预算收入中提取基金的金额填列。

"从预算结余中提取"行，反映单位本年根据有关规定从本年度非财政拨款结余或经营结余中提取专用基金对净资产的影响。本行"累计盈余""专用基金"项目应当通过对"专用基金"科目明细账记录的分析，根据本年按有关规定从本年度非财政拨款结余或经营结余中提取专用基金的金额填列；本行"累计盈余"项目以"－"号填列。

"设置的专用基金"行，反映单位本年根据有关规定设置的其他专用基金对净资产的影响。本行"专用基金"项目应当通过对"专用基金"科目明细账记录的分析，根据本年按有关规定设置的其他专用基金的金额填列。

9."使用专用基金"行，反映单位本年按规定使用专用基金对净资产的影响。本行"累计盈余""专用基金"项目应当通过对"专用基金"科目明细账记录的分析，根据本年按规定使用专用基金的金额填列；本行"专用基金"项目以"－"号填列。

10."权益法调整"行，反映单位本年按照被投资单位除净损益和利润分配以外的所有者权益变动份额而调整长期股权投资账面余额对净资产的影响。本行"权益法调整"项目应当根据"权益法调整"科目本年发生额填列；若本年净发生额为借方时，以"－"号填列。

11."本年年末余额"行，反映单位本年各净资产项目的年末余额。本行"累计盈余""专用基金""权益法调整"项目应当根据其各自在"本年年初余额""本年变动金额"行对应项目金额的合计数填列。

12.本表各行"净资产合计"项目，应当根据所在行"累计盈余""专用基金""权益法调整"项目金额的合计数填列。

四、现金流量表的编审

现金流量表是反映政府会计主体在一定会计期间现金及现金等价物流入和流出情况的报表。格式参见表15-5。

表15-5 现金流量表

会政财04表

编制单位：＿＿＿＿＿＿ ＿＿＿＿年 单位：元

项 目	本年金额	上年金额
一、日常活动产生的现金流量：		
财政基本支出拨款收到的现金		
财政非资本性项目拨款收到的现金		

续表

项　目	本年 金额	上年 金额
事业活动收到的除财政拨款以外的现金		
收到的其他与日常活动有关的现金		
日常活动的现金流入小计		
购买商品、接受劳务支付的现金		
支付给职工以及为职工支付的现金		
支付的各项税费		
支付的其他与日常活动有关的现金		
日常活动的现金流出小计		
日常活动产生的现金流量净额		
二、投资活动产生的现金流量：		
收回投资收到的现金		
取得投资收益收到的现金		
处置固定资产、无形资产、公共基础设施等收回的现金净额		
收到的其他与投资活动有关的现金		
投资活动的现金流入小计		
购建固定资产、无形资产、公共基础设施等支付的现金		
对外投资支付的现金		
上缴处置固定资产、无形资产、公共基础设施等净收入支付的现金		
支付的其他与投资活动有关的现金		
投资活动的现金流出小计		
投资活动产生的现金流量净额		
三、筹资活动产生的现金流量：		
财政资本性项目拨款收到的现金		
取得借款收到的现金		
收到的其他与筹资活动有关的现金		
筹资活动的现金流入小计		
偿还借款支付的现金		
偿还利息支付的现金		
支付的其他与筹资活动有关的现金		
筹资活动的现金流出小计		
筹资活动产生的现金流量净额		
四、汇率变动对现金的影响额		
五、现金净增加额		

现金流量表编制说明如下：

（一）本表反映单位在某一会计年度内现金流入和流出的信息

（二）本表所指的现金，是指单位的库存现金以及其他可以随时用于支付的款项，包括库存现金、可以随时用于支付的银行存款、其他货币资金、零余额账户用款额度、财政应返还额度，以及通过财政直接支付方式支付的款项

（三）现金流量表应当按照日常活动、投资活动、筹资活动的现金流量分别反映。本表所指的现金流量，是指现金的流入和流出

（四）本表"本年金额"栏反映各项目的本年实际发生数。本表"上年金额"栏反映各项目的上年实际发生数，应当根据上年现金流量表中"本年金额"栏内所列数字填列

（五）单位应当采用直接法编制现金流量表

（六）本表"本年金额"栏各项目的填列方法

1.日常活动产生的现金流量

（1）"财政基本支出拨款收到的现金"项目，反映单位本年接受财政基本支出拨款取得的现金。本项目应当根据"零余额账户用款额度""财政拨款收入""银行存款"等科目及其所属明细科目的记录分析填列。

（2）"财政非资本性项目拨款收到的现金"项目，反映单位本年接受除用于购建固定资产、无形资产、公共基础设施等资本性项目以外的财政项目拨款取得的现金。本项目应当根据"银行存款""零余额账户用款额度""财政拨款收入"等科目及其所属明细科目的记录分析填列。

（3）"事业活动收到的除财政拨款以外的现金"项目，反映事业单位本年开展专业业务活动及其辅助活动取得的除财政拨款以外的现金。本项目应当根据"库存现金""银行存款""其他货币资金""应收账款""应收票据""预收账款""事业收入"等科目及其所属明细科目的记录分析填列。

（4）"收到的其他与日常活动有关的现金"项目，反映单位本年收到的除以上项目之外的与日常活动有关的现金。本项目应当根据"库存现金""银行存款""其他货币资金""上级补助收入""附属单位上缴收入""经营收入""非同级财政拨款收入""捐赠收入""利息收入""租金收入""其他收入"等科目及其所属明细科目的记录分析填列。

（5）"日常活动的现金流入小计"项目，反映单位本年日常活动产生的现金流入的合计数。本项目应当根据本表中"财政基本支出拨款收到的现金""财政非资本性项目拨款收到的现金""事业活动收到的除财政拨款以外的现金""收到的其他与日常活动有关的现金"项目金额的合计数填列。

（6）"购买商品、接受劳务支付的现金"项目，反映单位本年在日常活动中用于购买商品、接受劳务支付的现金。本项目应当根据"库存现金""银行存款""财政拨款收入""零余额账户用款额度""预付账款""在途物品""库存物品""应付账款""应付票据""业务活动费用""单位管理费用""经营费用"等科目及其所属

明细科目的记录分析填列。

（7）"支付给职工以及为职工支付的现金"项目，反映单位本年支付给职工以及为职工支付的现金。本项目应当根据"库存现金""银行存款""零余额账户用款额度""财政拨款收入""应付职工薪酬""业务活动费用""单位管理费用""经营费用"等科目及其所属明细科目的记录分析填列。

（8）"支付的各项税费"项目，反映单位本年用于缴纳日常活动相关税费而支付的现金。本项目应当根据"库存现金""银行存款""零余额账户用款额度""应交增值税""其他应交税费""业务活动费用""单位管理费用""经营费用""所得税费用"等科目及其所属明细科目的记录分析填列。

（9）"支付的其他与日常活动有关的现金"项目，反映单位本年支付的除上述项目之外与日常活动有关的现金。本项目应当根据"库存现金""银行存款""零余额账户用款额度""财政拨款收入""其他应付款""业务活动费用""单位管理费用""经营费用""其他费用"等科目及其所属明细科目的记录分析填列。

（10）"日常活动的现金流出小计"项目，反映单位本年日常活动产生的现金流出的合计数。本项目应当根据本表中"购买商品、接受劳务支付的现金""支付给职工以及为职工支付的现金""支付的各项税费""支付的其他与日常活动有关的现金"项目金额的合计数填列。

（11）"日常活动产生的现金流量净额"项目，应当按照本表中"日常活动的现金流入小计"项目金额减去"日常活动的现金流出小计"项目金额后的金额填列；如为负数，以"-"号填列。

2.投资活动产生的现金流量

（12）"收回投资收到的现金"项目，反映单位本年出售、转让或者收回投资收到的现金。本项目应该根据"库存现金""银行存款""短期投资""长期股权投资""长期债券投资"等科目的记录分析填列。

（13）"取得投资收益收到的现金"项目，反映单位本年因对外投资而收到被投资单位分配的股利或利润，以及收到投资利息而取得的现金。本项目应当根据"库存现金""银行存款""应收股利""应收利息""投资收益"等科目的记录分析填列。

（14）"处置固定资产、无形资产、公共基础设施等收回的现金净额"项目，反映单位本年处置固定资产、无形资产、公共基础设施等非流动资产所取得的现金，减去为处置这些资产而支付的有关费用之后的净额。由于自然灾害所造成的固定资产等长期资产损失而收到的保险赔款收入，也在本项目反映。本项目应当根据"库存现金""银行存款""待处理财产损溢"等科目的记录分析填列。

（15）"收到的其他与投资活动有关的现金"项目，反映单位本年收到的除上述项目之外与投资活动有关的现金。对于金额较大的现金流入，应当单列项目反映。

本项目应当根据"库存现金""银行存款"等有关科目的记录分析填列。

(16)"投资活动的现金流入小计"项目,反映单位本年投资活动产生的现金流入的合计数。本项目应当根据本表中"收回投资收到的现金""取得投资收益收到的现金""处置固定资产、无形资产、公共基础设施等收回的现金净额""收到的其他与投资活动有关的现金"项目金额的合计数填列。

(17)"购建固定资产、无形资产、公共基础设施等支付的现金"项目,反映单位本年购买和建造固定资产、无形资产、公共基础设施等非流动资产所支付的现金;融资租入固定资产支付的租赁费不在本项目反映,在筹资活动的现金流量中反映。本项目应当根据"库存现金""银行存款""固定资产""工程物资""在建工程""无形资产""研发支出""公共基础设施""保障性住房"等科目的记录分析填列。

(18)"对外投资支付的现金"项目,反映单位本年为取得短期投资、长期股权投资、长期债券投资而支付的现金。本项目应当根据"库存现金""银行存款""短期投资""长期股权投资""长期债券投资"等科目的记录分析填列。

(19)"上缴处置固定资产、无形资产、公共基础设施等净收入支付的现金"项目,反映本年单位将处置固定资产、无形资产、公共基础设施等非流动资产所收回的现金净额予以上缴财政所支付的现金。本项目应当根据"库存现金""银行存款""应缴财政款"等科目的记录分析填列。

(20)"支付的其他与投资活动有关的现金"项目,反映单位本年支付的除上述项目之外与投资活动有关的现金。对于金额较大的现金流出,应当单列项目反映。本项目应当根据"库存现金""银行存款"等有关科目的记录分析填列。

(21)"投资活动的现金流出小计"项目,反映单位本年投资活动产生的现金流出的合计数。本项目应当根据本表中"购建固定资产、无形资产、公共基础设施等支付的现金""对外投资支付的现金""上缴处置固定资产、无形资产、公共基础设施等净收入支付的现金""支付的其他与投资活动有关的现金"项目金额的合计数填列。

(22)"投资活动产生的现金流量净额"项目,应当按照本表中"投资活动的现金流入小计"项目金额减去"投资活动的现金流出小计"项目金额后的金额填列;如为负数,以"-"号填列。

3.筹资活动产生的现金流量

(23)"财政资本性项目拨款收到的现金"项目,反映单位本年接受用于购建固定资产、无形资产、公共基础设施等资本性项目的财政项目拨款取得的现金。本项目应当根据"银行存款""零余额账户用款额度""财政拨款收入"等科目及其所属明细科目的记录分析填列。

(24)"取得借款收到的现金"项目,反映事业单位本年举借短期、长期借款所收到的现金。本项目应当根据"库存现金""银行存款""短期借款""长期借款"

等科目记录分析填列。

（25）"收到的其他与筹资活动有关的现金"项目，反映单位本年收到的除上述项目之外与筹资活动有关的现金。对于金额较大的现金流入，应当单列项目反映。本项目应当根据"库存现金""银行存款"等有关科目的记录分析填列。

（26）"筹资活动的现金流入小计"项目，反映单位本年筹资活动产生的现金流入的合计数。本项目应当根据本表中"财政资本性项目拨款收到的现金""取得借款收到的现金""收到的其他与筹资活动有关的现金"项目金额的合计数填列。

（27）"偿还借款支付的现金"项目，反映事业单位本年偿还借款本金所支付的现金。本项目应当根据"库存现金""银行存款""短期借款""长期借款"等科目的记录分析填列。

（28）"偿付利息支付的现金"项目，反映事业单位本年支付的借款利息等。本项目应当根据"库存现金""银行存款""应付利息""长期借款"等科目的记录分析填列。

（29）"支付的其他与筹资活动有关的现金"项目，反映单位本年支付的除上述项目之外与筹资活动有关的现金，如融资租入固定资产所支付的租赁费。本项目应当根据"库存现金""银行存款""长期应付款"等科目的记录分析填列。

（30）"筹资活动的现金流出小计"项目，反映单位本年筹资活动产生的现金流出的合计数。本项目应当根据本表中"偿还借款支付的现金""偿付利息支付的现金""支付的其他与筹资活动有关的现金"项目金额的合计数填列。

（31）"筹资活动产生的现金流量净额"项目，应当按照本表中"筹资活动的现金流入小计"项目金额减去"筹资活动的现金流出小计"金额后的金额填列；如为负数，以"–"号填列。

4."汇率变动对现金的影响额"项目，反映单位本年外币现金流量折算为人民币时，所采用的现金流量发生日的汇率折算的人民币金额与外币现金流量净额按期末汇率折算的人民币金额之间的差额

5."现金净增加额"项目，反映单位本年现金变动的净额。本项目应当根据本表中"日常活动产生的现金流量净额""投资活动产生的现金流量净额""筹资活动产生的现金流量净额""汇率变动对现金的影响额"项目金额的合计数填列；如为负数，以"–"号填列

五、预算收入支出表的编审

预算收入支出表是反映单位在一定会计期间运行情况的报表。格式参见表15-6。

表 15-6   **预算收入支出表**

会政预01表

编制单位：_____   ____年   单位：元

项　目	本年数	上年数
一、本年预算收入		
（一）财政拨款预算收入		
其中：政府性基金收入		
（二）事业预算收入		
（三）上级补助预算收入		
（四）附属单位上缴预算收入		
（五）经营预算收入		
（六）债务预算收入		
（七）非同级财政拨款预算收入		
（八）投资预算收益		
（九）其他预算收入		
其中：利息预算收入		
捐赠预算收入		
租金预算收入		
二、本年预算支出		
（一）行政支出		
（二）事业支出		
（三）经营支出		
（四）上缴上级支出		
（五）对附属单位补助支出		
（六）投资支出		
（七）债务还本支出		
（八）其他支出		
其中：利息支出		
捐赠支出		
三、本年预算收支差额		

预算收入支出表编制说明如下：

（一）本表反映单位在某一会计年度内各项预算收入、预算支出和预算收支差额的情况

（二）本表"本年数"栏反映各项目的本年实际发生数。本表"上年数"栏反映各项目上年度的实际发生数，应当根据上年度预算收入支出表中"本年数"栏内所列数字填列

如果本年度预算收入支出表规定的项目的名称和内容同上年度不一致，应当对上年度预算收入支出表项目的名称和数字按照本年度的规定进行调整，将调整后金

额填入本年度预算收入支出表的"上年数"栏。

（三）本表"本年数"栏各项目的内容和填列方法

1.本年预算收入

（1）"本年预算收入"项目，反映单位本年预算收入总额。本项目应当根据本表中"财政拨款预算收入""事业预算收入""上级补助预算收入""附属单位上缴预算收入""经营预算收入""债务预算收入""非同级财政拨款预算收入""投资预算收益""其他预算收入"项目金额的合计数填列。

（2）"财政拨款预算收入"项目，反映单位本年从同级政府财政部门取得的各类财政拨款。本项目应当根据"财政拨款预算收入"科目的本年发生额填列。

"政府性基金收入"项目，反映单位本年取得的财政拨款收入中属于政府性基金预算拨款的金额。本项目应当根据"财政拨款预算收入"相关明细科目的本年发生额填列。

（3）"事业预算收入"项目，反映事业单位本年开展专业业务活动及其辅助活动取得的预算收入。本项目应当根据"事业预算收入"科目的本年发生额填列。

（4）"上级补助预算收入"项目，反映事业单位本年从主管部门和上级单位取得的非财政补助预算收入。本项目应当根据"上级补助预算收入"科目的本年发生额填列。

（5）"附属单位上缴预算收入"项目，反映事业单位本年收到的独立核算的附属单位按照有关规定上缴的预算收入。本项目应当根据"附属单位上缴预算收入"科目的本年发生额填列。

（6）"经营预算收入"项目，反映事业单位本年在专业业务活动及其辅助活动之外开展非独立核算经营活动取得的预算收入。本项目应当根据"经营预算收入"科目的本年发生额填列。

（7）"债务预算收入"项目，反映事业单位本年按照规定从金融机构等借入的、纳入部门预算管理的债务预算收入。本项目应当根据"债务预算收入"的本年发生额填列。

（8）"非同级财政拨款预算收入"项目，反映单位本年从非同级政府财政部门取得的财政拨款。本项目应当根据"非同级财政拨款预算收入"科目的本年发生额填列。

（9）"投资预算收益"项目，反映事业单位本年取得的按规定纳入单位预算管理的投资收益。本项目应当根据"投资预算收益"科目的本年发生额填列。

（10）"其他预算收入"项目，反映单位本年取得的除上述收入以外的纳入单位预算管理的各项预算收入。本项目应当根据"其他预算收入"科目的本年发生额填列。

"利息预算收入"项目，反映单位本年取得的利息预算收入。本项目应当根据"其他预算收入"科目的明细记录分析填列。单位单设"利息预算收入"科目的，应当根据"利息预算收入"科目的本年发生额填列。

"捐赠预算收入"项目，反映单位本年取得的捐赠预算收入。本项目应当根据"其他预算收入"科目明细账记录分析填列。单位单设"捐赠预算收入"科目的，应当根据"捐赠预算收入"科目的本年发生额填列。

"租金预算收入"项目，反映单位本年取得的租金预算收入。本项目应当根据"其他预算收入"科目明细账记录分析填列。单位单设"租金预算收入"科目的，应当根据"租金预算收入"科目的本年发生额填列。

2.本年预算支出

（11）"本年预算支出"项目，反映单位本年预算支出总额。本项目应当根据本表中"行政支出""事业支出""经营支出""上缴上级支出""对附属单位补助支出""投资支出""债务还本支出""其他支出"项目金额的合计数填列。

（12）"行政支出"项目，反映行政单位本年履行职责实际发生的支出。本项目应当根据"行政支出"科目的本年发生额填列。

（13）"事业支出"项目，反映事业单位本年开展专业业务活动及其辅助活动发生的支出。本项目应当根据"事业支出"科目的本年发生额填列。

（14）"经营支出"项目，反映事业单位本年在专业业务活动及其辅助活动之外开展非独立核算经营活动发生的支出。本项目应当根据"经营支出"科目的本年发生额填列。

（15）"上缴上级支出"项目，反映事业单位本年按照财政部门和主管部门的规定上缴上级单位的支出。本项目应当根据"上缴上级支出"科目的本年发生额填列。

（16）"对附属单位补助支出"项目，反映事业单位本年用财政拨款收入之外的收入对附属单位补助发生的支出。本项目应当根据"对附属单位补助支出"科目的本年发生额填列。

（17）"投资支出"项目，反映事业单位本年以货币资金对外投资发生的支出。本项目应当根据"投资支出"科目的本年发生额填列。

（18）"债务还本支出"项目，反映事业单位本年偿还自身承担的纳入预算管理的从金融机构举借的债务本金的支出。本项目应当根据"债务还本支出"科目的本年发生额填列。

（19）"其他支出"项目，反映单位本年除以上支出以外的各项支出。本项目应当根据"其他支出"科目的本年发生额填列。

"利息支出"项目，反映单位本年发生的利息支出。本项目应当根据"其他支出"科目明细账记录分析填列。单位单设"利息支出"科目的，应当根据"利息支出"科目的本年发生额填列。"捐赠支出"项目，反映单位本年发生的捐赠支出。本项目应当根据"其他支出"科目明细账记录分析填列。单位单设"捐赠支出"科目的，应当根据"捐赠支出"科目的本年发生额填列。

3.本年预算收支差额

（20）"本年预算收支差额"项目，反映单位本年各项预算收支相抵后的差额。

本项目应当根据本表中"本期预算收入"项目金额减去"本期预算支出"项目金额后的金额填列；如相减后金额为负数，以"-"号填列。

六、预算结转结余变动表的编审

预算结转结余变动表是反映单位财政拨款结转结余和其他资金结转结余及其变化情况的报表。格式参见表15-7。

表15-7　　　　　　　　　　　**预算结转结余变动表**

会政预02表

编制单位：_____　　　　　_____年　　　　　　　　　　单位：元

项　目	本年数	上年数
一、年初预算结转结余		
（一）财政拨款结转结余		
（二）其他资金结转结余		
二、年初余额调整（减少以"-"号填列）		
（一）财政拨款结转结余		
（二）其他资金结转结余		
三、本年变动金额（减少以"-"号填列）		
（一）财政拨款结转结余		
1.本年收支差额		
2.归集调入		
3.归集上缴或调出		
（二）其他资金结转结余		
1.本年收支差额		
2.缴回资金		
3.使用专用结余		
4.支付所得税		
四、年末预算结转结余		
（一）财政拨款结转结余		
1.财政拨款结转		
2.财政拨款结余		
（二）其他资金结转结余		
1.非财政拨款结转		
2.非财政拨款结余		
3.专用结余		
4.经营结余（如有余额，以"-"号填列）		

预算结转结余变动表编制说明如下：

（一）本表反映单位在某一会计年度内预算结转结余的变动情况

（二）本表"本年数"栏反映各项目的本年实际发生数。本表"上年数"栏反映各项目的上年实际发生数，应当根据上年度预算结转结余变动表中"本年数"栏

内所列数字填列

如果本年度预算结转结余变动表规定的项目的名称和内容同上年度不一致，应当对上年度预算结转结余变动表项目的名称和数字按照本年度的规定进行调整，将调整后金额填入本年度预算结转结余变动表的"上年数"栏。

（三）本表中"年末预算结转结余"项目金额等于"年初预算结转结余""年初余额调整""本年变动金额"三个项目的合计数

（四）本表"本年数"栏各项目的内容和填列方法

1."年初预算结转结余"项目，反映单位本年预算结转结余的年初余额。本项目应当根据本项目下"财政拨款结转结余""其他资金结转结余"项目金额的合计数填列

（1）"财政拨款结转结余"项目，反映单位本年财政拨款结转结余资金的年初余额。本项目应当根据"财政拨款结转""财政拨款结余"科目本年年初余额合计数填列。

（2）"其他资金结转结余"项目，反映单位本年其他资金结转结余的年初余额。本项目应当根据"非财政拨款结转""非财政拨款结余""专用结余""经营结余"科目本年年初余额的合计数填列。

2."年初余额调整"项目，反映单位本年预算结转结余年初余额调整的金额。本项目应当根据本项目下"财政拨款结转结余""其他资金结转结余"项目金额的合计数填列

（1）"财政拨款结转结余"项目，反映单位本年财政拨款结转结余资金的年初余额调整金额。本项目应当根据"财政拨款结转""财政拨款结余"科目下"年初余额调整"明细科目的本年发生额的合计数填列；如调整减少年初财政拨款结转结余，以"-"号填列。

（2）"其他资金结转结余"项目，反映单位本年其他资金结转结余的年初余额调整金额。本项目应当根据"非财政拨款结转""非财政拨款结余"科目下"年初余额调整"明细科目的本年发生额的合计数填列；如调整减少年初其他资金结转结余，以"-"号填列。

3."本年变动金额"项目，反映单位本年预算结转结余变动的金额。本项目应当根据本项目下"财政拨款结转结余""其他资金结转结余"项目金额的合计数填列

（1）"财政拨款结转结余"项目，反映单位本年财政拨款结转结余资金的变动。本项目应当根据本项目下"本年收支差额""归集调入""归集上缴或调出"项目金额的合计数填列。

①"本年收支差额"项目，反映单位本年财政拨款资金收支相抵后的差额。本项目应当根据"财政拨款结转"科目下"本年收支结转"明细科目本年转入的预算收入与预算支出的差额填列；差额为负数的，以"-"号填列。

②"归集调入"项目，反映单位本年按照规定从其他单位归集调入的财政拨款结转资金。本项目应当根据"财政拨款结转"科目下"归集调入"明细科目的本年

发生额填列。

③"归集上缴或调出"项目，反映单位本年按照规定上缴的财政拨款结转结余资金及按照规定向其他单位调出的财政拨款结转资金。本项目应当根据"财政拨款结转""财政拨款结余"科目下"归集上缴"明细科目，以及"财政拨款结转"科目下"归集调出"明细科目本年发生额的合计数填列，以"－"号填列。

（2）"其他资金结转结余"项目，反映单位本年其他资金结转结余的变动。本项目应当根据本项目下"本年收支差额""缴回资金""使用专用结余""支付所得税"项目金额的合计数填列。

①"本年收支差额"项目，反映单位本年除财政拨款外的其他资金收支相抵后的差额。本项目应当根据"非财政拨款结转"科目下"本年收支结转"明细科目、"其他结余"科目、"经营结余"科目本年转入的预算收入与预算支出的差额的合计数填列；如为负数，以"－"号填列。

②"缴回资金"项目，反映单位本年按照规定缴回的非财政拨款结转资金。本项目应当根据"非财政拨款结转"科目下"缴回资金"明细科目本年发生额的合计数填列，以"－"号填列。

③"使用专用结余"项目，反映本年事业单位根据规定使用从非财政拨款结余或经营结余中提取的专用基金的金额。本项目应当根据"专用结余"科目明细账中本年使用专用结余业务的发生额填列，以"－"号填列。

④"支付所得税"项目，反映有企业所得税缴纳义务的事业单位本年实际缴纳的企业所得税金额。本项目应当根据"非财政拨款结转"明细账中本年实际缴纳企业所得税业务的发生额填列，以"－"号填列。

4."年末预算结转结余"项目，反映单位本年预算结转结余的年末余额。本项目应当根据本项目下"财政拨款结转结余""其他资金结转结余"项目金额的合计数填列

（1）"财政拨款结转结余"项目，反映单位本年财政拨款结转结余的年末余额。本项目应当根据本项目下"财政拨款结转""财政拨款结余"项目金额的合计数填列。

本项目下"财政拨款结转""财政拨款结余"项目，应当分别根据"财政拨款结转""财政拨款结余"科目的本年年末余额填列。

（2）"其他资金结转结余"项目，反映单位本年其他资金结转结余的年末余额。本项目应当根据本项目下"非财政拨款结转""非财政拨款结余""专用结余"、"经营结余"项目金额的合计数填列。

本项目下"非财政拨款结转""非财政拨款结余""专用结余""经营结余"项目，应当分别根据"非财政拨款结转""非财政拨款结余""专用结余""经营结余"科目的本年年末余额填列。

七、财政拨款预算收入支出表的编审

财政拨款预算收入支出表是反映单位本年财政拨款预算资金收入、支出及相关变动的报表。格式参见表15-8。

表 15-8   **财政拨款预算收入支出表**

会政预 03 表

编制单位：_____   ____年   单位：元

项目	年初财政拨款结转结余		调整年初财政拨款结转结余	本年归集调入	本年归集上缴或调出	单位内部调剂		本年财政拨款收入	本年财政拨款支出	年末财政拨款结转结余	
	结转	结余				结转	结余			结转	结余
一、一般公共预算财政拨款											
（一）基本支出											
1.人员经费											
2.日常公用经费											
（二）项目支出											
1.××项目											
2.××项目											
……											
二、政府性基金预算财政拨款											
（一）基本支出											
1.人员经费											
2.日常公用经费											
（二）项目支出											
1.××项目											
2.××项目											
……											
总计											

财政拨款预算收入支出表编制说明如下：

（一）本表反映单位本年财政拨款预算资金收入、支出及相关变动的具体情况

（二）本表"项目"栏内各项目，应当根据单位取得的财政拨款种类分项设置。其中"项目支出"项目下，根据每个项目设置；单位取得除一般公共财政预算拨款和政府性基金预算拨款以外的其他财政拨款的，应当按照财政拨款种类增加相应的资金项目及其明细项目

（三）本表各栏及其对应项目的内容和填列方法

1. "年初财政拨款结转结余"栏中各项目，反映单位年初各项财政拨款结转结余的金额。各项目应当根据"财政拨款结转""财政拨款结余"及其明细科目的年初余额填列。本栏中各项目的数额应当与上年度财政拨款预算收入支出表中"年末财政拨款结转结余"栏中各项目的数额相等。

2. "调整年初财政拨款结转结余"栏中各项目，反映单位对年初财政拨款结转结余的调整金额。各项目应当根据"财政拨款结转""财政拨款结余"科目下"年初余额调整"明细科目及其所属明细科目的本年发生额填列；如调整减少年初财政拨款结转结余，以"−"号填列。

3. "本年归集调入"栏中各项目，反映单位本年按规定从其他单位调入的财政拨款结转资金金额。各项目应当根据"财政拨款结转"科目下"归集调入"明细科目及其所属明细科目的本年发生额填列。

4. "本年归集上缴或调出"栏中各项目，反映单位本年按规定实际上缴的财政拨款结转结余资金，及按照规定向其他单位调出的财政拨款结转资金金额。各项目应当根据"财政拨款结转""财政拨款结余"科目下"归集上缴"科目和"财政拨款结转"科目下"归集调出"明细科目，及其所属明细科目的本年发生额填列，以"−"号填列。

5. "单位内部调剂"栏中各项目，反映单位本年财政拨款结转结余资金在单位内部不同项目等之间的调剂金额。各项目应当根据"财政拨款结转"和"财政拨款结余"科目下的"单位内部调剂"明细科目及其所属明细科目的本年发生额填列；对单位内部调剂减少的财政拨款结余金额，以"−"号填列。

6. "本年财政拨款收入"栏中各项目，反映单位本年从同级财政部门取得的各类财政预算拨款金额。各项目应当根据"财政拨款预算收入"科目及其所属明细科目的本年发生额填列。

7. "本年财政拨款支出"栏中各项目，反映单位本年发生的财政拨款支出金额。各项目应当根据"行政支出""事业支出"等科目及其所属明细科目本年发生额中的财政拨款支出数的合计数填列。

8. "年末财政拨款结转结余"栏中各项目，反映单位年末财政拨款结转结余的金额。各项目应当根据"财政拨款结转""财政拨款结余"科目及其所属明细科目的年末余额填列。

八、附注

附注是对在会计报表中列示的项目所做的进一步说明，以及对未能在会计报表中列示项目的说明。附注是财务报表的重要组成部分。凡对报表使用者的决策有重要影响的会计信息，不论本制度是否明确规定，单位均应当充分披露。

附注主要包括下列内容：

（一）单位的基本情况

单位应当简要披露其基本情况，包括单位主要职能、主要业务活动、所在地、预算管理关系等。

（二）会计报表编制基础

（三）遵循政府会计准则、制度的声明

（四）重要会计政策和会计估计

单位应当采用与其业务特点相适应的具体会计政策，并充分披露报告期内采用的重要会计政策和会计估计。主要包括以下内容：

1.会计期间。

2.记账本位币，外币折算汇率。

3.坏账准备的计提方法。

4.存货类别、发出存货的计价方法、存货的盘存制度，以及低值易耗品和包装物的摊销方法。

5.长期股权投资的核算方法。

6.固定资产分类、折旧方法、折旧年限和年折旧率；融资租入固定资产的计价和折旧方法。

7.无形资产的计价方法；使用寿命有限的无形资产，其使用寿命估计情况；使用寿命不确定的无形资产，其使用寿命不确定的判断依据；单位内部研究开发项目划分研究阶段和开发阶段的具体标准。

8.公共基础设施的分类、折旧（摊销）方法、折旧（摊销）年限，以及其确定依据。

9.政府储备物资分类，以及确定其发出成本所采用的方法。

10.保障性住房的分类、折旧方法、折旧年限。

11.其他重要的会计政策和会计估计。

12.本期发生重要会计政策和会计估计变更的，变更的内容和原因、

受其重要影响的报表项目名称和金额、相关审批程序，以及会计估计变更开始适用的时点。

（五）会计报表重要项目说明

单位应当按照资产负债表和收入费用表项目列示顺序，采用文字和数据描述相结合的方式披露重要项目的明细信息。报表重要项目的明细金额合计，应当与报表项目金额相衔接。报表重要项目说明应包括但不限于下列内容：

1.货币资金的披露格式如下：

表15-9　　　　　　　　　　　**货币资金的披露格式**

项目	期末余额	年初余额
库存现金		
银行存款		
其他货币资金		
合计		

2.应收账款按照债务人类别披露的格式如下：

表15-10 应收账款按照债务人类别披露的格式

债务人类别	期末余额	年初余额
政府会计主体：		
部门内部单位		
单位1		
……		
部门外部单位		
单位1		
……		
其他：		
单位1		
……		
合计		

注1："部门内部单位"是指纳入单位所属部门财务报告合并范围的单位（下同）。

注2：有应收票据、预付账款、其他应收款的，可比照应收账款进行披露。

3.存货的披露格式如下：

表15-11 存货的披露格式

存货种类	期末余额	年初余额
1.		
……		
合计		

4.其他流动资产的披露格式如下：

表15-12 其他流动资产的披露格式

项目	期末余额	年初余额
1.		
……		
合计		

注：有长期待摊费用、其他非流动资产的，可比照其他流动资产进行披露。

5.长期投资

（1）长期债券投资的披露格式如下：

表15-13 长期债券投资的披露格式

债券发行主体	年初余额	本期增加额	本期减少额	期末余额
1.				
……				
合计				

注：有短期投资的，可比照长期债券投资进行披露。

（2）长期股权投资的披露格式如下：

表 15-14 长期股权投资的披露格式

被投资单位	核算方法	年初余额	本期增加额	本期减少额	期末余额
1.					
……					
合计					

（3）当期发生的重大投资净损益项目、金额及原因。

6.固定资产

（1）固定资产的披露格式如下：

表 15-15 固定资产的披露格式

项目	年初余额	本期增加额	本期减少额	期末余额
一、原值合计				
其中：房屋及构筑物				
通用设备				
专用设备				
文物和陈列品				
图书、档案				
家具、用具、装具及动植物				
二、累计折旧合计				
其中：房屋及构筑物				
通用设备				
专用设备				
家具、用具、装具				
三、账面价值合计				
其中：房屋及构筑物				
通用设备				
专用设备				
文物和陈列品				
图书、档案				
家具、用具、装具及动植物				

（2）已提足折旧的固定资产名称、数量等情况。

（3）出租、出借固定资产以及固定资产对外投资等情况。

7.在建工程的披露格式如下：

表 15-16 在建工程的披露格式

项目	年初余额	本期增加额	本期减少额	期末余额
1.				
……				
合计				

8.无形资产

（1）各类无形资产的披露格式如下：

表 15-17 各类无形资产的披露格式

项目	年初余额	本期增加额	本期减少额	期末余额
一、原值合计				
1.				
……				
二、累计摊销合计				
1.				
……				
三、账面价值合计				
1.				
……				

（2）计入当期损益的研发支出金额、确认为无形资产的研发支出金额。

（3）无形资产出售、对外投资等处置情况。

9.公共基础设施

（1）公共基础设施的披露格式如下：

表 15-18 公共基础设施的披露格式

项目	年初余额	本期增加额	本期减少额	期末余额
原值合计				
市政基础设施				
1.				
……				
交通基础设施				
1.				
……				
水利基础设施				
1.				
……				
其他				
……				
累计折旧合计				
市政基础设施				
1.				
……				

项目	年初余额	本期增加额	本期减少额	期末余额
交通基础设施				
1.				
……				
水利基础设施				
1.				
……				
其他				
……				
账面价值合计				
市政基础设施				
1.				
……				
交通基础设施				
1.				
……				
水利基础设施				
1.				
……				
其他				
……				

（2）确认为公共基础设施的单独计价入账的土地使用权的账面余额、累计摊销额及变动情况。

（3）已提取折旧继续使用的公共基础设施的名称、数量等。

10.政府储备物资的披露格式如下：

表15-19　　　　　　　　　　**政府储备物资的披露格式**

物资类别	年初余额	本期增加额	本期减少额	期末余额
1.				
……				
合计				

注：如单位有因动用而发出需要收回或者预期可能收回、但期末尚未收回的政府储备物资，应当单独披露其期末账面余额。

11.受托代理资产的披露格式如下：

表15-20   **受托代理资产的披露格式**

资产类别	年初余额	本期增加额	本期减少额	期末余额
货币资金				
受托转赠物资				
受托存储保管物资				
罚没物资				
其他				
合计				

12.应付账款按照债权人类别披露的格式如下：

表15-21   **应付账款按照债权人类别披露的格式**

债权人类别	期末余额	年初余额
政府会计主体：		
部门内部单位		
单位1		
……		
部门外部单位		
单位1		
……		
其他：		
单位1		
……		
合计		

注：有应付票据、预收账款、其他应付款、长期应付款的，可比照应付账款进行披露。

13.其他流动负债的披露格式如下：

表15-22   **其他流动负债的披露格式**

项目	期末余额	年初余额
1.		
……		
合计		

注：有预计负债、其他非流动负债的，可比照其他流动负债进行披露。

14.长期借款

（1）长期借款按照债权人披露的格式如下：

表15-23   **长期借款按照债权人披露的格式**

债权人	期末余额	年初余额
1.		
……		
合计		

注：有短期借款的，可比照长期借款进行披露。

（2）单位有基建借款的，应当分基建项目披露长期借款年初数、本年变动数、年末数及到期期限。

15.事业收入按照收入来源的披露格式如下：

表15-24   事业收入按照收入来源的披露格式

收入来源	本期发生额	上期发生额
来自财政专户管理资金		
本部门内部单位		
单位1		
……		
本部门以外同级政府单位		
单位1		
……		
其他		
单位1		
……		
合计		

16.非同级财政拨款收入按收入来源的披露格式如下：

表15-25   非同级财政拨款收入按收入来源的披露格式

收入来源	本期发生额	上期发生额
本部门以外同级政府单位		
单位1		
……		
本部门以外非同级政府单位		
单位1		
……		
合计		

17.其他收入按照收入来源的披露格式如下：

表15-26   其他收入按照收入来源的披露格式

收入来源	本期发生额	上期发生额
本部门内部单位		
单位1		
……		
本部门以外同级政府单位		
单位1		
……		
本部门以外非同级政府单位		
单位1		
……		
其他		
单位1		
……		
合计		

18.业务活动费用

（1）按经济分类的披露格式如下：

表15-27　　　　　　　　　　**按经济分类的披露格式**

项目	本期发生额	上期发生额
工资福利费用		
商品和服务费用		
对个人和家庭的补助费用		
对企业补助费用		
固定资产折旧费		
无形资产摊销费		
公共基础设施折旧（摊销）费		
保障性住房折旧费		
计提专用基金		
……		
合计		

注：有单位管理费用、经营费用的，可比照（业务活动费用）此表进行披露。

（2）按支付对象的披露格式如下：

表15-28　　　　　　　　**按支付对象的披露格式**

支付对象	本期发生额	上期发生额
本部门内部单位		
单位1		
……		
本部门以外同级政府单位		
单位1		
……		
其他		
单位1		
……		
合计		

注：有单位管理费用、经营费用的，可比照（业务活动费用）此表进行披露。

19.其他费用按照类别披露的格式如下：

表15-29　　　　　　　　**其他费用按照类别披露的格式**

费用类别	本期发生额	上期发生额
利息费用		
坏账损失		
罚没支出		
……		
合计		

20.本期费用按照经济分类的披露格式如下：

表 15-30 　　　　　　　　　　　**本期费用按照经济分类的披露格式**

项目	本年数	上年数
工资福利费用		
商品和服务费用		
对个人和家庭的补助费用		
对企业补助费用		
固定资产折旧费		
无形资产摊销费		
公共基础设施折旧（摊销）费		
保障性住房折旧费		
计提专用基金		
所得税费用		
资产处置费用		
上缴上级费用		
对附属单位补助费用		
其他费用		
本期费用合计		

注：单位在按照本制度规定编制收入费用表的基础上，可以根据需要按照此表披露的内容编制收入费用表。

（六）本年盈余与预算结余的差异情况说明

为了反映单位财务会计和预算会计因核算基础和核算范围不同所产生的本年盈余数与本年预算结余数之间的差异，单位应当按照重要性原则，对本年度发生的各类影响收入（预算收入）和费用（预算支出）的业务进行适度归并和分析，披露将年度预算收入支出表中"本年预算收支差额"调节为年度收入费用表中"本期盈余"的信息。有关披露格式如下：

表 15-31 　　　　　　　　　　　　**有关披露格式**

项　目	金额
一、本年预算结余（本年预算收支差额）	
二、差异调节	—
（一）重要事项的差异	
加：1.当期确认为收入但没有确认为预算收入	
（1）应收款项、预收账款确认的收入	
（2）接受非货币性资产捐赠确认的收入	
2.当期确认为预算支出但没有确认为费用	
（1）支付应付款项、预付账款的支出	
（2）为取得存货、政府储备物资等计入物资成本的支出	
（3）为购建固定资产等的资本性支出	
（4）偿还借款本息支出	

续表

项　目	金额
减：1.当期确认为预算收入但没有确认为收入	
（1）收到应收款项、预收账款确认的预算收入	
（2）取得借款确认的预算收入	
2.当期确认为费用但没有确认为预算支出	
（1）发出存货、政府储备物资等确认的费用	
（2）计提的折旧费用和摊销费用	
（3）确认的资产处置费用（处置资产价值）	
（4）应付款项、预付账款确认的费用	
（二）其他事项差异	
三、本年盈余（本年收入与费用的差额）	

（七）其他重要事项说明

1.资产负债表日存在的重要或有事项说明。没有重要或有事项的，也应说明。

2.以名义金额计量的资产名称、数量等情况，以及以名义金额计量理由的说明。

3.通过债务资金形成的固定资产、公共基础设施、保障性住房等资产的账面价值、使用情况、收益情况及与此相关的债务偿还情况等的说明。

4.重要资产置换、无偿调入（出）、捐入（出）、报废、重大毁损等情况的说明。

5.事业单位将单位内部独立核算单位的会计信息纳入本单位财务报表情况的说明。

6.政府会计具体准则中要求附注披露的其他内容。

7.有助于理解和分析单位财务报表需要说明的其他事项。

关键概念

财务报表　资产负债表　收入费用表　现金流量表　附注

复习思考题

1.行政事业单位的财务报表包括哪些？

2.行政事业单位编制报表应当遵守哪些规定？

第四篇　民间非营利组织会计（民营非营利组织会计）

民间非营利组织会计概述

第一节

什么是民间非营利组织会计

一、民间非营利组织会计核算的特点

非营利部门是市场经济中不可或缺的部分，它是现代社会中推动制度变迁、实现利益均衡化的重要部门。非营利部门是由成千上万个民间非营利组织所构成的。所谓"民间非营利组织"（简称"民间组织"），包括各种社会团体、民间非企业单位、宗教团体等不以营利为目的的民间组织。

民间非营利组织虽然类型庞杂，但具有六个共同特点：（1）组织性。它们有较为固定的组织形态，不是一次性、随意性，或临时性的集合。（2）志愿性。这些组织的成员参与其活动是建立在志愿基础上的。（3）非营利性。它们的活动要么根本不营利，要么即使营利也只能用于组织的既定使命，不能在组织成员间分配利润。这是此类组织与其他私营机构的最大差别。（4）民间性。它们属于非政府性质，不是政府的分支机构。（5）自治性。它们既不受制于政府，也不受制于私营企业，还不受制于其他民间非营利组织。（6）非政治性。它们从事的活动集中在公益服务和互惠行为上，不参与政治性活动。民间非营利组织的总体构成了所谓"非营利部门"（the nonprofit sector）或"第三部门"（the third sector）。第三部门是相对于政府部门和市场部门而言的。

二、我国对民间非营利组织的一般会计规范

民间非营利组织会计是核算反映民间非营利组织经济活动的专业会计，它的特点是由民间非营利组织的特点所决定的。其特点是：（1）不进行利润核算。民间非营利组织是不以营利为宗旨和目的的团体，在会计制度设计上，没有利润类会计科目。在我国现行的法律、行政法规体系中，对"民间非营利组织"并没有一个明确的界定，《民间非营利组织会计制度》中规定了民间非营利组织的类型，包括依照国家法律、行政法规登记的社会团体、基金会、民办非企业单位和寺院、宫观、清真寺、教堂等。当然，民间非营利组织也要进行收入的管理与核算，也需要考虑维持收支平衡问题，但其组织的性质仍然是非营利的。（2）不进行所有权核算。在民间非营利组织中，资源提供者不享有该组织的所有权，因此，民间非营利组织的净资产核算只强调净资产的限定用途和非限定用途问题，而不进行所有权的确定。

我国《民间非营利组织会计制度》对民间非营利组织会计在以下方面进行了规范：

1.会计目标。《民间非营利组织会计制度》根据民间非营利组织的资金来源、会计信息使用者的特点及需要等，将满足会计信息使用者的信息需要作为民间非营利组织的会计目标。民间非营利组织财务会计报告的需求者比较复杂，包括捐赠人、会员、服务对象、债权人，政府监管部门、民间非营利组织管理层也需要了解相关的会计信息，也是民间非营利组织会计信息的使用者。制度规定民间非营利组织会计核算应当以民间非营利组织的交易或者事项为对象，记录和反映该组织本身的各项业务活动，来保证会计信息质量的真实、准确和完整。

实现民间非营利组织的会计目标，需要先明确两个方面的问题：一是民间非营利组织会计信息使用者究竟有哪些，即谁需要民间非营利组织的财务会计信息；二是这些信息使用者需要哪些财务会计信息，用于其决策。

2.会计基本假设。《民间非营利组织会计制度》规定，民间非营利组织的会计基本假设也包括会计主体、持续经营、会计分期和货币计量四个假设。

《民间非营利组织会计制度》规定民间非营利组织的会计核算应当以民间非营利组织的持续经营为前提；应当划分会计期间，分期结算账目和编制财务会计报告；应当以人民币作为记账本位币。业务收支以人民币以外的货币为主的民间非营利组织，可以选定其中一种货币作为记账本位币，但是编制的财务会计报告应当折算为人民币。民间非营利组织在核算外币业务时，应当设置相应的外币账户。外币账户包括外币现金、外币银行存款、以外币结算的债权和债务账户等，这些账户应当与非外币的各该相同账户分别设置，并分别核算。民间非营利组织发生外币业务时，应当将有关外币金额折算为记账本位币金额记账。除另有规定的以外，所有与外币业务有关的账户，应当采用业务发生时的汇率。当汇率波动较小时，也可以采用业务发生当期期初的汇率进行折算。各种外币账户的外币余额，期末时应当按照期末汇率折合为记账本位币。按照期末汇率折合的记账本位

币金额与账面记账本位币金额之间的差额，作为汇兑损益计入当期费用。但是，属于在借款费用应予资本化的期间内发生的与购建固定资产有关的外币专门借款本金及其利息所产生的汇兑差额，应当予以资本化，计入固定资产成本。借款费用应予资本化的期间依照制度规定加以确定。这里所称外币业务，是指以记账本位币以外的货币进行的款项收付、往来结算等业务，所称的专门借款，是指为购建固定资产而专门借入的款项。

3.会计核算基础。为向会计信息需求者提供真实、完整的会计信息，民间非营利组织会计制度规定所有民间非营利组织的会计核算应当以权责发生制为基础。这是由于收付实现制不利于真实、完整地反映民间非营利组织的财务状况、业务活动情况和现金流量，难以向会计信息使用者提供足够的对其决策有用的信息。采用权责发生制核算基础则可避免上述问题，有助于反映组织的资产负债和业务活动全貌，实现其会计目标，满足会计信息使用者的信息需要。

4.会计要素。与财政总预算会计、行政单位会计制度和事业单位会计一样，民间非营利组织会计制度也将会计要素划分为资产、负债、净资产、收入和费用五项，并分别进行了定义。

5.会计计量基础。由于民间非营利组织许多资产的取得没有实际成本，比如受赠资产和政府补助资产等，因此，制度在强调"实际成本计量原则"的同时，对于一些特殊的交易事项引入了公允价值等计量基础，以弥补实际成本之不足，并对公允价值的计量提供了详细的应用指南。

6.会计核算基本原则。根据民间非营利组织会计目标和会计核算基础的要求，制度规范了相关性、实质重于形式、一贯性、可比性、及时性、可理解性、配比、实际成本、谨慎性、区分费用性和资本性支出以及重要性11项会计核算基本原则。

三、民间非营利组织特殊交易或者事项的会计规范

民间非营利组织在进行会计核算时，应当遵循客观性原则、相关性原则、实质重于形式原则、一贯性原则、可比性原则、及时性原则、可理解性原则、配比原则、历史成本原则、谨慎性原则、划分费用性支出与资本性支出原则以及重要性原则等，以保证会计信息质量。

（一）客观性原则

会计核算的客观性原则是指民间非营利组织会计核算应当以实际发生的交易或者事项为依据，如实反映组织的财务状况、业务活动情况和现金流量等信息。这一原则要求民间非营利组织在进行会计核算时，要做到内容真实、数字准确、资料可靠；应当客观地反映民间非营利组织的财务状况、运营绩效和现金流量，保证会计信息的真实性；会计核算应当正确运用会计原则和政策，如实反映民间非营利组织的实际情况；会计信息应当真实、可靠，能够经受反复验证。

（二）相关性原则

会计核算的相关性原则是指民间非营利组织会计核算所提供的信息应当能够满足会计信息使用者（如捐赠人、会员、监管者等）的需要。这一原则要求民间非营利组织在进行会计核算时，应当关注所提供会计信息的价值，会计信息要能满足会计信息使用者的决策需要。在会计核算工作中坚持相关性原则，就要求在收集、加工、处理和提供会计信息的过程中，充分考虑会计信息使用者的信息需求。对于特定用途的会计信息，也可以采用其他形式加以提供。

（三）实质重于形式原则

会计核算的实质重于形式原则是指民间非营利组织会计核算应当按照交易或事项的实质进行，而不应当仅仅按照它们的法律形式作为会计核算的依据。这就要求在实际工作中，会计必须根据交易或事项的经济实质进行核算和反映，而不能仅仅根据它们的表面形式。例如，以融资租赁方式租入的资产，虽然从法律形式来讲单位并不拥有资产的所有权，但是由于租赁合同中规定的租赁期相当长，接近于该资产的使用寿命；租赁期结束时承租的单位有优先购买该资产的选择权；在租赁期内承租单位有权支配资产并从中受益。从其经济实质来看，民间非营利组织能够控制这一资产所创造的未来经济利益或者所提供的服务潜力，具备了资产的一般特点，所以在会计核算方面，应当将以融资租赁租入的资产视为民间非营利组织的资产。

（四）一贯性原则

会计核算的一贯性原则是指民间非营利组织在进行会计核算时，会计政策前后各期应当保持一致，不得随意变更。如有必要变更，应当在会计报表附注中披露变更的内容和理由、变更的累积影响数额以及累积影响数额不能合理确定的理由等。民间非营利组织的交易事项具有复杂性和多样化的特点，具体到某一交易或事项，可能有若干可供选择的会计政策。比如，领用和发出存货时，确定实际成本的方法既可以采用个别计价法，也可以采用先进先出法，或者是加权平均法。一贯性原则要求民间非营利组织应当根据自己的具体情况，选择恰当的会计政策，并在各个会计期间保持一致，不得随意变更。如有变更，需要在财务会计报告中作相应披露，以保证会计信息质量。

（五）可比性原则

会计核算的可比性原则是指会计核算应当按照规定的会计处理方法进行，会计信息应当口径一致、相互可比。这一原则要求民间非营利组织的会计核算应当按照国家统一的会计制度的规定进行，使所有民间非营利组织的会计核算都建立在相互可比的基础上。只要是相同的交易或事项，就应当采用相同的会计处理方法。

（六）及时性原则

会计核算的及时性原则是指会计核算应当及时进行，不得提前或延后。信息的价值就在于及时。会计信息是帮助会计信息使用者做出有关决策的，因此，会计信息必须具备及时性。会计核算的及时性原则要求及时收集会计信息，及时处理会计信息，及时传递会计信息。也就是要求在经济业务发生后，及时收集整理各种原始单据；在国家统一的会计制度规定的时限内，及时编制出财务会计报告；在国家统一的会计制度规定的时限内，及时将编制出的财务会计报告传递给财务会计报告使用者。

（七）可理解性原则

会计核算的可理解性原则是指民间非营利组织会计核算和编制的财务会计报告应当清晰明了，便于理解和使用。这一原则要求会计记录应当准确、清晰；填制会计凭证、登记会计账簿必须做到依据合法、账户对应关系清楚、文字摘要完整；在编制财务会计报告时，项目钩稽关系清楚、项目完整、数字准确，会计核算和财务会计报告都清晰明了，便于理解。

（八）配比原则

会计核算的配比原则是指在会计核算中所发生的费用应当与其相关的收入相配比，同一会计期间内的各项收入和与其相关的费用，应当在该会计期间内确认。在会计核算工作中坚持配比原则有两层含义：一是因果配比，二是时间配比。因果配比是指收入与其对应的成本配比，例如，将商品销售收入与商品销售成本相配比等；时间配比是指一定时期的收入与同时期的费用相配比，例如，将当期的收入与管理费用、筹资费用等期间费用相配比等。这一原则要求根据收入与费用的内在联系，将一定时期内的收入与为取得收入所发生的费用在同一期间内进行确认和计量。

（九）历史成本原则

会计核算的历史成本原则是指民间非营利组织的资产在取得时应当按照实际成本计量，记入资产账户。如遇特殊情况需要调整资产的账面价值，须符合法律、行政法规和国家统一的会计制度规定。此外，民间非营利组织一律不得自行调整资产账面价值。

（十）谨慎性原则

会计核算的谨慎性原则是指会计核算应当谨慎、相对保守，不可过于乐观，以真实反映民间非营利组织的财务状况。这是由于在市场经济条件下，民间非营利组织的资产、负债和业务活动等存在风险和不确定性，因此，需要应用谨慎性原则，避免高估资产或收入，少计负债或费用，以如实反映民间非营利组织的财务状况和运营绩效。

（十一）划分费用性支出与资本性支出原则

会计核算划分费用性支出与资本性支出原则是指会计核算要合理划分应当计入当期费用的支出和应当予以资本化的支出。由于资本性支出的效益可在几个连续的会计期间发挥作用，而费用性支出的效益只在当期发挥作用。为正确反映组织的资产与运营情况，避免出现高估资产低估费用，或低估资产高估费用的情况，在会计核算中需要予以区分费用性支出与资本性支出。

会计核算费用性支出与资本性支出划分的原则，要求民间非营利组织在会计核算工作中划分费用性支出与资本性支出，在确认支出时，要区分两类不同性质的支出，将资本性支出计列于资产负债表中，作为资产反映，以真实地反映民间非营利组织的财务状况；将费用性支出计列于业务活动表中，反映当期净资产的减少，以正确地计算民间非营利组织当期的运营绩效。

（十二）重要性原则

会计核算的重要性原则是指会计核算中，对资产、负债、净资产、收入、费用等有较大影响，并进而影响财务会计报告使用者据以做出合理判断的重要会计事项，必须按照规定的会计方法和程序进行处理，并在财务会计报告中予以充分披露；对于非重要的会计事项，在不影响会计信息真实性和不至于误导会计信息使用者做出正确判断的前提下，可适当简化处理。坚持重要性原则，是满足会计信息真实性与节约核算成本双重要求的一般做法，是从质和量两个方面进行权衡的结果。从性质方面来说，当某一事项有可能对决策产生一定影响时，就属于重要项目；从数量方面来说，当某一项目的数量达到一定规模时，就可能对决策产生影响。如果坚持这一原则，就会使提供会计信息的收益大于成本；反之，就会使提供会计信息的成本大于收益，造成得不偿失的局面。

第二节

民间非营利组织会计科目设置

我国民间非营利组织会计科目共有4类48个科目，参见表16-1。

表16-1　　　　　　　　　**民间非营利组织会计科目及核算内容**

编号	科目名称	核算内容
一、资产类		
1001	1.现金	核算民间非营利组织的库存现金
1002	2.银行存款	核算民间非营利组织存入银行或其他金融机构的存款
1009	3.其他货币资金	核算民间非营利组织的外埠存款、银行汇票存款、银行本票存款、信用卡存款、信用证保证金存款、存出投资款（或者存入其他金融机构）等各种其他货币资金
1101	4.短期投资	核算民间非营利组织持有的能够随时变现并且持有时间不准备超过1年（含1年）的投资，包括股票、债券投资等
1102	5.短期投资跌价准备	核算民间非营利组织提取的短期投资跌价准备
1111	6.应收票据	核算民间非营利组织因销售商品、提供服务等而收到的商业汇票，包括银行承兑汇票和商业承兑汇票

编号	科目名称	核算内容
1121	7.应收账款	核算民间非营利组织因销售商品、提供服务等主要业务活动，应当向会员、购买单位或接受服务单位等收取的，但尚未实际收到的款项
1122	8.其他应收款	核算民间非营利组织除应收票据、应收账款以外的其他各项应收、暂付款项，包括应收股利、应收利息、应向职工收取的各种垫付款项、职工借款、应收保险公司赔款等
1131	9.坏账准备	核算民间非营利组织提取的坏账准备
1141	10.预付账款	核算民间非营利组织预付给商品供应单位或者服务提供单位的款项
1201	11.存货	核算民间非营利组织在日常业务活动中持有以备出售或捐赠的，或者为了出售或捐赠仍处在生产过程中的，或者将在生产、提供服务或者日常管理过程中耗用的材料、物资、商品等，包括材料、库存商品、委托加工材料，以及达不到固定资产标准的工具、器具等
1202	12.存货跌价准备	核算民间非营利组织提取的存货跌价准备
1301	13.待摊费用	核算民间非营利组织已经支出，但应当由本期和以后各期分别负担的分摊期在1年以内（含1年）的各项费用，如预付保险费、预付租金等
1401	14.长期股权投资	核算民间非营利组织持有时间准备超过1年（不含1年）的各种股权性质的投资，包括长期股票投资和其他长期股权投资
1402	15.长期债权投资	核算民间非营利组织购入的在1年内（不含1年）不能变现或不准备随时变现的债券和其他债权投资
1421	16.长期投资减值准备	核算民间非营利组织提取的长期投资减值准备
1501	17.固定资产	核算民间非营利组织固定资产的原价
1502	18.累计折旧	核算民间非营利组织固定资产的累计折旧
1505	19.在建工程	核算民间非营利组织进行在建工程（包括施工前期准备、正在施工中的建筑工程、安装工程、技术改造工程等）所发生的实际支出
1506	20.文物文化资产	核算民间非营利组织文物文化资产的价值。文物文化资产是指用于展览、教育或研究等目的的历史文物、艺术品以及其他具有文化或者历史价值并作长期或者永久保存的典藏等
1509	21.固定资产清理	核算民间非营利组织因出售、报废和毁损或其他处置等原因转入清理的固定资产价值及其清理过程中所发生的清理费用和清理收入等

编号	科目名称	核算内容
1601	22.无形资产	核算民间非营利组织为开展业务活动、出租给他人或为管理目的而持有的且没有实物形态的非货币性长期资产，包括专利权、非专利技术、商标权、著作权、土地使用权等
1701	23.受托代理资产	核算民间非营利组织接受委托方委托从事受托代理业务而收到的资产
二、负债类		
2101	24.短期借款	核算民间非营利组织向银行或其他金融机构等借入的期限在1年以内（含1年）的各种借款
2201	25.应付票据	核算民间非营利组织因购买材料、商品和接受服务供应等而开出、承兑的商业汇票，包括银行承兑汇票和商业承兑汇票
2202	26.应付账款	核算民间非营利组织因购买材料、商品和接受服务供应等而应付给供应单位的款项
2203	27.预收账款	核算民间非营利组织向服务和商品购买单位预收的各种款项
2204	28.应付工资	核算民间非营利组织应付给职工的工资总额，包括在工资总额内的各种工资、奖金、津贴等，不论是否在当月支付，都应当通过本科目核算
2206	29.应交税金	核算民间非营利组织按照有关国家税法规定应当交纳的各种税费，如增值税、所得税、房产税、个人所得税等
2209	30.其他应付款	核算民间非营利组织应付、暂收其他单位或个人的款项，如应付经营租入固定资产的租金等
2301	31.预提费用	核算民间非营利组织按照规定预先提取的已经发生但尚未支付的费用，如预提的租金、保险费、借款利息等
2401	32.预计负债	核算民间非营利组织对因或有事项所产生的现时义务而确认的负债，包括因对外提供担保、商业承兑票据贴现、未决诉讼等确认的负债
2501	33.长期借款	核算民间非营利组织向银行或其他金融机构借入的期限在1年以上（不含1年）的各项借款
2502	34.长期应付款	核算民间非营利组织的各项长期应付款项，如融资租入固定资产的租赁费等
2601	35.受托代理负债	核算民间非营利组织因从事受托代理业务、接受受托代理资产而产生的负债
三、净资产类		
3101	36.非限定性净资产	核算民间非营利组织的非限定性净资产，即民间非营利组织净资产中除限定性净资产之外的其他净资产
3102	37.限定性净资产	核算民间非营利组织的限定性净资产。如果资产或者资产的经济利益（如资产的投资收益和利息等）的使用和处置受到资源提供者或者国家有关法律、行政法规所设置的时间限制或（和）用途限制，则由此形成的净资产为限定性净资产

续表

编号	科目名称	核算内容
	四、收入费用类	
4101	38.捐赠收入	核算民间非营利组织接受其他单位或者个人捐赠所取得的收入
4201	39.会费收入	核算民间非营利组织根据章程等的规定向会员收取的会费收入
4301	40.提供服务收入	核算民间非营利组织根据章程等的规定向其服务对象提供服务取得的收入，包括学杂费收入、医疗费收入、培训收入等
4401	41.政府补助收入	核算民间非营利组织因为政府拨款或者政府机构给予的补助而取得的收入
4501	42.商品销售收入	核算民间非营利组织销售商品（如出版物、药品）等所形成的收入
4601	43.投资收益	核算民间非营利组织因对外投资取得的投资净损益。
4901	44.其他收入	核算民间非营利组织除捐赠收入、会费收入、提供服务收入、商品销售收入、政府补助收入和投资收益等主要业务活动收入以外的其他收入，如确实无法支付的应付款项、存货盘盈、固定资产盘盈、固定资产处置净收入、无形资产处置净收入等
5101	45.业务活动成本	核算民间非营利组织为了实现其业务活动目标、开展其项目活动或者提供服务所发生的费用
5201	46.管理费用	核算民间非营利组织为组织和管理其业务活动所发生的各项费用，包括民间非营利组织董事会（或者理事会或者类似权力机构）经费和行政管理人员的工资、奖金、津贴、福利费、住房公积金、住房补贴、社会保障费、离退休人员工资与补助，以及办公费、水电费、邮电费、物业管理费、差旅费、折旧费、修理费、无形资产摊销费、存货盘亏损失、资产减值损失、因预计负债所产生的损失、聘请中介机构费和应偿还的受赠资产等
5301	47.筹资费用	核算民间非营利组织为筹集业务活动所需资金而发生的费用，包括民间非营利组织获得捐赠资产而发生的费用以及应当计入当期费用的借款费用、汇兑损失（减汇兑收益）等
5401	48.其他费用	核算民间非营利组织发生的、无法归属到上述业务活动成本、管理费用或者筹资费用中的费用，包括固定资产处置净损失、无形资产处置净损失等

关键概念

民间非营利组织　划分费用性支出与资本性支出原则　公允价值计量基础

复习思考题

1. 什么是民间非营利组织?
2. 简述我国对民间非营利组织的一般会计规范。
3. 简述民间非营利组织特殊交易或者事项的会计规范。
4. 简述民间非营利组织会计科目设置。

民间非营利组织资产的核算

第十七章

民间非营利组织的资产类别较多，与营利性企业接近。但民间非营利组织的一个重要特点是有大量的接受捐赠资产、受托资产、政府补助资产等，这些资产取得时没有实际成本发生，是无偿取得的，如果严格按照实际成本原则，将难以确认和计量。为保证民间非营利组织会计能够真实、完整地反映组织资产的全部与类别，《民间非营利组织会计制度》规定，对于一些特殊的交易事项，引入公允价值等计量基础，以弥补历史成本之不足。

1.公允价值计量基础的适用范围。对会计计量基础除了历史成本之外，还做出特别规定的情况主要有：（1）接受捐赠的资产，在捐赠方没有提供有关凭据，或者即使提供了凭据，但是凭据上标明的金额与受赠资产公允价值相差较大时，应当按照公允价值入账。（2）因受托代理业务所形成的受托代理资产，在委托方没有提供有关凭据，或者即使提供了凭据，但是凭据上标明的金额与受托代理资产公允价值相差较大时，应当按照公允价值入账。（3）期末盘盈的存货、固定资产等，应当按照公允价值入账。

2.公允价值计量基础的参照顺序。公允价值的确定依赖于会计人员的职业判断，判断具有不确定性，这种不确定性主要源于参照标准的不同。为避免出现实务操作上对于公允价值计量的主观随意性，《民间非营利组织会计制度》对于公允价值计量提供了详细的应用指南。其具体规定为：公允价值是指在公平交易中，熟悉情况的交易双方，自愿进行资产交换或者债务清偿的金额。公允价值应当按照以下顺序确定：（1）如果同类或者类似资产存在活跃市场的，应当按照同类或者类似资产的市场价格确定公允价值；（2）如果同类或类似资产不存在活跃市场，或者无法找到同类或者类似资产的，应当采用适当的计价方法确定资产的公允价值。这些计价方法包括现行重置成本、现值等。

在采用公允价值的情况下，如果公允价值确实无法可靠计量的，则民间非营利组织应当设置辅助账，单独登记所取得资产的名称、数量、来源、用途等情况，并在会计报表附注中作相关披露。

此外，为保证账面资产的真实性与可靠性，《民间非营利组织会计制度》规定如果资产已经发生了减值，其账面价值已经不能反映其为民间非营利组织带来的经济利益或者服务潜力，民间非营利组织就应当按照规定计提相应的减值准备，以反映资产的实际价值。

依据民间非营利组织资产的特点，我们将其划分为货币资金、对外投资、应收预付款项、存货、固定资产、无形资产、其他资产等，参见表17-1。

表17-1   **民间非营利组织资产类别与会计科目设置**

资产类别		会计科目
货币资金		现金、银行存款、其他货币资金
对外投资	短期对外投资	短期投资、短期投资跌价准备
	长期对外投资	长期股权投资、长期债权投资、长期投资减值准备
应收预付款项		应收票据、应收账款、其他应收款、坏账准备、预付账款
存货		存货、存货跌价准备
固定资产		固定资产、累计折旧、在建工程、文物文化资产、固定资产清理
无形资产		无形资产
其他资产		受托代理资产、待摊费用

第一节

货币资金的核算

一、现金的核算

民间非营利组织应当严格按照国家有关现金管理的规定收支现金，并严格按照民间非营利组织会计制度规定核算现金的各项收支业务。

为核算民间非营利组织的库存现金，设置"现金"科目。期末借方余额反映民间非营利组织实际持有的库存现金。

民间非营利组织涉及现金的业务主要有提取现金、支用现金和其他原因收到或支出现金三类。

（一）提取现金

民间非营利组织从银行提取现金，按照支票存根所记载的提取金额，借记本科目，贷记"银行存款"科目；将现金存入银行，根据银行退回的进账单第一联，借记"银行存款"科目，贷记本科目。

【例17-1】某红十字会开出现金支票，从银行提取现金5 000元。

借：现金   5 000

    贷：银行存款   5 000

【例17-2】某慈善机构将当日收到的社会捐助现金3 000元存入银行。

借：银行存款   3 000

    贷：现金   3 000

（二）支用现金

民间非营利组织因支付内部职工出差等原因所需的现金，按照支出凭证所记载的金额，借记"其他应收款"科目，贷记本科目；收到出差人员交回的差旅费剩余款并结算时，按实际收回的现金，借记本科目，按应报销的金额，借记有关科目，按实际借出的现金，贷记"其他应收款"科目。

【例17-3】红十字会的张林出差归来，报销差旅费2 500元，原预借款2 000元，多支出的500元以现金支付。

借：业务活动成本   2 500

    贷：现金   500

      其他应收款——张林   2 000

（三）其他原因收到或支出现金

民间非营利组织因其他原因收到现金，借记本科目，贷记有关科目；支出现金，借记有关科目，贷记本科目。

【例17-4】林荫寺向市民提供气功培训服务，收到学员交纳的培训费现金800元。

借：现金   800

    贷：提供服务收入   800

【例17-5】林荫寺修缮庙宇，支出现金1 000元。

借：管理费用   1 000

    贷：现金   1 000

（四）现金短缺或溢余

民间非营利组织应当设置"现金日记账"，由出纳人员根据收付款凭证，按照业务发生顺序逐笔登记。每日终了，应当计算当日的现金收入合计数、现金支出合计数和结余数，并将结余数与实际库存数核对，做到账款相符。

每日终了结算现金收支、财产清查等发现的现金短缺或溢余，应当及时查明原因，并根据管理权限，报经批准后，在期末结账前处理完毕：（1）如为现金短缺，属于应由责任人或保险公司赔偿的部分，借记"其他应收款"科目，贷记"现金"科目；属于无法查明的其他原因的部分，借记"管理费用"科目，贷记"现金"科目。（2）如为现金溢余，属于应支付给有关人员或单位的部分，借记"现金"科目，贷记"其他应付款"科目；属于无法查明的其他原因的部分，借记"现金"科目，贷记"其他收入"科目。

二、银行存款的核算

（一）民间非营利组织银行存款的管理要求

1.银行存款的收款凭证和付款凭证的填制日期与依据

（1）采用支票方式。收款单位对于收到的支票，应填制进账单，并连同支票送交银行，根据银行盖章退给收款单位的收款凭证联和有关的原始凭证编制收款凭证，或根据银行转来由签发人送交银行的支票后，经银行审查盖章的收款凭证联和有关的原始凭证编制收款凭证；付款单位对于付出的支票，应根据支票存根和有关原始凭证编制付款凭证。

（2）采用汇兑结算方式。收款单位对于汇入的款项，应在收到银行的收账通知时，据以编制收款凭证；付款单位对于汇出的款项，应在向银行办理汇款后，根据汇款回单编制付款凭证。

（3）采用银行汇票方式。收款单位应当将汇票、解讫通知和进账单送交银行，根据银行退回的进账单和有关的原始凭证编制收款凭证；付款单位应在收到银行签发的银行汇票后，根据"银行汇票申请书（存根联）"编制付款凭证。如有多余款项或因汇票超过付款期等原因而退款时，应根据银行的多余款收账通知编制收款凭证。

（4）采用商业汇票方式，应当分别商业承兑汇票和银行承兑汇票方式。

①采用商业承兑汇票方式的，收款单位将要到期的商业承兑汇票连同填制的邮划或电划委托收款凭证，一并送交银行办理转账，根据银行的盖章退回的收账通知，据以编制收款凭证；付款单位在收到银行的付款通知时，据以编制付款凭证。

②采用银行承兑汇票方式的，收款单位将要到期的银行承兑汇票连同填制的邮划或电划委托收款凭证，一并送交银行办理转账，根据银行的收账通知，据以编制收款凭证；付款单位在收到银行的付款通知时，据以编制付款凭证。

收款单位将未到期的商业汇票向银行申请贴现时，应按规定填制贴现凭证，连同汇票一并送交银行，根据银行的收账通知，据以编制收款凭证。

（5）采用银行本票方式。收款单位按规定受理银行本票后，应将本票连同进账单送交银行办理转账，根据银行盖章退回给收款单位的收款凭证联和有关原始凭证编制收款凭证；付款单位再填送"银行本票申请书"并将款项交存银行，收到银行签发的银行本票后，根据申请书存根联编制付款凭证。收款单位因银行本票超过付款期限或其他原因要求退款时，在交回本票和填制的进账单经银行审核盖章后，根据银行退回给收款单位的收款凭证联，编制收款凭证。

（6）采用委托收款结算方式。收款单位对于托收款项，根据银行的收账通知，据以编制收款凭证；付款单位在收到银行转来的委托收款凭证后，根据委托收款凭证的付款通知和有关的原始凭证，编制付款凭证。

（7）采用托收承付结算方式。收款单位对于托收款项，根据银行的收账通知和有关的原始凭证，据以编制收款凭证；付款单位对于承付的款项，应于承付时根据托收承付结算凭证的承付支款通知和有关发票账单等原始凭证，据以编制付款凭证。如拒绝付款，属于全部拒付的，不作账务处理；属于部分拒付的，付款部分按上述规定处理，拒付部分不作账务处理。

（8）以现金存入银行，应根据银行盖章退回的交款回单及时编制现金付款凭证，据以登记"现金日记账"和"银行存款日记账"。向银行提取现金，根据支票存根编制银行存款付款凭证，据以登记"银行存款日记账"和"现金日记账"。

（9）收到的存款利息，根据银行通知及时编制收款凭证。

2.银行存款的记账与对账

民间非营利组织应按开户银行和其他金融机构、存款种类等，分别设置"银行存款日记账"，由出纳人员根据收付款凭证，按照业务的发生顺序逐笔登记，每日终了应结出余额。"银行存款日记账"应定期与"银行对账单"核对，至少每月核对一次。月度终了，民间非营利组织账面余额与银行对账单余额之间如有差额，必须逐笔查明原因进行处理，并按月编制"银行存款余额调节表"调节相符。

民间非营利组织应加强对银行存款的管理，并定期对银行存款进行检查，如果有确凿证据表明存在银行或其他金融机构的款项已经部分或者全部不能收回的，应当将不能收回的金额确认为当期损失，冲减银行存款。

（二）"银行存款"会计科目的用法

为核算民间非营利组织存入银行或其他金融机构的存款，设置"银行存款"科目。民间非营利组织的外埠存款、银行本票存款、银行汇票存款、信用卡存款等在"其他货币资金"科目核算，不在本科目核算。本科目期末借方余额，反映民间非营利组织实际存在银行或其他金融机构的款项。

民间非营利组织应当严格按照国家有关支付结算办法，正确地进行银行存款收支业务的结算，并按照本制度规定核算银行存款的各项收支业务。

民间非营利组织的银行存款收支的主要业务有存款、支用、利息收入和外币四类业务。

1.存款业务

民间非营利组织将款项存入银行和其他金融机构，借记本科目，贷记"现金""应收账款""捐赠收入""会费收入"等有关科目。

【例17-6】青年救灾志愿者协会收到某集团公司的抗震捐款150 000元，并存入银行。

借：银行存款　　　　　　　　　　　　　　　　　　150 000
　　贷：捐赠收入　　　　　　　　　　　　　　　　　　　150 000

2.支用业务

民间非营利组织提取和支出存款时，借记"现金""应付账款""业务活动成本""管理费用"等有关科目，贷记本科目。

【例17-7】青年救灾志愿者协会购买抗震帐篷200顶送往地震灾区，该批帐篷每顶价款300元，共计60 000元，以银行存款支付。

借：业务活动成本   60 000

   贷：银行存款   60 000

3.利息收入业务

民间非营利组织收到的存款利息，借记本科目，贷记"其他应收款""筹资费用"等科目。但是，收到的属于在借款费用应予资本化的期间内发生的与购建固定资产专门借款有关的存款利息，借记本科目，贷记"其他应收款""在建工程"等科目。

【例17-8】某教堂收到银行存款通知单，本月教堂的银行存款利息收入共500元，其中，一般账户利息100元，扩建教堂的专款账户收入400元。

借：银行存款   500

   贷：筹资费用   100

       在建工程   400

4.外币业务

（1）支用外币

民间非营利组织以外币购入商品、设备、服务等，按照购入当日（或当期期初）的市场汇率将支付的外币或应支付的外币折算为人民币金额，借记"固定资产""存货"等科目，贷记"库存现金""银行存款""应付账款"等科目的外币账户。

【例17-9】某民间非营利组织用2 000美元购入材料一批，货已验收入库。该笔美元的账面兑换率为1∶6.9。

借：存货   13 800

   贷：银行存款——美元   13 800

（2）取得外币

以外币销售商品、提供服务或者获得外币捐赠等，按照收入确认当日（或当期期初）的市场汇率将收取的外币或应收取的外币折算为人民币金额，借记"银行存款""应收账款"等科目的外币账户，贷记"捐赠收入""提供服务收入""商品销售收入"等科目。

【例17-10】某民间非营利组织对外销售药品一批，取得美元收入600元并存入银行，当日的美元与人民币兑换率为1∶6.8。

借：银行存款——美元   4 080

   贷：商品销售收入   4 080

（3）借入外币

借入外币借款时，按照借入当日（或当期期初）的市场汇率将借入的款项折算为人民币金额，借记"银行存款"科目的外币账户，贷记"短期借款""长期借款"等科目的外币账户；偿还外币借款时，按照偿还当日（或当期期初）的市场汇率将偿还款项折算为人民币金额，借记"短期借款""长期借款"等科目的外币账户，贷记"银行存款"科目的外币账户。

【例17-11】某民间非营利组织向银行借入短期借款50 000美元，当日的美元与人民币兑换率为1：6.7。

借：银行存款——美元 335 000

　　贷：短期借款 335 000

（4）外币兑换

发生外币兑换业务时，如为购入外币，按照购入当日（或当期期初）的市场汇率将购入的外币折算为人民币金额，借记"银行存款"科目的外币账户，按照实际支付的人民币金额，贷记"银行存款"科目的人民币账户，两者之间的差额，借记或贷记"筹资费用"等科目；如为卖出外币，按照实际收到的人民币金额，借记"银行存款"科目的人民币账户，按照卖出当日（或当期期初）的市场汇率将卖出的外币折算为人民币金额，贷记"银行存款"科目的外币账户，两者之间的差额，借记或贷记"筹资费用"等科目。

【例17-12】某民间非营利组织按照市场汇率1：6.8的价格卖出美元100 000元，该笔外汇的账面人民币值为660 000元，汇兑收益20 000元记入"筹资费用"科目贷方。

借：银行存款——人民币 680 000

　　贷：银行存款——美元 660 000

　　　　筹资费用 20 000

（5）期末调整

各种外币账户的外币余额，期末时应当按照期末汇率折合为人民币。按照期末汇率折合的人民币金额与账面人民币金额之间的差额，作为汇兑损益计入当期费用。但是，属于在借款费用应予资本化的期间内发生的与购建固定资产有关的外币专门借款本金及其利息所产生的汇兑差额，应当予以资本化，记入"在建工程"科目。

【例17-13】某民间非营利组织为建设服务大楼向银行贷款500 000美元，月末尚有未用的外币存款150 000美元，期末的美元与人民币兑换率是1：6.65，该笔外币的账面金额是人民币1 005 000元。折算后的人民币为997 500元（150 000×6.65），与账面金额的差额为7 500元。

借：在建工程 7 500

　　贷：银行存款——美元 7 500

三、其他货币资金的核算

民间非营利组织的其他货币资金有外埠存款、银行汇票存款、银行本票存款、信用卡存款、信用证保证金存款、存出投资款等多种形式。为核算组织的各种其他货币资金，设置"其他货币资金"科目。本科目期末借方余额，反映民间非营利组织实际持有的其他货币资金。

本科目应设置"外埠存款""银行汇票""银行本票""信用卡存款""信用证保证金存款""存出投资款"等明细科目，并按外埠存款的开户银行、银行汇票或银行本票的收款单位等设置明细账。

（一）外埠存款的账务处理

外埠存款，是指民间非营利组织到外地进行临时或零星采购时，汇往采购地银行开立采购专户的款项。民间非营利组织将款项委托当地银行汇往采购地开立专户时，借记本科目，贷记"银行存款"科目。收到采购员交来供应单位发票账单等报销凭证时，借记"存货"等科目，贷记本科目。将多余的外埠存款转回当地银行时，根据银行的收账通知，借记"银行存款"科目，贷记本科目。

【例17-14】某民间非营利组织到外地临时采购材料一批，现将64 500元的资金汇往采购地银行开立采购专户。

借：其他货币资金——外埠存款 　　　　　　　　　　64 500

　　贷：银行存款 　　　　　　　　　　　　　　　　　　　64 500

【例17-15】接例17-14，采购任务完成，材料款64 500元以外埠存款支付，材料已投入使用，依据采购员交来的供应单位发票账单等报销凭证记账。

借：业务活动成本 　　　　　　　　　　　　　　　　　64 500

　　贷：其他货币资金——外埠存款 　　　　　　　　　　　64 500

（二）银行汇票存款的账务处理

银行汇票存款，是指民间非营利组织为取得银行汇票按规定存入银行的款项。民间非营利组织在填送"银行汇票申请书"并将款项交存银行，取得银行汇票后，根据银行盖章退回的申请书存根联，借记本科目，贷记"银行存款"科目。民间非营利组织使用银行汇票后，根据发票账单等有关凭证，借记"存货"等科目，贷记本科目；如有多余款或因汇票超过付款期等原因而退回款项，根据开户行转来的银行汇票第四联（多余款收账通知），借记"银行存款"科目，贷记本科目。

【例17-16】某民间非营利组织为取得银行汇票，按规定将80 000元的款项存入银行。

借：其他货币资金——银行汇票 　　　　　　　　　　80 000

　　贷：银行存款 　　　　　　　　　　　　　　　　　　　80 000

【例17-17】接例17-16，用银行汇票购买设备一台，价款80 000元，设备经验收后投入使用。

借：固定资产 　　　　　　　　　　　　　　　　　　　80 000

　　贷：其他货币资金——银行汇票 　　　　　　　　　　　80 000

（三）银行本票存款的账务处理

银行本票存款，是指民间非营利组织为取得银行本票按规定存入银行的款项。民间非营利组织向银行提交"银行本票申请书"并将款项交存银行，取得银行本票后，根据银行盖章退回的申请书存根联，借记本科目，贷记"银行存款"科目。民间非营利组织使用银行本票后，根据发票账单等有关凭证，借记"存货"等科目，贷记本科目。因本票超过付款期等原因而要求退款时，应当填制进账单一式两联，连同本票一并送交银行，根据银行盖章退回的进账单第一联，借记"银行存款"科目，贷记本科目。

【例17-18】某民间非营利组织为取得银行本票，按规定将62 000元的款项存入银行。

　　借：其他货币资金——银行本票　　　　　　　　　　　　　62 000

　　　　贷：银行存款　　　　　　　　　　　　　　　　　　　　　　　62 000

【例17-19】接例17-18，用银行本票购买材料一批，价款62 000元，材料经验收无误后入库。

　　借：存货　　　　　　　　　　　　　　　　　　　　　　　62 000

　　　　贷：其他货币资金——银行本票　　　　　　　　　　　　　　　62 000

（四）信用卡存款的账务处理

信用卡存款，是指民间非营利组织为取得信用卡按照规定存入银行的款项。民间非营利组织应按规定填制申请表，连同支票和有关资料一并送交发卡银行，根据银行盖章退回的进账单第一联，借记本科目，贷记"银行存款"科目。民间非营利组织用信用卡购物或支付有关费用，借记有关科目，贷记本科目。民间非营利组织信用卡在使用过程中，需向其账户续存资金的，借记本科目，贷记"银行存款"科目。

【例17-20】某民间非营利组织为取得某银行的"法人贵宾信用卡"，按照规定将50 000元的款项存入银行。

　　借：其他货币资金——信用卡存款　　　　　　　　　　　　50 000

　　　　贷：银行存款　　　　　　　　　　　　　　　　　　　　　　　50 000

（五）信用证保证金存款的账务处理

信用证保证金存款，是指民间非营利组织为取得信用证按规定存入银行的保证金。民间非营利组织向银行交纳保证金，根据银行退回的进账单第一联，借记本科目，贷记"银行存款"科目。根据开证行交来的信用证来单通知书及有关单据列明的金额，借记"存货"等科目，贷记本科目和"银行存款"科目。

【例17-21】某民间非营利组织为取得信用证，按照规定将200 000元的保证金存入银行。

　　借：其他货币资金——信用证保证金存款　　　　　　　　200 000

　　　　贷：银行存款　　　　　　　　　　　　　　　　　　　　　　200 000

【例17-22】接例17-21，用信用证购买材料一批，价款53 200元，材料已验收入库。

　　借：存货　　　　　　　　　　　　　　　　　　　　　　　53 200

　　　　贷：其他货币资金——信用证保证金存款　　　　　　　　　　　53 200

（六）存出投资款的账务处理

存出投资款，是指民间非营利组织存入证券公司但尚未进行投资的现金。民间非营利组织向证券公司划出资金时，应按实际划出的金额，借记本科目，贷记"银行存款"科目；购买股票、债券等时，按实际发生的金额，借记"短期投资"等科目，贷记本科目。

【例17-23】某民间非营利组织欲进行股票投资，存入证券公司一笔金额为150 000元的资金。

借：其他货币资金——存出投资款　　　　　　　　　　150 000

　　贷：银行存款　　　　　　　　　　　　　　　　　　　　　150 000

【例17-24】接例17-23，买入某种股票1 000股，每股19.89元，金额总计19 890元。

借：短期投资——股票投资　　　　　　　　　　　　　19 890

　　贷：其他货币资金——存出投资款　　　　　　　　　　　　19 890

（七）其他货币资金的转回

民间非营利组织应加强对其他货币资金的管理，及时办理结算，对于逾期尚未办理结算的银行汇票、银行本票等，应按规定及时转回，借记"银行存款"科目，贷记本科目。

【例17-25】某民间非营利组织将逾期尚未办理结算的银行汇票存款50 000元划回。

借：银行存款　　　　　　　　　　　　　　　　　　　50 000

　　贷：其他货币资金——银行汇票　　　　　　　　　　　　　50 000

第二节

对外投资的核算

民间非营利组织的对外投资有短期投资和长期投资之分，每类投资都有相应的减值准备。

一、短期投资及其减值准备的核算

（一）短期投资

短期投资，是民间非营利组织持有的能够随时变现并且持有时间不准备超过1年（含1年）的投资，包括股票、债券投资等。为核算民间非营利组织的短期股票、债券等投资，设置"短期投资"科目。本科目期末借方余额，反映民间非营利组织持有的各种股票、债券等短期投资的成本。

本科目应当按照短期投资种类设置明细账，进行明细核算。民间非营利组织如果有委托贷款或者委托投资（包括委托理财）且作为短期投资核算的，应当在本科目下单设明细科目核算。

1.取得短期投资

短期投资在取得时应当按照投资成本计量，具体如下：

（1）以现金购入的短期投资，按照实际支付的全部价款，包括税金、手续费等相关费用作为其投资成本，借记本科目，贷记"银行存款"等科目。

如果实际支付的价款中包含已宣告但尚未领取的现金股利或已到付息期但尚未领取的债券利息，则按照实际支付的全部价款减去其中已宣告但尚未领取的现金股利或已到付息期但尚未领取的债券利息后的金额作为短期投资成本，借记本科目，按照应领取的现金股利或债券利息，借记"其他应收款"科目，按照实际支付的全部价款，贷记"银行存款"等科目。

【例17-26】某民间非营利组织购入债券，债券款96 000元，其中包括已到付息期但尚未领取的债券利息5 000元。另交纳证券交易税2 880元，支付手续费300元，共计99 180元，以银行存款支付。

借：短期投资——××债券 94 180

其他应收款——××债券利息 5 000

贷：银行存款 99 180

（2）接受捐赠的短期投资，按照所确定的投资成本，借记本科目，贷记"捐赠收入"科目。

【例17-27】某民间非营利组织接受M集团公司所捐赠的股票500股，每股市值约40元。

借：短期投资——M集团股票投资 20 000

贷：捐赠收入 20 000

2.收到利息或现金股利

收到被投资单位发放的利息或现金股利，按照实际收到的金额借记"银行存款"等科目，贷记本科目。但是，实际收到在购买时已记入"其他应收款"科目的利息或现金股利时，借记"银行存款"等科目，贷记"其他应收款"科目。

持有股票期间所获得的股票股利，不作账务处理，但应在辅助账簿中登记所增加的股份。

【例17-28】接例17-26，某民间非营利组织收到被投资单位发放的利息5 000元，并存入银行。

借：银行存款 5 000

贷：其他应收款 5 000

3.收回投资

出售短期投资或到期收回债券本息，按照实际收到的金额，借记"银行存款"科目，按照已计提的减值准备，借记"短期投资跌价准备"科目，按照所出售或收回短期投资的账面余额，贷记本科目，按照未领取的现金股利或利息，贷记"其他应收款"科目，按照其差额，借记或贷记"投资收益"科目。

【例17-29】某民间非营利组织收回到期的债券投资本息共计53 720元，该债券账面余额43 000元，已计提的减值准备2 500元，差额13 220元记入投资收益。

借：银行存款 53 720

短期投资跌价准备 2 500

  贷：短期投资——××债券投资   43 000

     投资收益   13 220

  4.计提短期投资跌价准备

  期末，民间非营利组织应当对短期投资是否发生了减值进行检查。如果短期投资的市价低于其账面价值，应当按照市价低于账面价值的差额计提短期投资跌价准备。如果短期投资的市价高于其账面价值，应当在该短期投资期初已计提跌价准备的范围内转回市价高于账面价值的差额。

  （二）短期投资跌价准备的核算

  短期投资跌价准备是民间非营利组织为预防短期投资损失而设置的备抵资金账户。为核算民间非营利组织提取的短期投资跌价准备，设置"短期投资跌价准备"科目。本科目期末贷方余额，反映民间非营利组织已计提的短期投资跌价准备。

  民间非营利组织应当定期或者至少每年年度终了时，对短期投资是否发生了减值进行检查，如果发生了减值，应当计提短期投资跌价准备。如果已计提跌价准备的短期投资价值在以后期间得以恢复，则应当在已计提准备的范围内部分或全部转回已确认的跌价损失，冲减当期费用。

  1.计提短期投资跌价准备

  如果短期投资的期末市价低于账面价值，按照市价低于账面价值的差额，借记"管理费用——短期投资跌价损失"科目，贷记本科目。

  【例17-30】年末，某民间非营利组织所投资的某项股票市价为81 000元，比账面价值86 200元低5 200元，计提短期投资跌价准备。

  借：管理费用——短期投资跌价损失   5 200

   贷：短期投资跌价准备   5 200

  2.冲转短期投资跌价准备

  如果以前期间已计提跌价准备的短期投资的价值在当期得以恢复，即短期投资的期末市价高于账面价值，按照市价高于账面价值的差额，在原已计提跌价准备的范围内，借记本科目，贷记"管理费用——短期投资跌价损失"科目。

  【例17-31】年末，某民间非营利组织所投资的某项股票市价为86 200元，比账面价值81 000元高5 200元，在原已计提跌价准备的范围内冲转短期投资跌价准备5 200元。

  借：短期投资跌价准备   5 200

   贷：管理费用——短期投资跌价损失   5 200

  3.出售或收回短期投资

  民间非营利组织出售或收回短期投资，或者以其他方式处置短期投资时，应当同时结转已计提的跌价准备。

  【例17-32】某民间非营利组织售出股票，本息共计76 720元，该股票账面余额73 000元，已计提的减值准备2 500元，差额6 220元记入投资收益科目。

借：银行存款　　　　　　　　　　　　　　　　　　　76 720
　　短期投资跌价准备　　　　　　　　　　　　　　　　2 500
　贷：短期投资——××债券投资　　　　　　　　　　　　73 000
　　　投资收益　　　　　　　　　　　　　　　　　　　6 220

二、长期投资及其减值准备

（一）长期股权投资

民间非营利组织的长期股权投资，是指组织持有时间准备超过1年（不含1年）的各种股权性质的投资，包括长期股票投资和其他长期股权投资。为核算这类投资，设置"长期股权投资"科目。本科目期末借方余额，反映民间非营利组织持有的长期股权投资的价值。

本科目应当按照被投资单位设置明细账，进行明细核算。民间非营利组织如果有委托贷款或者委托投资（包括委托理财）且作为长期股权投资核算的，应当在本科目下单设明细科目核算。

长期股权投资应当区别不同情况，分别采用成本法或者权益法核算。如果民间非营利组织对被投资单位没有控制、共同控制和重大影响，长期股权投资应当采用成本法进行核算；如果民间非营利组织对被投资单位具有控制、共同控制或重大影响，长期股权投资应当采用权益法进行核算。

1.取得长期股权投资

长期股权投资在取得时，应当按照取得时的实际成本作为初始投资成本，具体如下：

（1）以现金购入的长期股权投资，按照实际支付的全部价款，包括税金、手续费等相关费用作为其初始投资成本，借记本科目，贷记"银行存款"等科目。

如果实际支付的价款中包含已宣告但尚未领取的现金股利，则按照实际支付的全部价款减去其中已宣告但尚未领取的现金股利后的金额作为其初始投资成本，借记本科目，按照应领取的现金股利，借记"其他应收款"科目，按照实际支付的全部价款，贷记"银行存款"等科目。

【例17-33】某民间非营利组织购买L集团公司发行的公司债券50 000元，支付相关手续费200元。

借：长期投资——L集团债券　　　　　　　　　　　　50 200
　贷：银行存款　　　　　　　　　　　　　　　　　　50 200

（2）接受捐赠的长期股权投资，按照所确定的初始投资成本，借记本科目，贷记"捐赠收入"科目。

【例17-34】慈善总会接受A集团公司的股票600股，每股100元，支付相关手续费300元。

借：长期投资——A集团股票　　　　　　　　　　　　60 300
　贷：捐赠收入　　　　　　　　　　　　　　　　　　60 000
　　　现金　　　　　　　　　　　　　　　　　　　　　 300

2.长期股权投资持有期间的核算

长期股权投资持有期间，按照不同情况分别采用成本法或者权益法核算：

（1）采用成本法核算时，除非追加（或收回）投资或者发生减值，长期股权投资的账面价值一般保持不变。

①被投资单位宣告发放现金股利或利润时，按照宣告发放的现金股利或利润中属于民间非营利组织应享有的部分，确认当期投资收益，借记"其他应收款"科目，贷记"投资收益"科目。

【例17-35】接例17-34，慈善总会对长期投资实行成本核算法，A集团公司宣布发放股利，每股5元，慈善总会可得到3 000元股利。

借：其他应收款——A集团股票投资收益   3 000
  贷：投资收益   3 000

②实际收到现金股利或利润时，按照实际收到的金额，借记"银行存款"等科目，贷记"其他应收款"科目。

【例17-36】接例17-35，慈善总会收到A集团股票的现金股利3 000元，并存入银行。

借：银行存款   3 000
  贷：其他应收款——A集团股票投资收益   3 000

（2）采用权益法核算时，长期股权投资的账面价值应当根据被投资单位当期净损益中民间非营利组织应享有或分担的份额，以及被投资单位宣告分派的现金股利或利润中属于民间非营利组织应享有的份额进行调整。

①期末，按照应当享有或应当分担的被投资单位当年实现的净利润或发生的净亏损的份额，调整长期股权投资账面价值，如被投资单位实现净利润，借记本科目，贷记"投资收益"科目，如被投资单位发生净亏损，借记"投资收益"科目，贷记本科目，但应以长期股权投资账面价值减记至零为限。

【例17-37】接例17-34，慈善总会对长期投资实行权益核算法，年末，依据A集团公司的财务报告，A集团公司的对外发行股票每股股值净增5元，慈善总会所持股票可净增3 000元。

借：长期投资——A集团股票   3 000
  贷：投资收益   3 000

②被投资单位宣告分派利润或现金股利时，按照宣告分派的现金股利或利润中属于民间非营利组织应享有的份额，调整长期股权投资账面价值，借记"其他应收款"科目，贷记本科目。在实际收到现金股利或利润时，借记"银行存款"等科目，贷记"其他应收款"科目。

【例17-38】接例17-37，A集团公司宣布发放股利，每股5元，慈善总会可得到3 000元股利。

借：其他应收款——A集团股票投资收益   3 000
  贷：长期投资——A集团股票   3 000

【例17-39】接例17-38，组织收到A集团公司发放的现金股利3 000元，并存入银行。

借：银行存款   3 000

 贷：其他应收款——A集团股票投资收益   3 000

③被投资单位宣告分派的股票股利，不作账务处理，但应当设置辅助账，进行数量登记。

3.处置长期股权投资

处置长期股权投资时，按照实际取得的价款，借记"银行存款"等科目，按照已计提的减值准备，借记"长期投资减值准备"科目，按照所处置长期股权投资的账面余额，贷记本科目，按照尚未领取的已宣告发放的现金股利或利润，贷记"其他应收款"科目，按照其差额，借记或贷记"投资收益"科目。

【例17-40】接例17-33，某民间非营利组织将账面价值50 200元的L集团公司股票出售，取得收入56 000元，该笔股票已计提长期投资减值准备1 000元。

借：银行存款   56 000

 长期投资减值准备   1 000

 贷：长期投资——L集团股票   50 200

  投资收益   6 800

4.改变投资目的

改变投资目的，将短期股权投资划转为长期股权投资，应当按短期股权投资的成本与市价孰低结转，并按此确定的价值作为长期股权投资的成本，借记本科目，按照已计提的相关短期投资跌价准备，借记"短期投资跌价准备"科目，按照原短期股权投资的账面余额，贷记"短期投资"科目，按照其差额，借记或贷记"管理费用"科目。

【例17-41】接例17-27，某民间非营利组织将M集团公司所捐赠的股票500股转为长期投资，该笔股票的当前市值约为每股36元，账面价值为每股40元，已计提相关短期投资跌价准备1 500元。

借：长期投资——M集团股票投资   18 000

 短期投资跌价准备   1 500

 管理费用   500

 贷：短期投资——M集团股票投资   20 000

5.期末计提长期投资减值准备

期末，民间非营利组织应当对长期股权投资是否发生了减值进行检查。如果长期股权投资的可收回金额低于其账面价值，应当按照可收回金额低于账面价值的差额计提长期投资减值准备。如果长期股权投资的可收回金额高于其账面价值，应当在该长期股权投资期初已计提减值准备的范围内转回可收回金额高于账面价值的差额。

【例17-42】年末，某民间非营利组织所持的股票市值为80 000元，比其账面价值 65 000 元高 15 000 元，该股票已计提长期投资减值准备 5 000 元，现将已计提的长期投资减值准备转回。

借：长期投资减值准备　　　　　　　　　　　　　　　　　　　　5 000

　　贷：管理费用——长期投资跌价损失　　　　　　　　　　　　　　　　5 000

（二）长期债权投资

长期债权投资，是指民间非营利组织购入的在 1 年内（不含 1 年）不能变现或不准备随时变现的债券和其他债权投资。为核算这类投资，设置"长期债权投资"科目。本科目期末借方余额，反映民间非营利组织持有的长期债权投资价值。

民间非营利组织可以根据具体情况设置明细科目，进行明细核算，如债券投资、可转换公司债券和其他债权投资等，其中，债券投资下设明细科目：面值、溢价或折价、债券费用、应收利息等。民间非营利组织如果有委托贷款或者委托投资（包括委托理财）且作为长期债权投资核算的，应当在本科目下单设明细科目核算。

1.取得长期债权投资

长期债权投资在取得时，应当按照取得时的实际成本作为初始投资成本，具体如下：

（1）以现金购入的长期债权投资，按照实际支付的全部价款，包括税金、手续费等相关费用作为其初始投资成本，借记本科目，贷记"银行存款"等科目。

如果实际支付的价款中包含已到付息日但尚未领取的债券利息，则按照实际支付的全部价款减去其中已到付息日但尚未领取的债券利息后的金额作为其初始投资成本，借记本科目，按照应领取的利息，借记"其他应收款"科目，按照实际支付的全部价款，贷记"银行存款"等科目。

【例 17-43】某民间非营利组织在债券市场上购买一笔国债券，包括税金、手续费等相关费用在内共计 84 000 元，其中，尚有已到付息日但尚未领取的债券利息 3 200 元，以银行存款支付。

借：长期债权投资——债券投资　　　　　　　　　　　　　　　80 800

　　其他应收款　　　　　　　　　　　　　　　　　　　　　　3 200

　　贷：银行存款　　　　　　　　　　　　　　　　　　　　　　　84 000

（2）接受捐赠的长期债权投资，按照所确定的初始投资成本，借记本科目，贷记"捐赠收入"科目。

【例 17-44】市白内障患者协会接受 H 制药厂赠送的可转换公司债券，债券市值为 60 000 元。

借：长期债权投资——可转换公司债券　　　　　　　　　　　　60 000

　　贷：捐赠收入　　　　　　　　　　　　　　　　　　　　　　　60 000

2.长期债权投资持有期间的会计核算

长期债权投资持有期间，应当按照票面价值与票面利率按期计算确认利息收入，如为到期一次还本付息的债券投资，借记本科目"债券投资（应收利息）"明细科目，贷记"投资收益"科目，如为分期付息、到期还本的债权投资，借记"其他应收款"科目，贷记"投资收益"科目。

　　长期债券投资的初始投资成本与债券面值之间的差额，应当在债券存续期间，按照直线法于确认相关债券利息收入时摊销，如初始投资成本高于债券面值，按照应当分摊的金额，借记"投资收益"科目，贷记本科目，如初始投资成本低于债券面值，按照应当分摊的金额，借记本科目，贷记"投资收益"科目。

　　【例17-45】接例17-43，某民间非营利组织所购的债券为到期一次还本付息债券，当年应得利息为1 800元。该债券的初始投资成本80 800元，债券面值为79 600元，经计算，本年应当分摊的金额为300元。

　　应收利息：

　　借：长期债权投资——债券投资（应收利息）　　　　　　　　1 800

　　　　贷：投资收益　　　　　　　　　　　　　　　　　　　　　1 800

　　分摊：

　　借：投资收益　　　　　　　　　　　　　　　　　　　　　　　300

　　　　贷：长期债权投资——债券投资（溢价）　　　　　　　　　　300

　　3.可转换公司债券在转换为股份时

　　购入的可转换公司债券在转换为股份之前，应当按一般债券投资进行处理。可转换公司债券转换为股份时，按照所转换债券投资的账面价值减去收到的现金后的余额，借记"长期股权投资"科目，按照收到的现金等，借记"现金""银行存款"科目，按照所转换债券投资的账面价值，贷记本科目。

　　【例17-46】接例17-44，市白内障患者协会将H制药厂赠送的60 000元可转换公司债券转换为股份，收到以前年度的债券利息和债转股时折余资金共计3 218元，余款56 782元为长期股权投资成本。

　　借：长期股权投资　　　　　　　　　　　　　　　　　　　56 782

　　　　现金　　　　　　　　　　　　　　　　　　　　　　　　3 218

　　　　贷：长期债权投资——可转换公司债券　　　　　　　　　60 000

　　4.处置长期债权投资

　　处置长期债权投资时，按照实际取得的价款，借记"银行存款"等科目，按照已计提的减值准备，借记"长期投资减值准备"科目，按照所处置长期债权投资的账面余额，贷记本科目，按照未领取的债券利息，贷记本科目"债券投资（应收利息）"明细科目或"其他应收款"科目，按照其差额，借记或贷记"投资收益"科目。

　　【例17-47】接例17-43和例17-45，将尚未到期的国债券出售，取得款项83 000元。该债券的账面价值为82 300元，未计提长期投资减值准备。

　　借：银行存款　　　　　　　　　　　　　　　　　　　　　83 000

　　　　贷：长期债权投资——债券投资　　　　　　　　　　　　82 300

　　　　　　投资收益　　　　　　　　　　　　　　　　　　　　　700

　　5.将短期债权投资划转为长期债权投资

　　改变投资目的，将短期债权投资划转为长期债权投资，应当按短期债权投资的成本与市价孰低结转，并按此确定的价值作为长期债权投资的成本，借记本科目，按照已计提的相关短期投资跌价准备，借记"短期投资跌价准备"科目，按照原短期债权投资的账面余额，贷记"短期投资"科目，按照其差额，借记或贷记"管理费用"科目。

【例17-48】某民间非营利组织将一笔账面价值为76 000元的短期债券投资转为长期投资，该笔债券的市值为89 200元，已计提短期投资跌价准备760元。

借：长期债权投资 76 000

  短期投资跌价准备 760

 贷：短期投资——债权投资 76 000

  管理费用 760

6.计提长期投资减值准备

期末，民间非营利组织应当对长期债权投资是否发生了减值进行检查。如果长期债权投资的可收回金额低于其账面价值，应当按照可收回金额低于账面价值的差额计提长期投资减值准备。如果长期债权投资的可收回金额高于其账面价值，应当在该长期债权投资期初已计提减值准备的范围内转回可收回金额高于账面价值的差额。

（三）长期投资减值准备

民间非营利组织应当定期或者至少于每年年度终了时，对长期投资是否发生了减值进行检查，如果发生了减值，应当计提长期投资减值准备。为核算民间非营利组织提取的长期投资减值准备，设置"长期投资减值准备"科目。本科目的期末贷方余额，反映民间非营利组织已计提的长期投资减值准备。

如果已计提减值准备的长期投资价值在以后期间得以恢复，则应当在已计提减值准备的范围内部分或全部转回已确认的减值损失，冲减当期费用。

1.如果长期投资的期末可收回金额低于账面价值，按照可收回金额低于账面价值的差额，借记"管理费用——长期投资减值损失"科目，贷记本科目。

【例17-49】某民间非营利组织所购的公司债券64 000元，由于公司经营管理不善只能收回19 000元，该债券已计提长期投资减值准备21 340元。

借：银行存款 19 000

 长期投资减值准备 21 340

 管理费用——长期投资减值损失 23 660

 贷：长期债权投资 64 000

2.如果以前期间已计提减值准备的长期投资价值在当期得以恢复，即长期投资的期末可收回金额高于账面价值，按照可收回金额高于账面价值的差额，在原计提减值准备的范围内，借记本科目，贷记"管理费用——长期投资减值损失"科目。

【例17-50】某民间非营利组织的A项股权投资账面值比市值高1 200元，但已提长期投资减值准备只有730元，补提470元。

借：长期投资减值准备　　　　　　　　　　　　　　　　　470
　　贷：管理费用——长期投资减值损失　　　　　　　　　　470

3.民间非营利组织出售或收回长期投资，或者以其他方式处置长期投资时，应当同时结转已计提的减值准备。

【例17-51】某民间非营利组织收回到期的长期债权投资，本息共计32 100元，该债券的账面价值为31 000元，已计提长期投资减值准备800元。

借：银行存款　　　　　　　　　　　　　　　　　　32 100
　　长期投资减值准备　　　　　　　　　　　　　　　　800
　　贷：长期债权投资　　　　　　　　　　　　　　　31 000
　　　　投资收益　　　　　　　　　　　　　　　　　1 900

第三节

应收及预付款项的核算

一、应收票据的核算

应收票据是指民间非营利组织因销售商品、提供服务等而收到的商业汇票，包括银行承兑汇票和商业承兑汇票。为核算民间非营利组织收到的各种商业汇票，设置"应收票据"科目。本科目期末借方余额，反映民间非营利组织持有的商业汇票的票面价值和应计利息。

（一）取得商业汇票

因销售商品、提供服务等收到开出、承兑的商业汇票，按照应收票据的面值，借记本科目，贷记"商品销售收入""提供服务收入"等科目。

收到应收票据以抵偿应收账款时，按照应收票据的面值，借记本科目，贷记"应收账款"科目。

【例17-52】某民间非营利组织对外提供服务，取得收入30 000元，对方开出一张90天到期的银行承兑汇票（无息）。

借：应收票据　　　　　　　　　　　　　　　　　　30 000
　　贷：提供服务收入　　　　　　　　　　　　　　　30 000

（二）贴现商业汇票

1.持未到期的应收票据向银行贴现，应当根据银行盖章退回的贴现凭证第四联收账通知，按实际收到的金额（即减去贴现息后的净额），借记"银行存款"科目，按照应收票据的账面余额，贷记本科目，按照差额，借记"筹资费用"科目。

【例17-53】接例17-52，在商业汇票到期前，某民间非营利组织将贴现给银行，获得资金28 100元，贴现息为1 900元。

借：银行存款　　　　　　　　　　　　　　　　28 100

　筹资费用　　　　　　　　　　　　　　　　　 1 900

　贷：应收票据　　　　　　　　　　　　　　　　　　　30 000

2.贴现的商业承兑汇票到期，因承兑人的银行账户不足支付，申请贴现的民间非营利组织收到银行退回的应收票据、支款通知和拒绝付款理由书或付款人未付票款通知书时，按照所付本息，借记"应收账款"科目，贷记"银行存款"科目；如果申请贴现的民间非营利组织的银行存款账户余额不足，银行作逾期贷款处理时，按照转作贷款的本息，借记"应收账款"科目，贷记"短期借款"科目。

【例17-54】某民间非营利组织销售产品所收到的商业汇票到期，本息共计20 000元。因对方账户余额不足，转作应收账款。

借：应收账款　　　　　　　　　　　　　　　　20 000

　贷：应收票据　　　　　　　　　　　　　　　　　　　20 000

（三）背书转让商业票据

将持有的应收票据背书转让，已取得所需物资时，按照所取得物资应确认的成本，借记"存货"等科目，按照应收票据的账面余额，贷记本科目，按照实际收到或支付的银行存款等，借记或贷记"银行存款"等科目。

【例17-55】某民间非营利组织背书转让未到期应收票据，购买材料一批，材料价款13 500元，应收票据账面金额12 000元，余款1 500元，以银行存款支付。

借：存货　　　　　　　　　　　　　　　　　　13 500

　贷：应收票据　　　　　　　　　　　　　　　　　　　12 000

　　银行存款　　　　　　　　　　　　　　　　　　　 1 500

（四）应收票据到期

应收票据到期时，应当分别情况处理：

（1）收回应收票据，按照实际收到的金额，借记"银行存款"科目，按照应收票据的账面余额，贷记本科目。

（2）因付款人无力支付票款，收到银行退回的商业承兑汇票、委托收款凭证、未付票款通知书或拒绝付款证明等，按照应收票据的账面余额，借记"应收账款"科目，贷记本科目。

【例17-56】某民间非营利组织收到应收票据41 000元到期（无息），通过银行委托收款，款已到账。

借：银行存款　　　　　　　　　　　　　　　　41 000

　贷：应收票据　　　　　　　　　　　　　　　　　　　41 000

（五）无法兑现的应收票据

如果有确凿证据表明所持有的未到期应收票据不能够收回或收回的可能性不大，按照应收票据账面余额，借记"应收账款"科目，贷记"应收票据"科目。

【例17-57】某民间非营利组织所收到应收票据36 000元到期（无息），通过银行委托收款，但对方账户资金不足，并有确凿证据表明所持有的未到期应收票据收回的可能性不大，转为应收账款。

借：应收账款　　　　　　　　　　　　　　　　　　　　36 000

　贷：应收票据　　　　　　　　　　　　　　　　　　　　　　36 000

（六）带息票据的核算

如果应收票据为带息票据，应当在持有期间的期末、贴现、背书转让或票据到期时，按照带息应收票据的票面价值和确定的利率计提利息，计提的利息增加带息应收票据的账面余额，借记本科目，贷记"筹资费用"科目。

到期不能收回的带息应收票据，转入"应收账款"科目核算后，期末不再计提利息，其所包含的利息，在有关备查簿中进行登记，待实际收到时再冲减收到当期的筹资费用，借记"银行存款"等科目，贷记"筹资费用"科目。

【例17-58】某民间非营利组织所收到的应收票据为带息票据，年末，计算该票据当年应得利息为2 100元，增加应收票据的账面余额。

借：应收票据　　　　　　　　　　　　　　　　　　　　2 100

　贷：筹资费用　　　　　　　　　　　　　　　　　　　　　2 100

（七）应收票据备查簿

民间非营利组织应当设置"应收票据备查簿"，逐笔登记每一应收票据的种类、号数和出票日期、票面金额、票面利率、交易合同号和付款人、承兑人、背书人的姓名或单位名称、到期日、背书转让日、贴现日期、贴现率和贴现净额、计提的利息，以及收款日期和收回金额、退票情况等资料，应收票据到期结清票款或退票后，应当在备查簿内逐笔注销。

二、应收账款的核算

应收账款是指民间非营利组织因销售商品、提供服务等主要业务活动，应当向会员、购买单位或接受服务单位等收取的，但尚未实际收到的款项。为核算组织尚未实际收到的款项，设置"应收账款"科目。本科目期末借方余额，反映民间非营利组织尚未收回的应收账款。

本科目应当按照债务人设置明细账，进行明细核算。

（一）发生应收账款

发生应收账款时，按照应收未收金额，借记本科目，贷记"会费收入""提供服务收入""商品销售收入"等科目。

【例17-59】某民间非营利组织吸收一单位会员入会，本年会费15 000元，该会员预付现金3 000元，余款12 000元尚未支付。

借：现金　　　　　　　　　　　　　　　　　　　　　3 000

　应收账款　　　　　　　　　　　　　　　　　　　　12 000

　贷：会费收入　　　　　　　　　　　　　　　　　　　　15 000

（二）收回应收账款

收回应收账款时，按照实际收到的款项金额，借记"银行存款"等科目，贷记本科目。

【例17-60】接例17-59，收到单位会员交来一张转账支票12 000元，收款入账。

借：银行存款　　　　　　　　　　　　　　　　　　　　12 000
　　贷：应收账款　　　　　　　　　　　　　　　　　　　　　　12 000

（三）应收账款改用商业汇票结算

如果应收账款改用商业汇票结算，在收到承兑的商业汇票时，按照票面价值，借记"应收票据"科目，贷记本科目。

【例17-61】接例17-60，收到会员单位的一张60日到期的银行承兑汇票12 000元。

借：应收票据　　　　　　　　　　　　　　　　　　　　12 000
　　贷：应收账款　　　　　　　　　　　　　　　　　　　　　　12 000

（四）计提坏账准备

民间非营利组织应当定期或者至少于每年年度终了，对应收账款进行全面检查，计提坏账准备。对于确实无法收回的应收账款应当及时查明原因，并根据管理权限，报经批准后，按照无法收回的应收账款金额，借记"坏账准备"科目，贷记本科目。

【例17-62】年末，某民间非营利组织对应收账款进行全面检查，计提坏账准备13 400元。

借：管理费用　　　　　　　　　　　　　　　　　　　　13 400
　　贷：坏账准备　　　　　　　　　　　　　　　　　　　　　　13 400

如果已转销的应收账款在以后期间又收回，按照实际收回的金额，借记本科目，贷记"坏账准备"科目；同时，借记"银行存款"科目，贷记本科目。

【例17-63】接例17-62，有一笔金额为3 660元的应收账款无法收回，报经批准后予以转销。

借：坏账准备　　　　　　　　　　　　　　　　　　　　　3 660
　　贷：应收账款　　　　　　　　　　　　　　　　　　　　　　3 660

三、其他应收款的核算

其他应收款是指民间非营利组织除应收票据、应收账款以外的其他各项应收、暂付款项，包括应收股利、应收利息、应向职工收取的各种垫付款项、职工借款、应收保险公司赔款等。为核算这些应收暂付款项，设置"其他应收款"科目。本科目期末借方余额，反映尚未收回的其他应收款。

本科目应按其他应收款的项目进行分类，并按不同的债务人设置明细账，进行明细核算。

（一）对外进行短期或长期股权投资应收取的现金股利的核算

1.购入股票时，如果实际支付的价款中包含已宣告但尚未领取的现金股利，按照实际支付的全部价款减去其中已宣告但尚未领取的现金股利后的金额，借记"短期投资""长期股权投资"科目，按照应当领取的现金股利，借记本科目，按照实际支付的价款，贷记"银行存款"等科目。

【例17-64】某民间非营利组织以53 000元购入股票，其中包含已宣告但尚未领取的现金股利2 100元。

借：短期投资　　　　　　　　　　　　　　　　　　　　　53 000
　　　其他应收款　　　　　　　　　　　　　　　　　　　　2 100
　　贷：银行存款　　　　　　　　　　　　　　　　　　　　　55 100

2.对外长期股权投资应分得的现金股利或利润，应当于被投资单位宣告发放现金股利或分派利润时，借记本科目，贷记"投资收益"或"长期股权投资"等科目。

【例17-65】某民间非营利组织长期持有A集团公司股票，A集团公司宣布分派利润，经计算，组织可获得6 000元的分派利润。

借：其他应收款　　　　　　　　　　　　　　　　　　　　6 000
　　贷：长期股权投资　　　　　　　　　　　　　　　　　　　6 000

3.实际收到的现金股利或利润，按照实际收到的金额，借记"银行存款"科目，贷记本科目。

【例17-66】接例17-65，实际收到A集团公司分派利润6 000元，款已存入银行。

借：银行存款　　　　　　　　　　　　　　　　　　　　　6 000
　　贷：其他应收款　　　　　　　　　　　　　　　　　　　　6 000

（二）对外进行短期或长期债权投资应收取利息的核算

对外进行短期或长期债权投资应收取的利息（到期一次还本付息的长期债券投资应收取的利息，在"长期债权投资"科目核算，不在本科目核算）：

1.购入债券，如果实际支付的价款中包含已到付息期但尚未领取的债券利息，按照实际支付的全部价款减去其中已到付息期但尚未领取的利息后的金额，借记"短期投资""长期债权投资"科目，按照应当领取的利息，借记本科目，按照实际支付的价款，贷记"银行存款"等科目。

【例17-67】某民间非营利组织购入债券45 000元，其中包含已到付息期但尚未领取的债券利息600元。

借：长期债权投资　　　　　　　　　　　　　　　　　　　44 400
　　　其他应收款　　　　　　　　　　　　　　　　　　　　600
　　贷：银行存款　　　　　　　　　　　　　　　　　　　　　45 000

2.确认投资收益。

分期付息、到期还本的债券以及分期付息的其他长期债权投资持有期间，已到付息期而应收未收的利息，应于确认投资收益时，按照应获得的利息，借记本科目，贷记"投资收益"科目。

【例17-68】接例17-67，次年末，计算所持有的长期债权投资利息900元。

借：其他应收款　　　　　　　　　　　　　　　　　　　　900

　　贷：投资收益　　　　　　　　　　　　　　　　　　　　　　　900

　　3.实际收到的利息，按照实际收到的利息金额，借记"银行存款"科目，贷记本科目。

　　【例17-69】接例17-68，实际收到债券利息900元，并存入银行。

　　借：银行存款　　　　　　　　　　　　　　　　　　　　　　　900

　　　　贷：其他应收款　　　　　　　　　　　　　　　　　　　　900

　　（三）发生的其他各项应收暂付款项的核算

　　发生的其他各项应收、暂付款项等，借记本科目，贷记"现金""银行存款"等科目；收回上述各项款项时，借记"现金""银行存款"等科目，贷记本科目。

　　【例17-70】职工刘强出差，预借差旅费2 000元。

　　借：其他应收款——刘强　　　　　　　　　　　　　　　　　2 000

　　　　贷：现金　　　　　　　　　　　　　　　　　　　　　　2 000

　　（四）计提坏账准备

　　民间非营利组织应当定期或者至少于每年年度终了，对其他应收款进行全面检查，计提坏账准备。对于确实无法收回的其他应收款应当及时查明原因，并根据管理权限，报经批准后，按照无法收回的其他应收款金额，借记"坏账准备"科目，贷记本科目。

　　如果已转销的其他应收款在以后期间又收回，按照实际收回的金额，借记本科目，贷记"坏账准备"科目；同时，借记"银行存款"科目，贷记本科目。

　　四、坏账准备

　　民间非营利组织应当定期或者至少于每年年度终了，对应收款项进行全面检查，分析其可收回性，对预计可能产生的坏账损失计提坏账准备，确认坏账损失并计入当期费用。当期应补提或冲减的坏账准备按照以下公式计算：

　　当期应补提或冲减的坏账准备=当期按应收款项计算应计提的坏账准备金额-本科目期初贷方余额

　　为核算民间非营利组织提取的坏账准备，设置"坏账准备"科目。本科目期末贷方余额，反映民间非营利组织已提取的坏账准备。

　　（一）计提坏账准备

　　提取坏账准备时，借记"管理费用——坏账损失"科目，贷记本科目；冲减坏账准备时，借记本科目，贷记"管理费用——坏账损失"科目。

　　【例17-71】月末，某民间非营利组织依据应收账款、其他应收款等账户余额，计提坏账准备16 420元。

　　借：管理费用——坏账损失　　　　　　　　　　　　　　　16 420

　　　　贷：坏账准备　　　　　　　　　　　　　　　　　　　16 420

　　【例17-72】年末，某民间非营利组织依据应收账款、其他应收款等账户余额，冲减已计提坏账准备3 400元。

　　借：坏账准备　　　　　　　　　　　　　　　　　　　　　3 400

　　　　贷：管理费用——坏账损失　　　　　　　　　　　　　　3 400

（二）核销坏账准备

对于确实无法收回的应收款项，应当及时查明原因，并根据管理权限，报经批准后，按照无法收回的应收账款金额，借记本科目，贷记"应收账款""其他应收款"等科目。

如果已确认并转销的应收款项在以后期间又收回，按照实际收回的金额，借记"应收账款""其他应收款"科目，贷记本科目；同时，借记"银行存款"科目，贷记"应收账款""其他应收款"科目。

【例17-73】有一笔应收账款31 000元确认无法收回，经批准予以核销。

借：坏账准备   31 000

  贷：应收账款   31 000

【例17-74】接例17-73，例17-73中已经核销的应收账款在以后期间又收回。

借：应收账款   31 000

  贷：坏账准备   31 000

同时，记：

借：银行存款   31 000

  贷：应收账款   31 000

五、预付账款

为核算民间非营利组织预付给商品供应单位或者服务提供单位的款项，设置"预付账款"科目。本科目期末借方余额，反映民间非营利组织实际预付的款项。

本科目应按供应单位设置明细账，进行明细核算。

（一）因购货而预付款项

因购货而预付款项时，按照实际预付的金额，借记本科目，贷记"银行存款"等科目。

【例17-75】某民间非营利组织为购买一专用设备而向供货方预付货款20 000元。

借：预付账款   20 000

  贷：银行存款   20 000

（二）收到所购货物

收到所购货物时，按照应确认所购货物成本的金额，借记"存货"等科目，按照本科目账面余额，贷记本科目，按照退回或补付的款项，借记或贷记"银行存款"等科目。

【例17-76】接例17-75，所购设备到货，设备总价款63 000元，余款43 000元以银行存款支付。

借：固定资产   63 000

  贷：预付账款   20 000

     银行存款   43 000

（三）其他情形

如果有确凿证据表明预付账款并不符合预付款项性质，或者因供货单位破产、撤销等原因已无望再收到所购货物的，按照预付账款账面余额，借记"其他应收款"科目，贷记本科目。

【例17-77】接例17-75，向供货方预订的设备，因供方的技术原因无法提供，所付的20 000元货款也难以尽快收回，转为其他应收款。

借：其他应收款　　　　　　　　　　　　　　　　　　　　20 000

　　贷：预付账款　　　　　　　　　　　　　　　　　　　　　　20 000

民间非营利组织对其预付账款，一般不计提坏账准备。如果有确凿证据表明预付账款并不符合预付款项性质，或者因供货单位破产、撤销等原因已无望再收到所购货物的，应当先将其转入其他应收款，然后再按规定计提坏账准备。

第四节

存货的核算

一、存货的核算

存货是指民间非营利组织在日常业务活动中持有以备出售或捐赠的，或者为了出售或捐赠仍处在生产过程中的，或者将在生产、提供服务或者日常管理过程中耗用的材料、物资、商品等，包括材料、库存商品、委托加工材料，以及达不到固定资产标准的工具、器具等。为核算民间非营利组织的各种存货，设置"存货"科目。本科目期末借方余额，反映存货实际库存价值。

（一）取得存货的核算

存货在取得时，应当以其成本入账，具体如下：

1.外购的存货，按照采购成本（一般包括实际支付的采购价格、相关税费、运输费、装卸费、保险费以及其他可直接归属于存货采购的费用），借记本科目，贷记"银行存款""应付账款"等科目。民间非营利组织可以根据需要在本科目下设置"材料""库存商品"等明细科目。

【例17-78】某民间非营利组织购进一批材料，采购价款12 000元，增值税1 920元，装卸费500元，共计14 420元，以银行存款支付。

借：存货　　　　　　　　　　　　　　　　　　　　　　　14 420

　　贷：银行存款　　　　　　　　　　　　　　　　　　　　　　14 420

2.自行加工或委托加工完成的存货，按照采购成本、加工成本（包括直接人工以及按照合理方法分配的与存货加工有关的间接费用）和其他成本（指除采购成本、加工成本以外的，使存货达到目前场所和状态所发生的其他支出），借记本科目，贷记"银行存款""应付账款""应付工资"等科目。民间非营利组织可以根据实际情况，在本科目下设置"生产成本"等明细科目，归集相关成本。

【例17-79】某非营利组织委托加工一批工具，向加工单位支付加工费2 000

元，以银行存款支付。

借：存货——委托加工材料 2 000

　　贷：银行存款 2 000

3.接受捐赠的存货，按照所确定的成本，借记本科目，贷记"捐赠收入"科目。

【例17-80】某民间非营利组织接受捐赠一批器具，价值为9 400元，器具验收入库。

借：存货 9 400

　　贷：捐赠收入 9 400

（二）发出存货的核算

存货在发出时，应当根据实际情况采用个别计价法、先进先出法或者加权平均法，确定发出存货的实际成本，具体如下：

1.业务活动过程中领用存货，按照确定的成本，借记"管理费用"等科目，贷记本科目。

【例17-81】办公室领用材料一批，采用先进先出法计价，该批材料的价值为800元。

借：管理费用 800

　　贷：存货 800

2.对外出售或捐赠存货，按照确定的出售存货成本，借记"业务活动成本"等科目，贷记本科目。

【例17-82】慈善总会将一批药品捐赠给病人，该批药品成本为6 000元。

借：业务活动成本 6 000

　　贷：存货 6 000

（三）存货盘点

民间非营利组织的各种存货，应当定期进行清查盘点，每年至少盘点一次。对于发生的盘盈、盘亏以及变质、毁损等存货，应当及时查明原因，并根据管理权限，报经批准后，在期末结账前处理完毕：

1.存货盘盈。如为存货盘盈，按照其公允价值，借记本科目，贷记"其他收入"科目。

2.存货盘亏。如为存货盘亏或者毁损，按照存货账面价值扣除残料价值、可以收回的保险赔偿和过失人的赔偿等后的金额，借记"管理费用"科目，按照可以收回的保险赔偿和过失人赔偿等，借记"现金""银行存款""其他应收款"等科目，按照存货的账面余额，贷记本科目。

【例17-83】某民间非营利组织进行月末盘点，盘盈A器具5件，每件价值60元；盘亏B材料30千克，每千克价值20元。

盘盈A器具：

借：存货——A器具 300

　　贷：其他收入 300

盘亏B材料：

借：管理费用　　　　　　　　　　　　　　　　　　　　　600

　　贷：存货　　　　　　　　　　　　　　　　　　　　　　600

（四）计提存货跌价准备

期末，民间非营利组织应当对存货是否发生了减值进行检查。如果存货的可变现净值低于其账面价值，应当按照可变现净值低于账面价值的差额计提存货跌价准备。如果存货的可变现净值高于其账面价值，应当在该存货期初已计提跌价准备的范围内转回可变现净值高于账面价值的差额。

二、存货跌价准备的核算

民间非营利组织应当定期或者至少于每年年度终了时，对存货是否发生了减值进行检查，如果发生了减值，应当计提存货跌价准备。如果已计提跌价准备的存货价值在以后期间得以恢复，则应当在已计提跌价准备的范围内部分或全部转回已确认的跌价损失，冲减当期费用。为核算民间非营利组织提取的存货跌价准备，设置"存货跌价准备"科目。本科目期末贷方余额，反映民间非营利组织已计提的存货跌价准备。

（一）计提存货跌价准备

如果存货的期末可变现净值低于账面价值，按照可变现净值低于账面价值的差额，借记"管理费用——存货跌价损失"科目，贷记本科目。

【例17-84】某民间非营利组织的一项存货的期末可变现净值低于账面价值，计提存货跌价准备4 300元。

借：管理费用——存货跌价损失　　　　　　　　　　　　4 300

　　贷：存货跌价准备　　　　　　　　　　　　　　　　　4 300

（二）恢复已计提存货跌价准备

如果以前期间已计提跌价准备的存货价值在当期得以恢复，即存货的期末可变现净值高于账面价值，按照可变现净值高于账面价值的差额，在原已计提跌价准备的范围内，借记本科目，贷记"管理费用——存货跌价损失"科目。

【例17-85】接例17-84，由于存货价格变化，某民间非营利组织已计提跌价准备的存货价值在当期得以恢复，并远高于账面价值达12 000元，按照可变现净值高于账面价值的差额，在原已计提跌价准备的范围内（4 300元）调整计提存货跌价准备。

借：存货跌价准备　　　　　　　　　　　　　　　　　　4 300

　　贷：管理费用——存货跌价损失　　　　　　　　　　　4 300

第五节

固定资产的核算

一、固定资产的核算

固定资产是指民间非营利组织同时具有以下特征的有形资产：（1）为行政管

理、提供服务、生产商品或者出租目的而持有的；（2）预计使用年限超过1年；（3）单位价值较高。民间非营利组织应当根据固定资产定义，结合本组织的具体情况，制定适合于本组织的固定资产目录、分类方法、每类或每项固定资产的折旧年限、折旧方法，作为进行固定资产核算的依据。民间非营利组织的固定资产如果发生了重大减值，计提减值准备的，应当单独设置"固定资产减值准备"科目进行核算。

为核算民间非营利组织固定资产的原价，设置"固定资产"科目。本科目期末借方余额，反映民间非营利组织期末固定资产的账面原价。

民间非营利组织应当设置"固定资产登记簿"和"固定资产卡片"，按固定资产类别设置明细账，进行明细核算。

经营租入的固定资产，应当另设辅助簿进行登记，不在本科目核算。

（一）取得固定资产

固定资产在取得时，应当按照取得时的实际成本入账。取得时的实际成本包括买价、包装费、运输费、交纳的有关税金等相关费用，以及为使固定资产达到预定可使用状态前所必要的支出。具体如下：

1.外购的固定资产，按照实际支付的买价、相关税费以及为使固定资产达到预定可使用状态前发生的可直接归属于该固定资产的其他支出（如运输费、安装费、装卸费等），借记本科目，贷记"银行存款""应付账款"等科目。

如果以一笔款项购入多项没有单独标价的固定资产，按照各项固定资产公允价值的比例对总成本进行分配，分别确定各项固定资产的入账价值。

【例17-86】某民间非营利组织购入一台设备，买入价30 000元，相关税费1 000元，共计31 000元，以银行存款支付。

借：固定资产   31 000
 贷：银行存款   31 000

2.自行建造的固定资产，按照建造该项固定资产达到预定可使用状态前所发生的全部支出，借记本科目，贷记"在建工程"科目。

【例17-87】某民间非营利组织自行建筑一栋服务大楼，建筑期间共发生各项支出总计34 826 300元，现交付使用。

借：固定资产   34 826 300
 贷：在建工程   34 826 300

3.融资租入的固定资产，按照租赁协议或者合同确定的价款、运输费、途中保险费、安装调试费以及融资租入固定资产达到预定可使用状态前发生的借款费用等，借记本科目"融资租入固定资产"明细科目，贷记"长期应付款"科目。

【例17-88】某民间非营利组织融资租入专用设备2台，租赁协议价100 000元，分4年偿还。

借：固定资产——融资租入固定资产   100 000
 贷：长期应付款   100 000

4.接受捐赠的固定资产，按照所确定的成本，借记本科目，贷记"捐赠收入"科目。

【例17-89】某民间非营利组织接受捐赠仪器3台，每台价值1 500元。

借：固定资产   4 500

 贷：捐赠收入   4 500

（二）计提折旧

按月提取固定资产折旧时，按照应提取的折旧金额，借记"存货——生产成本""管理费用"等科目，贷记"累计折旧"科目。

【例17-90】月末，依据固定资产使用部门计提固定资产折旧，生产部门的折旧费用3 216元，管理部门的折旧费用673元。

借：存货——生产成本   3 216

  管理费用   673

 贷：累计折旧   3 889

（三）与固定资产有关的后续支出

与固定资产有关的后续支出，如果使可能流入民间非营利组织的经济利益或者服务潜力超过了原先的估计，如延长了固定资产的使用寿命，或者使服务质量有实质性提高，或者使商品成本有实质性降低，则应当计入固定资产账面价值，但其增计后的金额不应当超过该固定资产的可收回金额。其他后续支出，应当计入当期费用。

发生后续支出时，按照应当计入固定资产账面价值的金额，借记"在建工程""固定资产"科目，贷记"银行存款"等科目，按照应当计入当期费用的金额，借记"管理费用"等科目，贷记"银行存款"等科目。

【例17-91】某民间非营利组织对服务大楼进行装饰装修改造，装饰装修支出130 500元，提升了大楼的服务功能。

借：固定资产   130 500

 贷：银行存款   130 500

（四）固定资产出售、报废或者毁损

固定资产出售、报废或者毁损，或者以其他方式处置时，按照所处置固定资产的账面价值，借记"固定资产清理"科目，按照已提取的折旧，借记"累计折旧"科目，按照固定资产账面余额，贷记本科目。

【例17-92】某民间非营利组织报废一台设备，该设备的账面余额12 000元，已提折旧10 842元。

借：固定资产清理   1 158

  累计折旧   10 842

 贷：固定资产   12 000

（五）固定资产盘点

民间非营利组织对固定资产应当定期或者至少每年实地盘点一次。对盘盈、盘

亏的固定资产，应当及时查明原因，并根据管理权限，报经批准后，在期末结账前
处理完毕：

1.如为固定资产盘盈，按照其公允价值，借记本科目，贷记"其他收入"
科目。

【例17-93】某民间非营利组织盘盈一台设备，同类产品的市场价格为3 400元。

借：固定资产   3 400

  贷：其他收入   3 400

2.如为固定资产盘亏，按照固定资产账面价值扣除可以收回的保险赔偿和
过失人的赔偿等后的金额，借记"管理费用"科目，按照可以收回的保险赔偿
和过失人赔偿等，借记"现金""银行存款""其他应收款"等科目，按照已提
取的累计折旧，借记"累计折旧"科目，按照固定资产的账面余额，贷记本
科目。

【例17-94】年末，对固定资产进行盘点，盘亏设备一台，账面余额4 560元，
已提折旧1 600元，经批准予以核销。

借：管理费用   2 960

  累计折旧   1 600

  贷：固定资产   4 560

二、累计折旧的核算

民间非营利组织应当对固定资产计提折旧，在固定资产的预计使用寿命内系统
地分摊固定资产的成本，但是，用于展览、教育或研究等目的的历史文物、艺术品
以及其他具有文化或者历史价值并作长期永久保存的典藏等，不计提折旧。

1.民间非营利组织应当根据固定资产的性质和消耗方式，合理地确定固定资产
的预计使用寿命和预计净残值。

2.民间非营利组织应当按照固定资产所包含经济利益或服务潜力的预期实现方
式选择折旧方法，可选用的折旧方法包括年限平均法、工作量法、双倍余额递减法
和年数总和法。折旧方法一经确定，不得随意变更。

3.固定资产的价值、使用寿命、预计净残值等发生变更的，应当根据变更后的
价值、预计尚可使用寿命和净残值等，按照选定的折旧方法计提折旧。

4.民间非营利组织一般应当按月提取折旧，当月增加的固定资产，当月不提折
旧，从下月起计提折旧；当月减少的固定资产，当月照提折旧，从下月起不提
折旧。

固定资产提足折旧后，无论能否继续使用，均不再提取折旧；提前报废的固定
资产，也不再补提折旧。所谓提足折旧，是指已经提足该项固定资产应当提取的折
旧总额，其中应当提取的折旧总额为固定资产原价减去预计净残值。

5.计提融资租入固定资产折旧时，应当采用与自有应折旧固定资产一致的折
旧政策。能够合理确定租赁期届满时将会取得租入固定资产所有权的，应当在租入
固定资产尚可使用年限内计提折旧；无法合理确定租赁期届满时能够取得租入固定

资产所有权的，应当在租赁期与租入固定资产尚可使用年限两者中较短的期间内计提折旧。

为核算民间非营利组织固定资产的累计折旧，设置"累计折旧"科目。本科目期末贷方余额，反映民间非营利组织提取的固定资产折旧累计数。

【例17-95】某民间非营利组织按月计提固定资产折旧，本月生产成本承担折旧费用2 300元，管理部门承担折旧费用350元。

借：存货——生产成本	2 300	
管理费用	350	
贷：累计折旧		2 650

三、在建工程的核算

为核算民间非营利组织进行在建工程（包括施工前期准备、正在施工中的建筑工程、安装工程、技术改造工程等）所发生的实际支出，设置"在建工程"科目。发生支出时记入借方，完工结转时记入贷方，本科目期末借方余额，反映民间非营利组织尚未完工的各项在建工程发生的实际支出。

民间非营利组织可以根据需要，在本科目下设置明细科目，进行明细核算。

（一）发生支出

在建工程应当按照实际发生的支出确定其工程成本，并单独核算，具体如下：

1.自营工程，按照直接材料、直接人工、直接机械使用费等确定其成本：

（1）领用材料物资时，按照所领用材料物资的账面余额，借记本科目，贷记"存货"科目。

【例17-96】某民间非营利组织自行建造一台设备，领用材料若干，价值4 200元。

借：在建工程	4 200	
贷：存货		4 200

（2）发生应负担的职工工资时，按照实际应负担的工资金额，借记本科目，贷记"应付工资"科目。

【例17-97】计发本月职工工资35 420元。

借：在建工程	35 420	
贷：应付工资		35 420

（3）工程应当分摊的水、电等其他费用，按照实际应分摊的金额，借记本科目，贷记"银行存款"等科目。

【例17-98】某民间非营利组织支付电费6 310元，办公用电和在建工程用电分摊的比例为40%和60%。

借：在建工程	3 786	
管理费用	2 524	
贷：银行存款		6 310

2.出包工程，应当按照应支付的工程价款等确定其成本，具体如下：

（1）按照合同规定向承包商预付工程款、备料款时，按照实际预付的金额，借记本科目，贷记"银行存款"科目。

【例17-99】所建工程的某一部分包给M工程公司，预付工程款23 680元。

借：在建工程   23 680

 贷：银行存款   23 680

（2）与承包商办理工程价款结算时，按照补付的工程款，借记本科目，贷记"银行存款""应付账款"等科目。

【例17-100】出包工程完工，支付工程尾款16 793元。

借：在建工程   16 793

 贷：银行存款   16 793

3.在建工程发生的工程管理费、征地费、可行性研究费等，借记本科目，贷记"银行存款"等科目。

【例17-101】在建工程发生的工程监理费5 000元，以银行存款支付。

借：在建工程   5 000

 贷：银行存款   5 000

4.为购建固定资产而发生的专门借款的借款费用，在允许资本化的期间内，按照专门借款的借款费用的实际发生额，借记本科目，贷记"长期借款"等科目。

【例17-102】为建造某设备向银行贷款1 000 000元，本月应支付贷款利息5 000元。

借：在建工程   5 000

 贷：长期借款   5 000

（二）处置在建工程

出售在建工程，在建工程报废、毁损或者以其他方式处置在建工程时，按照所处置在建工程的账面价值，借记"固定资产清理"科目，按照在建工程账面余额，贷记本科目。

【例17-103】某民间非营利组织将一项正在建造的特殊设备予以出售，该在建工程账面余额为3 421 693元。

借：固定资产清理   3 421 693

 贷：在建工程   3 421 693

（三）交付使用

所购建的固定资产已达到预定可使用状态时，按照在建工程的成本，借记"固定资产"科目，贷记本科目。

【例17-104】接例17-96至例17-102，某民间非营利组织自行建造的设备完工，在建工程的总成本为5 367 482元，经验收合格后正式交付使用。

借：固定资产   5 367 482

 贷：在建工程   5 367 482

四、文物文化资产的核算

文物文化资产是指用于展览、教育或研究等目的的历史文物、艺术品以及其他具有文化或者历史价值并作长期或者永久保存的典藏等。为核算民间非营利组织文物文化资产的价值，设置"文物文化资产"科目。本科目期末借方余额，反映民间非营利组织期末文物文化资产的价值。

民间非营利组织应当设置文物文化资产登记簿和文物文化资产卡片，按文物文化资产类别等设置明细账，进行明细核算。

（一）取得文物文化资产

文物文化资产在取得时，应当按照取得时的实际成本入账。取得时的实际成本包括买价、包装费、运输费、缴纳的有关税金等相关费用，以及为使文物文化资产达到预定可使用状态前所必要的支出。具体如下：

1.外购的文物文化资产，按照实际支付的买价、相关税费以及为使文物文化资产达到预定可使用状态前发生的可直接归属于该文物文化资产的其他支出（如运输费、安装费、装卸费等），借记本科目，贷记"银行存款""应付账款"等科目。

如果以一笔款项购入多项没有单独标价的文物文化资产，按照各项文物文化资产公允价值的比例对总成本进行分配，分别确定各项文物文化资产的入账价值。

【例17-105】某寺院外购一樽清代佛像，买价、相关税费以及运输费、安装费等共计460 000元，以银行存款支付260 000元，余款200 000元尚未支付。

借：文物文化资产 460 000

　　贷：银行存款 260 000

　　　　应付账款 200 000

2.接受捐赠的文物文化资产，按照所确定的成本，借记本科目，贷记"捐赠收入"科目。

【例17-106】某寺院接受海外华人捐赠的在战争期间本寺流失的僧像一樽，估价150 000元。

借：文物文化资产 150 000

　　贷：捐赠收入 150 000

（二）出售文物文化资产

出售文物文化资产，文物文化资产毁损或者以其他方式处置文物文化资产时，按照所处置文物文化资产的账面余额，借记"固定资产清理"科目，贷记本科目。

【例17-107】寺院的一部藏经受损，难以修复，账面价值53 000元。

借：固定资产清理 53 000

　　贷：文物文化资产 53 000

（三）盘点文物文化资产

民间非营利组织对文物文化资产应当定期或者至少每年实地盘点一次。对盘盈、盘亏的文物文化资产，应当及时查明原因，并根据管理权限，报经批准后，在期末前结账处理完毕：

1.如为文物文化资产盘盈，按照其公允价值，借记本科目，贷记"其他收入"科目。

【例17-108】某寺院盘盈一部典藏佛经，没有相应的市场价格可参照，谨以名义金额1元入账。

借：文物文化资产　　　　　　　　　　　　　　　　　　　　　　　　1

　　贷：其他收入　　　　　　　　　　　　　　　　　　　　　　　　　1

2.如为文物文化资产盘亏，按照固定资产账面余额扣除可以收回的保险赔偿和过失人的赔偿等后的金额，借记"管理费用"科目，按照可以收回的保险赔偿和过失人赔偿等，借记"现金""银行存款""其他应收款"等科目，按照文物文化资产的账面余额，贷记本科目。

【例17-109】某民间非营利组织年末对其文物文化资产进行盘点，盘亏一件账面价值19 000元的文物资产，须确认过失人并要求赔偿。

借：其他应收款　　　　　　　　　　　　　　　　　　　　　　19 000

　　贷：文物文化资产　　　　　　　　　　　　　　　　　　　　19 000

五、固定资产清理

为核算民间非营利组织因出售、报废和毁损或其他处置等原因转入清理的固定资产价值及其清理过程中所发生的清理费用和清理收入等，设置"固定资产清理"科目。本科目期末余额，反映尚未清理完毕的固定资产的价值以及清理净收入（清理收入减去清理费用）。

本科目应当按照被清理的固定资产设置明细账，进行明细核算。

（一）转入清理

所处置固定资产转入清理时，按照所处置固定资产的账面价值，借记本科目，按照已提取的折旧，借记"累计折旧"科目，按照固定资产账面余额，贷记"固定资产"科目。

【例17-110】某民间非营利组织的一台设备即将出售，转入清理，该设备的账面价值14 200元，已提折旧7 360元。

借：固定资产清理　　　　　　　　　　　　　　　　　　　　　6 840

　　累计折旧　　　　　　　　　　　　　　　　　　　　　　　7 360

　　贷：固定资产　　　　　　　　　　　　　　　　　　　　　14 200

（二）清理费用

清理过程中发生的费用和相关税金，按照实际发生额，借记本科目，贷记"银行存款"等科目。

【例17-111】接例17-110，拆卸设备发生清理费用500元，以现金支付。

借：固定资产清理　　　　　　　　　　　　　　　　　　　　　　500

　　贷：现金　　　　　　　　　　　　　　　　　　　　　　　　　500

（三）取得变价收入

收回所处置固定资产的价款、残料价值和变价收入等，借记"银行存款"等科目，贷记本科目；应当由保险公司或过失人赔偿的损失，借记"现金""银行存款""其他应收款"等科目，贷记本科目。

【例17-112】接例17-111，拆卸后的设备以5 000元的价款对外售出，款项已存入银行。

借：银行存款   5 000

 贷：固定资产清理   5 000

（四）处置净收益或净损失

固定资产清理后的净收益，借记本科目，贷记"其他收入"科目；固定资产清理后的净损失，借记"其他费用"科目，贷记本科目。

【例17-113】某民间非营利组织清理报废一台设备，清理净收益1 500元。

借：固定资产清理   1 500

 贷：其他收入   1 500

【例17-114】接例17-113，某民间非营利组织的设备清理后的净损失2 340元，转到"其他费用"科目。

借：其他费用   2 340

 贷：固定资产清理   2 340

第六节

其他资产的核算

一、无形资产的核算

无形资产是指民间非营利组织为开展业务活动、出租给他人或为管理目的而持有的且没有实物形态的非货币性长期资产，包括专利权、非专利技术、商标权、著作权、土地使用权等。为核算民间非营利组织的各种无形资产，设置"无形资产"科目。本科目期末借方余额，反映民间非营利组织已入账但尚未摊销的无形资产的摊余价值。

本科目应当按照无形资产类别设置明细账，进行明细核算。

民间非营利组织的无形资产如果发生了重大减值，计提减值准备的，应当单独设置"无形资产减值准备"科目进行核算。

（一）取得无形资产

无形资产在取得时，应当按照取得时的实际成本入账。具体如下：

1.购入的无形资产，按照实际支付的价款，借记本科目，贷记"银行存款"等科目。

【例17-115】某民间非营利组织购入一项专利技术，价款100 000元，以银行存款支付。

借：无形资产——××专利   100 000

 贷：银行存款   100 000

2.接受捐赠的无形资产，按照所确定的成本，借记本科目，贷记"捐赠收入"科目。

【例17-116】某民间非营利组织接受计算机软件公司捐赠的正版软件，市值40 000元。

借：无形资产　　　　　　　　　　　　　　　　　　　　　　40 000

　　贷：捐赠收入　　　　　　　　　　　　　　　　　　　　　　40 000

3.自行开发并按法律程序申请取得的无形资产，按依法取得时发生的注册费、聘请律师费等费用，借记本科目，贷记"银行存款"等科目。

依法取得前，在研究与开发过程中发生的材料费用、直接参与开发人员的工资及福利费、开发过程中发生的租金、借款费用等直接计入当期费用，借记"管理费用"等科目，贷记"银行存款"等科目。

【例17-117】某民间非营利组织自行开发一项专利技术，开发过程中支付材料费5 000元，人工费20 000元，按法律程序申请专利时的注册费2 000元，律师费10 000元。

材料费、人工费记：

借：管理费用　　　　　　　　　　　　　　　　　　　　　　25 000

　　贷：存货　　　　　　　　　　　　　　　　　　　　　　　　5 000

　　　　现金　　　　　　　　　　　　　　　　　　　　　　　20 000

注册费、律师费记：

借：无形资产　　　　　　　　　　　　　　　　　　　　　　12 000

　　贷：银行存款　　　　　　　　　　　　　　　　　　　　　12 000

（二）摊销无形资产

无形资产应当自取得当月起在预计使用年限内分期平均摊销，按照应提取的摊销金额，借记"管理费用"科目，贷记本科目。

如预计使用年限超过了相关合同规定的受益年限或法律规定的有效年限，该无形资产的摊销年限按如下原则确定：（1）合同规定了受益年限但法律没有规定有效年限的，摊销期不应超过合同规定的受益年限；（2）合同没有规定受益年限但法律规定了有效年限的，摊销期不应超过法律规定的有效年限；（3）合同规定了受益年限，法律也规定了有效年限的，摊销期不应超过受益年限和有效年限两者之中较短者。如果合同没有规定受益年限，法律也没有规定有效年限的，摊销期不应超过10年。

【例17-118】接例17-115，上述专利技术的合同使用年限为10年，月摊销无形资产833元。

借：管理费用　　　　　　　　　　　　　　　　　　　　　　　833

　　贷：无形资产　　　　　　　　　　　　　　　　　　　　　　833

（三）出售或处置无形资产

出售或以其他方式处置无形资产，按照实际取得的价款，借记"银行存款"等科目，按照该项无形资产的账面余额，贷记本科目，按照其差额，贷记"其他收入"科目或借记"其他费用"科目。

【例17-119】接例17-118，某民间非营利组织决定将专利技术对外转让，无形资产账面余额为83 340元，对外销售价150 000元。

借：银行存款   150 000

 贷：无形资产   83 340

   其他收入   66 660

二、受托代理资产

在民间非营利组织实务中，通常还从事不少受托代理交易业务，尤其是一些基金会、慈善组织等。所谓受托代理交易，是指民间非营利组织只是从委托方收到受托资产，并按照委托人的意愿将资产转赠给指定的其他组织或者个人，或者按照有关规定将资产转交给指定的其他组织或者个人的交易行为，民间非营利组织本身只是在交易过程中起中介作用。

为了全面反映民间非营利组织的资产负债状况和业务活动状况，制度规定，民间非营利组织应当对受托代理资产进行确认和计量，并且在确认一项受托代理资产时，应当同时确认一项受托代理负债，并在资产负债表中单列项目予以反映。

为核算民间非营利组织接受委托方委托从事受托代理业务而收到的资产，设置"受托代理资产"科目。本科目期末借方余额，反映民间非营利组织期末尚未转出的受托代理资产价值。

民间非营利组织受托代理资产的确认和计量比照接受捐赠资产的确认和计量原则处理。

民间非营利组织应当设置"受托代理资产登记簿"，并根据具体情况设置明细账，进行明细核算。

（一）取得受托代理资产

收到受托代理资产时，按照应确认的入账金额，借记本科目，贷记"受托代理负债"科目。

【例17-120】某民间非营利组织接受会员委托，受托代理一项资产，确认价值200 000元。

借：受托代理资产   200 000

 贷：受托代理负债   200 000

（二）转赠或者转出受托代理资产

转赠或者转出受托代理资产，按照转出受托代理资产的账面余额，借记"受托代理负债"科目，贷记本科目。

【例17-121】接例17-120，经研究协商，某非营利组织将上述受托资产转给专业受托公司经营。

借：受托代理负债   200 000

貸：受托代理资产　　　　　　　　　　　　　　　　　　　　　　　　200 000

（三）其他

民间非营利组织收到的受托代理资产如果为现金、银行存款或其他货币资金，可以不通过本科目核算，而在"现金""银行存款""其他货币资金"科目下设置"受托代理资产"明细科目进行核算。即在取得这些受托代理资产时，借记"现金——受托代理资产""银行存款——受托代理资产""其他货币资金——受托代理资产"科目，贷记"受托代理负债"科目；在转赠或者转出受托代理资产时，借记"受托代理负债"科目，贷记"现金——受托代理资产""银行存款——受托代理资产""其他货币资金——受托代理资产"科目。

【例17-122】某动物保护组织收到国际机构的受托代理资金500 000元，用于保护中华鲟，并存入银行。

借：银行存款——受托代理资产　　　　　　　　　　　　　　　　　500 000

　　贷：受托代理负债　　　　　　　　　　　　　　　　　　　　　500 000

【例17-123】接例17-122，该动物保护组织向某动物饲养基地转赠国际机构的受托代理资金100 000元。

借：受托代理负债　　　　　　　　　　　　　　　　　　　　　　　100 000

　　贷：银行存款——受托代理资产　　　　　　　　　　　　　　　100 000

三、待摊费用

待摊费用是指民间非营利组织已经支出，但应当由本期和以后各期分别负担的分摊期在1年以内（含1年）的各项费用，如预付保险费、预付租金等。

民间非营利组织的待摊费用应当按照其受益期限在1年内分期平均摊销，计入当期费用。如果某项待摊费用已经不能使民间非营利组织受益，应当将其摊余价值一次全部转入当期费用。

为核算民间非营利组织的各项待摊费用，设置"待摊费用"科目。发生待摊费用，如预付保险费、预付租金时，借记本科目，贷记"现金""银行存款"等科目。本科目期末借方余额，反映民间非营利组织各种已支出但尚未摊销的费用。

本科目应当按照摊销费用种类设置明细账，进行明细核算。

【例17-124】某民间非营利组织向供暖公司交纳冬季取暖费20 000元，取暖期5个月。

交纳时：

借：待摊费用　　　　　　　　　　　　　　　　　　　　　　　　　20 000

　　贷：银行存款　　　　　　　　　　　　　　　　　　　　　　　20 000

每月摊销时：

借：管理费用　　　　　　　　　　　　　　　　　　　　　　　　　4 000

　　贷：待摊费用　　　　　　　　　　　　　　　　　　　　　　　4 000

关键概念

其他货币资金　投资跌价准备　文物文化资产　受托代理资产

复习思考题

1.简述民间非营利组织货币资金的核算。

2.简述民间非营利组织对外投资的核算。

3.简述民间非营利组织应收预付款项的核算。

4.简述民间非营利组织存货的核算。

5.简述民间非营利组织固定资产的核算。

6.简述民间非营利组织其他资产的核算。

第十八章　民间非营利组织负债的核算

民间非营利组织的负债由有偿借入款项、由物资采购或劳务服务活动引起的应付预收款项和预提费用等其他负债构成，其具体分类和会计科目设置参见表18-1。

表18-1　　　　　　　　　民间非营利组织负债的分类与会计科目设置

负债分类	科目设置
借入款项	短期借款、长期借款
应付预收款项	应付票据、应付账款、预收账款、应付工资、其他应付款、长期应付款
其他负债	应交税金、预提费用、预计负债、受托代理负债

第一节

借入款项的核算

一、短期借款的核算

为核算民间非营利组织向银行或其他金融机构等借入的期限在1年以下（含1年）的各种借款，设置"短期借款"科目。借入各种短期借款时，按照实际借得的金额，借记"银行存款"科目，贷记本科目；发生短期借款利息时，借记"筹资费用"科目，贷记"预提费用""银行存款"等科目；归还借款时，借记本科目，贷记"银行存款"科目。本科目期末贷方余额，反映民间非营利组织尚未偿还的短期借款本金。

本科目应当按照债权人设置明细账，并按照借款种类及期限等进行明细核算。

【例18-1】某民间非营利组织向银行借入 1 年期短期借款 300 000 元，年利率 6%，每月支付利息费用 1 500 元，到期后本息一次性偿付。

借入时：

| 借：银行存款 | 300 000 | |
| 贷：短期借款 | | 300 000 |

每月计提应付利息时：

| 借：筹资费用 | 1 500 | |
| 贷：其他应付款 | | 1 500 |

偿还本金和利息时：

借：短期借款	300 000	
其他应付款	1 500	
贷：银行存款		301 500

二、长期借款的核算

为核算民间非营利组织向银行或其他金融机构借入的期限在 1 年以上（不含 1 年）的各项借款，设置"长期借款"科目。借入长期借款时，按照实际借入额，借记"银行存款"等科目，贷记本科目；发生的借款费用，借记"筹资费用"科目，贷记本科目。如为购建固定资产而发生的专门借款的借款费用，在允许资本化的期间内，按照专门借款的借款费用的实际发生额，借记"在建工程"科目，贷记本科目；归还长期借款时，借记本科目，贷记"银行存款"科目。本科目期末贷方余额，反映民间非营利组织尚未偿还的长期借款本息。

长期借款应当按照实际发生额入账。长期借款的借款费用应当在发生时计入当期费用，但是，为购建固定资产而发生的专门借款的借款费用在规定的允许资本化的期间内，应当按照专门借款的借款费用的实际发生额予以资本化，计入在建工程成本。这里的借款费用包括因借款而发生的利息、辅助费用以及因外币借款而发生的汇兑差额等。

民间非营利组织应当按照规定确定专门借款的借款费用允许资本化的期间及其金额。

本科目应当按照贷款单位设置明细账，并按贷款种类进行明细核算。

【例18-2】某民间非营利组织为购建固定资产而借入长期借款 1 000 000 元，期限 3 年，年利息 7%，每月支付利息费用 5 833 元，3 年期限后按时还款。该项借款的支持项目正在建设中。

借入时：

| 借：银行存款 | 1 000 000 | |
| 贷：长期借款 | | 1 000 000 |

每月付息时：

| 借：在建工程 | 5 833 | |
| 贷：银行存款 | | 5 833 |

还款时：

借：长期借款　　　　　　　　　　　　　　　　　　　1 000 000

　贷：银行存款　　　　　　　　　　　　　　　　　　　　　1 000 000

第二节

应付及预收款项的核算

一、应付票据的核算

为核算民间非营利组织购买材料、商品和接受服务供应等而开出、承兑的商业汇票，包括银行承兑汇票和商业承兑汇票，设置"应付票据"科目。本科目期末贷方余额，反映民间非营利组织持有的尚未到期的应付票据本息。

民间非营利组织应当设置"应付票据备查簿"，详细登记每一应付票据的种类、号数、签发日期、到期日、票面金额、票面利率、合同交易号、收款人姓名或单位名称，以及付款日期和金额等资料。应付票据到期结清时，应当在备查簿内逐笔注销。

（一）开出、承兑商业汇票

因购买材料、商品和接受服务等开出、承兑商业汇票时，借记"存货"等科目，贷记本科目；以承兑商业汇票抵付应付账款时，借记"应付账款"科目，贷记本科目。

【例18-3】某民间非营利组织购买材料一批，价款50 000元，开出银行承兑汇票。

借：存货　　　　　　　　　　　　　　　　　　　　　50 000

　贷：应付票据　　　　　　　　　　　　　　　　　　　　　50 000

【例18-4】某民间非营利组织以承兑商业汇票抵付应付账款，开出一张40 000元的银行承兑汇票。

借：应付账款　　　　　　　　　　　　　　　　　　　40 000

　贷：应付票据　　　　　　　　　　　　　　　　　　　　　40 000

（二）支付银行承兑汇票的手续费

支付银行承兑汇票的手续费时，借记"筹资费用"科目，贷记"银行存款"科目。

【例18-5】某民间非营利组织向银行支付银行承兑汇票的手续费1 000元。

借：筹资费用　　　　　　　　　　　　　　　　　　　1 000

　贷：银行存款　　　　　　　　　　　　　　　　　　　　　1 000

（三）应付票据到期

应付票据到期时，应当分别情况处理：

1.收到银行支付到期票据的付款通知时，借记本科目，贷记"银行存款"科目。

【例18-6】接例18-4，收到银行支付到期票据的付款通知，从银行存款中支付应付票据40 000元。

借：应付票据　　　　　　　　　　　　　　　　　　40 000

　　贷：银行存款　　　　　　　　　　　　　　　　　　　　40 000

2.如无力支付票款，按照应付票据的账面余额，借记本科目，贷记"应付账款"科目。

【例18-7】接例18-3，例18-3中开出的50 000元银行承兑汇票到期，因银行存款额度不足，转为应付账款。

借：应付票据　　　　　　　　　　　　　　　　　　50 000

　　贷：应付账款　　　　　　　　　　　　　　　　　　　　50 000

（四）带息应付票据处理

如果为带息应付票据，应当在期末或到期时计算应付利息，借记"筹资费用"科目，贷记本科目。到期不能支付的带息应付票据，转入"应付账款"科目核算后，期末时不再计提利息。

【例18-8】某民间非营利组织开出的一张60 000元商业汇票为带息票据，期限6个月，年利率8%，现到期，还本付息。

利息：$60\,000 \times 8\% \times \dfrac{180}{360} = 2\,400$（元）

借：应付票据　　　　　　　　　　　　　　　　　　60 000

　　筹资费用　　　　　　　　　　　　　　　　　　　2 400

　　贷：银行存款　　　　　　　　　　　　　　　　　　　　62 400

二、应付账款的核算

为核算民间非营利组织因购买材料、商品和接受服务供应等而应付给供应单位的款项，设置"应付账款"科目。本科目期末贷方余额，反映民间非营利组织尚未支付的应付账款。

本科目应当按照债权人设置明细账，进行明细核算。

1.发生应付账款时，按照应付未付金额，借记"存货""管理费用"等科目，贷记本科目；偿付应付账款时，借记本科目，贷记"银行存款"等科目。

【例18-9】艾滋病预防协会邀请老年秧歌队为艾滋病预防知识宣传活动助阵，应付费用1 500元，暂欠。

借：业务活动成本　　　　　　　　　　　　　　　　1 500

　　贷：应付账款　　　　　　　　　　　　　　　　　　　　1 500

【例18-10】某民间非营利组织购买一批器具，货款10 000元，暂欠。

借：存货　　　　　　　　　　　　　　　　　　　　10 000

　　贷：应付账款　　　　　　　　　　　　　　　　　　　　10 000

2. 开出、承兑商业汇票抵付应付账款时，借记本科目，贷记"应付票据"科目。

【例18-11】接例18-10，某民间非营利组织开出一张银行承兑汇票，抵付应付账款。

借：应付账款 10 000

贷：应付票据 10 000

3. 确实无法支付或由其他单位承担的应付账款，借记本科目，贷记"其他收入"科目。

【例18-12】接例18-9，老年秧歌队免除所欠费用。

借：应付账款 1 500

贷：其他收入 1 500

三、预收账款的核算

为核算民间非营利组织向服务和商品购买单位预收的各种款项，设置"预收账款"科目。向购货单位预收款项时，按照实际预收的金额，借记"银行存款"等科目，贷记本科目；确认收入时，按照本科目账面余额，借记本科目，按照应确认的收入金额，贷记"商品销售收入"等科目，按照补付或退回的款项，借记或贷记"银行存款"等科目。本科目期末贷方余额，反映民间非营利组织向购货单位预收的款项。

本科目应当按照购货单位设置明细账，进行明细核算。

【例18-13】某寺院为一企业大楼封顶提供宗教服务，服务收费50 000元，按照合同，企业须预先支付20 000元订金。

借：银行存款 20 000

贷：预收账款 20 000

【例18-14】接例18-13，宗教服务完成，企业补足余款30 000元。

借：银行存款 30 000

预收账款 20 000

贷：提供服务收入 50 000

四、应付工资的核算

为核算民间非营利组织应付给职工的工资总额，设置"应付工资"科目，包括在工资总额内的各种工资、奖金、津贴等，不论是否在当月支付，都应当通过本科目核算。发生应付工资时记入贷方，支付工资时记入借方，本科目期末一般应无余额，如果应付工资大于实发工资的，期末贷方余额反映尚未领取的工资余额。

民间非营利组织应当按照相关规定，根据考勤记录、工时记录、工资标准等，编制"工资单"，计算各种工资，并应当将"工资单"进行汇总，编制"工资汇总表"。

民间非营利组织应当设置"应付工资明细账"，按照职工类别分设账页，按照工资的组成内容分设专栏，根据"工资单"或"工资汇总表"进行登记。

（一）支付工资

支付工资时，借记本科目，贷记"现金""银行存款"等科目。从应付工资中扣还的各种款项（如代垫的房租、家属药费、个人所得税等），借记本科目，贷记"其他应收款""应交税金"等科目。

【例18-15】某民间非营利组织向职工支付上月工资36 435元，代扣个人所得税1 411元。

借：应付工资   36 435

　　贷：现金   35 024

　　　　应交税金   1 411

（二）分配应付工资

期末，应当将本期应付工资进行分配，如：

1.行政管理人员的工资，借记"管理费用"科目，贷记本科目。

2.应当记入各项业务活动成本的人员工资，借记"业务活动成本""存货——生产成本"科目，贷记本科目。

3.应当由在建工程负担的人员工资，借记"在建工程"等科目，贷记本科目。

【例18-16】某民间非营利组织对本月应付工资进行分配，行政人员工资9 430元，业务活动人员工资26 945元，在建工程人员工资16 647元，共计53 022元。

借：管理费用   9 430

　　业务活动成本   26 945

　　在建工程   16 647

　　贷：应付工资   53 022

五、其他应付款的核算

为核算民间非营利组织应付、暂收其他单位或个人的款项，如应付经营租入固定资产的租金等，设置"其他应付款"科目。发生的各项应付、暂收款项，借记"银行存款""管理费用"等科目，贷记本科目；支付款项时，借记本科目，贷记"银行存款"等科目。本科目期末贷方余额，反映尚未支付的其他应付款项。

本科目应当按照应付和暂收款项的类别和单位或个人设置明细账，进行明细核算。

【例18-17】某民间非营利组织租入设备1台用于业务活动，该设备每月租金300元。

计提租金：

借：业务活动成本   300

　　贷：其他应付款   300

支付租金：

借：其他应付款   300

　　贷：现金   300

六、长期应付款的核算

为核算民间非营利组织的各项长期应付款项，如融资租入固定资产的租赁费等，设置"长期应付款"科目。发生长期应付款时，借记有关科目，贷记本科目；支付长期应付款项时，借记本科目，贷记"银行存款"科目。本科目期末贷方余额，反映尚未支付的各种长期应付款。

本科目应当按照长期应付款的种类设置明细账，进行明细核算。

【例18-18】某民间非营利组织融资租入设备3台，每台价款12 000元，分3年付款，每月1 000元。

购入时：

借：固定资产　　　　　　　　　　　　　　　　　　　　36 000

　　贷：长期应付款　　　　　　　　　　　　　　　　　　　　36 000

每月支付时：

借：长期应付款　　　　　　　　　　　　　　　　　　　1 000

　　贷：银行存款　　　　　　　　　　　　　　　　　　　　1 000

第三节

其他负债的核算

一、应交税金

为核算民间非营利组织按照有关国家税法规定应当交纳的各种税费，如增值税、企业所得税、个人所得税、房产税等，设置"应交税金"科目。本科目期末贷方余额，反映民间非营利组织尚未交纳的税费；期末借方余额，反映民间非营利组织多交的税费。

民间非营利组织应当根据具体情况，设置明细科目，进行明细核算。

（一）增值税

如果发生了增值税纳税义务时，应当按税收有关规定计算应缴纳的增值税，并通过本科目核算。

【例18-19】某民间非营利组织为一般纳税人组织，现购进材料一批用于加工出售，材料价款2 000元，向对方支付增值税320元，以银行存款支付。

借：存货　　　　　　　　　　　　　　　　　　　　　2 000

　　应交税金——增值税（进项税额）　　　　　　　　　　320

　　贷：银行存款　　　　　　　　　　　　　　　　　　　　2 320

【例18-20】接例18-19，对外销售一批产品，售价5 000元，向对方收取增值税800元，货款已存入银行。

借：银行存款　　　　　　　　　　　　　　　　　　　5 800

    贷：商品销售收入   5 000

        应交税金——增值税（销项税额）   800

【例18-21】某民间非营利组织为小规模纳税人组织，本月对外销售商品8 000元（不含税），月末，计算应交增值税，本组织的核定征收率为6%。

    借：业务活动成本   480

        贷：应交税金——增值税   480

（二）所得税

如果发生了所得税纳税义务时，按照应交纳的所得税，借记"其他费用"科目，贷记本科目；交纳所得税时，借记本科目，贷记"银行存款"科目。

【例18-22】年末，某民间非营利组织计算应交企业所得税6 200元。

    借：其他费用   6 200

        贷：应交税金——企业所得税   6 200

（三）个人所得税

如果发生了个人所得税纳税义务时，按照规定计算应代扣代交的个人所得税，借记"应付工资"等科目，贷记本科目；交纳个人所得税时，借记本科目，贷记"银行存款"科目。

【例18-23】某民间非营利组织职工当月应交个人所得税3 600元。

    借：应付工资   3 600

        贷：应交税金——个人所得税   3 600

二、预提费用

为核算民间非营利组织按照规定预先提取的已经发生但尚未支付的费用，如预提的租金、保险费、借款利息等，设置"预提费用"科目。按照规定预提计入本期费用时，借记"筹资费用""管理费用"等科目，贷记本科目；实际支出时，借记本科目，贷记"银行存款"等科目。本科目期末贷方余额，反映民间非营利组织已预提但尚未支付的各项费用。

本科目应当按照费用种类设置明细账，进行明细核算。

【例18-24】某民间非营利组织向投资公司贷入一笔为期6个月的短期借款50 000元，年利息8%，约定到期一次性还本付息。该笔资金有100 000元用于日常业务活动，400 000元用于在建工程项目。

借入时：

    借：银行存款   500 000

        贷：短期借款   500 000

每月计提利息时：

    借：业务活动成本   666.67

        在建工程   2 666.68

        贷：预提费用   3 333.35

还本付息时：

借：短期借款	500 000	
预提费用	20 000	
贷：银行存款		520 000

三、预计负债

为核算民间非营利组织因或有事项所产生的现时义务而确认的负债，包括因对外提供担保、商业承兑票据贴现、未决诉讼等确认的负债，设置"预计负债"科目。确认预计负债时，按照应确认的预计负债金额，借记"管理费用"等科目，贷记本科目；实际偿付负债时，借记本科目，贷记"银行存款"等科目；转回预计负债时，借记本科目，贷记"管理费用"等科目。本科目期末贷方余额，反映民间非营利组织已预计尚未支付的债务。

本科目应当按照预计负债项目设置明细账，进行明细核算。

【例18-25】某民间非营利组织为关系单位提供贷款担保400 000元，因关系单位资金紧张，成为本组织的预计负债，予以确认。

借：管理费用	400 000	
贷：预计负债		400 000

【例18-26】接例18-25，因关系单位资金状况没有好转，本民间非营利组织代为偿付贷款本金400 000元，利息15 000元。

借：预计负债	400 000	
管理费用	15 000	
贷：银行存款		415 000

四、受托代理负债

为核算民间非营利组织因从事受托代理业务、接受受托代理资产而产生的负债，设置"受托代理负债"科目。收到受托代理资产，按照应确认的入账金额，借记"受托代理资产"科目，贷记本科目；转赠或者转出受托代理资产，按照转出受托代理资产的账面余额，借记本科目，贷记"受托代理资产"科目。本科目期末贷方余额，反映民间非营利组织尚未清偿的受托代理负债。

受托代理负债应当按照相对应的受托代理资产的金额予以确认和计量。

本科目应当按照指定的受赠组织或个人，或者指定的应转交的组织或个人设置明细账，进行明细核算。

【例18-27】某民间非营利组织接受委托，代理运营一项5 000 000元的基金。

借：受托代理资产	5 000 000	
贷：受托代理负债		5 000 000

【例18-28】接例18-27，按照基金管理规定，将受托管理基金中的300 000元转赠给另一民间非营利组织运营。

借：受托代理负债	300 000	
贷：受托代理资产		300 000

关键概念

受托代理负债　预计负债　预提费用

复习思考题

1. 简述民间非营利组织借入款项的核算。
2. 简述民间非营利组织应付预收款项的核算。
3. 简述民间非营利组织其他负债的核算。

民间非营利组织净资产的核算

由于民间非营利组织既没有所有权属于出资者的投入资本，也没有针对出资者的分配，所以，民间非营利组织的净资产基本上都为其所获得的收入扣减相应的费用后的余额。民间非营利组织的这种组织特征决定了它对于净资产的分类与列报和企业有明显的不同。同时，由于在构成民间非营利组织收入来源的相关资产中，又因其使用是否受到限制而在性质上有所不同。所以，将民间非营利组织的净资产按照其资产的使用是否受到限制进行分类有助于向会计信息使用者提供较为有用的信息，有利于会计信息使用者据以判断在民间非营利组织的净资产中，有多少属于其使用受到资产提供者限制的，有多少属于其使用不受资产提供者限制的，是民间非营利组织可以自由支配和使用的。基于上述目的，《民间非营利组织会计制度》将净资产分为限定性净资产和非限定性净资产两类进行核算和列报。限定性净资产，是指资产或者资产的经济利益（如资产的投资收益和利息等）的使用与处置受到资源提供者或者国家有关法律、行政法规所设置的时间限制或（和）用途限制；非限定性净资产，为民间非营利组织净资产中除限定性净资产之外的其他净资产。

第一节

非限定性净资产的核算

为核算民间非营利组织的非限定性净资产，即民间非营利组织净资产中除限定性净资产之外的其他净资产，设置"非限定性净资产"科目。本科目期末贷方余额，反映民间非营利组织历年积存的非限定性净资产。

民间非营利组织应当在期末将当期非限定性收入的实际发生额、当期费用的实际发生额和当期由限定性净资产转为非限定性净资产的金额转入非限定性净资产。

一、期末结转

期末，将各收入类科目所属"非限定性收入"明细科目的余额转入本科目，借记"捐赠收入——非限定性收入""会费收入——非限定性收入""提供服务收入——非限定性收入""政府补助收入——非限定性收入""商品销售收入——非限定性收入""投资收益——非限定性收入""其他收入——非限定性收入"科目，贷记本科目。同时，将各费用类科目的余额转入本科目，借记本科目，贷记"业务活动成本""管理费用""筹资费用""其他费用"科目。

【例 19-1】某民间非营利组织年末收入费用科目余额见表 19-1，进行年末结转。

表 19-1　　　　　　　**某民间非营利组织年末收入费用科目**　　　　余额单位：元

收入科目	余额	费用科目	余额
捐赠收入——非限定性收入	321 000	业务活动成本	1 195 424
会费收入——非限定性收入	895 630	管理费用	112 771
提供服务收入——非限定性收入	51 800	筹资费用	21 300
政府补助收入——非限定性收入	100 000	其他费用	16 531
商品销售收入——非限定性收入	210 340		
投资收益——非限定性收入	60 000		
其他收入——非限定性收入	1 000		
收入合计	1 639 770	费用合计	1 346 026

（1）将收入科目贷方余额转入"非限定性净资产"科目的贷方：

借：捐赠收入——非限定性收入　　　　　　　　　321 000
　　会费收入——非限定性收入　　　　　　　　　895 630
　　提供服务收入——非限定性收入　　　　　　　 51 800
　　政府补助收入——非限定性收入　　　　　　　100 000
　　商品销售收入——非限定性收入　　　　　　　210 340
　　投资收益——非限定性收入　　　　　　　　　 60 000
　　其他收入——非限定性收入　　　　　　　　　　1 000
　　贷：非限定性净资产　　　　　　　　　　　　　　　1 639 770

（2）将费用科目借方余额转入"非限定性净资产"科目的借方：

借：非限定性净资产　　　　　　　　　　　　1 346 026
　　贷：业务活动成本　　　　　　　　　　　　　　　1 195 424
　　　　管理费用　　　　　　　　　　　　　　　　　112 771
　　　　筹资费用　　　　　　　　　　　　　　　　　 21 300
　　　　其他费用　　　　　　　　　　　　　　　　　 16 531

二、限定性净资产解除限制

如果限定性净资产的限制已经解除，应当对净资产进行重新分类，将限定性净资产转为非限定性净资产，借记"限定性净资产"科目，贷记本科目。

【例 19-2】某民间非营利组织收到捐赠组织于 2009 年捐赠的 500 000 元，当时该捐赠为限定用途捐赠，从 2011 年起捐赠组织取消了上述限制，该项净资产由限定性净资产转为非限定性净资产。

　　借：限定性净资产　　　　　　　　　　　　　　　　　　　500 000
　　　　贷：非限定性净资产　　　　　　　　　　　　　　　　　　　500 000

三、调整以前期间收入费用

如果因调整以前期间收入、费用项目而涉及调整非限定性净资产的，应当就需要调整的金额，借记或贷记有关科目，贷记或借记本科目。

【例 19-3】因国家政策调整，某民间非营利组织上一年度交纳的河道治理费 5 000 元得以返还。

　　借：银行存款　　　　　　　　　　　　　　　　　　　　　5 000
　　　　贷：非限定性净资产　　　　　　　　　　　　　　　　　　　5 000

第二节

限定性净资产的核算

如果民间非营利组织的资产或者资产的经济利益（如资产的投资收益和利息等）的使用和处置受到资源提供者或者国家有关法律、行政法规所设置的时间限制或（和）用途限制，则由此形成的净资产为限定性净资产。

所谓时间限制，是指资产提供者或者国家有关法律、行政法规要求民间非营利组织在收到资产后的某一时期或某一特定日期之后才能使用该项资产；用途限制，是指资产提供者或者国家有关法律、行政法规要求民间非营利组织将收到的资产用于某一特定的用途。

民间非营利组织的董事会、理事会或类似机构对净资产的使用所做的限定性决策、决议或拨款限额等，属于民间非营利组织内部管理上对资产使用所做的限制，它不属于《制度》所界定的限定性净资产。

为核算民间非营利组织的限定性净资产，设置"限定性净资产"科目。本科目期末贷方余额，反映民间非营利组织历年积存的限定性净资产。

一、期末结转

期末，将各收入类科目所属"限定性收入"明细科目的余额转入本科目，借记"捐赠收入——限定性收入""政府补助收入——限定性收入""会费收入——限定性收入""提供服务收入——限定性收入""商品销售收入——限定性收入""投资收益——限定性收入"等科目，贷记本科目。

【例19-4】某民间非营利组织本年共收入有限定用途的捐赠收入200 000元，政府补助收入300 000元，转入限定性净资产科目。

借：捐赠收入——限定性收入　　　　　　　　　　　　200 000

　　政府补助收入——限定性收入　　　　　　　　　　300 000

　　贷：限定性净资产　　　　　　　　　　　　　　　　　　　500 000

二、解除限定性净资产的限制

如果限定性净资产的限制已经解除，应当对净资产进行重新分类，将限定性净资产转为非限定性净资产，借记本科目，贷记"非限定性净资产"科目。

如果资产提供者或者国家有关法律、行政法规要求民间非营利组织在特定时期之内或特定日期之后将限定性净资产或者相关资产用于特定用途，该限定性净资产应当在相应期间之内或相应日期之后按照实际使用的相关资产金额或者实际发生的相关费用金额转为非限定性净资产。

【例19-5】接例19-4，次年，政府政策发生变化，上年政府补助的300 000元款项用途不再予以限定，转为非限定性净资产。

借：限定性净资产　　　　　　　　　　　　　　　　　300 000

　　贷：非限定性净资产　　　　　　　　　　　　　　　　　　300 000

三、调整以前期间收入费用

如果因调整以前期间收入、费用项目而涉及调整限定性净资产的，应当就需要调整的金额，借记或贷记有关科目，贷记或借记本科目。

【例19-6】接例19-4，次年，民间非营利组织发现上年的捐赠收入中有20 000元是捐赠人直接捐给本组织的一个服务对象的，予以调整账目。

借：限定性净资产　　　　　　　　　　　　　　　　　20 000

　　贷：银行存款　　　　　　　　　　　　　　　　　　　　20 000

关键概念

非限定性净资产　　限定性净资产　　净资产

复习思考题

1. 简述民间非营利组织非限定性净资产的核算。

2. 简述民间非营利组织限定性净资产的核算。

3. 简述民间非营利组织由限定性净资产转为非限定性净资产的核算。

第
二
十
章

民间非营利组织的
收入和费用的核算

第一节

收入的核算

民间非营利组织的收入一般有交换性交易收入和非交换性交易收入两类。交换性交易，是指按照等价交换原则所从事的交易，即当某一主体取得资产、获得服务或者解除债务时，需要向交易对方支付等值或者大致等值的现金，或者提供等值或者大致等值的货物、服务等的交易；非交换性交易，是指除交换性交易之外的交易，如捐赠、政府补助等均属于非交换性交易。

《民间非营利组织会计制度》对上述两种收入规定了不同的确认标准：对于因交换性交易而形成的收入，要按照《企业会计准则——收入》规定的原则予以确认。对于因非交换性交易而形成的收入，在满足下列条件时予以确认：（1）与交易相关的、含有经济利益或者服务潜力的资源能够流入组织并为组织所控制，或者相关的债务能够得到解除；（2）交易能够引起净资产的增加；（3）收入的金额能够可靠地计量。民间非营利组织的收入有捐赠收入、会费收入、提供服务收入、政府补助收入、商品销售收入、投资收益和其他收入。

一、捐赠收入

接受捐赠是民间非营利组织能够正常维持运行的一项重要的经济来源。制度规定，民间非营利组织取得的捐赠应当确认为收入，在业务活动表中予以反映，以完整地反映其收入来源和业务活动开展的情况。这是由于民间非营利组织接受捐赠

（包括政府补助），符合收入的定义，即它是业务活动取得的，最终会导致净资产的增加，因此应当作为收入予以确认。

为核算民间非营利组织接受其他单位或者个人捐赠所取得的收入，设置"捐赠收入"科目。期末结转后，本科目应无余额。

民间非营利组织因受托代理业务而从委托方收到的受托代理资产，不在本科目核算。

民间非营利组织的捐赠收入应当按照是否存在限定，区分为非限定性收入和限定性收入设置明细科目，进行明细核算。如果资产提供者对资产的使用设置了时间限制或者（和）用途限制，则所确认的相关收入为限定性收入；除此之外的其他所有收入，为非限定性收入。

民间非营利组织接受捐赠，应当在满足规定的收入确认条件时确认捐赠收入。

（一）接受捐赠

接受的捐赠，按照应确认的金额，借记"现金""银行存款""短期投资""存货""长期股权投资""长期债权投资""固定资产""无形资产"等科目，贷记本科目"限定性收入"或"非限定性收入"明细科目。

对于接受的附条件捐赠，如果存在需要偿还全部或部分捐赠资产或者相应金额的现时义务时（比如因无法满足捐赠所附条件而必须将部分捐赠款退还给捐赠人时），按照需要偿还的金额，借记"管理费用"科目，贷记"其他应付款"等科目。

【例20-1】某民间非营利组织接受D集团公司捐赠的有限定条件的物资一批，价值600 000元。

借：存货 600 000
　　贷：捐赠收入——限定性收入 600 000

【例20-2】某民间非营利组织接受N公司捐赠的设备一台，价值250 000元。

借：固定资产 250 000
　　贷：捐赠收入——非限定性收入 250 000

（二）解除限定性捐赠收入的限制

如果限定性捐赠收入的限制在确认收入的当期得以解除，应当将其转为非限定性捐赠收入，借记本科目"限定性收入"明细科目，贷记本科目"非限定性收入"明细科目。

【例20-3】接例20-1，年末，按照捐赠约定，D集团公司捐赠的有限定条件物资中的部分捐赠解除限制，该部分物资价值为165 000元。

借：捐赠收入——限定性收入 165 000
　　贷：捐赠收入——非限定性收入 165 000

（三）期末结转

期末，将本科目各明细科目的余额分别转入限定性净资产和非限定性净资产，借记本科目"限定性收入"明细科目，贷记"限定性净资产"科目，借记本科目"非限定性收入"明细科目，贷记"非限定性净资产"科目。

【例20-4】年末，将本年"捐赠收入——限定性收入"贷方余额 6 435 000 元转入"限定性净资产"科目贷方，"捐赠收入——非限定性收入"贷方余额 415 000 元转入"非限定性净资产"科目的贷方。

借：捐赠收入——限定性收入　　　　　　　　　　6 435 000

　　贷：限定性净资产　　　　　　　　　　　　　　　　　　6 435 000

借：捐赠收入——非限定性收入　　　　　　　　　6 415 000

　　贷：非限定性净资产　　　　　　　　　　　　　　　　　6 415 000

二、会费收入

为核算民间非营利组织根据章程等的规定向会员收取的会费收入，设置"会费收入"科目。期末结转后，本科目应无余额。

一般情况下，民间非营利组织的会费收入为非限定性收入，除非相关资产提供者对资产的使用设置了限制。

民间非营利组织应当在满足规定的收入确认条件时确认会费收入。

本科目应当按照会费种类（如团体会费、个人会费等）设置明细账，进行明细核算。

（一）收取会费

向会员收取会费，在满足收入确认条件时，借记"现金""银行存款""应收账款"等科目，贷记本科目"非限定性收入"明细科目，如果存在限定性会费收入，应当贷记本科目"限定性收入"明细科目。

【例20-5】某民间非营利组织向会员收取会费 30 000 元，并存入银行。

借：银行存款　　　　　　　　　　　　　　　　　30 000

　　贷：会费收入——非限定性收入　　　　　　　　　　　　30 000

【例20-6】某民间非营利组织收到单位会员交来的有限定条件的会费 80 000 元，存入银行。

借：银行存款　　　　　　　　　　　　　　　　　80 000

　　贷：会费收入——限定性收入　　　　　　　　　　　　　80 000

（二）期末结转

期末，将本科目的余额转入非限定性净资产，借记本科目"非限定性收入"明细科目，贷记"非限定性净资产"科目。如果存在限定性会费收入，则将其金额转入限定性净资产，借记本科目"限定性收入"明细科目，贷记"限定性净资产"科目。

【例20-7】年末，将"会费收入——非限定性收入"贷方余额 673 400 元转入"非限定性净资产"科目贷方，将"会费收入——限定性收入"贷方余额 18 000 元转入"限定性净资产"科目贷方。

借：会费收入——非限定性收入　　　　　　　　　673 400

　　贷：非限定性净资产　　　　　　　　　　　　　　　　　673 400

借：会费收入——限定性收入　　　　　　　　　　18 000

　　　　贷：限定性净资产　　　　　　　　　　　　　　　　　　　　18 000

三、提供服务收入

　　民间非营利组织根据章程等的规定向其服务对象提供服务所取得的收入，包括学杂费收入、医疗费收入、培训收入等，为组织提供服务的收入。一般情况下，民间非营利组织的提供服务收入为非限定性收入，除非相关资产提供者对资产的使用设置了限制。

　　民间非营利组织应当在满足规定的收入确认条件时确认提供服务收入。

　　为核算民间非营利组织提供服务取得的收入，设置"提供服务收入"科目，取得收入记贷方，期末分别转入"限定性净资产"和"非限定性净资产"科目，期末结转后，本科目应无余额。

　　本科目应当按照提供服务的种类设置明细账，进行明细核算。

　　（一）取得提供服务收入

　　提供服务取得收入时，按照实际收到或应当收取的价款，借记"现金""银行存款""应收账款"等科目，按照应当确认的提供服务收入金额，贷记本科目，按照预收的价款，贷记"预收账款"科目。在以后期间确认提供服务收入时，借记"预收账款"科目，贷记本科目"非限定性收入"明细科目，如果存在限定性提供服务收入，应当贷记本科目"限定性收入"明细科目。

　　【例20-8】某民间非营利组织提供服务，取得服务收入100 000元，收到银行存款40 000元，另外60 000元暂欠。

　　　　借：银行存款　　　　　　　　　　　　　　　　　　　　40 000
　　　　　　应收账款　　　　　　　　　　　　　　　　　　　　60 000
　　　　　　贷：提供服务收入——非限定性收入　　　　　　　　100 000

　　【例20-9】某民间非营利组织以有限定条件的资产从事某项服务活动，取得限定性的提供服务收入3 200元，存入银行。

　　　　借：银行存款　　　　　　　　　　　　　　　　　　　　3 200
　　　　　　贷：提供服务收入——限定性收入　　　　　　　　　3 200

　　（二）期末结转

　　期末，将本科目的余额转入非限定性净资产，借记本科目"非限定性收入"明细科目，贷记"非限定性净资产"科目。如果存在限定性提供服务收入，则将其金额转入限定性净资产，借记本科目"限定性收入"明细科目，贷记"限定性净资产"科目。

　　【例20-10】期末，将"提供服务收入——非限定性收入"科目贷方余额513 000元转入"非限定性净资产"科目贷方，将"提供服务收入——限定性收入"科目贷方余额17 560元转入"限定性净资产"科目贷方。

　　　　借：提供服务收入——非限定性收入　　　　　　　　　　513 000
　　　　　　贷：非限定性净资产　　　　　　　　　　　　　　　513 000
　　　　借：提供服务收入——限定性收入　　　　　　　　　　　17 560

贷：限定性净资产　　　　　　　　　　　　　　　　　　　　　17 560

四、政府补助收入

为核算民间非营利组织因为政府拨款或者政府机构给予的补助而取得的收入，设置"政府补助收入"科目。期末结转后，本科目应无余额。

民间非营利组织的政府补助收入应当按照是否存在限定，区分为非限定性收入和限定性收入设置明细科目，进行明细核算。如果资产提供者对资产的使用设置了时间限制或（和）用途限制，则所确认的相关收入为限定性收入；除此之外的其他所有收入为非限定性收入。

民间非营利组织应当在满足规定的收入确认条件时确认政府补助收入。

（一）接受政府补助

接受的政府补助，按照应确认的金额，借记"现金""银行存款"等科目，贷记本科目"限定性收入"或"非限定性收入"明细科目。

对于接受的附条件政府补助，如果民间非营利组织存在需要偿还全部或部分政府补助资产或者相应金额的现时义务时（比如因无法满足政府补助所附条件而必须退还部分政府补助时），按照需要偿还的金额，借记"管理费用"科目，贷记"其他应付款"等科目。

【例20-11】某民间非营利组织收到政府的有条件补助 300 000 元。

借：银行存款　　　　　　　　　　　　　　　　　　　300 000
　　贷：政府补助收入——限定性收入　　　　　　　　　　　　300 000

【例20-12】接例20-11，由于无法达到政府补助所附条件，某非营利组织退还政府补助 100 000 元。

借：政府补助收入——限定性收入　　　　　　　　　　100 000
　　贷：银行存款　　　　　　　　　　　　　　　　　　　　　100 000

（二）解除限定性政府补助收入的限制

如果限定性政府补助收入的限制在确认收入的当期得以解除，应当将其转为非限定性收入，借记本科目"限定性收入"明细科目，贷记本科目"非限定性收入"明细科目。

【例20-13】接例20-11，政府政策变化，取消了其中 100 000 元补助收入的限制条件。

借：政府补助收入——限定性收入　　　　　　　　　　100 000
　　贷：政府补助收入——非限定性收入　　　　　　　　　　　100 000

（三）期末结转

期末，将本科目各明细科目的余额分别转入限定性净资产和非限定性净资产，借记本科目"限定性收入"明细科目，贷记"限定性净资产"科目，借记本科目"非限定性收入"明细科目，贷记"非限定性净资产"科目。

【例20-14】期末，将"政府补助收入——限定性收入"贷方科目 100 000 元转入"限定性净资产"科目贷方，"政府补助收入——非限定性收入"科目贷方余额

100 000元转入"非限定性净资产"科目贷方。

借：政府补助收入——限定性收入   100 000

  贷：限定性净资产   100 000

借：政府补助收入——非限定性收入   100 000

  贷：非限定性净资产   100 000

五、商品销售收入

商品销售收入为民间非营利组织销售商品（如出版物、药品）等所形成的收入。一般情况下，民间非营利组织的提供服务收入为非限定性收入，除非相关资产提供者对资产的使用设置了限制。

民间非营利组织应当在满足规定的收入确认条件时确认商品销售收入。

为核算民间非营利组织销售商品所形成的收入，设置"商品销售收入"科目。期末结转后，本科目应无余额。

本科目应当按照商品的种类设置明细账，进行明细核算。

（一）取得商品销售收入

销售商品取得收入时，按照实际收到或应当收取的价款，借记"现金""银行存款""应收票据""应收账款"等科目，按照应当确认的商品销售收入金额，贷记本科目"非限定性收入"明细科目（如果存在限定性商品销售收入，应当贷记本科目"限定性收入"明细科目），按照预收的价款，贷记"预收账款"科目。在以后期间确认商品销售收入时，借记"预收账款"科目，贷记本科目"非限定性收入"明细科目，如果存在限定性商品销售收入，应当贷记本科目"限定性收入"明细科目。

【例20-15】某民间非营利组织为增值税一般纳税人单位，现销售货物一批，取得商品销售收入60 000元，向对方收取增值税9 600元，该批货物是由限定性资产加工生产，属限定性商品销售收入，货款暂欠。该批商品的销售成本为42 000元。

借：应收账款   69 600

  贷：商品销售收入——限定性收入   60 000

    应交税金——增值税（销项税额）   9 600

借：业务活动成本   42 000

  贷：存货   42 000

【例20-16】某民间非营利组织为小规模纳税人单位，现销售货物一批，取得商品销售收入20 000元（不含税），增值税税额为3 200元，该收入为非限定性商品销售收入，货款已收并存入银行。该批货物的销售成本为14 000元。

借：银行存款   23 200

  贷：商品销售收入——非限定性收入   23 200

借：业务活动成本   14 000

  贷：存货   14 000

（二）销售退回

销售退回，是指民间非营利组织售出的商品，由于质量、品种不符合要求等原因而发生的退货。销售退回应当分别情况处理：

1. 未确认收入的已发出商品的退回，不需要进行会计处理。

2. 已确认收入的销售商品退回，一般情况下直接冲减退回当月的商品销售收入、商品销售成本等：按照应当冲减的商品销售收入，借记本科目，按照已收或应收的金额，贷记"银行存款""应收账款""应收票据"等科目；按照退回商品的成本，借记"存货"科目，贷记"业务活动成本"科目。如果该项销售发生现金折扣，应当在退回当月一并处理。

3. 报告期间资产负债表日至财务报告批准报出日之间发生的报告期间或以前期间的销售退回，应当作为资产负债表日后事项的调整事项处理，调整报告期间会计报表的相关项目：按照应冲减商品销售收入，借记"非限定性净资产"科目（如果所调整收入属于限定性收入，应当借记"限定性净资产"科目），按照已收或应收的金额，贷记"银行存款""应收账款""应收票据"等科目；按照退回商品的成本，借记"存货"科目，贷记"非限定性净资产"科目。

如果该项销售已发生现金折扣，应当一并处理。

【例20-17】接例20-16，销售货物因品种不符合要求而发生的退货。

借：商品销售收入——非限定性收入　　　　　　　　　　23 200
　　贷：银行存款　　　　　　　　　　　　　　　　　　　　　　23 200
借：存货　　　　　　　　　　　　　　　　　　　　　　14 000
　　贷：业务活动成本　　　　　　　　　　　　　　　　　　　　14 000

（三）现金折扣

现金折扣，是指民间非营利组织为了尽快回笼资金而发生的理财费用。现金折扣在实际发生时直接计入当期筹资费用：按照实际收到的金额，借记"银行存款"等科目，按照应给予的现金折扣，借记"筹资费用"科目，按照应收的账款，贷记"应收账款""应收票据"等科目。

购买方实际获得的现金折扣，冲减取得当期的筹资费用：按照应付的账款，借记"应付账款""应付票据"等科目，按照实际获得的现金折扣，贷记"筹资费用"科目，按照实际支付的价款，贷记"银行存款"等科目。

【例20-18】接例20-15，为尽快回笼资金，某非营利组织向欠款单位支付现金折扣9 600元，实际收到款项60 000元。

借：银行存款　　　　　　　　　　　　　　　　　　　60 000
　　筹资费用　　　　　　　　　　　　　　　　　　　　9 600
　　贷：应收账款　　　　　　　　　　　　　　　　　　　　　69 600

（四）销售折让

销售折让，是指在商品销售时直接给予购买方的折让。销售折让应当在实际发生时直接从当期实现的销售收入中抵减。

【例 20-19】某民间非营利组织销售一批货物，价格 15 300 元，向对方提供销售折让 1 300 元，实际收到款项 14 000 元。

借：银行存款   14 000

 贷：商品销售收入   14 000

（五）期末处理

期末，将本科目的余额转入非限定性净资产，借记本科目，贷记"非限定性净资产"科目。如果存在限定性商品销售收入，则将其金额转入限定性净资产，借记本科目，贷记"限定性净资产"科目。

【例 20-20】年末，将"商品销售收入——限定性收入"贷方余额 921 500 元转入"限定性净资产"科目贷方，"商品销售收入——非限定性收入"贷方余额 761 500 元转入"非限定性净资产"科目贷方。

借：商品销售收入——限定性收入   921 500

 贷：限定性净资产   921 500

借：商品销售收入——非限定性收入   761 500

 贷：非限定性净资产   761 500

六、投资收益

为核算民间非营利组织因对外投资取得的投资净损益，设置"投资收益"科目。期末结转后，本科目应无余额。

一般情况下，民间非营利组织的投资收益为非限定性收入，除非相关资产提供者对资产的使用设置了限制。

（一）短期投资收益

出售短期投资或到期收回债券本息，按照实际收到的金额，借记"银行存款"科目，按照已计提的减值准备，借记"短期投资跌价准备"科目，按照所出售或收回短期投资的账面余额，贷记"短期投资"科目，按照未领取的现金股利或利息，贷记"其他应收款"科目，按照其差额，借记或贷记本科目。

【例 20-21】某民间非营利组织收回短期债券本金 100 000 元，利息 5 000 元，已提短期投资跌价准备 2 000 元。

借：银行存款   105 000

  短期投资跌价准备   2 000

 贷：短期投资   100 000

  投资收益   7 000

（二）长期股权投资收益

1.采用成本法核算的，被投资单位宣告发放现金股利或利润时，按照宣告发放的现金股利或利润中属于民间非营利组织应享有的部分，确认当期投资收益，借记"其他应收款"科目，贷记本科目。

【例 20-22】某民间非营利组织持有 A 集团公司股票 5 000 股（实行成本核算法），A 集团公司宣布发放股利每股 10 元。

借：其他应收款——A集团公司　　　　　　　　　　　　　　　　　50 000

　　贷：投资收益　　　　　　　　　　　　　　　　　　　　　　　　　50 000

2.采用权益法核算的，在期末，按照应当享有或应当分担的被投资单位当年实现的净利润或发生的净亏损的份额，调整长期股权投资账面价值，如被投资单位实现净利润，借记"长期股权投资"科目，贷记本科目，如被投资单位发生净亏损，借记本科目，贷记"长期股权投资"科目，但以长期股权投资账面价值减记至零为限。

【例20-23】某民间非营利组织持有B公司的股票5 000股（实行权益法核算），账面价值50 000元，年末，B公司的股票市值为每股12元，即本民间非营利组织所持股票市值为60 000元，调整长期股权投资账面价值。

借：长期股权投资　　　　　　　　　　　　　　　　　　　　　　　10 000

　　贷：投资收益　　　　　　　　　　　　　　　　　　　　　　　　　10 000

【例20-24】某民间非营利组织持有H集团的股票5 000股（实行权益核算法），账面价值50 000元，年末，H集团的股票市值为每股8元，即本民间非营利组织所持股票市值为40 000元，调整长期股权投资账面价值。

借：投资收益　　　　　　　　　　　　　　　　　　　　　　　　　10 000

　　贷：长期股权投资　　　　　　　　　　　　　　　　　　　　　　　10 000

3.处置长期股权投资时，按照实际取得的价款，借记"银行存款"等科目，按照已计提的减值准备，借记"长期投资减值准备"科目，按照所处置长期股权投资的账面余额，贷记"长期股权投资"科目，按照未领取的现金股利，贷记"其他应收款"科目，按照其差额，借记或贷记本科目。

【例20-25】接例20-23，某民间非营利组织将所持有的B股份公司股票5 000股出售，包括已宣告发放但尚未领取的股利5 000元，共得款项63 000元。该股票的账面价值60 000元，已提长期投资减值准备4 000元。

借：银行存款　　　　　　　　　　　　　　　　　　　　　　　　　63 000

　　长期投资减值准备　　　　　　　　　　　　　　　　　　　　　　4 000

　　贷：长期股权投资　　　　　　　　　　　　　　　　　　　　　　　60 000

　　　　其他应收款　　　　　　　　　　　　　　　　　　　　　　　　5 000

　　　　投资收益　　　　　　　　　　　　　　　　　　　　　　　　　2 000

（三）长期债权投资收益

1.利息。

（1）长期债权投资持有期间，应当按照票面价值与票面利率按期计算确认利息收入，如为到期一次还本付息的债券投资，借记"长期债权投资——债券投资（应收利息）"科目，贷记本科目，如为分期付息、到期还本的债权投资，借记"其他应收款"科目，贷记本科目。

【例20-26】某民间非营利组织持有国库券面值100 000元，年利率5%，到期一次还本付息。该笔国库券购入时投资成本高于债券面值10 000元，5年后到期，每年分摊的金额2 000元。

年末确认利息：

借：长期债权投资——债券投资（应收利息） 5 000

　　贷：投资收益 5 000

摊销初始溢价投资：

借：投资收益 2 000

　　贷：长期债权投资 2 000

（2）长期债券投资的初始投资成本与债券面值之间的差额，应当在债券存续期间，按照直线法于确认相关债券利息收入时摊销，如初始投资成本高于债券面值，按照应当分摊的金额，借记本科目，贷记"长期债权投资"科目，如初始投资成本低于债券面值，按照应当分摊的金额，借记"长期债权投资"科目，贷记本科目。

【例20-27】某民间非营利组织持有J公司债券面值100 000元，年利率5%，为分期付息到期还本的债权投资。该笔债券购入时初始投资成本低于债券面值10 000元，5年后到期，每年分摊的金额2 000元。

年末确认利息：

借：其他应收款 5 000

　　贷：投资收益 5 000

摊销初始折价投资：

借：长期债权投资 2 000

　　贷：投资收益 2 000

2.处置长期债权投资时，按照实际取得的价款，借记"银行存款"等科目，按照已计提的减值准备，借记"长期投资减值准备"科目，按照所处置长期债券投资的账面余额，贷记"长期债权投资"科目，按照未领取的现金股利，贷记"其他应收款"科目或"长期债权投资——债券投资（应收利息）"科目，按照其差额，借记或贷记本科目。

【例20-28】接例20-27，某民间非营利组织将J公司债券出售，取得价款125 000元，该债券已计提减值准备3 000元，长期债权投资的账面余额110 000元，未领取的现金股利10 000元。

借：银行存款 125 000

　　长期投资减值准备 3 000

　　贷：其他应收款 10 000

　　　　长期债权投资 110 000

　　　　投资收益 8 000

（四）期末结转

期末，将本科目的余额转入非限定性净资产，借记本科目，贷记"非限定性净资产"科目。如果存在限定性投资收益，则将其金额转入限定性净资产，借记本科目，贷记"限定性净资产"科目。

【例20-29】年末，将"投资收益——非限定性收入"科目贷方余额45 600元转入"非限定性净资产"科目贷方，"投资收益——限定性收入"科目贷方余额5 000元转入"限定性净资产"科目贷方。

借：投资收益——非限定性收入　　　　　　　　　　　　45 600

　　贷：非限定性净资产　　　　　　　　　　　　　　　　　　45 600

借：投资收益——限定性收入　　　　　　　　　　　　　5 000

　　贷：限定性净资产　　　　　　　　　　　　　　　　　　　5 000

七、其他收入

民间非营利组织的其他收入是指除捐赠收入、会费收入、提供服务收入、商品销售收入、政府补助收入、投资收益等主要业务活动收入以外的其他收入，如确实无法支付的应付款项、存货盘盈、固定资产盘盈、固定资产处置净收入、无形资产处置净收入等。

一般情况下，民间非营利组织的其他收入为非限定性收入，除非相关资产提供者对资产的使用设置了限制。

为核算民间非营利组织的其他各项收入，设置"其他收入"科目。期末结转后，本科目应无余额。

本科目应当按照其他收入种类设置明细账，进行明细核算。

（一）现金、存货、固定资产等盘盈收入

现金、存货、固定资产等盘盈的，根据管理权限报经批准后，借记"现金""存货""固定资产""文物文化资产"等科目，贷记本科目"非限定性收入"明细科目。如果存在限定性其他收入，应当贷记本科目"限定性收入"明细科目。

【例20-30】某民间非营利组织进行全面盘点，盘盈现金15元，盘盈A存货价值200元，盘盈打印机一台估价800元，盘盈典藏书籍一部估价2 000元。

借：现金　　　　　　　　　　　　　　　　　　　　　　　15

　　存货　　　　　　　　　　　　　　　　　　　　　　　200

　　固定资产　　　　　　　　　　　　　　　　　　　　　800

　　文物文化资产　　　　　　　　　　　　　　　　　　2 000

　　贷：其他收入　　　　　　　　　　　　　　　　　　　　3 015

（二）固定资产处置净收入

对于固定资产处置净收入，借记"固定资产清理"科目，贷记本科目。

【例20-31】某民间非营利组织处置一台专用设备，账面价值50 000元，已提折旧35 000元，发生清理费用200元，变价收入20 000元。

转入清理：

借：固定资产清理　　　　　　　　　　　　　　　　　15 000

　　累计折旧　　　　　　　　　　　　　　　　　　　35 000

　　贷：固定资产　　　　　　　　　　　　　　　　　　　50 000

发生清理费用：

借：固定资产清理   200

     贷：现金   200

收到变价收入：

借：银行存款   20 000

     贷：固定资产清理   20 000

固定资产处置净收入：

借：固定资产清理   4 800

     贷：其他收入   4 800

（三）无形资产处置净收入

对于无形资产处置净收入，按照实际取得的价款，借记"银行存款"等科目，按照该项无形资产的账面余额，贷记"无形资产"科目，按照其差额，贷记本科目。

【例20-32】某民间非营利组织出售一项专利技术，取得款项25 000元，该项资产的账面价值20 000元。

借：银行存款   25 000

     贷：无形资产   20 000

         其他收入   5 000

（四）确认无法支付的应付款项

确认无法支付的应付款项，借记"应付账款"等科目，贷记本科目。

【例20-33】某民间非营利组织的所欠货款5 000元，因企业倒闭确认为无法支付，转为其他收入。

借：应付账款   5 000

     贷：其他收入   5 000

（五）非货币性交易中收到补价

在非货币性交易中收到补价情况下应确认的损益，借记有关科目，贷记"其他收入"科目。

【例20-34】某民间非营利组织为L公司提供服务，L公司以材料支付服务费用，并补价2 000元。

借：银行存款   2 000

     贷：其他收入   2 000

（六）期末结转

期末，将本科目的余额转入非限定性净资产，借记本科目，贷记"非限定性净资产"科目。如果存在限定性的其他收入，则将其金额转入限定性净资产，借记本科目，贷记"限定性净资产"科目。

【例20-35】年末，将"其他收入"科目贷方余额12 000元转入"非限定性净资产"科目贷方。

借：其他收入   12 000

　　　　贷：非限定性净资产　　　　　　　　　　　　　　　　　　　　12 000

第二节

费用的核算

　　由于《民间非营利组织会计制度》规定民间非营利组织的会计核算基础为权责发生制，而且业务活动表的主要功能是用以反映民间非营利组织的经营绩效，所以，《民间非营利组织会计制度》要求在对费用的会计核算中，应当严格区分业务活动成本和期间费用，将两者分别列报。其中，期间费用又分为管理费用、筹资费用和其他费用。民间非营利组织的费用有业务活动成本、管理费用、筹资费用和其他费用。

一、业务活动成本

　　为核算民间非营利组织为了实现其业务活动目标、开展其项目活动或者提供服务所发生的费用，设置"业务活动成本"科目。期末结转后，本科目应无余额。

　　如果民间非营利组织从事的项目、提供的服务或者开展的业务比较单一，可以将相关费用全部归集在"业务活动成本"项目下进行核算和列报；如果民间非营利组织从事的项目、提供的服务或者开展的业务种类较多，民间非营利组织应当在"业务活动成本"项目下分别项目、服务或者业务大类进行核算和列报。

　　民间非营利组织发生的业务活动成本，应当按照其发生额计入当期费用。

　　（一）发生的业务活动成本

　　发生的业务活动成本，借记本科目，贷记"现金""银行存款""存货""应付账款"等科目。

　　【例20-36】某民间非营利组织开出转账支票购买一批材料30 000元，材料直接用于业务活动之需。

　　　　借：业务活动成本　　　　　　　　　　　　　　　　　　　　30 000
　　　　　　贷：银行存款　　　　　　　　　　　　　　　　　　　　30 000

　　【例20-37】某民间非营利组织支付本月职工工资68 430元，其中管理人员工资31 480元，直接从事服务活动人员工资36 950元。

　　　　借：业务活动成本　　　　　　　　　　　　　　　　　　　　36 950
　　　　　　　管理费用　　　　　　　　　　　　　　　　　　　　　31 480
　　　　　　贷：现金　　　　　　　　　　　　　　　　　　　　　　68 430

　　（二）期末结转

　　期末，将本科目的余额转入非限定性净资产，借记"非限定性净资产"科目，贷记本科目。

　　【例20-38】期末，将"业务活动成本"科目借方余额718 900元转入"非限定性净资产"科目借方。

借：非限定性净资产 718 900

贷：业务活动成本 718 900

二、管理费用

民间非营利组织的管理费用为组织和管理其业务活动所发生的各项费用，包括民间非营利组织董事会（理事会或者类似权力机构）经费和行政管理人员的工资、奖金、津贴、福利费、住房公积金、住房补贴、社会保障费、离退休人员工资与补助，以及办公费、水电费、邮电费、物业管理费、差旅费、折旧费、修理费、无形资产摊销费、存货盘亏损失、资产减值损失、因预计负债所产生的损失、聘请中介机构费和应偿还的受赠资产等。

民间非营利组织发生的管理费用，应当在发生时按其发生额计入当期费用。

为核算民间非营利组织的各项管理费用，设置"管理费用"科目。期末结转后，本科目应无余额。

本科目应当按照管理费用种类设置明细账，进行明细核算。民间非营利组织可以根据具体情况编制管理费用明细表，以满足内部管理等有关方面的信息需要。

（一）现金、存货、固定资产等盘亏

现金、存货、固定资产等盘亏，根据管理权限报经批准后，按照相关资产账面价值扣除可以收回的保险赔偿和过失人的赔偿等后的金额，借记本科目，按照可以收回的保险赔偿和过失人赔偿等，借记"现金""银行存款""其他应收款"等科目，按照已提取的累计折旧，借记"累计折旧"科目，按照相关资产的账面余额，贷记相关资产科目。

【例20-39】某民间非营利组织进行全面盘点，盘亏现金20元；B材料一批，账面价值600元；设备一台，账面价值20 000元，已提折旧12 000元。经领导批准予以核销。

盘亏现金：

借：管理费用 20

贷：现金 20

盘亏材料：

借：管理费用 600

贷：存货 600

盘亏固定资产：

借：管理费用 8 000

累计折旧 12 000

贷：固定资产 20 000

（二）因提取资产减值准备而确认的资产减值损失

对于因提取资产减值准备而确认的资产减值损失，借记本科目，贷记相关资产减值准备科目。冲减或转回资产减值准备，借记相关资产减值准备科目，贷记本科目。

【例20-40】某民间非营利组织提取资产减值准备26 800元，其中，短期投资减值准备5 000元，存货跌价准备11 000元，长期投资减值准备10 800元。

借：管理费用 26 800
　　贷：短期投资减值准备 5 000
　　　　存货跌价准备 11 000
　　　　长期投资减值准备 10 800

（三）提取行政管理用固定资产折旧

提取行政管理用固定资产折旧，借记本科目，贷记"累计折旧"科目。

【例20-41】某民间非营利组织提取本月折旧，行政管理用固定资产折旧916元，生产用固定资产折旧1 223元。

借：管理费用 916
　　业务活动成本 1 223
　　贷：累计折旧 2 139

（四）无形资产摊销

无形资产摊销时，借记本科目，贷记"无形资产"科目。

【例20-42】月末，某民间非营利组织摊销无形资产，管理费用承担500元，业务活动成本承担600元。

借：管理费用 500
　　业务活动成本 600
　　贷：无形资产 1 100

（五）发生的应归属于管理费用的应付工资、应交税金等

发生的应归属于管理费用的应付工资、应交税金等，借记本科目，贷记"应付工资""应交税金"等科目。

【例20-43】某民间非营利组织支付职工工资53 000元，其中，行政部门23 000元，服务部门30 000元。

借：管理费用 23 000
　　业务活动成本 30 000
　　贷：现金 53 000

【例20-44】某民间非营利组织计算本月应交房产税65元，城镇土地使用税35元。

借：管理费用 100
　　贷：应交税金——房产税 65
　　　　　　　——城镇土地使用税 35

（六）因确认预计负债而确认的损失

对于因确认预计负债而确认的损失，借记本科目，贷记"预计负债"科目。

【例20-45】某民间非营利组织向银行贴现的50 000元票据由于开出单位支付

困难，形成本组织的预计负债。

 借：管理费用   50 000

  贷：预计负债   50 000

（七）发生的其他管理费用

发生的其他管理费用，借记本科目，贷记"现金""银行存款"等科目。

【例20-46】某民间非营利组织以现金购买办公用品200元。

 借：管理费用   200

  贷：现金   200

（八）期末结转

期末，将本科目的余额转入非限定性净资产，借记本科目，贷记"非限定性净资产"科目。

【例20-47】期末，某民间非营利组织将"管理费用"科目借方余额154 680元转入"非限定性净资产"科目借方。

 借：非限定性净资产   154 680

  贷：管理费用   154 680

三、筹资费用

筹资费用是指民间非营利组织为筹集业务活动所需资金而发生的费用，包括民间非营利组织获得捐赠资产而发生的费用以及应当计入当期费用的借款费用、汇兑损失（减汇兑收益）等。民间非营利组织为了获得捐赠资产而发生的费用包括举办募款活动费，准备、印刷和发放募款宣传资料费以及其他与募款或者争取捐赠有关的费用。

民间非营利组织发生的筹资费用，应当在发生时按其发生额计入当期费用。

为核算民间非营利组织为筹集业务活动所需资金而发生的各种费用，设置"筹资费用"科目。期末结转后，本科目应无余额。

本科目应当按照筹资费用种类设置明细账，进行明细核算。

（一）发生筹资费用

发生筹资费用，借记本科目，贷记"预提费用""银行存款""长期借款"等科目。发生的应冲减筹资费用的利息收入、汇兑收益，借记"银行存款""长期借款"等科目，贷记本科目。

【例20-48】月末，某民间非营利组织预提短期借款利息800元。

 借：筹资费用   800

  贷：预提费用   800

【例20-49】某民间非营利组织为募集捐款而印刷宣传材料一批，费用开支600元。

 借：筹资费用   600

  贷：现金   600

（二）期末结转

期末，将本科目的余额转入非限定性净资产，借记"非限定性净资产"科目，贷记本科目。

【例20-50】期末，将"筹资费用"科目借方余额8 400元转入"非限定性净资产"科目借方。

借：非限定性净资产 8 400

　贷：筹资费用 8 400

四、其他费用

为核算民间非营利组织发生的、无法归属到上述业务活动成本、管理费用或者筹资费用中的费用，包括固定资产处置净损失、无形资产处置净损失等，设置"其他费用"科目。期末结转后，本科目应无余额。

民间非营利组织发生的其他费用，应当在发生时按其发生额计入当期费用。

本科目应当按照费用种类设置明细账，进行明细核算。

（一）固定资产处置净损失

发生的固定资产处置净损失，借记本科目，贷记"固定资产清理"科目。

【例20-51】某民间非营利组织处置设备一台，固定资产账面价值20 000元，已提折旧8 000元，发生清理费用150元，变价收入10 000元。

转入清理：

借：固定资产清理 12 000

　　累计折旧 8 000

　贷：固定资产 20 000

发生清理费用：

借：固定资产清理 150

　贷：现金 150

变价收入：

借：银行存款 10 000

　贷：固定资产清理 10 000

固定资产处置净损失：

借：其他费用 1 850

　贷：固定资产清理 1 850

（二）无形资产处置净损失

发生的无形资产处置净损失，按照实际取得的价款，借记"银行存款"等科目，按照该项无形资产的账面余额，贷记"无形资产"科目，按照其差额，借记本科目。

【例20-52】某民间非营利组织处置一项专利权，无形资产账面余额16 000元，售价15 000元。

借：银行存款 15 000

　　其他费用 1 000

　贷：无形资产 16 000

（三）期末结转

期末，将本科目的余额转入非限定性净资产，借记"非限定性净资产"科目，贷记本科目。

【例20-53】期末，某民间非营利组织将"其他费用"科目借方余额2 000元，转入"非限定性净资产"科目借方。

借：非限定性净资产 2 000

　贷：其他费用 2 000

关键概念

捐赠收入　会费收入　投资收益　业务活动成本　筹资费用

复习思考题

1.简述民间非营利组织收入的核算。

2.简述民间非营利组织限定性收入的核算。

3.简述民间非营利组织业务活动成本的核算。

4.简述民间非营利组织筹资费用的核算。

民间非营利组织年终清理结算和会计报表的编审

第一节

年终清理结算和结账

一、年终清理结算

民间非营利组织年终清理结算的主要事项包括：

1.清理核对各项收入和支出，确保企业所得税计算准确。凡属本年的各项收支都要及时入账。属于本年的各项支出，要按规定的支出用途如实列报。

2.清理各项往来款项。民间非营利组织的各项往来款项，年终前应逐笔进行清理。按照有关规定应转作各项收入或各项支出的往来款项要及时转入各有关账户，编入本年决算。

3.清理货币资金。年终要及时同开户银行对账，银行存款日记账的账面余额要和银行对账单的余额核对相符。现金账面余额要同库存现金核对相符。

4.清理财产物资。年终前，应对各项财产物资进行清理盘点，发生盘盈、盘亏的，要及时查明原因，按规定做出处理，调整账务，做到账实相符、账账相符。

二、年终结账的程序

民间非营利组织应在年终清理结算的基础上进行结账。年终结账包括年终转账、结清旧账、记入新账三个环节。

1.年终转账。账目核对无误后，首先计算出各账户借方、贷方的12月份合计数和全年累计数，结出12月末的余额。然后，编制结账前的"资产负债表"，试算平衡后，再将应对冲结转的各个收支账户的余额按年终冲转办法，填制12月31日的记账凭证，办理结账冲转。民间非营利组织年终转账程序参见图21-1。

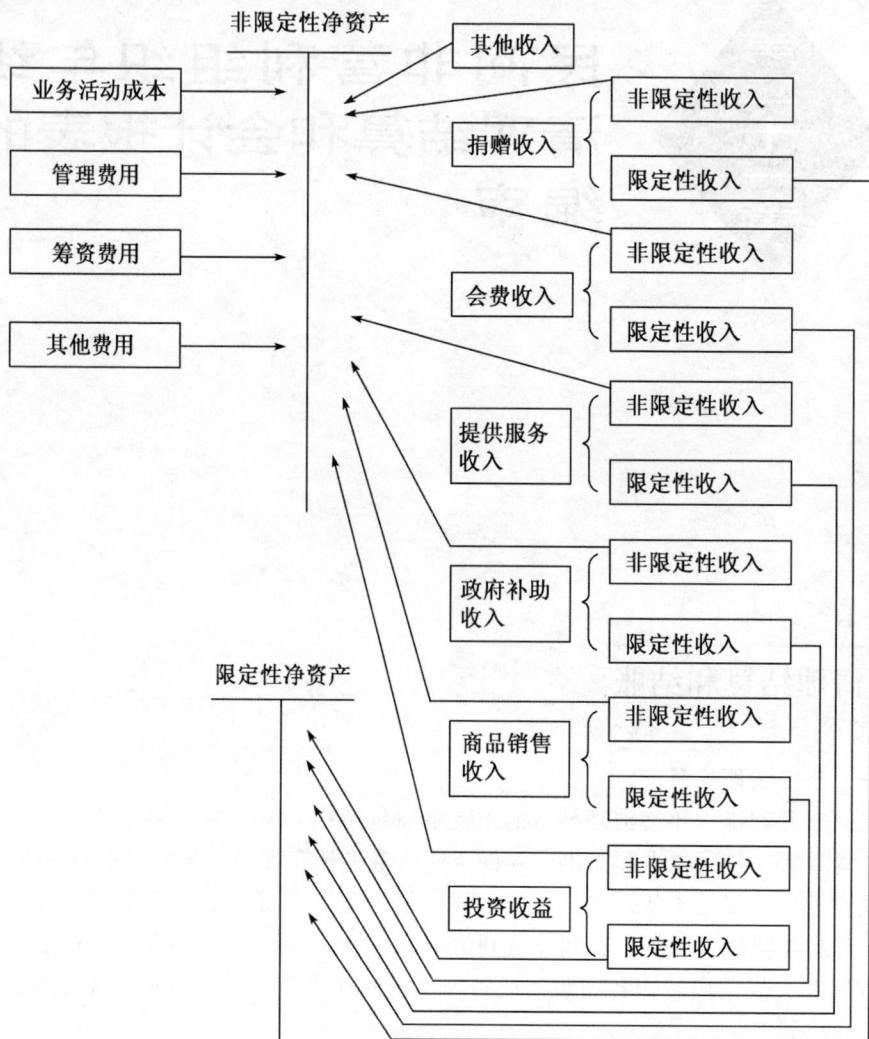

图21-1 民间非营利组织会计年终转账程序图示

2.结清旧账。将转账后之余额的账户结出全年总累计数，然后在下面画双红线，表示本账户全部结清。对年终有余额的账户，在"全年累计数"下行的"摘要"栏内注明"结转下年"字样，再在下面画双红线，表示年终余额转入新账，结清旧账。

3.记入新账。根据上年度各账户余额，编制年终决算的"资产负债表"和有关明细表，将表中所列的各账户的年终余额数（不编记账凭证）直接记入新年度相应的各有关账户中，并在"摘要"栏注明"上年结转"字样，以区别新年度发生数。

【例21-1】某民间非营利组织年末转账前"非限定性净资产"科目贷方余额

154 023元，"限定性净资产"科目贷方余额50 000元。本组织年末收入费用情况参见表21-1，进行年末转账。

表21-1 某民间非营利组织年末收入费用科目 余额单位：元

收入科目	余额	费用科目	余额
捐赠收入——非限定性收入	321 000	业务活动成本	1 395 424
——限定性收入	5 000		
会费收入——非限定性收入	895 630	管理费用	112 771
——限定性收入	6 000		
提供服务收入——非限定性收入	51 800	筹资费用	21 300
——限定性收入	4 000		
政府补助收入——非限定性收入	100 000	其他费用	16 531
——限定性收入	100 000		
商品销售收入——非限定性收入	210 340		
——限定性收入	20 000		
投资收益——非限定性收入	60 000		
——限定性收入	10 000		
其他收入——非限定性收入	1 000		
非限定性收入合计	1 639 770	费用合计	1 546 026
限定性收入合计	145 000		

（1）将各收入科目下"非限定性收入"明细科目贷方余额转入"非限定性净资产"科目贷方。

借：捐赠收入——非限定性收入　　　　　　　　321 000
　　会费收入——非限定性收入　　　　　　　　895 630
　　提供服务收入——非限定性收入　　　　　　51 800
　　政府补助收入——非限定性收入　　　　　　100 000
　　商品销售收入——非限定性收入　　　　　　210 340
　　投资收益——非限定性收入　　　　　　　　60 000
　　其他收入——非限定性收入　　　　　　　　1 000
　　贷：非限定性净资产　　　　　　　　　　　　1 639 770

（2）将各费用科目借方余额转入"非限定性净资产"科目借方。

借：非限定性净资产　　　　　　　　　　　　1 546 026
　　贷：业务活动成本　　　　　　　　　　　　　1 395 424
　　　　管理费用　　　　　　　　　　　　　　　112 771
　　　　筹资费用　　　　　　　　　　　　　　　21 300
　　　　其他费用　　　　　　　　　　　　　　　16 531

（3）将各收入科目下"限定性收入"明细科目贷方余额转入"限定性净资产"科目贷方。

借：捐赠收入——限定性收入   5 000

  会费收入——限定性收入   6 000

  提供服务收入——限定性收入   4 000

  政府补助收入——限定性收入   100 000

  商品销售收入——限定性收入   20 000

  投资收益——限定性收入   10 000

 贷：限定性净资产   145 000

（4）计算"非限定性净资产"和"限定性净资产"科目余额。

"非限定性净资产"科目余额=154 023+（321 000+895 630+51 800+100 000+210 340+

         60 000+1 000）-（1 395 424+112 771+21 300+16 531）

      =154 023+1 639 770-1 546 026

      =247 767（元）

"限定性净资产"科目余额=50 000+（5 000+6 000+4 000+100 000+20 000+10 000）

      =50 000+145 000

      =195 000（元）

第二节

会计报表的编审

  根据《会计法》的要求和民间非营利组织的会计目标，《民间非营利组织会计制度》规定我国民间非营利组织的财务会计报告应当包括资产负债表、业务活动表、现金流量表三张基本报表和会计报表附注等内容，从报告期限上看，前两个表有中期报告和年度报告之分，现金流量表则只有年度报告。我国《会计法》规定，任何单位必须定期编制财务会计报告，财务会计报告应当包括会计报表、会计报表附注等内容，而且财务会计报告必须真实、完整。财务会计报告应当向其使用者提供与其决策有用的信息，真实、完整地反映民间非营利组织的财务状况、经营成果和现金流量。

一、资产负债表编制说明

  资产负债表反映民间非营利组织某一会计期末全部资产、负债和净资产的情况。其格式参见表21-2。本表"年初数"栏内各项数字，应当根据上年年末资产负债表"期末数"栏内数字填列。如果本年度资产负债表规定的各个项目的名称和内容同上年度不相一致，应对上年年末资产负债表各项目的名称和数字按照本年度的规定进行调整，填入本表"年初数"栏内。

  资产负债表"期末数"各项目的内容和填列方法：

  1."货币资金"项目，反映民间非营利组织期末库存现金、存放银行的各类款项以及其他货币资金的合计数。本项目应当根据"现金""银行存款""其他货币资金"科目的期末余额合计填列。如果民间非营利组织的受托代理资产为现金、银行存款或其他货币资金且通过"现金""银行存款""其他货币资金"科目核算，还应当扣减"现金""银行存款""其他货币资金"科目中"受托代理资产"明细科目的期末余额。

表21-2   **资产负债表**   会民非01表

编制单位：   年   月   日   单位：元

资 产	行次	年初数	期末数	负债和净资产	行次	年初数	期末数
流动资产：				流动负债：			
货币资金	1			短期借款	61		
短期投资	2			应付款项	62		
应收款项	3			应付工资	63		
预付账款	4			应交税金	65		
存 货	8			预收账款	66		
待摊费用	9			预提费用	71		
一年内到期的长期债权投资	15			预计负债	72		
其他流动资产	18			一年内到期的长期负债	74		
流动资产合计	20			其他流动负债	78		
				流动负债合计	80		
长期投资：							
长期股权投资	21			长期负债：			
长期债权投资	24			长期借款	81		
长期投资合计	30			长期应付款	84		
				其他长期负债	88		
固定资产：				长期负债合计	90		
固定资产原价	31						
减：累计折旧	32			受托代理负债：			
固定资产净值	33			受托代理负债	91		
在建工程	34						
文物文化资产	35			负债合计	100		
固定资产清理	38						
固定资产合计	40						
无形资产：							
无形资产	41			净资产：			
				非限定性净资产	101		
受托代理资产：				限定性净资产	105		
受托代理资产	51			净资产合计	110		
资产总计	60			负债和净资产总计	120		

2."短期投资"项目，反映民间非营利组织持有的能够随时变现并且持有时间不准备超过1年（含1年）的投资，包括短期股票、债券投资和短期委托贷款、委托投资等。本项目应当根据"短期投资"科目的期末余额，减去"短期投资跌价准备"科目的期末余额后的金额填列。

3."应收款项"项目，反映民间非营利组织期末应收票据、应收账款和其他应收款等应收未收款项。本项目应当根据"应收票据""应收账款""其他应收款"科目的期末余额合计，减去"坏账准备"科目的期末余额后的金额填列。

4."预付账款"项目，反映民间非营利组织预付给商品供应单位或者服务供应单位的款项。本项目应当根据"预付账款"科目的期末余额填列。

5."存货"项目，反映民间非营利组织在日常业务活动中持有以备出售或捐赠的，或者为了出售或捐赠仍处在生产过程中的，或者将在生产、提供服务或者日常管理过程中耗用的材料、物资、商品等。本项目应当根据"存货"科目的期末余额，减去"存货跌价准备"科目的期末余额后的金额填列。

6."待摊费用"项目，反映民间非营利组织已经支出，但应当由本期和以后各期分别负担的分摊期在1年以内（含1年）的各项费用，如预付保险费、预付租金等。本项目应当根据"待摊费用"科目的期末余额填列。

7."一年内到期的长期债权投资"项目，反映民间非营利组织将在1年内（含1年）到期的长期债权投资。本项目应当根据"长期债权投资"科目的期末余额中将在1年内（含1年）到期的长期债权投资余额，减去"长期投资减值准备"科目的期末余额中1年内（含1年）到期的长期债权投资减值准备余额后的金额填列。

8."其他流动资产"项目，反映民间非营利组织除以上流动资产项目外的其他流动资产。本项目应当根据有关科目的期末余额分析填列。如果其他流动资产价值较大的，应当在会计报表附注中单独披露其内容和金额。

9."长期股权投资"项目，反映民间非营利组织不准备在1年内（含1年）变现的各种股权性质的投资的可收回金额。本项目应当根据"长期股权投资"科目的期末余额，减去"长期投资减值准备"科目的期末余额中长期股权投资减值准备余额后的金额填列。

10."长期债权投资"项目，反映民间非营利组织不准备在1年内（含1年）变现的各种债权性质的投资的可收回金额。本项目应当根据"长期债权投资"科目的期末余额，减去"长期投资减值准备"科目的期末余额中长期债权投资减值准备余额，再减去本表"一年内到期的长期债权投资"项目金额后的金额填列。

11."固定资产"项目，反映民间非营利组织的各项固定资产的账面价值。本项目应当根据"固定资产"科目的期末余额，减去"累计折旧"科目的期末余额后的金额填列。

12."在建工程"项目，反映民间非营利组织期末各项未完工程的实际支出，包括交付安装的设备价值、已耗用的材料、工资和费用支出、预付出包工程的价款等。本项目应当根据"在建工程"科目的期末余额填列。

13. "文物文化资产"项目，反映民间非营利组织用于展览、教育或研究等目的的历史文物、艺术品以及其他具有文化或者历史价值并作长期或者永久保存的典藏等。本项目应当根据"文物文化资产"科目的期末借方余额填列。

14. "固定资产清理"项目，反映民间非营利组织因出售、毁损、报废等原因转入清理但尚未清理完毕的固定资产的账面价值，以及固定资产清理过程中发生的清理费用和变价收入等各项金额的差额。本项目应当根据"固定资产清理"科目的期末借方余额填列；如果"固定资产清理"科目期末为贷方余额，则以"－"号填列。

15. "无形资产"项目，反映民间非营利组织拥有的为开展业务活动、出租给他人或为管理目的而持有的且没有实物形态的非货币性长期资产，包括专利权、非专利技术、商标权、著作权、土地使用权等。本项目应当根据"无形资产"科目的期末余额填列。

16. "受托代理资产"项目，反映民间非营利组织接受委托方委托从事受托代理业务而收到的资产。本项目应当根据"受托代理资产"科目的期末余额填列。如果民间非营利组织的受托代理资产为现金、银行存款或其他货币资金且通过"现金""银行存款""其他货币资金"科目核算，还应当加上"现金""银行存款""其他货币资金"科目中"受托代理资产"明细科目的期末余额。

17. "短期借款"项目，反映民间非营利组织向银行或其他金融机构等借入的、尚未偿还的期限在1年以内（含1年）的各种借款。本项目应当根据"短期借款"科目的期末余额填列。

18. "应付款项"项目，反映民间非营利组织期末应付票据、应付账款和其他应付款等应付未付的款项。本项目应当根据"应付票据""应付账款""其他应付款"科目的期末余额合计填列。

19. "应付工资"项目，反映民间非营利组织应付未付的员工工资。本项目应当根据"应付工资"科目的期末贷方余额填列；如果"应付工资"科目期末为借方余额，以"－"号填列。

20. "应交税金"项目，反映民间非营利组织应交未交的各种税费。本项目应当根据"应交税金"科目的期末贷方余额填列；如果"应交税金"科目期末为借方余额，则以"－"号填列。

21. "预收账款"项目，反映民间非营利组织向服务和商品购买单位等预收的各种款项。本项目应当根据"预收账款"科目的期末余额填列。

22. "预提费用"项目，反映民间非营利组织按照规定预先提取的已经发生但尚未支付的各项费用。本项目应当根据"预提费用"科目的期末贷方余额填列。

23. "预计负债"项目，反映民间非营利组织对因或有事项所产生的现时义务而确认的负债。本项目应当根据"预计负债"科目的期末贷方金额填列。

24. "一年内到期的长期负债"项目，反映民间非营利组织承担的将于1年内（含1年）偿还的长期负债。本项目应当根据有关长期负债科目的期末余额中将在1

年内（含1年）到期的金额分析填列。

25."其他流动负债"项目，反映民间非营利组织除以上流动负债之外的其他流动负债。本项目应当根据有关科目的期末余额填列。如果其他流动负债金额较大的，应当在会计报表附注中单独披露其内容和金额。

26."长期借款"项目，反映民间非营利组织向银行或其他金融机构借入的期限在1年以上（不含1年）的各种借款本息。本项目应当根据"长期借款"科目的期末余额减去其中将于1年内（含1年）到期的长期借款余额后的金额填列。

27."长期应付款"项目，反映民间非营利组织承担的各种长期应付款项，如融资租入固定资产的租赁费等。本项目应当根据"长期应付款"科目的期末余额减去其中将于1年内（含1年）到期的长期应付款余额后的金额填列。

28."其他长期负债"项目，反映民间非营利组织除以上长期负债项目之外的其他长期负债。本项目应当根据有关科目的期末余额减去其中将于1年内（含1年）到期的其他长期负债余额后的金额分析填列。如果其他长期负债金额较大的，应当在会计报表附注中单独披露其内容和金额。

29."受托代理负债"项目，反映民间非营利组织因从事受托代理业务、接受受托代理资产而产生的负债。本项目应当根据"受托代理负债"科目的期末余额填列。

30."非限定性净资产"项目，反映民间非营利组织拥有的非限定性净资产期末余额。本项目应当根据"非限定性净资产"科目的期末余额填列。

31."限定性净资产"项目，反映民间非营利组织拥有的限定性净资产期末余额。本项目应当根据"限定性净资产"科目的期末余额填列。

二、业务活动表的编制

业务活动表反映民间非营利组织在某一会计期间内开展业务活动的实际情况。其格式参见表21-3。

本表"本月数"栏反映各项目的本月实际发生数；在编制季度、半年度等中期财务会计报告时，应当将本栏改为"本季度数""本半年度数"等本中期数栏，反映各项目本中期的实际发生数。在提供上年度比较报表时，应当增设可比期间栏目，反映可比期间各项目的实际发生数。如果本年度业务活动表规定的各个项目的名称和内容同上年度不相一致，应对上年度业务活动表各项目的名称和数字按照本年度的规定进行调整，填入本表上年度可比期间栏目内。

本表"本年累计数"栏反映各项目自年初起至报告期末止的累计实际发生数。

本表"非限定性"栏反映本期非限定性收入的实际发生数、本期费用的实际发生数和本期由限定性净资产转为非限定性净资产的金额；本表"限定性"栏反映本期限定性收入的实际发生数和本期由限定性净资产转为非限定性净资产的金额（以"-"号填列）。在提供上年度比较报表项目金额时，限定性和非限定性栏目的金额可以合并填列。

表 21-3　　　　　　　　　　　　**业务活动表**　　　　　　　　　会民非 02 表

编制单位　　　　　　　　　　　　　年　　月　　　　　　　　　单位：元

项　目	行次	本月数			本年累计数		
		非限定性	限定性	合计	非限定性	限定性	合计
一、收　入							
其中：捐赠收入	1						
会费收入	2						
提供服务收入	3						
商品销售收入	4						
政府补助收入	5						
投资收益	6						
其他收入	9						
收入合计	11						
二、费　用							
（一）业务活动成本	12						
其中：	13						
	14						
	15						
	16						
（二）管理费用	21						
（三）筹资费用	24						
（四）其他费用	28						
费用合计	35						
三、限定性净资产转为非限定性净资产	40						
四、净资产变动额（若为净资产减少额，以"-"号填列）	45						

本表各项目的内容和填列方法：

1."捐赠收入"项目，反映民间非营利组织接受其他单位或者个人捐赠所取得的收入总额。本项目应当根据"捐赠收入"科目的发生额填列。

2."会费收入"项目，反映民间非营利组织根据章程等的规定向会员收取的会费收入总额。本项目应当根据"会费收入"科目的发生额填列。

3．"提供服务收入"项目，反映民间非营利组织根据章程等的规定向其服务对象提供服务所取得的收入总额。本项目应当根据"提供服务收入"科目的发生额填列。

4．"商品销售收入"项目，反映民间非营利组织销售商品等所形成的收入总额。本项目应当根据"商品销售收入"科目的发生额填列。

5．"政府补助收入"项目，反映民间非营利组织接受政府拨款或者政府机构给予的补助而取得的收入总额。本项目应当根据"政府补助收入"科目的发生额填列。

6．"投资收益"项目，反映民间非营利组织以各种方式对外投资所取得的投资净损益。本项目应当根据"投资收益"科目的贷方发生额填列；如果为借方发生额，则以"-"号填列。

7"其他收入"项目，反映民间非营利组织除上述收入项目之外所取得的其他收入总额。本项目应当根据"其他收入"科目的发生额填列。

上述各项收入项目应当区分"限定性"和"非限定性"分别填列。

8．"业务活动成本"项目，反映民间非营利组织为了实现其业务活动目标、开展其项目活动或者提供服务所发生的费用。本项目应当根据"业务活动成本"科目的发生额填列。

民间非营利组织应当根据其所从事的项目、提供的服务或者开展的业务等具体情况，按照"业务活动成本"科目中各明细科目的发生额，在本表第12行至第21行之间填列业务活动成本的各组成部分。

9．"管理费用"项目，反映民间非营利组织为组织和管理其业务活动所发生的各项费用总额。本项目应当根据"管理费用"科目的发生额填列。

10．"筹资费用"项目，反映民间非营利组织为筹集业务活动所需资金而发生的各项费用总额，包括利息支出（减利息收入）、汇兑损失（减汇兑收益）以及相关手续费等。本项目应当根据"筹资费用"科目的发生额填列。

11．"其他费用"项目，反映民间非营利组织除以上费用项目之外发生的其他费用总额。本项目应当根据有关科目的发生额填列。

12．"限定性净资产转为非限定性净资产"项目，反映民间非营利组织当期从限定性净资产转入非限定性净资产的金额。本项目应当根据"限定性净资产""非限定性净资产"科目的发生额分析填列。

13．"净资产变动额"项目，反映民间非营利组织当期净资产变动的金额。本项目应当根据本表"收入合计"项目的金额，减去"费用合计"项目的金额，再加上"限定性净资产转为非限定性净资产"项目的金额后填列。

三、现金流量表的编制

现金流量表反映民间非营利组织在某一会计期间内现金和现金等价物流入和流出的信息。其格式参见表21-4。

表21-4 现金流量表 会民非03表

编制单位： 年 单位：元

项 目	行次	金 额
一、业务活动产生的现金流量		
接受捐赠收到的现金	1	
收取会费收到的现金	2	
提供服务收到的现金	3	
销售商品收到的现金	4	
政府补助收到的现金	5	
收到的其他与业务活动有关的现金	8	
现金流入小计	13	
提供捐赠或者资助支付的现金	14	
支付给员工以及为员工支付的现金	15	
购买商品、接受服务支付的现金	16	
支付的其他与业务活动有关的现金	19	
现金流出小计	23	
业务活动产生的现金流量净额	24	
二、投资活动产生的现金流量		
收回投资所收到的现金	25	
取得投资收益所收到的现金	26	
处置固定资产和无形资产所收回的现金	27	
收到的其他与投资活动有关的现金	30	
现金流入小计	34	
购建固定资产和无形资产所支付的现金	35	
对外投资所支付的现金	36	
支付的其他与投资活动有关的现金	39	
现金流出小计	43	
投资活动产生的现金流量净额	44	
三、筹资活动产生的现金流量		
借款所收到的现金	45	
收到的其他与筹资活动有关的现金	48	
现金流入小计	50	
偿还借款所支付的现金	51	
偿付利息所支付的现金	52	
支付的其他与筹资活动有关的现金	55	
现金流出小计	58	
筹资活动产生的现金流量净额	59	
四、汇率变动对现金的影响额	60	
五、现金及现金等价物净增加额	61	

（一）报表内容释义

本表所指的现金，是指民间非营利组织的库存现金以及可以随时用于支付的存款，包括现金、可以随时用于支付的银行存款和其他货币资金；现金等价物，是指民间非营利组织持有的期限短、流动性强、易于转换为已知金额现金、价值变动风险很小的投资（除特别指明外，以下所指的现金均包含现金等价物）。

民间非营利组织应当根据实际情况确定现金等价物的范围，并且一贯性地保持其划分标准，如果改变划分标准，应当视为会计政策变更。民间非营利组织确定现金等价物的原则及其变更，应当在会计报表附注中披露。

现金流量表应当按照业务活动产生的现金流量、投资活动产生的现金流量和筹资活动产生的现金流量分别反映。本表所指的现金流量，是指现金的流入和流出。

民间非营利组织应当采用直接法编制业务活动产生的现金流量。采用直接法编制业务活动现金流量时，有关现金流量的信息可以从会计记录中直接获得，也可以在业务活动表收入和费用数据的基础上，通过调整存货和与业务活动有关的应收应付款项的变动、投资以及固定资产折旧、无形资产摊销等项目后获得。

（二）报表各项目的内容和填列方法

1."接受捐赠收到的现金"项目，反映民间非营利组织接受其他单位或者个人捐赠所取得的收入。本项目可以根据"现金""银行存款""捐赠收入"等科目的记录分析填列。

2."收取会费收到的现金"项目，反映民间非营利组织根据章程等的规定向会员收取会费取得的现金。本项目可以根据"现金""银行存款""应收账款""会费收入"等科目的记录分析填列。

3."提供服务收到的现金"项目，反映民间非营利组织根据章程等的规定向其服务对象提供服务所取得的现金。本项目可以根据"现金""银行存款""应收账款""应收票据""预收账款""提供服务收入"等科目的记录分析填列。

4."销售商品收到的现金"项目，反映民间非营利组织销售商品所取得的现金。本项目可以根据"现金""银行存款""应收账款""应收票据""预收账款""商品销售收入"等科目的记录分析填列。

5."政府补助收到的现金"项目，反映民间非营利组织接受政府拨款或者政府机构给予的补助而取得的现金。本项目可以根据"现金""银行存款""政府补助收入"等科目的记录分析填列。

6."收到的其他与业务活动有关的现金"项目，反映民间非营利组织收到的除以上业务之外的现金。本项目可以根据"现金""银行存款""其他应收款""其他收入"等科目的记录分析填列。

7."提供捐赠或者资助支付的现金"项目，反映民间非营利组织向其他单位和个人提供捐赠或者资助支出的现金。本项目可以根据"现金""银行存款""业务活动成本"等科目的记录分析填列。

8."支付给员工以及为员工支付的现金"项目，反映民间非营利组织开展业务活动支付给员工以及为员工支付的现金。本项目可以根据"现金""银行存款""应付工资"等科目的记录分析填列。

民间非营利组织支付的在建工程人员的工资等，在本表"购建固定资产和无形资产所支付的现金"项目中反映。

9. "购买商品、接受服务支付的现金"项目，反映民间非营利组织购买商品、接受服务而支付的现金。本项目可以根据"现金""银行存款""应付账款""应付票据""预付账款""业务活动成本"等科目的记录分析填列。

10. "支付的其他与业务活动有关的现金"项目，反映民间非营利组织除上述项目之外支付的其他与业务活动有关的现金。本项目可以根据"现金""银行存款""其他应付款""管理费用""其他费用"等科目的记录分析填列。

11. "收回投资所收到的现金"项目，反映民间非营利组织出售、转让或者到期收回除现金等价物之外的短期投资、长期投资而收到的现金。不包括长期投资收回的股利、利息，以及收回的非现金资产。本项目可以根据"现金""银行存款""短期投资""长期股权投资""长期债权投资"等科目的记录分析填列。

12. "取得投资收益所收到的现金"项目，反映民间非营利组织因对外投资而取得的现金股利、利息，以及从被投资单位分回利润收到的现金；不包括股票股利。本项目可以根据"现金""银行存款""投资收益"等科目的记录分析填列。

13. "处置固定资产和无形资产所收回的现金"项目，反映民间非营利组织处置固定资产和无形资产所取得的现金，减去为处置这些资产而支付的有关费用之后的净额。由于自然灾害所造成的固定资产等长期资产损失而收到的保险赔款收入，也在本项目反映。本项目可以根据"现金""银行存款""固定资产清理"等科目的记录分析填列。

14. "收到的其他与投资活动有关的现金"项目，反映民间非营利组织除上述各项之外收到的其他与投资活动有关的现金。其他现金流入如果金额较大的，应当单列项目反映。本项目可以根据"现金""银行存款"等有关科目的记录分析填列。

15. "购建固定资产和无形资产所支付的现金"项目，反映民间非营利组织购买和建造固定资产，取得无形资产和其他长期资产所支付的现金。不包括为购建固定资产而发生的借款利息资本化的部分，以及融资租入固定资产支付的租赁费。借款利息和融资租入固定资产支付的租赁费，在筹资活动产生的现金流量中反映。本项目可以根据"现金""银行存款""固定资产""无形资产""在建工程"等科目的记录分析填列。

16. "对外投资所支付的现金"项目，反映民间非营利组织进行对外投资所支付的现金，包括取得除现金等价物之外的短期投资、长期投资所支付的现金，以及支付的佣金、手续费等附加费用。本项目可以根据"现金""银行存款""短期投资""长期股权投资""长期债权投资"等科目的记录分析填列。

17. "支付的其他与投资活动有关的现金"项目，反映民间非营利组织除上述各项之外，支付的其他与投资活动有关的现金。如果其他现金流出金额较大的，应当单列项目反映。本项目可以根据"现金""银行存款"等有关科目的记录分析填列。

18."借款所收到的现金"项目，反映民间非营利组织举借各种短期、长期借款所收到的现金。本项目可以根据"现金""银行存款""短期借款""长期借款"等科目的记录分析填列。

19."收到的其他与筹资活动有关的现金"项目，反映民间非营利组织除上述项目之外，收到的其他与筹资活动有关的现金。如果其他现金流入金额较大的，应当单列项目反映。本项目可以根据"现金""银行存款"等有关科目的记录分析填列。

20."偿还借款所支付的现金"项目，反映民间非营利组织以现金偿还债务本金所支付的现金。本项目可以根据"现金""银行存款""短期借款""长期借款""筹资费用"等科目的记录分析填列。

21."偿付利息所支付的现金"项目，反映民间非营利组织实际支付的借款利息、债券利息等。本项目可以根据"现金""银行存款""长期借款""筹资费用"等科目的记录分析填列。

22."支付的其他与筹资活动有关的现金"项目，反映民间非营利组织除上述项目之外，支付的其他与筹资活动有关的现金，如融资租入固定资产所支付的租赁费。本项目可以根据"现金""银行存款""长期应付款"等有关科目的记录分析填列。

23."汇率变动对现金的影响额"项目，反映民间非营利组织外币现金流量及境外所属分支机构的现金流量折算为人民币时，所采用的现金流量发生日的汇率或期初汇率折算的人民币金额与本表"现金及现金等价物净增加额"中外币现金净增加额按期末汇率折算的人民币金额之间的差额。

24."现金及现金等价物净增加额"项目，反映民间非营利组织本年度现金及现金等价物变动的金额。本项目应当根据本表"业务活动产生的现金流量净额""投资活动产生的现金流量净额""筹资活动产生的现金流量净额"和"汇率变动对现金的影响额"项目的金额合计填列。

四、会计报表附注

民间非营利组织的会计报表附注至少应当披露以下内容：

1.重要会计政策及其变更情况的说明。

2.董事会（理事会或者类似权力机构）成员和员工的数量、变动情况以及获得的薪金等报酬情况的说明。

3.会计报表重要项目及其增减变动情况的说明。

4.资产提供者设置了时间或用途限制的相关资产情况的说明。

5.受托代理业务情况的说明，包括受托代理资产的构成、计价基础和依据、用途等。

6.重大资产减值情况的说明。

7.公允价值无法可靠取得的受赠资产和其他资产的名称、数量、来源和用途等情况的说明。

8.对外承诺和或有事项情况的说明。

9.接受劳务捐赠情况的说明。

10.资产负债表日后非调整事项的说明。

11.有助于理解和分析会计报表需要说明的其他事项。

关键概念

业务活动表　现金流量表　会计报表附注

复习思考题

1.简述民间非营利组织年终转账程序。

2.简述民间非营利组织资产负债表的编制。

3.简述民间非营利组织业务活动表的编制。

4.简述民间非营利组织现金流量表的编制。

主要参考文献

[1] 李海波，刘学华. 新编预算会计 [M]. 10版. 上海：立信会计出版社，2016.

[2] 王银梅. 预算会计 [M]. 2版. 大连：东北财经大学出版社，2017.

[3] 王俊霞. 预算会计 [M]. 3版. 西安：西安交通大学出版社，2018.

[4] 王名，王超. 非营利组织管理 [M]. 北京：中国人民大学出版社，2016.

[5] 赵建勇. 政府与非营利组织会计 [M]. 2版. 北京：中国人民大学出版社，2015.

[6] 王雍君. 政府预算会计问题研究 [M]. 北京：经济科学出版社，2004.

[7] 卿放. 新编预算会计 [M]. 成都：四川大学出版社，2011.

[8] 赵璇. 预算会计 [M]. 北京：北京交通大学出版社，2012.

[9] 王筱萍，刘文华，郭凌云. 预算会计 [M]. 北京：北京大学出版社，2013.

[10] 刘志翔. 预算会计 [M]. 5版. 北京：首都经济贸易大学出版社，2014.

[11] 孟洋，王志军. 预算会计 [M]. 上海：上海财经大学出版社，2014.

[12] 曲远洋. 政府与非营利组织会计 [M]. 上海：上海财经大学出版社，2014.

[13] 杨洪. 政府与非营利组织会计 [M]. 北京：机械工业出版社，2014.

[14] 曾志琳，孟枫平. 民间非营利组织财务绩效评价——基于48个样本的实证分析 [J]. 江西理工大学学报，2015（6）.

[15] 牛钧. 我国非营利组织的薪酬管理 [J]. 商，2016（17）.